上善之教若水

上善之教

我的办学思考与实践

朱华伟◎著

中国人民大学出版社

·北京·

前言

PREFACE

何兆武先生《上学记》中有一段话让我印象深刻："我想，幸福的条件有两个。一个是你必须觉得个人前途是光明的、美好的，可是这又非常模糊，非常朦胧，并不一定是什么明确的目标。另一方面，整个社会的前景，也必须是一天比一天更加美好，如果社会整体在腐败下去，个人是不可能真正幸福的。"

而我从读书到工作的经历，就一步步见证着我们的国家一天比一天更美好。我想，这也是我们这一代人幸福的源泉。

"念念不忘，必有回响。"

孟子曰："君子有三乐。"这其中的第三乐——"得天下英才而教育之"，是我的座右铭。

我的经历比较丰富，可以说是"颠沛流离"，感觉搬了无数次的家。19 岁，我就在家乡河南汝南的一所高中担任数学老师，后来到武汉读研究生。毕业后，在武汉工作了九年，当过三年市数学教研员和六年区教育局局长。2000 年 9 月，从美国做访问学者回国后，辞去武汉市江岸区教育党委书记，2001 年 7 月，从武汉到珠海，任人大附中珠海校区校长。2004 年 2 月，应张景中院士之邀，我到了广州大学软件所，同年被评为研究员，接替张景中院士，担任软件所所长。张先生学高为师、德高为范，在做人做事上和在数学方面，都对我有很大的影响和帮助。在张先生的指导下，我的工作有声有色。2014 年 1 月，受广州市教育局局长屈哨兵教授之邀，任广州市教学研究室主任，负责筹建广州市教育研究院并担任创院院长，在教研院工作了三年。

虽然这些年换了很多岗位，但我感到最自豪的是一直没有脱离教育，没有脱离课堂。

当年任教育局局长时，我一直坚持给学生上课。因为我喜欢数学，喜欢学生，热爱数学教育，热爱教育事业。我毕生的理想，就是办一所理想的学校。

由于长期担任国际数学奥林匹克中国国家队教练，我去过全国几乎所有的著名中学，唯独与深圳中学有着很深的缘分。早在 1992 年我研究生毕业的时候，时任深圳中学校长何恭伦给我写过三封信，说我是全国唯一不用面试就可以直接到深中工作的老师，并且解决家属工作和住房，只教选修课和奥数，培养超常人才。我一度以为这些信件在我多次的搬家途中散佚了，2019 年当我翻出其中一封信时，如获至宝，将它小心翼翼收好，存放在深中新校区数学资料室。1992 年恰逢邓小平同志发表“南方谈话”，《深圳特区报》有一篇重大社论报道《东方风来满眼春——邓小平同志在深圳纪实》。我看完这篇文章之后激动不已，彻夜难眠，对深圳特区充满向往，但因为家庭原因和对武汉的感情，最终还是留在武汉工作。

我从事了三十多年的教育工作，有比较丰富的经历，也有很多想法，希望有一个平台能够最大化地实现个人价值，为教育事业贡献力量。2016 年 12 月，深圳市教育局任命我为深圳中学校长、党委书记。深圳市委市政府、市教育局高度重视教育，高度重视深中的发展，所以这一次来深中工作，我非常珍惜这个机会。

近三十年来，我与深中一直保持着密切的联系，长期频繁地到深中上课、辅导数学竞赛生。我曾开玩笑说，我是除深中老师外在深中讲课最多的人。所以这次到深中工作一点都不陌生，只是换了一个身份返回深中校园，这种感觉很奇妙。当时我最强烈的感受是：生活在中国特色社会主义新时代，奋斗在地处改革开放前沿的鹏城深圳，是正当其时，是人生大幸，深中将是我人生的一部分，我们将同甘共苦、互相成就。

2017 年深中建校 70 周年，是回顾学校发展历程、总结提炼经验、“勇立潮头再出发”的大好时机。用什么目标定位来凝神聚力，是一个全局性、方向性问题。2017 年 1 月 17 日，在深圳市教育局组织的深中干部大会上，我提出建设“国内领先、世界一流”高中。2017 年 11 月 18 日，在深中建校 70 周年纪念活动上，我代表逾 500 名教职工和近四万名校友向社会庄重宣布：“建设中国特色世界一流高中，培养具有中华底蕴和国际视野的拔尖创新人才”。时任广东省省长马兴瑞发来寄语，时任深圳市委书记王伟中发来贺信，深圳市政府领导、市教育局领导、深圳市高校领导及深中杰出校友代表等现场见证。

确立了新的办学定位之后，五年多来，深中全体师生同心同德，经历了风雨，也收获了荣誉；在深圳市委市政府、市教育局的正确领导和社会各界的大力支持下，我们奋发图强、持之以恒，学校各项事业蓬勃发展，稳步迈向新台阶，办学理念、师资队伍、课程改革、校园文化、国内高考、学科竞赛、国际教育、科创教育、艺体教育、服务社会等方面不断取得新突破。

“在普及基础上的提高，在提高指导下的普及。”

2019 年 4 月 24 日下午，广东省、深圳市主要领导视察深中，我说：“世界上几乎所有的著名城市都有自己的世界名校，例如英国伦敦的哈罗公学、美国纽约的史蒂文森中学、新加坡的莱佛士书院等。深圳要建设全球标杆城市，就需要有世界一流的教育，有自己的世界名校。”时任中央政治局委员、广东省委书记李希当即表示：“我特别赞成朱校长的观点，要有一所在世界上有地位的学校。”我回道：“毛主席说过‘在普及基础上的提高，在提高指导下的普及’，一味讲普及、讲均衡，没有高水平的引导，大家都会变得很平庸。”

深圳对拥有一流高中的渴望由来已久。在这个诞生了腾讯、华为等高科技企业，致力于将自己打造成竞争力、创新力、影响力卓著的全球标杆城市，却一直缺少一所具有世界影响力的高中。深中希望和华为、腾讯、大疆等知名企业一样，成为深圳的地标性城市名片。

“筚路蓝缕，以启山林。”

2020 年 9 月，深中新校区正式启用，高一招生人数从 800 人增加至 2140 人，这是我们最艰难的一年。建设世界一流高中是一项伟大的事业，一定会遇到各种预想不到的困难和挑战，新校区不仅在规划、建设中需要攻坚克难，在交付使用的磨合期，同样出现了各种各样的问题，比如宿舍床位不足、食堂餐位紧缺、宿舍电梯运力不够等。看到这些缺憾给学生带来的种种不便，我非常痛心和焦虑，常常夜不能寐……令人欣慰的是，大部分学生及家长对暂时的困难表示理解并全力配合学校。在市市场监督管理局和学校通力合作下，学校不到一周时间就通过配餐、优化堂食供应等方式基本满足了学生就餐需求。

回望那几个月的经历：新校区启用的磨合期，新冠肺炎疫情期间的种种限制，再加上大规模扩招带来的食堂、住宿、师资困难等多种因素、多种困境的叠加，有时令我身心俱疲、心力交瘁。我很感恩，在此期间有很多领导、同事、朋友及家人与我一起共渡难关。我更要感谢所有学生和家长对学校工作的理解和包容，感谢全体教职员工的默默付出和无私奉献，感谢相关领导的大力支持和鼎力相助，因为有了他们，才有了深中的今天。

“自信人生二百年，会当水击三千里!”自新校区投入使用以来，深中正在以日益可见的进步，向着越来越好的方向发展——这是深中蕴藉沉淀 70 余年水到渠成的厚积薄发，亦是这座城市给予她的十足底气和磅礴力量。

深中的“教育哲学”

著名社会学家费孝通说：“各美其美，美人之美，美美与共，天下大同。”常言道：“孩子是祖国的花朵”，“十年树木，百年树人”。我们无法用一个标准评判所有花朵的美丽，因为每一个孩子都有一张天使般的脸庞，我们无法用一把尺子限定所有树木的成长，因为每棵树必将勾画出自己的年轮，正如每一个孩子都有自己的成长轨迹。

深中一直以来努力营造“人人皆可成才、人人尽展其才”的良好环境，遵照“学校按需施教、学生按需选学”的课程观，为学生搭建多元发展立交桥，为学生营造良好文化氛围，让每个人都有出彩的机会、拥有更广阔的人生。

五年多来，我最大的感触和心得是：

（1）校长全心全意为学校老师服务，校长和老师一起为学生的发展服务。

（2）教育的目的是实现学生的自由发展、充分发展、全面发展，学校要为学生搭建多元发展的立交桥，让每个学生都有出彩的机会。

（3）让最优秀的人教育下一代，培养出更优秀的人。好的教育在于你在一个好的学校里，遇到了一生可以效仿的典范和崇敬的榜样。

（4）办学特别需要好的文化氛围，拿“泡菜”打个比方，泡菜的味道决定于泡菜水，泡菜水好，无论是白菜、萝卜、黄瓜，泡出的味道都好。我认为深中取得成功的原因，就是把泡菜坛子的水调得好，一个人的成长，第一是天分，第二是后天环境，深中就创造了一个非常好的环境。

（5）爱是教育的灵魂，没有爱就没有教育。著名教育家夏丏尊先生说：“教育之没有情感，没有爱，如同池塘没有水一样。没有水，就不成其池塘，没有爱就没有教育。”

（6）好的外部环境和教育生态对学校的发展至关重要。深中有今天的成就，得益于深圳这座城市，得益于各级政府和社会各界的支持、关心、指导和帮助。

我想，以上六条是深中近年来能够取得长足发展背后的逻辑和深中一以贯之的“教育哲学”。

时间在变，环境在变，不变的是深中人的教育情怀和为学校发展而努力的坚定信念！深中能有今天的成就，历任校长、历代老师都做出了巨大贡献，现在接力棒传到我手中，我一定要跑好这一棒，力争多为深中做点有价值的事情。深中已经成为我生命中的一部分，为了学校的发展，我竭尽所能，夙夜在公，风雨兼程；希望今后能带领深中实现更大的发展，搭建世界一流平台、引进世界一流人才、干出世界一流业绩、办成世界一流高中，不负组织的培养、不负深中、不负深圳、不负这个伟大的时代。

自 2017 年 1 月以来，我在深中边实践、边思考、边总结，陆续在《人民日报》《人民教育》《中国教育报》《中小学管理》等报纸和期刊上发表了一些文章，在校内外大大小小的场合也积累了不少演讲、发言，在覃伟中市长的鼓励下，积攒梳理起来就成了现在这本书。如有疏漏不妥之处，敬请不吝赐教。

在此特别感谢深圳市委市政府、市教育局的正确领导和社会各界的大力支持，感谢深中的各位师生、家长以及我的家人和朋友，感谢一直以来关注、关心深中发展的各界朋友，感谢为这本书做出辛勤付出的各位深中同人和朋友。

朱华伟

2022 年 10 月

于深圳中学新校区斯善楼

目录

第一辑　办学之道——中国特色　世界一流……………………………… 1

1-1　乐与大鹏比翼飞，静待凤凰夺目放

——在校长任命会议上的表态发言 …………………………………… 2

1-2　深圳中学：建设中国特色世界一流高中……………………………… 5

1-3　深中以深圳命名，理应努力冲刺世界一流…………………………… 9

1-4　与深圳共成长、与中国共发展、与世界共进步

——在深中建校70周年纪念活动上的致辞 ………………………… 16

1-5　“拔尖创新人才培养的中学责任与担当”主题系列文章…………… 18

1-6　深中校长朱华伟的教育梦：建设中国特色世界一流高中 ………… 25

1-7　深圳中学：勇立潮头再出发 ………………………………………… 32

1-8　勇于承担光荣使命，建设世界一流高中

——在深圳市庆祝第35个教师节大会上发表的获奖感言 ………… 36

1-9　办一所具有世界影响力的中学 ……………………………………… 38

1-10　提升基础教育质量，激发城市发展活力

——在全市基础教育改革发展大会上的发言 ……………………… 52

1-11　新校区2020年9月启用，深中校长朱华伟：加快建成

世界一流高中……………………………………………………………… 54

1-12　筚路蓝缕，以启山林

——在深中新校区揭牌仪式上的演讲 ……………………………… 61

1－13 奋进伟大时代，决胜世界一流
—— 在2020年深圳质量大会上的发言 …………………………………… 63
1－14 科学编制“十四五”规划，推动优质高中可持续发展 ………… 65
1－15 器大者声必闳，志高者意必远
—— 在国际教育分享会开幕式上的致辞 ……………………………… 71
1－16 衔枝育凤，创享未来
—— 在深中坪山创新学校揭牌仪式上的致辞 ………………………… 74

第二辑 家国情怀—— 中华底蕴 国际视野 …………………………………… 75

2－1 从《觉醒年代》谈“校之大者”
—— 在全校教职工大会上的演讲 ………………………………………… 76
2－2 修身报国，不负使命
—— 在初中部升旗仪式上的演讲 ………………………………………… 80
2－3 弘扬体育精神，振奋中国力量
—— 在体育嘉年华开幕式上的演讲 ……………………………………… 82
2－4 用世界的眼光看中国
—— 在泛珠三角高中生模拟联合国大会开幕式上的致辞 …………… 83
2－5 心怀天下，行稳致远
—— 在2019届高三毕业典礼上的演讲 ………………………………… 85
2－6 使命在途，永葆初心
—— 在深中庆祝中华人民共和国成立70周年大会上的演讲 ……… 87
2－7 中国脊梁，民族希望
—— 新冠肺炎疫情期间线上直播课程之“校长第一课” ………… 89
2－8 凝聚中国力量，弘扬民族大义
—— 初三、高三复学第一课 ………………………………………………… 91
2－9 万有相通，大爱无疆
—— 在2019—2020学年第二学期全校线上开学典礼上的演讲 …… 94
2－10 唱响主旋律，传播正能量
—— 在2020届初三毕业典礼上的演讲 ………………………………… 96
2－11 传承深圳精神，争做时代新人
—— 在2020—2021学年第一学期初中部开学典礼上的演讲 ……… 98
2－12 扣好青年时代的第一粒扣子 …………………………………………… 100
2－13 学史力行：赓续红色基因，发扬特区精神
—— 在深中“共忆‘五四运动’、献礼建党百年”主题集会上的
演讲 ……………………………………………………………………………… 101

第三辑 师资队伍——大鱼前导 小鱼尾随 …… 105

3-1 用最优秀的人培养更优秀的人 …… 106
3-2 一校之大，不在大楼，而在大师 …… 111
3-3 有境界，自成高格
——在第二期青年教师教育领导力培训工程启动仪式上的致辞 …… 114
3-4 回望百年党史，筑牢信仰之基
——在党的十九届六中全会精神专题学习会议上的发言 …… 116
3-5 名校博士当中学老师是“大材大用” …… 119
3-6 关于加强教研组建设的五点想法
——在科组长述职考核工作会上的发言 …… 122
3-7 教者大爱，不辱使命
——新冠肺炎疫情期间致深中全体教师的信 …… 128
3-8 读书是人一生的精神陪伴
——《专业·生活·心灵——深中教工推荐书目》序言 …… 130
3-9 育人之本，在于立德铸魂
——《深中树人工作室培训课程手册》序言 …… 131

第四辑 育人理念——上善之教 美美与共 …… 133

4-1 上善之教，美美与共 …… 134
4-2 积极探索拔尖创新人才早期发现和选拔培养机制 …… 139
4-3 为学生搭建多元发展立交桥，让每个孩子都有出彩机会
——在国际物理、化学奥林匹克金牌选手经验交流座谈会上的致辞 …… 145
4-4 上善之教若水
——在国际数学奥林匹克金牌选手经验交流座谈会上的致辞 …… 147
4-5 讲好“实践育人”这一课
——深圳中学综合实践课程机制和教学体系 …… 150
4-6 生涯指导：走好兴趣与职业平衡木 …… 155
4-7 大德为先，大美至美：拔尖创新人才培养的德育探索 …… 158
4-8 从时间管理入手推动“五项管理”落地 …… 162
4-9 家庭是儿童的第一所学校
——深中家委会会刊创刊词 …… 164
4-10 为教师赋权增能
——深圳中学系列校本教材总序 …… 165

4－11　莘莘学子梦，浓浓深中情
——《走进著名大学——深圳中学学子成长启示录（2017）》序言 …… 167

第五辑　创新教育——融合资源　赋能发展 …… 169

5－1　融合创新课程资源，为学生成长赋能
——在2018年高中教育发展论坛上的演讲 …… 170
5－2　科技改变教育
——在2017年中美K12国际学校应用信息技术支持教学研讨会开幕式上的致辞 …… 174
5－3　未来人人都将是创客
——在深圳中学初中部第三届创客节上的致辞 …… 177
5－4　深圳中学：为创新培养设一个“文凭” …… 179
5－5　构建一流的创新教育氛围 …… 181
5－6　面向未来，科技如何推进真实的教育
——在2019年高中教育发展论坛上的演讲 …… 182
5－7　携手探索星空
——在北京大学天文创新实验室签约揭牌仪式上的致辞 …… 185
5－8　发展科学志趣，培养创新精神
——在清华大学朱邦芬院士工作站揭牌仪式上的致辞 …… 187
5－9　为培养青少年科创人才共同努力
——在南京大学创新实验室签约揭牌仪式上的致辞 …… 189
5－10　中西交融，共谋发展
——在与普林斯顿国际数理学校缔结友好学校云签约仪式上的致辞 …… 191
5－11　自强成就卓越，创新塑造未来
——在“清华大学基础学科拔尖创新人才大学中学衔接培养基地”授牌仪式上的致辞 …… 193
5－12　在首届深港教育融合创新研讨会上的主持词 …… 195

第六辑　为者常成——志存高远　向阳而生 …… 199

6－1　2017，我们必将更加美好
——在2016—2017学年第二学期初中部开学典礼上的演讲 …… 200
6－2　实现你的无限可能
——在2016—2017学年第二学期高中部开学典礼上的演讲 …… 203

6-3　为者常成，行者常至
——在2017届高三毕业典礼上的演讲 …… 205
6-4　以梦为马，不负韶华
——在2017届初三毕业典礼上的演讲 …… 207
6-5　从深中出发丈量世界
——在2017年新生入学典礼上的演讲 …… 209
6-6　彼此当年少，莫负好时光
——在2017—2018学年第一学期高中部开学典礼上的演讲 …… 211
6-7　事上磨炼，砥砺意志
——在2017年军训结营仪式上的演讲 …… 213
6-8　不忘初心，方得始终
——在2017—2018学年第二学期高中部开学典礼上的演讲 …… 215
6-9　不忘来路，不改初心
——在2017—2018学年第二学期初中部开学典礼上的演讲 …… 217
6-10　筑梦晒布岭，守望凤凰木
——在2018届高三毕业典礼上的演讲 …… 219
6-11　做一个深中人
——在2018—2019学年第一学期初中部开学典礼上的演讲 …… 221
6-12　术业宜从勤学起，韶华不为少年留
——在2018—2019学年第二学期开学典礼上的演讲 …… 223
6-13　志存高远，向阳而生
——在2019届初三毕业典礼上的演讲 …… 225
6-14　奔跑吧，少年
——在2019—2020学年第一学期初中部开学典礼上的演讲 …… 227
6-15　笃定自律，泰然自牧
——在2020—2021学年第二学期初中部开学典礼上的演讲 …… 229
6-16　生命以负熵为生，生活以自律为美
——在2020—2021学年第二学期高中部开学典礼上的演讲 …… 231
6-17　驰而不息，一路同行
——在2021—2022学年第一学期高中部开学典礼上的演讲 …… 233

第七辑　不负芳华——无悔青春　奋斗以成 …… 235

7-1　尊重生命，享受青春
——在第一届全国青少年生命教育高峰论坛上的演讲 …… 236

7－2　三秋研墨，无悔青春
——在2018届初三年级月考表彰暨中考助推活动上的演讲 …… 238
7－3　做自己的青春摆渡人
——在2018届初三毕业典礼上的演讲 …… 240
7－4　青春深谷藏金，愿你以梦为马
——在高中部2018年开学典礼上的演讲 …… 242
7－5　活出青春该有的样子
——在2019—2020学年第一学期高中部开学典礼上的演讲 …… 244
7－6　青春由磨砺出彩，人生因奋斗升华
——在2020届高三毕业典礼上的演讲 …… 246
7－7　不负芳华岁月，尽显青春本色
——在2020—2021学年第一学期高中部开学典礼上的演讲 …… 248
7－8　无悔青春，奋斗以成
——在2021届初三年级中考助推活动上的演讲 …… 250
7－9　惜菁菁芳华，书青春答卷
——在2021—2022学年第一学期初中部开学典礼上的演讲 …… 252

第八辑　成人之美——十八而志　学以成人 …… 255

8－1　站在18岁的渡口
——在2017届高三成人礼上的演讲 …… 256
8－2　走好人生路，高唱正气歌
——在2018届高三成人礼上的演讲 …… 258
8－3　18岁，请为人生涂上“奋斗”的底色
——在2019届高三成人礼上的演讲 …… 260
8－4　不惧挑战，超越自我
——在2020届高三成人礼上的演讲 …… 262
8－5　十八而志，学以成人
——在2021届高三成人礼上的演讲 …… 264
8－6　2018，厚积薄发
——在2018届高三开学典礼上的演讲 …… 266
8－7　2019，独占鳌头
——在2019届高三开学典礼上的演讲 …… 268
8－8　2020，山登绝顶
——在2020届高三开学典礼上的演讲 …… 270

8-9　2021，惟精惟一
——在2021届高三开学典礼上的演讲 …………………………… 272
8-10　2022，当执牛耳
——在2022届高三开学典礼上的演讲 …………………………… 274

第九辑　校友之谊——校缘情深　兴荣与共 ………………………… 277

9-1　在深圳中学校友会2017年理事会议上的致辞 ………………… 278
9-2　在深圳中学“8字届”毕业纪念会上的致辞 …………………… 281
9-3　在2019年校友会换届仪式上的致辞 ………………………… 283

附录 ……………………………………………………………… 285

附录一　守正创新，追求卓越
——深圳中学2017—2021年大事记 ……………………………… 286
附录二　培养拔尖创新人才的深圳中学课程改革实践成果报告 ……… 297
附录三　普通高中新课程新教材实施国家级示范校建设工作计划 …… 310
附录四　为基础教育鼓与呼，让更多“大鱼”投身教育
——《深圳特区报》2019年1月28日A02版 ……………………… 316
附录五　创新教育结硕果　这个深圳中学生获丘成桐中学科学奖全球总冠军
——《人民日报》客户端广东频道2020年12月18日 ………… 318
附录六　作业成产品　课堂到现场
——《人民日报》2021年3月18日12版 ………………………… 321
附录七　深圳中学：点燃“红色引擎”加速迈向世界一流
——《南方日报》2021年6月30日10版 ………………………… 323
附录八　深圳中学：以涌现的智慧成全未来
——《新校长》2019年8月刊 …………………………………… 328

第一辑 办学之道

——中国特色 世界一流

2017年，在“中国特色社会主义进入新时代”和国家加快建设“双一流”的背景下，我提出“建设中国特色世界一流高中”的办学定位和“培养具有中华底蕴和国际视野的拔尖创新人才”的育人目标。“中国特色”的教育必然是传承中华文化血脉、践行中国特色社会主义道路、服务国家发展的教育；“世界一流”的高中势必具有国际视野，能够为世界一流大学输送更多优秀学子，为国家、为人类培养更多杰出人才。

乐与大鹏比翼飞，静待凤凰夺目放
—— 在校长任命会议上的表态发言

2016 年 12 月 23 日，深圳市教育局任命朱华伟教授为深圳中学校长、党委书记。2017 年 1 月 17 日，市教育局领导在深中召开干部大会，本文为朱华伟在会议上的表态发言。

尊敬的市教育局领导、各位同人：

大家下午好！

今天，我怀着一颗感激之心和一份责任感来到深圳中学。作为深圳中学的一名新兵，首先，衷心感谢市教育局领导、学校全体教职员工对我的信任与支持！同时，面对深中这所人文荟萃、声望显赫的著名学府，我深感责任重大，唯有“全意为卿付真心，力尽技竭尚辛勤”，并以各位的厚望为鞭策，与全校师生员工一道携手同行，立足传承，谋求发展，为深圳中学更加美好的明天而努力奋斗！

我与深中的缘分可追溯到 1992 年，我硕士研究生毕业的时候，时任校长何恭伦先生给我写了三封信，说我是全国唯一不用面试可以到深圳中学来当老师的，由于我个人的原因没有来。虽未任职，但是在非深中老师中，我是为深中的数学爱好者上过最多课的老师，同时也为深中的数学竞赛做了不小的贡献。2016 年 12 月 23 日，深圳市教育局任命我为深圳中学校长、党委书记，今天正式到任，我心里百感交集、激动不已，主要从以下四个方面谈谈我的感受并作表态。

一、承前启后，稳中求进

深圳中学是一所以城市名字命名的学校，与深圳建设现代化国际化创新型城市的发展紧密相连。改革开放以来，她犹如一只腾飞的大鹏，“水击三千里，振翼九万里，冲天而起”，一跃而成为省内乃至国内的佼佼者。深中以培养创新型人才为使命，在近 70 年的发展历程中，通过历代园丁的辛勤耕耘，培养出一大批优秀人才。在对深中不断认识的过程中，我切身感受到深中所洋溢着的“开拓创新、务实高效”的深圳精神以及全体师生对事业的满腔热忱和对目标的执着追求。这应该也是深中学校文化的核心元素，其形成的强大的凝聚力和内驱力是深中稳步发展和持续发展的底蕴。一直以来，我就有想办一所“够大气、有底气、接地气”（这里接地气是顺乎人理，接其自然，踏踏实实，深入人心，就是要遵循自然规律，而不是盲目行事）学校的梦想，因此，对深中这种追求卓越、蓬勃向上的文化氛围十分认同并倍感珍惜。古人云："道德传家，十代以上。"在市教育局领导手中接过这根沉甸甸接力棒之际，我将与全校员工同心同德，一如既往，继续坚守和弘扬深中的文化传统与核心价值，使其更加根深叶茂，硕果累累。

二、追求卓越，争创一流

作为一所矢志不移追求卓越的学校，深中确立了建设成为"具有国际竞争力的中国卓越高中"的办学目标，引领深中逐步迈向中国基础教育的高地。"卓越"是一个恒久的目标，但其内涵更应该在发展中不断予以充实，以直面飞速发展的形势，适应教育改革的需求。我们不能把"卓越"理解为一种固定的状态，而是在追求卓越过程中，不断攀登和自我更新，与时俱进，站在巨人的肩膀上不断创新，追求卓越，争创一流，将深圳中学建成"国内领先、世界一流"高中。这应是我们一切工作的出发点，也应成为我们的巨大动力和奋斗目标。面向未来，我们要把握时代发展脉络，遵循党的教育方针，把握正确的政治方向，遵循最朴素的教育规律，立德树人、全方位而且持久地自我变革，知行合一，实现自我超越。

三、人文关怀，科学管理

深圳中学被誉为一所充满教育情怀的学校，具有浓郁的自由、民主的风气，形成了多元文化交融的人文氛围。今后我们要继续加强对师生员工的人文关怀，营造贤者居上、能者为师，人尽其才、才尽其用，尊重知识、尊重人才的局面，让深中成为广大师生心灵的家园和价值体现的舞台，让深中成为每一位"深中人"成长的港湾，成为人生一段难以忘怀的美好回忆，让一代一代的深中人成为深中文化的传播者和推动深中发展的生力军。近年来，深中以这种文化纽带，通过开门办学、校缘文化群体的建设和校庆活动，为全体师生和历届校友打造了一个"情感交流、荣誉分享、价值互动"的平台。我们要继续依托这一平台，发挥深中同人的优势，引入更多优质的社会资源、国际资源，让更多人关心和帮助深中的成长，为学校的发展创造良好的生态环境。

四、与时俱进，竭尽全力

我虽然有较长一段时间在大学和教研机构工作，但一直坚守中学课堂，关注基础教育的发展，积极探索拔尖创新人才的早期发现与培养。办一所"国内领先、世界一流"的中学，一直是我的教育情怀和教育理想。去年8月，市教育局局长张基宏莅临深中调研时指出，深中的发展要有更长远的谋划、更开阔的视野和更大气魄的手笔，把学校办得更好，辐射范围更广，示范力度更强。基宏局长的要求，使我深刻认识到时代、社会以及深圳这座城市赋予深中的神圣使命。"能胜强敌者，先自胜者也"。我会博采众长，诚心、虚心向在座各位学习，更多地深入了解市情和校情，尽快融入深中；坚持既一如既往，又与时俱进的方略，为深中的发展恪尽职守、竭尽全力，"不敢懈怠恐辜负，只求无愧对友人"，我会和全校师生员工、广大校友一起勇挑重任、齐心协力，积极稳妥地推进学校的各项工作，办人民满意的教育，让深中继续当好深圳基础教育改革发展的排头兵。

让我们共同努力，乐与大鹏鸟比翼齐飞，静待凤凰花夺目怒放！

谢谢大家！

2017 年 1 月 17 日

深圳中学：建设中国特色世界一流高中

举世瞩目的十九大刚刚胜利闭幕，位于改革开放前沿阵地的深圳中学，迎来了意义非凡的建校70周年纪念活动。70载栉风沐雨、春华秋实，站在新的历史起点上，早已享誉海内外的深圳中学，如何砥砺奋进、再创辉煌，成为全校上下乃至社会各界关注的焦点。

一、时代命题：发展具有中国特色、世界水平的现代教育

百年大计，教育为本。

党的十九大报告提出中国特色社会主义进入新时代的重要论述，并提出要把教育发展放在优先位置，加快教育现代化，办好人民满意的教育。早在2013年9月9日，在第29个教师节慰问信中，习近平总书记提出“发展具有中国特色、世界水平的现代教育”，明确了中国教育发展的方向。中央近期发布的《关于深化教育体制机制改革的意见》，也提出要扎根中国大地，围绕为谁培养人、培养什么样的人、如何培养人的根本问题，坚定不移走中国特色社会主义教育发展道路。发展中国特色、世界水平的现代教育，已经成为中国教育者必须认真思考和回答的时代命题。

二、历史沿革：砥砺奋进七十年，成就国内名校

深圳中学创办于 1947 年。建校之初，学校规模仅有一个行政班，20 多名学生。砥砺奋进 70 年，深圳中学一直紧紧追随国家和时代发展步伐，在课程改革、拔尖创新人才培养、国际教育、艺术教育、科技教育、学校文化建设、服务社会等方面做了大量的探索实践，成为深圳教育的窗口和文化名片。

70 年来学校取得了令人瞩目的成绩——

1983 年深中被定为深圳市仅有的省重点中学，1993 年被评为广东省首批一级学校，2004 年获评国家“新课改样板校”，2007 年通过国家示范性高中评估——成为在广东省乃至全国都有着一定影响力的示范性高中，2010 年被评为课程改革和艺术教育两个素质教育特色学校，2017 年获评首届全国文明校园。深中每年近 30 人升入清华、北大，迄今为止获得 11 枚国际数、理、化奥林匹克金牌，2011—2017 年被美国排名前十的大学及常春藤盟校录取 110 人次，合唱团、交响管乐团、舞蹈团多次在国际艺术比赛中荣获金奖。

七秩学府，方兴未艾，探索与创新是学校发展的永恒主题。在建校 70 周年之际，深圳中学全力推进学校内涵深度发展，明确提出未来发展定位：建设中国特色世界一流高中。

三、未来愿景：建设中国特色世界一流高中

（一）顺应国家和时代发展的必然追求

当前，统筹推进我国的“双一流”建设，已经成为中央的重大战略决策，成为中国高等教育发展的共识。世界一流大学和一流学科的建设势必需要大量一流中学作为支撑，以构建完整的创新人才培养链条。深圳中学“建设中国特色世界一流高中”办学定位的提出，是顺应国家和时代发展的必然追求。

那么，何为“中国特色世界一流高中”？一方面，“中国特色”的教育必然是传承中华文化血脉、践行中国特色社会主义道路、服务国家发展的教育；另一方面，“世界一流”的高中势必具有国际视野，力争代表中国在国际舞台上拔得头筹，为世界一流的高中教育贡献智慧和案例。

（二）结合深圳经济特区的发展定位

教育是民族振兴和社会进步的基石，是一座城市安身立命软实力的生动体现。深圳中学建校 70 年来，既见证了新中国的成长，也见证了深圳从小渔村发展为国际大都市。地处这样一座铿锵前行在现代化国际化道路上的开放城市，深圳中学的未来发展理应结合城市的发展定位和内在需求。

2015 年，深圳市第六次党代会明确了深圳的发展方向：建设现代化国际化创新型城市。国际化创新型城市必然需要世界一流的基础教育做配套。引进高新企业的资源，吸引全世界的优秀人才来深圳市创业、投资、安居，这都离不开一座城市强大的基础教育

根基。作为深圳基础教育里的“领头羊”，深中冲刺世界一流高中，是深圳建设现代化国际化创新型城市的重要支撑。

（三）70 载办学奠定“世界一流”基础

自 1947 年建校以来，从深圳中学走出的大批优秀学子成为特区建设乃至全国建设和发展的栋梁。习近平总书记视察深圳时考察的腾讯公司、光启研究院这些优秀企业，就是由马化腾、陈一丹、张志东、刘若鹏等优秀深中校友创建。

深圳中学之所以能够取得如此骄人的成绩，主要是因为有一个良好的“教育生态”——不仅拥有地处改革开放前沿的区位优势、70 年名校的文化优势和适宜的政策环境，而且有一支非常优秀的教师队伍和卓越的学生群体，以及对学校认同度、支持率极高的校友、家长和社会各界“朋友圈”等，这些优势都为学校冲刺世界一流提供了非常好的环境和土壤。

四、五大举措：全方位提升深中办学水平

（一）引育并举，打造一流教师队伍

一流的教师队伍是深圳中学建设世界一流高中极宝贵的战略资源。深圳中学的教师队伍是伴随着城市和学校的发展不断发展壮大起来的，尤其是 20 世纪八九十年代，大批优秀人才来到深中，为学校发展做出了巨大贡献。目前全校有教师 400 多人，硕士学历的 160 多人，博士研究生 10 人，数理化三科金牌教练 20 多人，正高级教师、特级教师、名师工作室主持人等各级各类名师 100 多人。深中不仅要成为学生成长的乐园，也要成为教育家的摇篮。学校今后将加大优秀人才引进力度，从国内外名校招聘博士毕业生，同时引进各学科名师名家，进一步优化教师人才结构。除了继续开展“青蓝工程”、校本教研等，还将邀请国内外著名专家学者来校指导、讲学，引领中青年教师成长。

（二）多元课程，赋予学生选择权利

一流的课程建设是深圳中学建设世界一流高中的核心竞争力。学校根据学生的不同发展需要，建立了标准、实验和荣誉三大课程体系；对所有课程进行“校本化”处理，除基础学术课程，还特别设立由认知技能、自我成长、文化审美等六个课程群构成的深中文凭课程。此外还开设 19 门与大学一年级水平相当的大学先修课程，以及包括国际高端学术课程、创新体验课程、社会实践与主题研究课程等在内的特色课程。

为了满足学生的高端学习需求，深中开门办学，向社会公开招募客座教师，与腾讯、华为、华大基因、大疆创新、科大讯飞等知名企业共建 10 个创新体验中心，与中国科学技术大学、香港中文大学（深圳）、深圳大学等共建创新实验室，在加拿大阿尔伯塔大学退休教授刘江枫的支持下建立了“数学创新实验室”。目前，国内高中教育在理科方面做得不错，但人文教育相对薄弱。打造世界一流的课程体系，必须有更多更优质的人文课程，这也是深中正在努力推进的工作。

（三）全面发展，培养学生健全人格

培养有智慧、有担当的一流人才是深圳中学建设世界一流高中最根本的价值追求。深圳中学致力于培养具有中华底蕴和国际视野的拔尖创新人才，办学 70 年来，为社会培养了近 4 万名优秀毕业生，涌现出了许多杰出校友。

为了促进学生的全面发展，培养学生的健全人格，学校为学生提供了丰富多彩的学生组织、社团和校内外实践活动。目前深中学生社团有 100 多个，涵盖实践类、媒体类、社科类等 8 个类别；学校每学年组织学生开展江西井冈山红色革命之旅和湖南长沙伟人足迹之旅，促进学生深入理解革命历史，躬身践行社会主义核心价值观。

（四）追求卓越，塑造一流校园文化

一流的校园文化是深圳中学建设世界一流高中最鲜活的力量源泉。建校 70 周年之际，学校发起关于“深中精神”的大讨论，得到各届校友热烈回应。经过充分讨论和反复斟酌，确定了认可程度最高的八个字作为深中精神的总结：“追求卓越，敢为人先”，这是深中校园文化的核心所在。

这些年来，学校开展了诸多教育教学改革，培养了一批富有开拓创新精神的人才，这就是“敢为人先”的最佳注脚。站在新的历史起点，我们提出“建设中国特色世界一流高中”的办学定位，也体现了深中人“追求卓越”的精神内核。

（五）面向未来，打造世界一流校园

一流的校园环境是深圳中学建设世界一流高中最基本的物质保障。客观而言，深中冲刺世界一流名校，目前的“短板”主要是硬件设施。70 年的办学历史积淀了厚重的文化底蕴，但同时也带来了硬件落后等问题。因此，切实改善师生的学习、工作生活环境是深圳中学未来硬件设施优化的主要发力点。

深圳市非常重视、非常支持深中的发展，正以高水平、高标准推进学校硬件建设。当前，学校总体改造进入关键阶段，这是新一轮高规格、具有深中特色的校园建设，必将极大改善学校的办学条件。深中泥岗校区的建成，将是深中迈向世界一流高中的重要一步。深中泥岗校区的规划设计提出了五大理念：“以人为本”“资源充分使用”“全人教育”“开放”“独特的审美体验”。深中泥岗校区将建设成为深圳未来校园规划与建设的样板，引领中小学校园的规划与设计，成为与世界发达地区的教育进行交流与对话的平台。

办好具有中国特色世界水平的现代教育，是时代赋予我们的崇高使命，是党和人民赋予我们的重大责任。以 70 周年校庆为节点，深圳中学将踏上建设中国特色世界一流高中的奋斗征途，我们将继续坚持以人为本的育人理念，把“立德树人”作为根本任务，培育英才，服务社会，力争在拔尖创新人才培养方面有所担当，为中国特色世界一流高中建设贡献深中智慧和深中经验。

——本文刊发于《中国教育报》2017 年 11 月 13 日 12 版

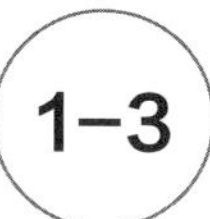

深中以深圳命名，理应努力冲刺世界一流

70 年时光，可以很长，可使少年变成老者，小苗长成巨树，沧海变成桑田，旧村变成新城；70 年时光，也可以很短，在漫长的历史长河中，就如一沙一粟。“中华民族千秋伟业，百年恰是风华正茂!”对于立志建千年名校的深圳中学而言，七十之龄，同样是青春正好、风华正茂!

关键节点，校长更替。去年（2016 年）年底，原深中校长赵立提任深圳市教育局副局长，来自广州的朱华伟接棒，成为这所名校的第十八任校长。

朱华伟当过中学老师、教研员、教育局局长，31 岁就成为特级教师，是当时全国最年轻的特级教师；来广东后当过中学校长、大学教授，曾任国际数学奥林匹克中国国家队领队、主教练，率中国队获世界冠军，后又负责筹建广州市教育研究院并任院长。

这样一位“大咖”在广深间调动，一时引发舆论。但在熟悉朱华伟的人看来，这更像是一次水到渠成的回归，毕竟，他与深圳教育有着千丝万缕的联系，而他的教育情怀又是如此之深。

从政府层面看，此次深圳市教育局从广州把朱华伟聘请过来，亦足见官方对基础教育、对深圳中学发展的高度重视。经过三十多年的快速发展，深圳特区已跻身全球国际大都市之列。这座充满锐气的改革创新城市，迫切需要建立与之相匹配的高水平教育、医疗体系，以吸引全球化的高层次人才。

对于办学刚满 70 年的深中而言，不管是 20 世纪八九十年代大规模的人才引进、超常教育的一骑绝尘，还是 21 世纪初领先全国的课程改革、自由民主校园文化的构筑，抑或近年来在拔尖创新人才培养方面的前瞻探索，这所以城市命名的学校，一直以高度的自觉，引领深圳乃至中国基础教育改革发展。

天时、地利、人和，一切都准备好了。站在建校 70 周年这个重要节点，备受关注的深中将往何处去？在“发展具有中国特色、世界水平的现代教育”这一路径之下，在国家创新人才培养体系中，早已享誉国内外的深中应该充当怎样的角色？在深圳打造现代化国际化创新型城市的过程中，这所代表城市高度的名校，又该发挥哪些作用？

建校 70 周年之际，深圳中学庄重向外界发布其办学定位：建设中国特色世界一流高中。这一定位的确立有何依据？达成这一目标的举措又有哪些？日前，深圳中学“新掌门”朱华伟教授接受了记者的专访。

毕生理想，就是办一所自己喜欢的学校

您这一次来深中当校长的消息出来后，教育界和媒体界都非常关注。听说之前有好几次机会来深圳工作？

确实，我与深中、深圳教育有很深的缘分。早在1992年我研究生毕业的时候，当时深中何恭伦校长给我写了三封信，说我是全国唯一不用面试就可以直接到这里工作的老师，并且解决家属工作和住房，只教选修课和奥数，培养超常人才。当时恰逢小平同志发表“南方谈话”，《深圳特区报》也有一篇重大社论报道《东方风来满眼春——邓小平同志在深圳纪实》。我看完这篇文章之后激动不已，辗转反侧，夜不能寐，对深圳这座城市充满向往，但因为家庭原因，最终还是留在武汉工作。

2000年从美国做访问学者回来后，我到珠海担任人大附中珠海校区校长，后又到广州工作多年，其间确实有好几次机会来深圳或者深中工作，都因为各种原因错过了。

这一次，在54岁的时候，为什么会最终下定决心？

我的经历比较丰富，可以说是“颠沛流离”。19岁就在我的家乡河南汝南的一所高中担任数学老师，后来又到武汉读研究生。毕业后，在武汉工作了九年，当过三年市教研员和六年区教育局局长。在我39岁的时候，从武汉来到珠海，任人大附中珠海校区校长。时任广州大学计算机教育软件研究所所长、著名数学家张景中院士力邀我到大学工作。于是2004年2月，我到广州大学工作，担任该所所长职务十年。2014年1月，受广州市教育局之邀，我负责筹建广州市教育研究院并担任首任院长，之后在教研院工作了三年。

虽然这些年换了很多岗位，但我感到最自豪的，是一直没有脱离课堂。当年当教育局局长的时候，我一直坚持给学生上课。因为我喜欢数学，喜欢学生，热爱数学教育，热爱教育事业。我毕生的理想，就是办一所自己喜欢的学校。

深圳市委市政府、市教育局高度重视教育，高度重视深中的发展。这一次来深中工作，我非常珍惜这个机会。我从事了三十多年的教育工作，有比较丰富的经历，也有很多想法，希望有一个平台能够最大化实现个人价值，为教育事业贡献自己的一份力量，为社会做更大的贡献。

深中有基础成为世界一流名校

今年是深圳中学建校70周年，学校提出“建设中国特色世界一流高中”的办学定位，是基于哪些方面的考虑？

中国的基础教育在世界上已有一定地位，但真正达到世界一流水平的高中还比较少。上海的上海中学和北京的人大附中，分别代表了海派和京派教育，都是当之无愧的世界一流中学。但目前在深圳乃至整个华南地区，还缺少一所与之媲美的世界一流名校。

深圳中学经过70年积累，已有很好基础，是“省内领先、国内一流”的名校，我们有条件向更高的目标迈进。

另外，这也跟深圳的城市发展和定位相匹配。深圳的目标是成为国际一流的现代化

国际化创新型城市。深中作为以城市命名的学校，深圳基础教育的“领头羊”，理应努力冲刺国际一流、世界一流。

更为重要的，这也是国家发展的需要。我国正大力推进大学“双一流”建设，打造一批世界一流大学和一流学科。但如果没有数量更多的世界一流中学作为支撑，怎么会有世界一流大学？

为什么会特别强调“中国特色”？“中国特色”又将如何体现？

我们要扎根中国大地办学，围绕“为谁培养人、培养什么样的人、如何培养人”的根本问题，打造中国特色、世界水平的现代教育。在我看来，最核心的还是要培养学生的爱国主义精神，让他们成才后报效祖国和人民，这是基本品格。

加强爱国主义教育、传承中华优良传统，具体怎么做？首先要加强对教师的思想政治教育，提高教师队伍的政治觉悟。其次，要严格落实国家课程，开发丰富多元的校本课程，举办丰富多彩的学校活动、社团活动，并将爱国主义教育渗透其中，培育和践行社会主义核心价值观，将立德树人落实到各学科的教学中。

我们在今年的初一开设博雅班，在高一开设高层次文科班，同时还会邀请国内外知名专家来作人文方面的报告，提升学生的人文素养和人文精神。这也是打造中国特色名校的重要举措。

在您心目中，“世界一流”的标准是什么？深中冲刺“世界一流”的基础又是什么？

建设世界一流学校，其实就是构建世界一流的教育生态，包括良好的外部环境、先进的办学理念、一流的师生群体以及校本课程、校园文化、硬件设施、国际化水平等。

我到深中工作后，发现从政府到民间，几乎整个城市都对深圳中学宠爱有加。深圳中学之所以能在这座城市享有那么高的公信力和社会认可度，这是深中几十代人努力的结果。

即便从全国范围看，深圳的基础教育环境都是非常好的。深圳市对深中寄予厚望，要办成能够跟深圳的经济社会发展水平相匹配的名校，这为她冲刺世界一流提供了非常好的环境和土壤。

引育并举　打造一流教师队伍

教师队伍建设是重中之重。深中教师队伍有哪些优势和“短板”？接下来如何打造一流的教师队伍？

深中有一大批乐于奉献、爱岗敬业、专业水平高的老师。学校管理队伍各司其职、兢兢业业。深中的教师队伍伴随着城市和学校的发展不断壮大，尤其是 20 世纪八九十年代，有大批优秀人才来到深中，为学校的发展做出了巨大贡献。目前全校有教师 400 多人，其中硕士 160 多人，数理化三科金牌教练 20 多人，正高级教师、特级教师、名师工作室主持人等各级各类名师 100 多人。

但是，与世界一流中学相比，我们的师资水平还有提升空间，比如教师的学历结构。我今年初来的时候，是深中的第三个博士。这么大一所学校只有三名博士，实在太少了，

2016 年 5 月北京十一学校的博士教师就达 60 人。

此外，深中在全国有影响力的名师、学科带头人还不够多；我们的金牌教练队伍、科技教育师资还不能满足深中高水平发展的需求。

这些年，深中人才引进力度有所减弱。这是由于深圳房价上涨快，教师工资待遇相比内陆已无优势，所以吸引优秀人才的难度增大。深圳在科技创新人才、高校教师引进等方面做了大量工作，但在基础教育领域的人才引进和激励力度等环节相对薄弱，仍有提升和优化的空间。希望政府今后出台更多的优惠政策，同时我们也在积极寻求各种社会资源的支持，加大人才引进、奖教奖学力度。

各个领域的顶尖人才在全世界都是稀缺资源，一定要解放思想，对特殊人才不拘一格，大力引进。深中要建成世界一流名校，最起码要有几十名乃至上百名国内外名校毕业的博士。同时，我们也要引进各方面的优秀教师，进一步优化深中的教师队伍结构。

打造优秀教师队伍，引进是一方面，内部培养和成长也很重要。在这方面深中有什么举措？

打造优秀教师队伍，需要引进和培养并举。深中的“青蓝工程”，对年轻教师的培养非常有效。一位优秀毕业生走上工作岗位，知识储备基本没问题，但能否成为好老师，还在其学养、人生态度、价值观等方面。如果入行后能跟随德艺双馨的名师学习，耳濡目染，受益无穷。这就是清华大学老校长梅贻琦说的“大鱼先导，小鱼尾随”。

除了校内教师传帮带，我们也希望有更多国内外名师名家，来引领深中教师成长。比如，我们邀请加拿大阿尔伯塔大学退休教授刘江枫定期到深中讲学，培养、带领深中的年轻教师。

学校也鼓励老师申报课题、做研究，成为教育专家。深中不仅要成为学生成长的乐园，也要成为教育家的摇篮。深中的老师比较注重实操，教学能力很强，课程开发成果丰硕，但是很多实践探索没有上升到理论层面，没有形成学术成果固化下来。与上海、北京等名校相比，这是深中的“短板”。目前学校正分批整理、提炼、出版校本教材，鼓励老师们著书立说，成为某个领域的专家。

团队管理方面，我们尽量给老师们提供自由宽松的工作环境，少一些打扰，少一些评比，少一些无关的会议，让老师们安心工作，有更多的时间和精力去读书、学习、研究，跟学生在一起，形成一个良好的工作和学术氛围。

学校还特别重视营造人人读书的环境。图书馆是一所学校的灵魂，形成了好的读书氛围，校长、老师和学生都喜欢读书，自然就是一所好学校。我本科和硕士研究生学的是数学专业，博士是教育学，因此除了数学专业书籍外，也读了很多人文类和教育学的书籍。我的藏书有两万多册，原版英文图书八千多册。多年来，无论再忙我一直坚持读书，同时也希望老师们都养成良好的阅读习惯，要求理科教师多读人文书籍，多一点人文情怀、人文精神，文科教师多读自然科学书籍，多一些理科知识、科学精神。

深圳中学朱华伟校长和 2017 届被世界著名大学录取的部分同学合影

优秀学生是深中冲刺世界一流的基础

课程是育人的载体，深中的课程改革硕果累累。以“世界一流”的标准来审视，当前深中的课程建设水平如何？还应从哪些方面予以提升？

课程是育人的载体。2001 年开始的基础教育课程改革引起了全国性的学校发展与变革。2004 年，深圳中学被定为国家“新课改样板校”。经过多年探索，深中课程建设硕果累累。学校按照学生的不同特点以及不同的发展需要，建立了标准、实验和荣誉三大课程体系。

为了满足学生的高端学习需求，深中开门办学，把世界引入学校，向社会公开招募客座教师，与腾讯、华为、华大基因、大疆创新、科大讯飞等知名企业共建 10 个创新体验中心，与中国科学技术大学、香港中文大学（深圳）、深圳大学等大学共建创新实验室，在加拿大阿尔伯塔大学退休教授刘江枫的支持下建立了“数学创新实验室”。

学校根据学生特点开发了许多优质校本课程。深中集中了全市最优秀的高中生，他们的创新潜质和学术特长非常明显，所以学校除基础学术课程，还特别设立由认知技能、自我成长、文化审美、体育健康、实践服务、研究创造六个课程群构成的深中文凭课程。此外还开设 19 门与大学一年级水平相当的大学先修课程，以及包括国际高端学术课程、创新体验课程、社会实践与主题研究课程等在内的特色课程。

学校还鼓励学生参与丰富多彩的具有学术价值的活动。学生参与了包括国际青年物理学家锦标赛（IYPT）、美国青年物理学家锦标赛（USIYPT）、中国大智汇创新研究挑战赛（CTB）、美国高中学生数学建模竞赛等 16 项国际学术活动。深中学子在这些活动课程中表现出了扎实的学术研究能力、创新能力和实践能力。

目前，国内高中教育在理科方面做得不错，但人文教育相对薄弱。建设世界一流的课程体系，必须有更多更优质的人文课程，这也是深中正在努力推进的工作。

深中学生的水平达到“世界一流”了吗？还有哪些素养需要进一步提升？如何提升？

深圳中学的学生是非常优秀的，也是我们建设世界一流高中的重要基础和信心来源。

从学业表现看，深中学生不逊色于国内任何一所中学。在学科竞赛方面，深中学子共获得过 11 枚数字、物理、化学国际奥林匹克金牌。深中每年考入北大、清华的学生有 30 人左右。2017 年国内高考，深中进入全省理科前 100 名的有 13 人，“985”工程大学录取 377 人，北大、清华 30 人，广东第一；国际方向，获得 13 份美国常春藤大学录取通知书，美国排名前 50 的大学录取 179 人，美国五大名校（哈佛、耶鲁、普林斯顿、斯坦福和麻省理工）录取 7 人，全国第一。

深中学生的优秀不仅指学业成绩，还包括社会担当、国际视野、创新精神等，这些都是现代公民所必备的素养，也是深中学生鲜明的特质。

深中学生的创新精神、创新能力非常强。深中的优秀校友如马化腾、张志东、陈一丹、许晨晔、刘若鹏、汪之涵等，都是拔尖创新人才，他们的成长跟中学的创新教育密不可分。

深中学生普遍有广阔的国际视野，这跟深圳的区位优势、经济发展水平相关。我们的学生出国机会多，能够较多较早地接触国际文化，这些都提升了学生的国际理解能力。

深中学生综合素质高，活动能力强。学校有 100 多个学生社团，还有各种校园活动，为学生提供了广阔的活动平台。学校的四大艺术团：合唱团、舞蹈团、管乐团、民乐团，享誉国内外。深中的足球队也出了很多成绩。但这些还不够，我们要求每个学生至少参与一到两项体育项目，掌握一两项艺术特长。

自由与民主是深中的一大特色，学校搭建了丰富的平台，给予学生自由选择的空间，鼓励学生在真实的实践中学会选择、学会承担、规划自我发展。

深圳中学致力于培养具有中华底蕴和国际视野的拔尖创新人才。我们希望深中学生既胸怀理想又脚踏实地，能够尊重自然，关爱他人，服务社会。

未来，我们将进一步优化课程体系，改进教育教学方式，搭建更多成长平台，充分挖掘学生潜能，突出特长，促进每位学生的全面优质发展。

软硬件齐发力　助推深圳成一流城市

鲜明的校园文化是一所学校独特的名片。在您看来，经过 70 年的传承，深中形成了怎样的校园文化？今后如何继续传承和发扬？

深圳中学是一所办学历史悠久、特色鲜明的学校。建校 70 周年之际，学校发起关于“深中精神”的大讨论，得到各届校友热烈回应。经过充分讨论和反复斟酌，确定了认可程度最高的八个字作为深中精神：“追求卓越，敢为人先”，这是深中校园文化的核心所在。

这些年来，深中开展了诸多教育教学改革，培养了一批批富有开拓创新精神的人才，这就是“敢为人先”的最佳注脚。站在新的历史起点，我们提出“建设中国特色世界一流高中”的办学定位，也体现了深中人“追求卓越”的精神内核。

“追求卓越，敢为人先”的深中精神，以及活泼灵动、自由民主的校园文化，应该得到更好的传承和发扬。我们正着手做校史的梳理和撰写工作，以使深中优秀的基因一代代传承下去。

硬件设施也是冲刺世界一流名校必不可少的要素。目前深中的硬件设施状况如何？未来可以达到怎样的水平？

客观而言，深中冲刺世界一流名校，目前最大的“短板”是硬件设施。我们的基础设施，包括校园、宿舍、食堂等，都还比较简陋。但深圳市政府非常重视，也非常支持深中的发展，目前正以高水平、高标准推进学校硬件建设。当前，学校总体改造进入关键阶段，五大项目正在有条不紊地推进之中。这是新一轮高规格、具有深中特色的校园建设，必将极大改善学校的办学条件。

深中泥岗校区的规划设计提出了五大理念：“以人为本”“资源充分使用”“全人教育”“开放”“独特审美体验”。泥岗校区将建设成为深圳未来校园规划与建设的样板，引领中小学校园的规划与设计，成为与世界发达地区的教育进行交流与对话的平台。泥岗校区的建成，将是深中迈向世界一流高中的重要一步。

正如您刚才所说，深圳对深中厚爱有加，也有很高的期待。作为深圳唯一一所以城市名字命名的中学，深中对于深圳又意味着什么？她能够给深圳带来什么？

教育是一座城市发展的基础。深中与这座城市血脉相通、相伴相生。没有深圳城市的发展和支撑，就没有今日深中的辉煌成就；而一代代深中人，也在各个领域为深圳乃至国家的发展做出了诸多贡献。

基础教育是一个城市的核心竞争力。一方面，办好人民满意的教育，培养对社会有用的人才是促进城市发展的原动力；另一方面，吸引全世界的顶尖人才来深圳市创业、投资、安居，都离不开这座城市强大的基础教育根基。我身边就有很多这样的例子，很多事业上非常成功的企业家会先考察当地是否有适合子女就读的优质中学，再决定事业的重心放在哪里。

所以说，优质的基础教育，是提升城市吸引力和竞争力的关键因素。越来越多优质中小学不断涌现，是深圳建设现代化国际化创新型城市的重要支撑。

——本文刊发于《南方都市报》2017 年 11 月 13 日 04 版

1–4

与深圳共成长、与中国共发展、与世界共进步
—— 在深中建校70周年纪念活动上的致辞

尊敬的各位领导、各位来宾，
亲爱的校友们、老师们、同学们：

大家好！

今天我们欢聚一堂，怀着无比喜悦与激动的心情迎来了深圳中学的70华诞。感谢校友们四海荣归！感谢嘉宾们远道而来！感谢师生们倾情以待！请允许我代表深圳中学，向各个时期为学校竭诚奉献的师生员工，向为母校增光添彩的广大校友，向一直以来关心支持学校发展的各位领导和各界朋友，致以最真挚的问候和最衷心的感谢！

回首过去，不忘初心；艰难困苦，玉汝于成。

深圳中学自1947年建校以来，始终不忘立学为民、治学报国的使命感和责任感，坚持中国特色社会主义的办学方向，培养德智体美全面发展的社会主义事业接班人。

70年来，学校在课程改革、拔尖创新人才培养、科技教育、国际教育、艺术教育、服务社会等方面积极探索、硕果累累。为了丰富课程资源，我校开设100多门校本课程和19门AP（Advanced Placement，预修）课程，与腾讯、华为、科大讯飞等顶尖企业共建创新体验中心，与中国科学技术大学、香港中文大学（深圳）、深圳大学等知名大学共建创新实验室；深中每年近30人升入清华、北大，累计获得11枚国际数学、物理、化学奥林匹克金牌；合唱团、交响管乐团、舞蹈团多次在国际艺术比赛中荣获金奖；我校积极履行社会责任，先后与全国数十所学校开展帮扶交流活动，以优质资源带动教育均衡发展。

70年来，学校为国家培养了近四万名优秀学子，为特区乃至全国的建设和发展做出了卓越贡献。党的十八大之后，习近平总书记第一站到深圳视察，考察了三家实体单位——腾讯公司、光启研究院和深圳渔民村，它们的掌门人马化腾、陈一丹、张志东、许晨晔、刘若鹏、吴惠权等均为深中校友。

砥砺奋进七十年，薪火相传谱新篇。2017年，学校的多项成绩再创新高：国内高考，进入全省文理科前10名的有3人、前100名的有19人，“985”工程大学录取377人，北大、清华30人，全省第一；国际方向，美国排名前50的大学录取179人，美国常春藤大学10人，全国前列。学校在精神文明建设方面取得丰硕成果，就在昨天新华社发布的“关于表彰第五届全国文明城市和第一届全国文明校园的决定”中，授予深圳中

学全国文明校园称号，这不仅是深圳中学的荣耀，更为五次荣膺“全国文明城市”称号的深圳再增荣光。

立足当下，引领未来；守正创新，追求卓越。

在“中国特色社会主义进入新时代”和国家加快建设“双一流”的背景下，我校全力推进学校内涵深度发展，明确提出未来的办学目标：建设中国特色世界一流高中。一方面，“中国特色”的教育必然是传承中华文化血脉、践行中国特色社会主义道路、服务国家发展的教育；另一方面，“世界一流”的高中势必具有国际视野，能够为世界一流大学输送更多优秀学子，为社会和国家培养更多栋梁之材，为世界一流高中的建设贡献深中方案。

老师们、同学们、朋友们，

“新思想引领新时代，新战略开启新征程。”习近平总书记说：“教育决定着人类的今天，也决定着人类的未来。”站在70周年新的起点上，我校将踏上建设中国特色世界一流高中的奋斗征途，我们将继续坚持以人为本的育人理念，把“立德树人”作为根本任务，培育英才，服务社会；我们将持续弘扬创新精神，追求卓越、敢为人先，为建设中国特色世界一流高中贡献深中智慧和深中经验。我想，这是全体深中人的责任与担当；我相信，我们一定不会辜负社会与国家的期望。让我们同心携手、砥砺前行，与深圳共成长、与中国共发展、与世界共进步，在新的时代续写深中华章，再创新的辉煌！

谢谢大家！

2017年11月18日

1-5

“拔尖创新人才培养的中学责任与担当”主题系列文章

第一篇　拔尖创新人才培养应始于基础教育

20 世纪末，就有教育思想家提出，50 年间我们培养了不少合格人才，但也压制了一些拔尖人才，不少有才华的学生被扼杀在摇篮里了，特别是那些奇才、偏才。一个原因，就是我们把全面发展与个性发展对立了起来。

近十几年来，我国各大高校在拔尖创新人才培养方面持续发力，诸多高等教育领域的“拔尖计划”应运而生，如北京大学的“元培学院”、清华大学的“清华学堂人才培养计划”、浙江大学的“竺可桢学院”等。那么，拔尖创新人才的培养是从大学才开始的吗？答案是否定的。从教育科学的角度，拔尖创新人才所必备的许多重要素质条件是在基础教育中培养和发展出来的，但这一点长期以来并未受到应有的重视。在初高中阶段，我们就应该积极探索培养拔尖创新人才的机制和模式，发现、孕育并系统培养人才苗子，建构一个符合人才成长规律，并与高等教育接轨的完整教育链。

基于对教育现状和国内外发展趋势的考虑，国家在 21 世纪初出台的《国家中长期教育改革和发展规划纲要（2010—2020 年）》中就明确提出，“形成各类人才辈出、拔尖创新人才不断涌现的局面”“推动普通高中多样化发展”“满足不同潜质学生的发展需要。探索发现和培养创新人才的途径”。

2017 年，我们与华为合作设立“深圳中学-华为特殊人才奖”，在初高中阶段发掘并资助那些在基础科学领域有特殊专长的天才、偏才、怪才，进一步加强拔尖创新人才的培养，助力他们成长为国家栋梁之材。华为是我非常敬重的民族企业，任正非是我十分崇敬的企业家。关于“如何让奇才、怪才一展所长”，他曾提出“歪瓜裂枣”理论：“枣是裂的最甜，瓜是歪的最甜，他们虽然不被大家看好，但我们从战略眼光上看好这些人。”这正是他十分重视拔尖创新人才的表现。

总而言之，我们不能把高考视作唯一的“指挥棒”，要切实根据学生的需要和特长设计教育模式。其实我们倒过来分析同样成立：如果我们的孩子在某一方面表现特别突出，难道未来会没有好的发展吗？我一直不赞成把“木桶理论”简单地类比到人的身上，这样的比喻只是一个猜想，而不是科学的命题；我们生活中很多“最短的板”并不是一个人生存所必需，因此没必要花费本来就有限的时间统统补起来。现代社会非常需要我们在兼顾学生综合素养的前提下，争取把“长板”做长，这样他们未来自然而然会在擅长的领域中脱颖而出，从而最终有所成就。

2017 年 11 月 18 日，在深圳中学建校 70 周年之际，我们立足学校发展的坚实基础，发扬“追求卓越、敢为人先”的精神传统，践行习近平新时代中国特色社会主义的教育使命，以培养具有中华底蕴和国际视野的拔尖创新人才为己任，向社会正式宣告了新的办学定位——建设中国特色世界一流高中，这正是深中对拔尖创新人才培养的责任与担当。

——本文刊发于《中国教育报》2018 年 6 月 6 日 07 版

第二篇　以多元课程建设提升人才培养质量

课程改革是整体教育改革的先导，一流的课程建设是深圳中学建设世界一流高中的核心竞争力。从 2004 年开始，深中本着“以学生为中心”的教育理念，以课程改革为抓手，不断推动拔尖创新人才培养模式的深度改革，努力提高教学水平和人才培养质量。

深中的课程建设有着自己的内在逻辑——遵照“学校按需施教、学生按需选学”的课程观，学校以“标准课程体系”“实验课程体系”“荣誉课程体系”为三大支柱，构建了独具特色的深中课程谱系；三者分别具有其鲜明的体系定位、课程设置、教学方式、管理模式等，供不同需求、不同特质的学生自主选择，旨在促进每一位学生的充分发展，“让优秀者更优秀，让平凡者不平凡”。

标准课程体系：深中标准　精益求精

标准课程体系以“学术型、标准化、有效性”见长，注重学生的研究能力和学科素养的培养，其核心理念是“深中标准、精益求精”，目标在于培养具有良好个人修养和家国情怀，懂礼仪、有修养、尊重他人、尊重自然的深中学子。

标准体系比较有特色的管理模式是“预警制”和“同伴教育制”。

预警制，致力于精准帮扶。学校聘请有丰富教育教学经验的教师担任跟踪教师，协助班主任帮助学生解决诸如生涯规划、学习困难、心理困惑等问题，必要时帮助学生与各任课教师沟通，实现对学生的精准指导。

同伴教育制，致力于精英引领。学校培养了一批包括学长团、朋辈社团等在内的有号召力和影响力的卓越学生组织，引导学生自治自律、民主参与，促进学生的自我教育和自我成长。

实验课程体系：独立自主　合作创造

实验课程体系分为高考方向和出国方向，其核心理念是“独立自主、合作创造”，致力于培养具有中华文化底蕴、通晓国际规则、具备国际视野、理解跨文化交流的“深度探究者、专注笃行者、积极创造者”。

实验体系分别为高考和出国两个方向的学生提供丰富的课程选择和众多国际高端学术活动。体系开设的特色课程包括国际素养课程、全球网络课程、自我成长课程、领导力课程、体育健康课程、研究实践课程等六大门类。数学和英语学科实施分层教学，实行导师制管理模式，以满足各类学生的不同需求。

近年来，实验体系在总结前期课程改革成果的基础上，借鉴国际优质教育的有益经验，引入互联网+技术，立足全球化合作教育方向，为学生提供独特而有生命活力的学习经历和体验机会，既着眼于学生升入优质大学，更为未来幸福美满的人生奠定基础。

荣誉课程体系：科学自由　动脑动手

荣誉课程体系以学科竞赛、科技创新等荣誉课程为核心，倡导“科学自由、动脑动手”的体系文化，以深度校本化的体系特色课程为基础，引领资优理科倾向学生深度学习和实践创新，培养未来社会理工科高层次人才。

荣誉体系在学校“本校的课程”谱系下，根据荣誉体系定位，对原“基础学术课程”和“深中文凭课程”进行体系特色化改造，形成切合资优学生特点及选择需要的“体系基础课程”和“体系荣誉课程”两大系列。

“体系基础课程”以学生必修课程为主，包含语文、数学、英语等14门学科在内的校本化国家必修课程和体系特色必修课程、选修课程；“体系荣誉课程”包含国家必修课程（荣誉）、学科竞赛课程、中国大学先修课程（AC）、自主招生课程（数学、物理）、高端学术活动课程五大类别。

体系推行“全员德育模式”。高考方向学生实行导师制管理，每位导师管理20名学生，所有任课教师均为导师；出国方向学生实施“班主任+升学指导”的管理模式。

深圳中学有着与深圳相符的敢为人先的精神气质，有着与世界相通的包容开放心态。这里有一切为了学生，遵循教育规律的教育方式和适合不同学生发展的课程体系，尊重个性、主动发展、追求卓越。在这里，每个人都可以做出自己的选择，可以构想未来的形状，追逐自己的梦想；每个孩子的身份从单一的“学生”不断变得多元，并逐渐成长为最优秀的自己。

——本文刊发于《中国教育报》2018年6月27日07版

第三篇　以优质创新教育资源为学生成长赋能

2018年5月28日，我校初中部第四届创客节如期开幕，八辆智能机器人坦克按规定路径喷洒着烟花，6台无人机按品字形编队在坦克上空飞行，与坦克方阵组成队列缓缓地经过主席台……一系列完美的表演和展示赢得在场观众的热烈掌声。

自2014年初中部诞生第一个创客空间——星火创客空间以来，我校连续举办了四届创客节和一届创客展。创客文化、创新思潮在校园里不断扩散蔓延，学校逐渐形成了人人有创新、个个出创意、动手与动脑紧密融合的学习氛围。

创客教育的蓬勃发展是深中多年来探索创新教育改革的生动写照。

创新就是生产力，国家发展需要创新人才，学生成才需要创新教育。在2012年建校

65 周年之际，学校借助有利的地缘条件和校友优势，与全国知名企业联合创办了 7 个创新体验中心。随后我们一边摸索一边前行，不断充实和丰富创新教育资源——截至目前，学校已与腾讯、华为、大疆、科大讯飞等知名企业共建 11 所创新体验中心；与中国科学技术大学、香港中文大学（深圳）、深圳大学、加拿大阿尔伯塔大学等高校共建 4 个创新实验室。

丰富多元的平台不仅拓展了学生的学习空间，为教师提供了高端的专业发展平台，为学校创新教育教学提供场地和专业设备支持，而且汇集了各领域的专业人员参与校本课程设计开发，进行学术讲座分享，指导创新教育实践和课题研究活动等，进而培养了师生的学术素养和专业精神。

以课程建设为例，在确保贯彻落实和积极调适国家课程的基础上，我们与大学和企业深度合作，共同开发了以“项目式学习 PBL（Project-Based Learning）”为主要模式，以工程和技术为核心，结合信息技术、数学、物理、生物、化学、政治等学科的校本系列 STEAM 课程——3D 设计与打印、建筑创客、走进核电站、Arduino 应用设计、多轴飞行器应用、智能机器人等。

将实验室建设与课程建设深度融合，不仅促使学生主动进行创造性探究，不断地提出假设、验证假设，而且促进了学生在学科核心素养方向的提高。STEAM 教学、竞赛活动、项目探究、课题研究等教学形态，注重跨学科整合，强调动手实践，突出了思维认知体系和学习方法优化，充分体现出优质创新教育资源的供给对学生的赋能。更重要的一点是，参与创新实践的过程给学生的情感与情绪带来了丰富的体验。正如朱熹强调“格物致知”，王阳明坚持“事上磨”，教师除了引导学生实践以外，更注重的是情感意志品质的熏陶与陶冶，有了情感的投入，才能有内生的动力，从而达到知行合一，这些正是创新最宝贵的品质。

陶行知先生说：“教育不能创造什么，但它能启发儿童创造力以从事于创造工作。”中小学创新教育的根本价值不是培养专门的创新人才，而是培养学生的主动探索精神、批判性思维能力、合作研究能力等，让孩子们了解科学研究、技术制作、艺术创作的全过程，让广大师生更加主动、更有创意地投入到校园生活，从而形成一种健康向上、勇于创新的校园生态文化。

——本文刊发于《中国教育报》2018 年 7 月 4 日 07 版

第四篇　有一流师资才有学生卓越发展

学校之大，不在大楼之大，而在大师之大。我校近年来一直努力引进和培育一批高学历、高专业水平的优秀师资团队，为学生的卓越发展领航，为学校的可持续发展奠定坚实基础。然而在这个过程中，我们也面临着一些难题：教师的待遇在行业领域里不具备竞争力、教师地位有待提高，等等。出现这样的问题，在一定程度上也说明了目前基础教育在优秀人才引进方面的确做得还不够，一些“瓶颈”还难以突破。

“基础教育是中国教育的基础，教师是基础的基础。”教师的工作关系到下一代的成长，关系到国家民族的未来。正如著名教育家梅贻琦先生提出的“从游说”——学校犹水，师生犹鱼；大鱼前导，小鱼尾随。在如今的现实情况下，如何加强基础教育教师队伍建设，吸引更多的“大鱼”来从事基础教育工作？我认为有两个着力点：一是提高教师物质待遇，二是保障教师价值实现。

一方面，用高薪和其他福利待遇吸引高水平人才投身基础教育事业，让最优秀的人教育下一代，培养出更优秀的人。目前中小学教师待遇偏低依然是不争的现实，长期下去，基础教育将成为“价值洼地”，于国于民都不利。切实改善教师待遇和工作条件迫在眉睫，我们应当争取让每位教师都能不为物价和房价所困，让每位教师都能更加体面地教书，让每位教师都能静心育人，潜心研究，享受教育生活。

另一方面，要在高端学术和一线教学之间搭建桥梁，让教师“在岗位上有幸福感，在事业上有成就感，在社会上有荣誉感”。只有一流的师资是不够的，还需要有适合一流师资发挥作用的软环境、软机制，因此要打通高学历高水平教师的发展通道，才会吸引和留住更多的优秀人才。以我校为例，近几年新入职的教师大多都是国内外著名高校的硕士和博士，他们一般都具有扎实的研究功底和能力。学校的任务是真正挖掘和释放每位教师的专业学术力量，让他们在三尺讲台一展研究所长，有所建树，成就感自然而来。

正如教育部部长陈宝生所说，“提高教师地位和待遇，使用他们，压担子，指路子，出点子，给位子，发票子，让他们能有实现自身价值的机会”，才能让教师成为令人羡慕的职业。除此之外，师范教育是为基础教育输送一线教师的主要渠道，因此一定要把好师范教育的源头关。在对师范生的培育过程中应兼顾学术性与师范性，处理好理论与实践的关系。教师角色的特殊性决定了高校师范专业的教育不能仅仅局限于“听”中学，更多的应该是在“做”中学；在汲取理论知识的同时，注重积累教育经验。另外，师范教育绝不应单纯解决“教什么”的问题，而更多的是探索“怎么教”的问题。因此，教学设计与教学技能培训、教学反思体验、教学问题研究等相关训练都至关重要。

兴校之道，始于人才，广大教师无疑是教育事业中的“灵魂人物”。因此我们要以识才的慧眼、爱才的诚意、用才的胆识、容才的雅量、聚才的良方，广开进贤之路，把各类优秀人才吸引到基础教育教师队伍中来。我们理应优先改善教师的各项待遇，让教师职业成为优秀青年的向往，用最优秀的人去培养更优秀的人。

——本文刊发于《中国教育报》2018 年 7 月 11 日 07 版

第五篇　追求一流目标　提升国际教育水平

在建校 70 周年之际，深圳中学以“中学教育，大学格局”为愿景，提出了“建设中国特色世界一流高中”的办学定位。

又是一个毕业季。在 2018 年海外录取难度激增的背景下，深中学子被美国、英国名校录取的人数可观，依然保持了极强的竞争力。深中的国际教育水平缘何受到众多世界顶尖名校的认可？这与学校清晰的育人目标、系统的课程设置、和谐的教育生态等方面有着密不可分的关系。

第一，育人目标是灵魂。深圳中学致力于培养具有中华底蕴和国际视野的拔尖创新人才，“中华底蕴”是本、是根。我们希望培养出的学生在认识世界的过程中，更能增进对自己国家的理解；在未来融入世界浪潮的同时，不忘坚守民族精神和家国情怀。

那么，在国际教育中该如何提高学生文化素养、增强文化底蕴？以语文教学为例，在完成国家必修内容基础上，课堂中会补充《论语》《老子》《大学》《中庸》等国学经典篇目，修身明礼、砥砺品行，继而从《诗经》、《楚辞》、汉乐府，到唐诗、宋词、各朝文。在古人或古拙或绮丽的语言中，在“仰观宇宙之大，俯察品类之盛”的智慧中濡养熏陶，培养学生的审美鉴赏能力和古诗词创作能力；在汲取人类文化精髓的同时，使学生能够继承和弘扬传统文化中优秀的价值观。

第二，课程建设是核心。在严格落实国家课程的基础上，学校开设了涵盖语言、科学、数学、社会科学、人文科学、艺术等多个类别的 19 门与大学一年级水平相当的 AP 课程，每名学生每学年可以根据自己的兴趣和特长从以上课程中选择 3～6 门来学习。

同时，学校开设的戏剧、公共演讲、辩论、游学实践课程、网络远程课程、全球化 STEM 合作课程等众多校本课程是深中国际教育的一个特色。在游学实践课程中，我们会带领学生前往欧洲等地开展诸如“重走文艺复兴之路”的深度文化探寻之旅；在全球化 STEM 合作课程中，学校物理、英语、地理、生物等科组老师以 iEARN 国际教育资源网络为平台，与国外师生共同开发设计“太阳能灶项目”“EFL 青少年之声项目”“土壤多样性研究项目”“红树林项目”等多个学习项目。学生以小组的形式进行探究学习，并定期与国外师生进行远程交流互动，进而在跨文化融合的学习过程中，解决了生活中的真实问题，提升了科学探究能力、信息技术的运用水平和全球胜任力。

第三，教育生态是关键。学生的健康成长离不开校内外各种教育资源有机构成的和谐教育生态。一方面，深中校内丰富的社团活动为学生提供了充分发展自我的平台。目前学校初中部和高中部共有社团 100 多个，涵盖社科类、科技类、公益类、艺术类等 8 个类别，其中深圳中学模拟联合国协会（深中模联）和先锋中学生国际联盟峰会具有广泛的影响力。自 2010 年起深中模联已连续 9 年举办泛珠三角高中生模拟联合国大会，每年均有数十所学校、数百名代表参加会议，他们围绕时事热点、国际关系等相关主题探讨交流，互学互鉴共成长。

另一方面，学校不仅引导学生充分利用世界知名大学夏令营、Pioneer Academics 项目等国际教育资源，而且为学生搭建了丰富多样的高端学术活动平台，例如国际青年物理学家锦标赛（IYPT）、美国青年物理学家锦标赛（USIYPT）、美国学术十项全能（USAD）、美国高中学生数学建模竞赛等，学生在众多学术活动中，表现出了扎实的学术研究能力、创新能力——2018 年有 3 人入选国际物理和化学奥林匹克国家队（全国共 9 人）；2012 年、2016 年两次荣获 USIYPT 全球年度总冠军；2011 年、2012 年两次赴美国参加麻省理工发明创新展。

最后，同辈的示范引领在学生的发展中也起到了重要的作用。每年高三的学长学姐会以小组形式组成同辈辅导团队，向高一高二的学弟学妹分享选课、夏校、文书、活动等方面的心得体会，这同时也体现了深中优良校园文化的传承。

——本文刊发于《中国教育报》2018 年 8 月 29 日 06 版

深中校长朱华伟的教育梦：建设中国特色世界一流高中

半个多月前，深圳中学在其官方微信发布了一篇名为“改革开放四十年　七秩学府再出发”的推文，推文细数深中为学生搭建多元发展平台，培养拔尖创新人才，2018 年在高考、出国、竞赛等方面取得的漂亮“成绩单”，并转载了朱华伟校长一年前在深中建校 70 周年纪念活动上的致辞。彼时，刚上任深中校长一职近一年的朱华伟教授向外界宣布，这所以深圳这座城市命名的中学，新的办学目标是：建设中国特色世界一流高中。

朱华伟在自己的朋友圈转发了上述文章，并写道：“深中与深圳共成长、与中国共发展、与世界共进步。”在他看来，深中之所以办得好，是靠传承、靠文化；靠师资、靠管理。他用“泡菜”打了一个生动的比喻，“泡菜的味道决定于泡菜水，泡菜水好，无论是白菜、萝卜、黄瓜，泡出的味道都好，否则，结果相反。”

深中如何调好“泡菜水”，又将如何实现“中国特色世界一流高中”的目标？日前，深圳中学校长朱华伟教授接受了南方日报记者专访，解读这所深圳老牌名校发展密码，并谈及他对于深中未来发展、集团化办学、高考改革、特殊人才培养等教育热点的看法。

希望将深中带至“国内领先，世界一流”

朱华伟教授是深中第十八任校长，他有很多亮眼的身份：华中科技大学教育学博士、二级教授、特级教师、博士生导师、享受国务院政府特殊津贴专家、广州市教育研究院创院院长、国际教育数学协会常务副理事长、首届湖北五四青年奖章获得者等，而最为外界称道的则是他奥赛金牌教练的身份，他曾担任国际数学奥林匹克中国国家队领队、主教练，率中国队获团体冠军，指导多名选手获国际金牌。

当问到当初为什么选择来深中，朱华伟教授说，“我来深中，是为了追寻单纯的教育梦想。中国有两所中学是大家公认的国内最好高中：北有人大附中，东有上海中学，在南中国还没有一所跟这两所学校可以比肩的学校。但是，身处深圳的深圳中学就有与这两所学校实现‘三足鼎立’的潜质，因此我看中的是深中的平台。”所以当相关领导找到他，希望他担任深中校长时，朱华伟欣然接受，他希望带领深中再上一个新台阶，达到国内领先、世界一流的水平。

朱华伟说：“我有近四十年对教育的热爱和丰富的教育经历，我希望把自己的教育智慧和教育经验奉献给学校，给更多老师提供发展平台，为国家培养更多的优秀人才，这不仅是为社会做出自己的贡献，也是实现自己人生价值的过程。”

基础教育要为学生搭建多元发展立交桥

2018 年，在第 49 届国际物理奥林匹克（IPhO）上，深中学子杨天骅和薛泽洋夺得金牌；在第 50 届国际化学奥林匹克（IChO）上，深中学子聂翊宸也斩获金牌。一所学校一年内在高中阶段顶级的学科国际赛事中夺下 3 枚金牌，这在广东省内还是首次。8 月 3 日，深中举行了一场新闻发布会向外界发布这个好消息。朱华伟致辞时笑称：“比我自己带队时紧张多了。我一遍遍地看着他们手持国旗，充满自信地站在国际颁奖台上的照片，心情久久不能平静。三位同学为国争光，学校为你们感到骄傲。”

深中无疑是深圳人的骄傲，也是深圳人心目中公认的老牌名校。从 1947 年诞生至今，已培育了近 4 万名优秀学子。2018 年，QS 世界大学排名前 100 的中国高校录取 79 人，其中北京大学、清华大学录取 26 人，香港大学、香港科技大学录取 15 人，人数广东省第一。在海外录取难度激增的背景下，深中学子依然保持了极强的竞争力，U. S. News 排名前 10 的美国大学录取了 9 名深中学子，发放了 16 份录取通知书；排名前 50 的美国大学录取了 150 名深中学子，发放了 413 份录取通知书；哈佛大学等美国常春藤大学共录取了 9 名深中学子，发放了 12 份录取通知书，占广东省一半；英国牛津大学、剑桥大学录取了 7 名深中学子；深中海外大学录取数据居全国前列。

“深中今天所取得的荣誉，是建校 70 余年历史积淀和一代代深中人前赴后继共同努力的成果，是学校一直以来支持学生多元发展水到渠成的收获。学校一直以来努力营造‘人人皆可成才、人人尽展其才’的良好环境，遵照‘学校按需施教、学生按需选学’的课程观，以标准、实验、荣誉三大课程体系为支柱，为学生搭建多元发展立交桥，为每个人提供适合的教育，让每个人都有出彩的机会、拥有更广阔的人生。”

【关键词：发展方向】

希望深中不负众望，早日实现世界一流高中目标

南方日报：在深中 70 周年校庆时，您提出来深中要建设世界一流高中，为什么会提这样的目标？

朱华伟：这其中有三个理由：一是国家提出来要加快建设世界一流大学，达到这个目标需要有一流的高中毕业生，这就需要有相应的世界一流高中，而且在数量上要多于世界一流大学。深中应该做出自己的贡献。二是深圳改革发展取得了巨大成就，作为世界一流城市和国际创新之都，深圳应该有一所世界一流高中和城市相匹配。教育是一个十年树木、百年树人的过程，不是一朝一夕就能完成的，深中有着 70 余年的历史，更应该有这种担当，而且有实力去完成这个使命。三是深中站在 70 年的重要历史节点上，需要总结和梳理，并进一步思考下一步往何处去的问题。深中现在已经是世界知名高中，现在要向世界著名高中迈进。

基于上述原因，我们提出“建设中国特色世界一流高中”，省市领导对此予以充分肯定，并鼓励我们“加快建成世界一流学校”。

南方日报：世界一流高中有哪些具体指标？

朱华伟：我们的培养目标是“培养具有中

华底蕴和国际视野的拔尖创新人才”，中华底蕴、国际视野、拔尖创新这三个关键词，是深中能否成为世界一流高中的重要指标。另外一个重要指标是，我们培养的毕业生要大部分能升入世界一流大学。实际上，目前我们有超过一半的学生能够进入国内在建的世界一流大学，而选择去国外留学的，基本上都能申请到美国排名前50的名校或世界各地的名校。如果将国内外相加，我们现在每年有超过60%的学生进入世界一流大学或在建世界一流大学。将来，我们希望这个比例能够达到80%以上。

同时，我们的校园环境、教育理念、师资队伍、教学设施、科研成果等都要向世界一流看齐。学科竞赛今年我们获得三块国际奥赛金牌，可以说在这方面我们已经做到了世界一流。我们现在的数理化奥赛教练团队也是全国最好、世界一流。

南方日报：世界一流的高中究竟是什么样子？实现这个目标，深中的抓手是什么？

朱华伟：我认为首先要以“立德树人”为根本，要有优美的、有文化底蕴的校园环境，还要有一流的教师和学生。深中现在有两个短板：校园环境和师资。深中泥岗校区2020年投入使用后，深中的校园环境会得到极大改善；这个校区的设计有点斯坦福大学校园的感觉，也是我理想中学校的样子。如果能完全按照目前方案实施的话，届时泥岗校区的硬件环境一定是世界一流的。硬件条件解决后，就是师资问题。目前我们的教师队伍是国内一流，还达不到世界一流。由于泥岗校区的开办，这几年深中会引进200多位老师，我们希望吸引一批有好的教育背景和教育情怀的青年才俊；仅仅在2018年新入职教师的名单里，就有相当一部分是来自北大清华等著名高校的硕士和博士，这是一个良好的开端。

【关键词：集团化办学】

深中“扩张”的前提是不能过度稀释深中资源

南方日报：对于集团化办学，深中有何发展思路和模式？

朱华伟：目前深圳中学除了有高中部、初中部外，还有几所“深圳中学共同体”学校，包括深圳亚迪学校、深中龙岗初级中学、深中龙岗小学、万科梅沙书院、深中河源实验学校、深中南山创新学校。这些学校是在不同时期、不同背景下创办的，比如深圳亚迪学校当时主要是为了解决比亚迪员工子女上学问题而创办的。今年，深中秉持着为市民提供更多优质教育资源的理念和初心，经市教育局批准，和南山区政府、大疆创新公司合作，一起开办了深中南山创新学校。

南方日报：这所新学校有何与众不同？

朱华伟：现在社会普遍反映中国学生动手能力不足、创新意识不强，我们希望这个学校能够在完成九年义务教育阶段国家规定的课程之外，多渗透一些创新元素，通过让学生进行科技创新实践，提高他们的动手能力和创新意识。

深圳正在打造可持续发展的全球创新之都，南山区在打造世界级创新型滨海中心城区，这为我们办校提供了好的依托，学校办好了也会有利于南山区、深圳更好地引才。大疆是全世界知名的无人机公司，集聚了很多思想活跃、富于创新精神的青年科技人才，能够把很好的理念、想法和教育的理念融合，共同开发一批创新课程。深中的科技创新教育走在全国中学前列，深中南山创新学校也一定可以充分利用优质的创新教育资源，争取建成国内一流基础教育名校。

南方日报：在基础教育阶段，集团化办学似乎成为一种趋势，深中是否也会“扩张”？

朱华伟：去年开始，深圳的集团化办学确实发展得很快。很多人会关心地问：“深中怎么办？”我觉得深中需要有社会责任、社会担当去帮助更多的学校，但我希望这种“扩张”是随着形势的发展、社会的需要，自然而然地去进行，就像我们之前办的所有学校一样，是“自然生长”出来的，我们把它叫做“深中共同体”学校，每个学校都有着深中血脉，深中也会把最好的理念。资源输送过去。每所共同体学校我们都会派优秀干部、老师过去，致力于将这些学校建成真正有深中气质、深中基因的学校。

“深中共同体”学校都是从深中自然生长、繁衍出来，因此只有深中好，各个学校才能好。深中之所以发展得这么好，一个重要因素就是没有稀释太快。就像泡茶，不停地加水，最后就没有茶的味道了，办学校也一样。关于集团化办学，我们会按照自己的步调把这件事情做好，前提是服从深圳市委市政府、市教育局的布局，以及不能过度稀释深中资源。

南方日报：对于集团化办学，外界担心之一就是如何保障分校办学质量，深中有何经验可分享？

朱华伟：我们派出去的干部、老师，都是在深中成长起来的，他们对深中的教育理念有着全面的认知和深入的理解，而且他们跟深中的每个人都很熟悉，有什么不明白的或者需要支持的，一个电话、微信就解决了，深中的资源也都与这些学校实现完全共享。当然，不同的学校会有不同的特色，比如万科梅沙书院，是在深中多年办国际课程成功基础上创办的国际高中。深中派出了当时的学生处主任王赫博士去担任这所学校的院长，同时，深中也会经常派优秀老师去指导，他们也会随时到深中来汲取好的经验、做法，两所学校非常自然地融合在一起。万科梅沙书院才办三年，今年首届毕业生成绩就非常出色。

【关键词：高考改革】

深中办学成绩优异，一是靠传承、靠文化，二是靠师资、靠管理

南方日报：面对高考综合改革，深中做了哪些应对？学生以及学校面临的最大难题是什么？

朱华伟：对深中来说，这件事情并不算太难，因为学生素质好且适应性强，师资水平也比较高，另外深中曾有过“走班”的经验。比较难的是增加了很多工作量，还要增加一些教室。对于高考改革，我也有一些忧虑，比如在新方式下，很多学生可能不会选择物理，但物理是高科技等很多技术和学科的基础，会给国家带来一系列的后患。

可以说，深中一直非常重视学生的全面发展，比如今年新高一的学生有60%加入了社团，学生每天下午4点35分之后都在参加社团活动，在社团活动中培养他们的领导

力、团队协作等各项能力。同时，我们遵循科学的规律、方法，包括最新的脑科学成果、信息技术去指导学生学习，从而让学生学会学习、享受学习。

南方日报：深中的中考分数线一直是深圳市最高的吗？

朱华伟：深中之前五年的中考录取分数线几乎都不是深圳最高的，但高中三年以后学生的“出口”非常靓丽。例如2018届高中毕业生，无论是高考高分优先投档率，北大清华录取人数都是深圳第一。只要学校好，老师好，家长自然会把学生送到学校来读书。深中取得优异办学成绩，一是靠传承、靠文化，二是靠师资、靠管理。

全世界任何一个国家、任何一个城市，不可能把所有学校办得都一样，在办学过程中，一定会有学校因为历史或者其他种种原因，走在前列，这是符合教育规律的。如果学校办得好，学生自然会报考你的学校，这是个良性循环。办学需要好的文化氛围，拿“泡菜”打个比方，“泡菜的味道决定于泡菜水，泡菜水好，无论是白菜、萝卜、黄瓜，泡出的味道都好，否则，结果相反。”我认为深中取得成功的原因，就是把泡菜坛子的水调得好。一个人的成长，第一是天分，第二是后天环境，深中就创造了一个非常好的环境。

【关键词：特殊人才培养】

携手华为发掘天才、偏才、怪才，培养拔尖创新人才

南方日报：去年深中和华为成立了“深圳中学-华为特殊人才奖”，能否讲讲这背后的故事？

朱华伟：目前的人才选拔方式会在一定程度上，淹没一些在某一方面有特殊专长的人才，使他们没有机会进入好的中学，考上深中就更难。目前有些考试还主要靠机械训练和死记硬背，比如中考数学试卷1.5个小时要完成23道题目，需要大量的重复性训练，基本上要做到“条件反射”似的一看就会、一做就对，不利于学生创新能力和独立思考能力的培养。2018年要考上深中，七科考试最多只能丢25分，你想想这有多难。另外，多元智能理论告诉我们，会有全才，但不是所有人都是全才，每个人擅长的领域不一样。拿一把尺子衡量所有人，势必会让那些在某一方面有特长的人被淹没。但反而是这些人，很有可能成为某个领域的卓越人才。

有次与华为负责人谈到这个问题时，我们一拍即合，决定设立“深圳中学-华为特殊人才奖”，发掘有特殊专长的天才、偏才、怪才，促进拔尖创新人才的培养，对于这些天才、偏才、怪才，华为会给予一定的资助，用于为他们提供优质的课程、学习机会等。

南方日报：目前有多少个人申请到这个奖？

朱华伟：从2017年9月启动这个项目到现在，有两位学生申请成功。一位是周楷文，他因为信息学和数学成绩优异得到专家推荐，去年秋季被破格录取到深中读高一，今年7月参加全国信息学奥林匹克总决赛夺得了金牌，北大清华都和他有签约意向。另一位是彭也博，因为数学特别厉害，破格录取到深中初中部读初一，今年9月他参加全

国高中数学联赛，获得广东省赛区第四名的好成绩。

南方日报：怎么样才能申请到这个奖，有没有一个标准？

朱华伟：当然有标准，但不是绝对的，如果那样，就等于又回到中考了。我们不拘一格招人才，数理化生、信息学、艺术、人文、体育等任何一方面很突出的学生都可以来试试。学生提出申请后，我们会有专家评审团来审定，会找到学生擅长领域的专家进行测验，包括笔试、面试，通过深中的自主招生后，结果还会报到华为公司确认。对录入的这些特殊人才，我们会制订有针对性的培养计划。

——本文刊发于《南方日报》2018 年 12 月 12 日 AⅡ 03 版

1-7

深圳中学：勇立潮头再出发

2018 年，《人民教育》“改革开放中的学校变革”核心议题栏目在全国遴选了四所名校：北京市八一学校、深圳中学、上海建平中学和北京市十一学校，朱华伟校长在该栏目发表文章《深圳中学：勇立潮头再出发》。

深圳是一座神奇的城市，在改革开放与大国崛起的伟大事业中，肩负光荣使命，为大国崛起创造了辉煌奇迹。深圳中学，作为唯一以这座城市名字命名的中学，与深圳同命运、共发展，创造了属于自己的使命辉煌。

艰难困苦，玉汝于成

1947 年，伴随着解放战争的炮声，深圳中学诞生在仅有几百平方米的二层建筑——深圳湖贝、水贝、向西三村的张氏雍睦堂。那一年，100 名宝安少年带着对知识的憧憬和梦想，走进“私立深圳初级中学”。

1978 年，中国拉开了对内改革的大幕，也正是在这一年，教育部颁布《关于办好一批重点中小学的试行方案的通知》，重点中学成为国家新时期教育发展的重要抓手。1983 年 6 月获评深圳市唯一的“省重点中学”，1986 年获评“广东省进步快、效果好的学校”，1993 年 11 月获评广东省首批“一级学校”。

1998 年，始建于 1985 年的原洪湖中学与深圳中学合并，成为深圳中学初中部，深中自此办学规模不断壮大，办学条件也得到极大改善。

2001 年，教育部正式启动新一轮基础教育课程改革，颁发了《基础教育课程改革纲要（试行）》等一系列政策文件，初步构建了符合时代要求、具有中国特色的基础教育课程体系，这引起了全国性的学校发展与变革。深圳中学在课程改革的进程中不断尝试，形成了较为系统、完整的课程改革经验，因此在 2004 年获评国家“新课程改革样板校”，2006 年成为首批通过广东省国家级示范性高中初期督导评估的学校。在几代深中学人的不懈努力下，2007 年 12 月 12 日深圳中学顺利通过示范性高中评估，成为在广东省乃至全国都有一定影响力的示范性高中。

2010 年，国家颁布的《国家中长期教育改革和发展规划纲要（2010—2020 年）》（以下简称《规划纲要》）明确指出，“高中阶段教育是学生个性形成、自主发展的关键时期，对提高国民素质和培养创新人才具有特殊意义”，这为高中阶段探索创新人才成长的规律指明了方向。基于半个世纪以来的教育探索，着眼于《规划纲要》对于高中教育定位的新认识，深圳中学于当年9月提出“建设学术性高中，培养创新型人才”的办学目标，并经过4年的改革探索后，正式对外发布酝酿已久的《2014级高中课程建设和学生综合素养评价方案》，明确要创造一个“学生按需选学、学校按需施教、高校按需选才”的教育环境，让有能力者可以“免听”、有兴趣者可以“多学”，同时赋予学生自主发起课程的权利。

2012年，党的十八大胜利召开。正值深圳中学建校65周年，深圳中学借助有利的地缘条件和校友优势，与全国著名企业联合创办了7个创新体验中心。这充分适应了深圳中学课程发展的需要——创新体验中心为学生接触最新课题、开展探究实验活动、体验发明创新过程、培养认真严谨的专业素养、形成崇高的科学精神和远大的科学志向搭建了学术平台；同时，学生创新体验中心的建立，依赖于深圳这块创新的沃土，依赖于深圳一大批具有社会责任感和创新文化的企业的宝贵资源，它将企业文化与校园文化有机结合起来，从而成为学生了解社会、服务社会、报效社会的一个重要窗口。

2017年是党的十九大胜利召开之年，在新时代背景下，深圳中学全力推进学校内涵深度发展，明确提出未来的办学目标：建设中国特色世界一流高中。一方面，“中国特色”的教育必然是传承中华文化血脉、践行中国特色社会主义道路、服务国家发展的教育；另一方面，“世界一流”的高中势必具有国际视野，以中国文化为底色，以世界眼光为格局，只有这样的人才，才能真正服务于国家发展。基于“世界一流高中”的办学定位，深圳中学在广泛征集全体教职工建议、反复论证和征求校外专家建议、不断打磨的基础上，于2018年7月13日在教代会上正式讨论通过《深圳中学五年发展规划（2018—2022年）》，为学校的可持续发展提供了内在动力和行动指南。

牢记使命，立学为民

从历史的角度来审视，深圳中学之所以能成为一所闻名海内外的光荣学校，最根本的原因是，她是一所有使命的学校——这个使命是国家与时代赋予并被深中人所自觉地领悟和忠诚地履行。在改革开放的浪潮中，深圳中学始终不忘立学为民、治学报国的使命感和责任感，坚持中国特色社会主义办学方向，培养德智体美劳全面发展的社会主义建设者和接班人。

桃李芬芳，星汉灿烂。70余年来，学校为国家培养了近4万名优秀学子，为特区乃至全国的建设和发展作出了卓越贡献。党的十八大之后，习近平总书记第一站到深圳视察，公开报道的视察实体都是深中校友主持的单位：1968届校友吴惠权主持的渔民村、1989届校友马化腾主持的腾讯公司和2002届校友刘若鹏主持的光启高等理工研究院。三位校友在一个特定的历史时刻，集中展示了深中对国家和深圳特区的人才贡献，凝聚为深中人最光荣的历史时刻。

在一代代深中人的不懈努力下，学校取得了令人瞩目的成绩，谱写了绚丽的华章。值得一提的是，2018年，杨天骅、薛泽洋、聂翊宸三位学生入选国际物理、化学奥林匹克中国国家队，入选人数全国第一。在第49届国际物理和第50届国际化学奥林匹克中，他们不负众望，获得金牌，为国争光。

成绩的取得并非一朝一夕，而是来自科学系统的设计、脚踏实地的落实和日积月累的坚持与探索。尤其是党的十八大以来，深圳中学在课程改革、拔尖创新人才培养、科技教育、国际教育、艺术教育、文化建设、服务社会等方面积极实践、硕果累累。

为了给学生搭建多元发展立交桥，为每个人提供适合的教育，深圳中学一直以来努力营造“人人皆可成才、人人尽展其才”的良好环境，遵照“学校按需施教、学生按需选学”的课程观，以标准、实验、荣誉三大课程体系为支柱，除基础学术课程外，学校还特别设立由认知技能、自我成长、文化审美等6个课程群构成的“深中文凭课程”。同时，还开设了20门与大学一年级水平相当的大学先修课程，以及包括国际高端学术课程、创新体验课程、社会实践与主题研究课程等在内的特色课程。

为了进一步丰富课程资源、拓展教育平台，截至目前深圳中学已与腾讯、华为、大疆、科大讯飞等著名企业共建11个创新体验中心，与中国科学技术大学、香港中文大学（深圳）、深圳大学、加拿大阿尔伯塔大学等高校共建4个创新实验室。丰富多元的平台不仅拓展了学生的学习空间，为教师提供了高端的专业发展平台，为学校创新教育教学提供了场地和专业设备支持，而且汇集了各领域的专业人员参与校本课程设计开发，进行学术讲座分享，指导创新教育实践和课题研究活动等，进而培养了师生的学术素养和专业精神。

为了开拓师生的学术视野，提升学科素养，深圳中学组织开办了“深中大讲堂”活动，定期邀请海内外知名学者来校讲学，让学生关注学科前沿，理解学科思想，培养专业精神；同时关注社会热点，陶冶艺术情操，拓展知识视野，提升审美情趣。近几期的主讲嘉宾包括南方科技大学副校长汤涛院士、北京大学原副校长王杰教授、诺贝尔奖得主阿龙·切哈诺沃博士、清华大学副校长薛其坤院士等。

为了促进学生的全面发展，培养学生的健全人格，深圳中学为学生提供了丰富多彩的学生组织、社团和校内外实践活动。目前，深中学生社团近百个，涵盖实践类、媒体类、社科类等8个类别——2018年秋季入学后，新高一年级60%以上的学生都根据自己的兴趣爱好加入了社团。同时，学校搭建了丰富的校园民主实践平台。此外，学校每学年组织学生开展江西井冈山红色革命之旅和湖南长沙伟人足迹之旅，促进学生深入理解革命历史，躬身践行社会主义核心价值观。

守正创新，追求卓越

在半个多世纪的历程中，深圳中学实现了从初级中学到完全中学、从农村中学到城市中学、从传统中学到现代化中学的历史性跨越。深圳中学的发展没有终点，探索与创新是深圳中学发展的永恒主题。致力于“培养具有中华底蕴和国际视野的拔尖创新人才”，这是深圳中学面临中国基础教育难题和“钱学森之问”，尝试寻求我国高中教育以及自身的历史性发展而展开的探索性教育实践。

尽管我国的基础教育在改革开放的40年中取得了长足的发展，但是基础教育阶段对于创新人才培养的作用并未得到应有的重视，更未得到合理挖掘。随着我国综合国力的增强，拔尖创新人才的多寡已经成为制约我国深层次改革与发展的瓶颈性问题，而高中教育作为基础教育的末端，长期以来受应试教育的影响，总是难以摆脱“只知应试，不顾其他”的恶名。

拔尖创新人才的培养应始于基础教育。毋庸置疑，探索高中阶段拔尖创新人才成长的规律与相应的教育模式变革，需要新思路和新方法。深圳中学不断创新工作思路，于2017年与华为合作设立了“深圳中学-华为特殊人才奖”，致力于在初高中阶段发掘并资助在基础科学领域有特殊专长的天才、偏才、怪才，进一步加强拔尖创新人才的培养，助力他们成长为国家栋梁之材。现在，深中已启动“IEP个别化教育计划”（Individualized Education Plan），该计划是根据学生的身心特征和实际需求拟定的针对每个有特殊需要及特殊才能的学生实施的教育方案，它既是有特殊潜能学生教育和身心全面发展的一个总体规划，又是学校未来针对其特质开展教育教学工作的指南。

此外，创新人才的发展需要创新资源的支撑。地处深圳这样一座铿锵前行在现代化国际化道路上的创新城市，深圳中学借助有利的地缘条件和优越的企业资源，已与顶尖企业和著名大学共建了14个创新体验中心和创新实验室。但是，学校目前在完备相应师资、开发精品课程等方面做得相对不足；深中未来会进一步提高创新资源的利用率，争取做到让每一个创新体验中心和创新实验室真正在校园落地生根，为教育教学增值，为学生成长赋能。

“基础教育是中国教育的基础，教师是基础的基础”。教师的工作关系到下一代的成长，关系到国家民族的未来。深圳中学的教师队伍是伴随着城市和学校的发展不断发展壮大起来的，尤其是20世纪八九十年代，大批优秀人才来到深中，为学校发展做出了巨大贡献。

著名教育家梅贻琦先生曾说：“学校犹水，师生犹鱼；大鱼前导，小鱼尾随。”深圳中学的教师队伍发展这两年又取得了新突破，大量国内外名校毕业生到深中工作。截至今年暑假，全校已有21个博士。只有一流的师资是不够的，还需要有适合一流师资发挥作用的“软环境”“软机制”——深圳中学不仅要成为学生成长的乐园，也要成为教育家成长的摇篮，只有打通了高学历高水平教师的发展通道，才有机会吸引和留住更多的优秀人才。因此，如何挖掘和释放每位教师的专业学术力量，让他们在三尺讲台一展研究所长，有所建树，这是深圳中学将来教师发展工作的重中之重。

改革开放40年，勇立潮头再出发。从雍睦堂的开埠到晒布岭与银湖山的开荒，从教育改革创新的开拓到世界一流高中新征程的开辟，都是深中人在中华民族复兴的伟大事业中，不同时代赋予包括广大校友在内的全体深中人的光荣使命。深圳人曾经用勇气与智慧摸索出一条改革开放的可行之路，深中人将继续发扬这种“敢为人先”的精神，用“建设中国特色世界一流高中”坚定而踏实的行动，回应国家民族对我们的殷切召唤，回馈城市与社会对我们的热切期待，为世界一流高中的建设贡献深中智慧和深中方案。

——本文刊发于《人民教育》2018年第23期

1-8

勇于承担光荣使命，建设世界一流高中
—— 在深圳市庆祝第 35 个教师节大会上发表的获奖感言

2019 年 9 月 10 日，在深圳市庆祝第 35 个教师节大会上，表彰了 2019 年市教育改革先锋人物、教书育人模范、年度教师、十佳校长、十佳师德标兵、十佳青年教师等教育工作先进单位和先进个人。朱华伟校长获评 2019 年深圳教育改革先锋人物，本文为朱校长在大会上发表的获奖感言。

尊敬的各位领导，各位同人：

此次获评教育改革先锋人物，不仅是对我工作的认可，也是属于深中的荣誉，它激励着我们不忘初心，砥砺前行。

2017 年元月，我带着使命来到深圳，就任深圳中学校长。2017 年 11 月，我提出了“建设中国特色世界一流高中”的办学定位和“培养具有中华底蕴和国际视野的拔尖创新人才”的育人目标，得到省、市领导，社会各界和广大深中校友的高度认可。令人振奋的是，2019 年 8 月 18 日，国家批准深圳建设中国特色社会主义先行示范区，深圳教育也被寄予厚望。作为深圳基础教育的窗口学校和领头羊，深圳中学尽快建成中国特色世界一流高中，已是众心所向、势所必然。

“革命理想高于天，理想信念之火一经点燃就会产生巨大的精神力量。”远大的目标对实践行动具有统领作用与决定性意义，两年多来，我们积极协调、努力调动各方积极力量，在教师队伍建设、课程建设、硬件建设、校园文化建设等方面实现了全面提升，开拓了学校办学质量以及社会影响的全面新局。

一、定位高远，做深圳基础教育的先行示范者

基础教育承载着每个家庭对美好生活的向往，是城市核心竞争力的重要支撑。深圳建设先行示范区，成为全球标杆城市，必须有世界一流的基础教育，有自己的世界名校，这样才能吸引全世界最优秀的人才来深圳市创业、投资、安居。

2017 年，深圳中学提出“建设中国特色世界一流高中”的办学目标，致力于“培养具有中华底蕴和国际视野的拔尖创新人才”，着力塑造深中学子的赤子情怀与家国担当。2018 年，我校制定了《深圳中学五年发展规划（2018—2022）》。目前，在建设先行示范区的征程中，正稳步落实五年规划，加快建成世界一流高中，做好基础教育先行示范的领跑者。

二、与时俱进，营造一流师资建设“软环境”

教师是立教之本、兴教之源，要吸引最优秀的人才从事基础教育，用最优秀的人培养更优秀的人。深圳中学一直注重师资队伍建设，近年来从哈佛大学、新加坡国立大学、北京大学、清华大学等世界名校引进百余名优秀毕业生，现有博士 31 人，并且拥有一支中国最好、世界一流的数理化竞赛教练团队。

只有一流师资是不够的，还需要有适合一流师资发挥作用的“软环境”。只有关爱老师、善待老师，打通高学历、高水平教师的发展通道，才能吸引和留住更多的优秀人才，这是深中，也是基础教育师资建设工作中的重中之重。

三、对标一流，助力拔尖创新人才培养

先行示范，人才是核心，到 2025 年深圳要达到科技创新世界一流，必须有一大批拔尖创新人才做支撑。因此，在基础教育阶段，就应积极探索拔尖创新人才的早期培养。深中为学生搭建多元发展立交桥，开设百余门选修课程，与著名大学和企业共建 18 个创新体验中心和创新实验室，开办深中大讲堂邀请国内外著名学者讲学，助力深中学子实现自己的无限可能。

深中的努力取得了丰硕成果，2017 年至 2019 年：86 人被北大、清华录取，全省第一。26 人被哈佛大学、耶鲁大学等美国常春藤大学录取，美国 U. S. News 排名前 30 的大学录取 263 人，排名前 50 的大学录取 456 人，全国第三。学科竞赛捷报频传，2018 年获 3 枚国际学科奥林匹克金牌，全国第一；2019 年有 8 人进入国际数学、物理、化学、生物、信息奥林匹克中国国家集训队，全省第一；在 2019 年 6 月北大、清华的数学、物理飞测中，全省一等奖 18 人，深中 12 人，二等奖 17 人，深中 8 人。

建设世界一流高中，不仅需要长时间的艰苦奋斗，也需要长时间的磨炼与检验。新的时代背景下，深圳教育要跟上城市前进的步伐，深中责无旁贷。未来，深中有信心趁势而为，迎难而上，尽快建成中国特色世界一流高中，为深圳建设中国特色社会主义先行示范区的伟大事业贡献力量。

谢谢大家！

2019 年 9 月 10 日

1–9

办一所具有世界影响力的中学

在新中国成立70周年之际，中国教育在线邀请了刘彭芝、唐盛昌、王殿军、朱华伟等优秀中学校长对话，于宏观处感受中国基础教育70年来的伟大成就，于微观处体味他们对教育的理解，对学校的治理经验，以及他们的情怀。而这一切，对于我们所有关心教育的人都有莫大的启发与借鉴。

导　言

从汝南走向世界，从世界奔赴南粤，在南粤归附深中，朱华伟始终以“为国家培养拔尖创新人才”为己任，执着地追寻着自己的教育梦，坚定地向世界展示中国人的信心和实力，不遗余力地为中国教育贡献智慧和力量。

新中国成立70周年前夕，深圳评选出两位教育改革先锋人物，一个是南方科技大学校长、中国科学院院士陈十一，另外一个就是深圳中学校长朱华伟。

缘起数学：从爱上数学到爱上教育

陈志文：您高中毕业后入读师范，后来一直学数学、研究数学教育，您为什么如此喜欢学数学、教数学?

朱华伟：我1979年高中毕业，受“文化大革命”的影响，中学期间基本没读过什么书。但当我读完徐迟的报告文学《哥德巴赫猜想》后，文中数学家陈景润的故事让我彻夜难眠，对我影响极深。在高考报志愿时，我的四个专业填的全是数学。后来，我如愿入读了汝南师范学校数学专业。

进入汝南师范后，因为对数学特别感兴趣，读一年级时我就获得了全校数学竞赛第一名。毕业后，我被分配到县里的农村中学——红光高中（现汝南一中），教高中毕业班数学，这段经历让我对教书产生了特别浓厚的兴趣。可以说，我是先喜欢数学、喜欢孩子，后来喜欢数学课堂、数学教育，随着经历的变化和人的成长，最后就变成了喜欢教育。

陈志文：您19岁就当教师，刚毕业直接教高中毕业班，非常优秀。

朱华伟：十年“文化大革命”，青黄不接，那时有能力做高中老师的人很少。1978年春天，恢复高考后的第一批大学生入学，1982年才有了第一批本科毕业生。

那时正值改革开放初期，整个国家充满正能量。对有知识、有文凭的人，也是前所未有的重视。20世纪80年代初，我在高中教书时，复读的学生还比较多，很多学生与我年龄相当，甚至有些人比我还大。很快，我当了班主任，第二年就担任学校团委书记，边干边学。

陈志文：当时已经很受重视，但还是选择继续深造？

朱华伟：是的，因为还想有更大的发展空间。1985 年，我通过专升本考上了河南教育学院读本科，毕业后回到县城的汝南二高，教高中毕业班数学，之后边教书边准备考研究生。

1986 年，中国第一次正式参加国际数学奥林匹克，湖北省成绩优异，在著名数学家齐民友教授的建议下，湖北大学开始招收数学竞赛研究生。1989 年 1 月，我参加研究生考试，考入了湖北大学数学系的数学教育（数学竞赛）专业，也成为湖北省招的第一个数学竞赛专业的研究生。

在武汉读研的三年里，我如饥似渴地学习，收获非常大。读研期间，著名数学家张景中院士推荐我先后担任北京集训队、国家集训队教练。对于我们这些跨过十年“文化大革命”的人来说，这样的学习机会十分难得。1992 年研究生毕业后，我到武汉市教研室工作，任数学教研员。1993 年评为特级教师，当年 31 岁。

陈志文：这么年轻就被评为特级教师非常罕见。

朱华伟：属于“破格”，因为我在教研室工作比较勤奋，成绩也突出，又赶上湖北省有好的政策。

那时高考资料比较稀缺，我在高考资料、竞赛资料的编写构思上做出了一些创新；在指导数学竞赛过程中我也取得了很好的成绩。我当时是湖北奥校的副校长，带领武汉队参加 1993 年在成都举办的第四届全国华罗庚金杯赛取得了全国个人冠军；此外，我当时已经发表了 20 多篇论文，出版了书籍。

我在武汉市教研室工作了三年，1995 年调任江岸区教委副主任。上任后的第一件事情就是筹办理科实验班，立足在全面发展的基础上，突出个性特长，及时发现和培养理科尖子，探索资优生培养方法和成才规律。

记得当时办理科实验班，我还顶着不小的压力，坚持每周一下午去武汉六中上课，每周六上午去武汉二中上课，骑着自行车，风雨无阻，不取报酬。现在想来，20 世纪 90 年代初我已经在开始探索拔尖创新人才培养了。

陈志文：您 2000 年被派往美国做访问学者，这期间对您影响或者改变最大的是什么？

朱华伟：我在美国六个月，除了正常的学习外，还收集了大量的图书资料。这段经历也让我更加确定，我的性格不适合做行政官员，更想办好一所中学，做中国的苏霍姆林斯基。

陈志文：这段经历让您重新找到了学术上的兴趣和成就感，找到了自己的价值。

朱华伟：对，我觉得自己更适合做数学教育研究，或者更适合做教育。所以2000年9月，从美国做访问学者回国后，我毅然决然辞去了江岸区教育党委书记职务，2001年7月5日离开了武汉。当时我39岁，一次机缘巧合，我获任人大附中珠海校区校长。办学三年，当地政府部门以及人大附中刘彭芝校长都很支持。学校办得有声有色。

2004年2月，应张景中院士之邀，我到了广州大学软件所，同年被评为研究员，接替张景中院士，担任软件所所长。张景中院士在做人上、在数学上都对我有很大影响。

在广州大学的十年，是我学术生涯中最好的十年。这十年里，我致力于拔尖创新人才培养的教育研究，探索数学创新人才的早期发现和培养规律，兼任中国数学奥林匹克委员会委员，在国内外发表相关论文20余篇，2009年担任第50届国际数学奥林匹克中国国家队领队、主教练，率中国队获团体冠军，指导多名选手获国际金牌。我运用教育数学思想，指导初中数学教材改革的理论研究和教学实践，在《课程教材教法》等刊物发表相关论文10余篇，主要成果后来获国家级教学成果奖二等奖（2018年）。2014年2月我负责筹办广州市教育研究院，并任院长、党委书记。2017年1月，我来到深圳，成为深圳中学第十八任校长。

虽然这些年换了很多岗位，但我感到自豪的，是一直没有脱离课堂。因为我喜欢数学，喜欢学生，热爱数学教育，热爱教育事业。

毕生理想：办一所具有世界影响力的中学

陈志文：为什么会来深圳中学当校长？

朱华伟：来深中就是为了追寻单纯的教育梦想。我毕生的理想，就是办一所具有世界影响力的中学。

经过70年的发展，新中国的基础教育在世界上已有一定地位，但真正达到世界一流水平的高中还比较少，整体水平呈现“均值”高、“方差”低的特征，也就是说，虽然平均水平较高，但是出众的人少，拔尖人才少。中国有两所大家公认的国内最好的中学，北有人大附中，东有上海中学，在南方还没有可以跟这两所学校比肩的中学。而身处深圳的深中，有与它们形成“三足鼎立”格局的潜质。

我有近40年对教育的热爱和丰富的教育经历，希望把自己的教育智慧和经验奉献给学校，给更多老师提供发展平台，为国家培养更多的拔尖创新人才，这不仅仅是为社会作出自己的贡献，也是在实现自己的人生价值。希望通过努力，带领深中再上一个新台阶，达到国内领先、世界一流的水平。

陈志文：深中建校至今已经72年了，您刚到深中任校长时，提出新的办学目标是“建设中国特色世界一流高中”。您觉得，何为“世界一流”？又该如何理解“中国特色”？

朱华伟：深中地处改革创新之城——深圳，伴随着深圳的发展而成长，拥有着与深圳气质相符的文化和精神。建校70周年时，学校发起了关于“深中精神”的大讨论，得到了校友的热烈回应。经过充分讨论和反复斟酌，我们在所有答案中取了“最大公约数”，确定了认可程度最高的八个字作为深中精神的总结：“追求卓越，敢为人先”。这是深中校园文化的核心所在。

70余年来，学校开展了诸多教育教学改革，培养了一大批富有开拓创新精神的人才，这就是对“敢为人先”的最佳注脚。在中国特色社会主义进入新时代和国家加快建设“双一流”的背景下，我们提出了“建设中国特色世界一流高中”的办学定位，也体现了深中人“追求卓越”的精神内核。

“中国特色”的教育必然是传承中华文化血脉、践行中国特色社会主义道路、为国育才、服务国家发展的教育，这是新时代的要求。我们提出建设“世界一流高中”的目标，是响应国家建设“双一流”大学的号召，因为要加快建设世界一流大学，一定要有世界一流的高中毕业生，也就需要有相应的世界一流高中。

深中通过什么抓手去建成世界一流高中，世界一流高中又有哪些指标？我认为首先要以“立德树人”为根本，要有优美的、有文化底蕴的校园环境，还要有一流的教师和学生。我们的校园环境、教育理念、师资队伍、硬件设施、教科研成果等都要向世界一流看齐。

我们也提出了新的培养目标，即培养具有中华底蕴和国际视野的拔尖创新人才，中华底蕴、国际视野、拔尖创新这三个关键词，是深中能否成为世界一流高中的重要指标。培养目标最终的落脚点在“拔尖创新人才”上，创新型人才的核心是创造力，包括创造性精神、创造性思维和创造性能力等，这也是学校培养人才的主要着力点。另外一个重要指标是，我们培养的毕业生要大部分能升入世界一流大学。实际上，目前我们每年有超过60%的学生进入世界一流大学或在建世界一流大学。将来，我们希望这个比例能够达到80%以上。

陈志文：您此前曾致力于拔尖创新人才培养的教育研究，如今在深中进行拔尖创新人才培养的实践，为何培养拔尖创新人才如此重要？

朱华伟：综合国力的竞争说到底是人才的竞争，而其中拔尖创新人才又起着重要的作用。上世纪末，就有教育家提出，50年间我们培养了不少合格人才，但也压制了一些拔尖人才，不少有才华的学生被扼杀在摇篮里，特别是那些奇才、偏才。一个原因，就是我们把全面发展与个性发展对立了起来。

近十几年来，我国各大高校在拔尖创新人才培养方面持续发力，诸多高等教育领域的“拔尖计划”应运而生，如北京大学的“元培学院”、清华大学的“清华学堂人才培养计划”、浙江大学的“竺可桢学院”等。那么，拔尖创新人才的培养应该是从大学才开始的吗？答案是否定的。

从教育科学的角度看，拔尖创新人才所必备的许多重要素质是在基础教育时期培养和发展出来的，但这一点长期以来并未受到应有的重视。在初、高中阶段，我们就应该积极探索拔尖创新人才培养的机制和模式，发现、孕育并系统培养人才苗子，建构一个符合人才成长规律并与高等教育接轨的完整教育链。

陈志文：深中提出以培养具有中华底蕴和国际视野的拔尖创新人才为己任，这也体现了学校的责任与担当。那在培养拔尖创新人才方面，学校具体有哪些探索？

朱华伟：我们的确做了很多探索，在资优生培养方面积累了丰富经验，建立起较为完整的拔尖创新人才培养体系。比如，启动个别化教育计划（Individualized Education Plan），在落实国家基础课程标准的前提下，根据学生的身心特征和实际需求，针对每个有特殊需要及才能的学生，拟定个性化的教育方案；邀请海内外知名学者讲学，开拓师生的学术视野，至今已邀请了多位诺奖得主、两院院士以及清华、北大、深大、南科大、港中大（深圳）的杰出学者为学生开设“深中大讲堂”，付云皓博士、韩嘉睿博士等国际奥赛金牌得主在内的青年学者，也常态化到深中为学生上选修课；搭建高端学术活动平台，让学生在国际比较中迎接挑战；拓展创新教育平台，持续丰富优质学习资源，等等。

2017 年，深中与华为联合设立了“深中-华为特殊人才奖”，资助在科学技术等方面具有特殊专长的天才、偏才、怪才，助力他们成长为国家栋梁之材。这两年我们招了几个孩子，都比较典型。有个孩子叫周楷文，对数理特别感兴趣，他 2017 年 9 月入校读高一，2018 年 7 月就拿到了全国信息学竞赛金牌，2019 年 8 月，以全国前 10 名的成绩进入国际信息学奥林匹克中国国家集训队。还有个孩子叫彭也博，2018 年春节过后来到深圳中学读初一下学期，今年 14 岁，是 2019 年全国高中数学联赛广东省赛区第一名。

多元智能理论告诉我们，社会上有全才，但不是所有人都是全才，每个人擅长的领域不一样。拿一把尺子衡量所有人，势必会让那些在某一方面有特长的人被埋没。但反而是这些人，很有可能成为某个领域的卓越人才。

陈志文：在您看来，拔尖创新人才早期培养的关键是什么？

朱华伟：根据我个人的认识和经验，中学阶段拔尖创新人才的培养应该做好以下几个方面的工作：首先，要打好基础。俗话说，万丈高楼平地起。没有继承就没有创新。其次，学校要为学生搭建多元发展平台，激发学生的学习兴趣、求知欲和好奇心，培养发现问题、提出问题的能力。再次，培养学生的创造性思维、主动探索精神、大胆质疑、批判性思维能力、合作能力等，引导学生树立献身科学的志向，养成锲而不舍的钻研精神；在树立科学精神的同时，也要拓宽学生的人文视野，培养人文情怀。

奥赛争论之思：让学生在擅长的领域脱颖而出

陈志文：近些年来，教育部门针对奥赛出台了一些政策，在社会上引起了不小的争论。作为曾经的国际数学奥林匹克中国国家队领队、主教练，您对此怎么看？

朱华伟：很多人在谈论这件事情时，其实并不知道数学竞赛是做什么的。我从读师范期间就参加数学竞赛，研究生是数学竞赛专业，之后又担任多年国家队教练，这些经历让我对数学竞赛有更深刻的认识。

信息技术时代，国家急需大批拔尖创新人才，而奥数是拔尖创新人才早期识别与培养的重要途径之一。从高校招生来看，虽然奥赛获奖者参加高考不再加分了，但教育部给予进入国家集训队的学生保送北大、清华的政策，奥赛获奖者仍是名校争抢的对象，不少名校给出“降至一本线录取”的优惠。

正因这样，有不少家长挤着给孩子报奥数班，以此作为升名校的敲门砖，很少考虑孩子是否真的喜欢数学，所以社会上才会出现针对奥数的争论。

我认为，一窝蜂搞奥数实在没必要，也不可行！奥数是一项高水平的智力活动，学习奥数也要有一定的数学天赋，和弹钢琴要有音乐天赋是一样的道理。

中国乒乓球为什么这么厉害？因为全民都会打乒乓球，但不一定都要去当世界冠军，可以作为爱好、锻炼身体、开发思维。数学也一样，只要孩子有兴趣，就可以让他多学一点，不一定非要将来当数学家，而是通过数学学习，培养逻辑推理、几何直观、数学抽象、数学建模能力，培养他对数据的分析判断、对图形的认知，这种智力的开发对孩子的一生都有好处。

那究竟什么样的学生适合学奥数？我认为有两类：一是对各门学科学习学有余力者，二是对数学有兴趣者。

陈志文：那您如何评价这些针对奥数的争议和非议？

朱华伟：社会上针对奥数所产生的争论，主要是在小升初阶段，小升初是“奥数热”的根源，大家诟病的是奥数会给孩子增加学习负担。对此，我有三点想法：

首先，在义务教育阶段小学升初中，教育行政部门不允许有选拔性的考试，但各个学校的办学水平、办学资源不同，这是客观现实，也不可能在短时期内解决。有些学校的师资力量确实很强，适合培养拔尖人才，家长们也都希望自己的孩子在升初中、高中时能进入更好的学校。

其次，每个孩子擅长的领域不同，有的擅长舞蹈，有的擅长体育，有的擅长文学，有的擅长数理。真正好的教育，应该是根据孩子擅长的领域为他们提供适合的发展土壤和平台。

再次，国家和人类需要各种各样的人才，我们没有必要逼着孩子成为十项全能运动员。大家都在讲，我们缺少创新的东西，归根结底是我们缺少创新人才。而创新人才的培养，不可能从大学才开始，要从小学、初中开始，不然就把孩子们的天分埋没了。

目前来看，即便没有奥数，没有数学竞赛，孩子也会有其他负担。我认为，对于青少年的课外兴趣活动，积极的对策不应当是限制堵塞，而是开源分流。发展多种课外活动，让更多的青少年各得其所，把各种活动都办得像数学竞赛这样成功并且被认可，数学竞赛培训活动过热的问题自然就得到缓解或化解了。

陈志文：我们现在的教育治理，很大程度上是在追求所谓的均衡。

朱华伟：世界上很少有国家能实现绝对的教育均衡。我们还是应该尊重教育规律，尊重孩子的成长规律，相信生物基因科学。有些孩子就是擅长数理，我们就得为他们提供平台。

对人才不能求全，把“木桶理论”简单地类比到教育上是错误的。这样的类比只是一个猜想，而不是科学的命题。我们生活中很多“短板”并不是一个人生存所必需，因此没必要花费本来就有限的时间通通补起来。现代社会非常需要我们在兼顾学生综合素养的前提下，争取把“长板”做长，这样他们自然而然会在擅长的领域脱颖而出，从而最终有所成就。一个人真正对社会做出的贡献，并非取决于短板，而是取决于长板。

陈志文：我们必须给特殊人才的培养搭建平台，不能一刀切。

朱华伟：按照心理学的统计规律，资优儿童的占比大约为3%～5%，对于中国这么大的人口基数来说，这是一个很大的群体。最能发现孩子数理、语言、绘画等天资的阶段就在小学和初中，到高中以后再筛选就来不及了。

教育的使命是设法满足所有学生的教育需要，提供适切的教育环境，尽可能使学生发挥潜能。

目前的九年义务教育政策，已经基本为所有的儿童奠定了良好的教育基础。为什么中国改革开放这40年发展得这么好？其中一点就是得益于中国基础教育发展得好，使我们的民族文化素养得到了极大的提高，特别是全民的数学教育水平高。

但资优儿童作为一个特殊群体的存在，有其特殊的教育需要。他们的学习需要与一般学生不同，课程应能适应或容纳这些特殊需要；他们既需要加速加深教育，也需要充实、延伸教育；为了实现最优的教育效果，他们的课程更应该被更好的设计和实施。只有针对这个群体的特点而提供适切性的教育环境，才能最大程度地发挥他们的资优潜能，促进自我认同，将潜质转化为现实的能力。

创新发展之源：重视数理等基础学科

陈志文：数学、物理等自然科学对我们的人才培养是至关重要的。改革开放以来，我们培养了大量的理工科人才。从总体的数量上来说，中国这些年培养的STEAM人才是美国的很多倍。您对此怎么看？

朱华伟：是的。数学、物理是自然科学的基础，是重大技术创新发展的基础，数理实力影响着国家实力。李克强总理在2019年9月2日召开的国家杰出青年科学基金工作座谈会上指出，“基础研究决定一个国家科技创新的深度和广度，‘卡脖子’问题根子在基础研究薄弱”，而“数学则是基础研究的基础，是其他科学研究的主要工具”。

2019年5月21日，面对美国制裁，华为总裁任正非先生在接受中央电视台专访时颇有感触地说道：“发展电子工业，过去的方针是砸钱；芯片光砸钱不行，要砸数学家、物理学家等。”任总以华为公司的实际经验深刻地洞见到，想要发展创新产业和尖端科技，光有资金投入是远远不够的，没有基础学科的支持、没有尖端人才的推动，前沿产业的发展也就成为无源之水、无本之木。

重视并加强基础教育阶段的数学、物理等自然学科教育迫在眉睫，尤其是对于数学、物理拔尖人才的早期识别和培养，给予这些好苗子一个适合的特殊的成长机会至关重要。

早在1963年，苏联就在莫斯科、列宁格勒、基辅和新西伯利亚四个城市设立寄宿数学物理学校，覆盖5年级到11年级，培养了一大批杰出人才。目前仅华为聘请的俄罗斯数学家和物理学家就有几百位。2002年，我曾有幸与中国首批博士、著名数学家、国际数学奥林匹克中国国家队领队苏淳教授合作翻译了《俄罗斯青少年数学俱乐部》（湖北教育出版社，2002年）一书，从中我们可以获得一些经验。

在数理教育方面，在北京，人大附中设有早培班；在广州，华南师大附中开设奥班、创新班；在深圳，深中也有竞赛班等。这些办学经验都为我们进一步探索拔尖创新人才培养提供了很好的参考。

陈志文：数、理等学科是创新教育的基础，目前深中在创新教育其他方面还有哪些具体的探索？

朱华伟：深中坚持开门办学，融合社会优质教育资源，打造“创新生态”，延伸课堂。目前已与腾讯、华为、大疆、中国科学技术大学、上海交通大学等著名企业和高校共建18个创新体验中心与创新实验室。以深中与香港中文大学（深圳）共建的“智能机器人创新实验室”为例，大学提供专业人员支持，组织安排讲座、竞赛活动，介绍前沿科技资讯，提供校外研习活动及社会综合实践基地等。深中安排专人负责项目统筹协调，提供实验室场地和基础设备，安排相关学科教师参与课程研发及活动设计、实施等。

陈志文：创新体验中心和创新实验室是重要平台，具体落实创新教育应该还需要相应的课程支撑。

朱华伟：是的，我把它总结为“一体两翼，共促发展”。

“一体”的主体为课程，除了国家规定的必修和选修课程，深中还开设了丰富的校本课程，夯实基础。我们这学期就有近150门选修课，其中与科技教育相关的有十多门。此外，我们还开发了以“项目式学习（Project-Based Learning，PBL）”为主要模式，以工程和技术为核心，结合信息、技术、数学、物理、生物、化学、政治等学科的校本系列STEAM课程。

“两翼”指社团活动和学术竞赛，学校会鼓励学生积极参与上述活动，以此帮助他们拓宽视野、锻炼培养各项能力。深中有100多个社团，与科技活动相关的社团有近20个，比如星火创客空间就很有代表性。截至目前，学校连续举办了四届创客节和一届创客展。创客文化渐渐深入人心，也逐渐形成了人人有创新、个个出创意、动手与动脑紧密融合的学习氛围。

学术竞赛方面，深中参加了包括美国青年物理学家锦标赛（USIYPT）、国际基因工程机器大赛（iGEM）、FIRST机器人大赛、丘成桐中学科学奖、中国大智汇创新研究挑战赛（CTB）等三十余项国内外著名的学术活动。

陈志文：深中的课程确实非常丰富，在您看来，创新教育的核心是什么？

朱华伟：课程是根本，文化是灵魂。创新文化的孕育与生成不仅需要宏观层面国家政策的引导和支持，还需要中观维度学校的制度保障和文化熏陶，以及微观视角下教师的理念认同和践行。

在深中，创新教育不是仅局限于信息技术课堂或者一些特定的选修课和社团，我们鼓励教师根据不同学科特点和学生差异，采取适当方法将创新思维整合入现有课程体系，融入日常学科教学，培养学生的批判性思维和解决问题能力。

所以说，创新是一颗种子，它可以在校园的各个角落生根发芽、开枝散叶；创新是一个理念，它可以体现在各个学科的课堂教学中；创新是一种文化，它可以融入于学校活动的方方面面。我认为，办学特别需要好的文化氛围，拿“泡菜”来打个比方，“泡菜的味道决定于泡菜水，泡菜水好，无论是白菜、萝卜、黄瓜，泡出的味道都好，否则，结果相反。”

打造一流师资：基础教育一定要引进最优秀的人

陈志文：一流的高中、拔尖创新人才的培养，都需要有一流的师资队伍，您担任深中校长后，在师资队伍建设方面做了哪些工作？

朱华伟：谈及基础教育的师资队伍建设，我喜欢引用著名教育家梅贻琦先生的一段话：“学校犹水也，师生犹鱼也，其行动犹游泳也。大鱼前导，小鱼尾随，是从游也。从游既久，其濡染观摩之效自不求而至，不为而成。”深中近年来一直在努力引进和培育高学历、高专业水平的优秀师资，为学生的卓越发展领航，为学校的可持续发展奠定坚实基础。

目前，深中共有教师400余人，其中硕士200多人、博士31人，教授、正高级教师、特级教师、竞赛金牌教练、名教师等40余人。2017年1月刚到深中时，我是学校第3个博士，而2019年深中新引进的35名教师中，有博士9人，博士后3人，23人毕业于北大、清华，5人毕业于哈佛大学等世界顶尖名校。

近三年，我们从哈佛大学、新加坡国立大学、北京大学、清华大学、中国科学技术大学等海内外名校引进了百余位优秀毕业生。随着学校吸引力越来越大，我的目标是在任期内深中有100个清华、北大及世界顶尖大学的毕业生，以及100个博士。另外，特别值得一提的是，深中的数理化奥赛教练队伍是国内顶尖的，足以完成中学阶段最高水平的竞赛任务，足以支撑学校更高水平的发展。

陈志文：您是怎么招聘到这些优秀人才的呢？

朱华伟：深中一直以来都非常重视教师的培养和引进，之所以能吸引一大批名校毕业生来校任教，主要是因为以下三点：

一是靠情怀。他们喜欢教育事业，喜欢来深圳、深中当老师。

二是靠平台。深中有深厚的历史积淀，有积极向上、敢为人先的校园文化，有卓越的办学成就，我们要创造世界一流的平台，干出世界一流的业绩，办成世界一流的高中，很多优秀人才愿与我们同行，在这里充分施展才华、实现自身价值。

三是靠关怀。我觉得最重要的是要尊敬老师、善待老师、关爱老师。我认为有两个着力点：一是提高教师物质待遇，二是保障教师价值实现。

一方面，用高薪和其他福利待遇吸引高水平人才投身基础教育事业，让最优秀的人教育下一代，培养出更优秀的人。目前中小学教师待遇偏低依然是不争的现实，我们应该鼓励博士等高学历人才投身基础教育事业，争取为他们提供更好的福利待遇，让每位教师都能不为物价和房价所困，让每位教师都能更加体面地教书，让教师“在岗位上有幸福感，在事业上有成就感，在社会上有荣誉感”。

深圳中学全心为老师们打造温馨和谐的工作、生活环境。我们为年轻教师提供宿舍，位于泥岗校区的广知楼，从改建、装修到入住，我去了不下 10 次。凡是来深中工作的老师，单身的都有一间 30 平方米左右的房间，已婚的我们会跟深圳市住建局申请人才房，让老师们一来了就有地方住。老师们时刻感觉被关怀、受尊重，工作起来心情也会不一样。

另一方面，在高端学术和一线教学之间搭建桥梁。只有一流的师资是不够的，还需要有适合一流师资发挥作用的软环境、软机制，因此要打通高学历高水平教师的发展通道，才会吸引和留住更多的优秀人才。学校的任务是真正挖掘和释放每位教师的专业学术能量，让他们在三尺讲台一展所长，有所建树，成就感自然而来。

陈志文：您引进这么多名校博士、硕士当高中老师，是否“大材小用”？为何要招收这么多高层次人才？

朱华伟：学校之大，不在大楼之大，而在大师之大。我一直认为，要办好一所学校，首先要有一个好校长，然后要有一批好老师，教师对学生的一生有着重要的影响，越早遇到一位好老师，就越是人生的幸运。

一方面，世界一流大学的毕业生，往往拥有更广阔的格局和视野，以及更加丰富的学术资源，因此更容易培养出世界一流的学生。例如，我们 2018 年引进的清华大学博士刘莹，是刚刚当选美国国家科学院外籍院士颜宁教授的学生。除此之外，深中与 18 个世界著名企业、大学合作成立了创新体验中心和创新实验室，因此需要引进一批具有较强科研能力的高层次人才，充分利用这些优质的平台和资源，指导学生进行科技活动，参加国际高端赛事，进而发展其批判性思维和创造性精神。

另一方面，越优秀的学生，越需要优秀的老师引领。深中拥有全国最优秀的学生。面对这样优秀的学生群体，我们有责任引进更多高层次人才来引领他们向更高的平台发展。所谓“名师出高徒”，如果老师自己不优秀，面对高徒，只能是束手无策、捉襟见肘。另外，“名师”和“高徒”很多时候也是相互成就的，深中优秀的老师培养了一批批优秀的学生，同时也正是这些优秀的学生让优秀的老师们获得了职业的成就感和幸福感。

陈志文： 我相信，如果深中有100位清华北大的毕业生做老师，有100位博士做老师，这是基础教育之福。未来，我们希望能让最优秀的人到中小学去当老师，这非常重要。

朱华伟： 是的，我在很多场合都呼吁，基础教育领域一定要引进最优秀的人，这样国家才有希望。有人曾质疑说，难道博士生就一定比本科生教得好吗？我说，这个事情要看怎么说，如果只单纯比较一节课教得好不好，那很难讲。但如果从学生的整体成长上来讲，博士经过严格的学术训练，有较强的学术研究能力和扎实的学科背景，会给予学生更多高端的学术引领以及思想熏陶。他们的视野和格局会引领学生，让学生早立大志，存大格局。深中的办学不只是纯粹为了高考，我们还要指导学生做科研，培养学生的创新精神和动手能力。

坚持学生为本：于细微之处为师生做好服务

陈志文： 在深中担任校长的近三年里，您还为深中带来了哪些变化？

朱华伟： 19岁从教至今38载，从河南到湖北、广东，从中学到大学、教育研究院，如今再回到中学，一路伴随我“漂泊”的是一箱箱沉甸甸的书籍，两万多册藏书（八千余册原版英文书）是我珍贵的财富。任职深中后，深感深中图书馆优化的紧迫性——读书是学生一生的精神陪伴，图书馆是学生的知识宝库和精神殿堂；建设书香校园，就要建设一流的图书馆，让阅读成为习惯，让书香溢满校园。

经过近三年大家齐心协力的奋斗，深中确实有很大的变化。从宏观上看，校园的整体环境得到了很大的改善，可谓“旧貌换新颜”。现在虽然还不能算是一流校园，但至少像一所比较好的校园。从微观上看，先是解决了学生宿舍老旧、冬天没热水的问题，现在新建的图书馆、学生宿舍、食堂、实验室、羽毛球馆等相继投入使用，这是较大的飞跃。

我想说一下学校新建的数字媒体中心，这应该是国内中学里条件最好的，学生们起的名字叫“ACES电台”，是深中多年传承下来的。之前，负责电台的学生们每一次来找我，我都会跟他们聊一聊。我发现他们做的东西既有批判性思维又充满了正能量，所以就非常支持，后来学校投资400多万为学生们新建了数字媒体中心。

陈志文： 我发现您很在意一些关乎学生、教师切身感受的细节小事。

朱华伟： 我觉得作为一所学校，首先得有一个好的学习和生活环境，因为学生和教师每天的学习、工作都很辛苦。比如，我们的食堂现在办得就很好，在大众点评上的评价是四星，老师们从早到晚都在学校忙工作，学生们是长身体的时候，必须得把食堂办好。

陈志文： 实际上，通过这些细节，以小见大反映出了学校的态度、风格以及作风。很多学校都提出说要“以学生为本”，但做到的不多。您虽然没提这个口号，但一直在这样做。

朱华伟： 我常说，我在深中就是要为大家做好服务，和干部一起为教师做好服务，和教师一起为学生做好服务，我认为这是校长的基本职责。我们做的所有教育工作最终都是为了孩子能够更好地成长。

除了硬件改造，深中也非常注重校园文化建设，开展了许多校园文化活动。比如游园会、校园十大歌手比赛、校长杯足球赛、体育嘉年华，等等。“追求卓越，敢为人先”的深中精神已深深根植在师生心中。学校整体氛围积极向上、朝气蓬勃，师生都以学校为荣。

陈志文：校长就是为学生、为教师做好服务的。从这个角度讲，您认为一名中学校长需要具备什么样的能力？

朱华伟：作为一名中学校长，我认为第一是热爱。要热爱学生、热爱学校、热爱教育事业。在处理事情时，如果涉及家庭和学校，我肯定是把学校放在第一位；如果涉及个人和学校，肯定是把学校放在第一位。如果校长能长期这么做，可以引领一所学校的风气。

第二是包容，包容不同性格、不同教学风格的教师，包容不同个性、特长的学生，为不同喜好、不同潜质、不同兴趣的学生提供发展平台。

第三是协调能力。作为校长，对内要协调好学校方方面面的事务，同时还要处理好学校对外的关系，为学校创造一个良好的办学环境。

第四要先是个好老师。当好老师是做好校长的前提。不是好老师，就不可能做个好校长。校长的业务水平得到认可了，才能够引领其他教师成长和发展。

第五是做一个喜欢阅读的人，让阅读伴随一生，才能不断进步。

陈志文：如果让您给自己做一个阶段性总结，您觉得自己成功的地方是什么？您的优势什么？

朱华伟：成功不敢说。这些年来，虽然我的工作岗位在不停变化，但我一直在做教育，从微观的数学教学，到宏观的教育管理。对教育的无限热忱，可以算是我的一个优势。

我第二个优势就是勤奋。在 42 岁以前，我很少在凌晨两点前睡觉，我把时间看得非常宝贵。家人对我也很支持，让我一心一意读书、学习、教书、写作。

第三个优势是我做事认真、用心，对什么事情都一丝不苟，全身心投入、心无旁骛。

最后还是要说到阅读。坚持阅读，而且是读各种各样的书，对我来说意义重大。我认为，作为校长一定要广泛阅读，要阅读大量有关政治、经济、文化、教育、历史等各个领域的书籍。国内著名大学校长、中学校长关于办学的书我都读过，比如刘彭芝校长的《人生为一大事来》，唐盛昌校长的《终生的准备与超越》，对我的影响很大。读书的过程就是向别人学习的过程。

另外，这些年来，在每个关键节点我都会遇到好人，都会有人帮助我，包括朋友、长辈、老师、领导。

陈志文：究其原因，还是您的为人处事，让他们非常欣赏和信任。首先是您有能力胜任这份工作；其次是您的人品可以信赖，这是根本原因。

您刚提到了刘彭芝校长，你觉得她在哪些方面影响了您？

朱华伟：刘校长是我十分尊敬的前辈，她对教育事业的热爱，对学校工作的全心投入非常值得钦佩。她把整合的资源全部用在了办学上，为学校、为教师、为学生服务。

如何把学校经营好？在这方面我也受到刘校长的影响，充分利用各方资源提升学校的硬件、软件环境，一切从小事做起。比如，深中泥岗校区的建设，改变了原来的设计方案，建筑面积从12万平方米增加到17.5万平方米，建筑预算从6.8亿元增加到13.7亿元，这是非常难的。

高考改革政策：广东新高考方案相对温和

陈志文： 人才培养的成功与否，与考试选拔制度息息相关。广东省新高考改革政策落地，实行“3+1+2”模式。您怎么评价这种模式？您又怎么看待新高考改革？这对于深中的教学实践是否会带来挑战？

朱华伟： 广东新高考方案总体来说属于温和型高考改革。一方面，与旧方案相比，无论是考试时间、考试要求还是考试模式有很多相似性，没有给普通高中增加太多负担；另一方面新高考给考生的课程学习增加了一定的选择性，有利于学生个性发展，有利于学校特色发展。

新高考对于学生的综合素养要求较高，考试内容发生了一定的变化，无论是学生，还是教师，都要转变观念，调整学法和教法。所以，新高考对于引导中学尤其是普通高中人才培养，重构课堂教学生态都有积极意义。

对于新高考带来的挑战，我们也做了一些应对。自2003年以来，深中分别探索了全选课、对开排课、长短课、大小课、小班化教学、专业教室教学模式、分层教学、体系制、导师制、学分积点制、学业采用综合性评价等。这些改革丰富了学校教师对人才培养模式的认知，现在看，其中的走班分层教学、导师制探索、学分积点制评价对于现在的新高考依然有很好的实践意义。

陈志文： 在新高考下，深中的实践对于其他即将实行选课走班的中学，有何借鉴？

朱华伟： 我认为可以借鉴的有四点：

第一，学校应开设生涯规划课，对学生选课加强指导，选课走班对学校的学生管理提出了更高要求，否则教学效果不能凸显，选课分层教学不一定非要走班，相同情况下，行政班教学质量要高于走班教学质量；

第二，学分制是新课程标准中明确提出来的学业评价方式，学分制、积点制也是国际通用的课程学习评价方法，建议所有学校实施，学分反映课程学习能否达标，积点能够反映达标学生学习好坏；

第三，学业采用综合性评价非常有价值，综合性评价兼顾了学生的学习过程和最后的学习结果，让成长看得见一直是深中课程评价的指导思想；

第四，按需施教、按需选学是学校课程实施的理念，全面满足学生选科学习需求，不断改善学生学习环境，建议不要因为学校资源有限或排课有困难采用菜单式选科，这与新一轮课程改革的根本目标背道而驰。

陈志文： 对于新高考背景下的生涯规划教育，您有什么看法和建议？

朱华伟： 近年来，在新高考指挥棒效应下，学生发展指导与职业生涯教育成为高中教育新热点。多数高中学校对于如何开展生涯教育感到迷茫。当前，不少学校的生涯教育主要由心理教师来推动，采用开设一门课程的单一模式，着力点局限于学生兴趣爱好探索、如何选课选科、如何选择大学专业等方面，过于依赖测评工具，将生涯规划窄化为职业生涯规划。对此，依据深中的实践经验，我有以下建议：

第一，做好顶层设计，动员多元教育角色。高中阶段生涯规划教育的重点，在于引导学生探索一个能提升自我肯定水平和达成自我实现的生涯目标，引领其生涯发展方向，促使其学会规划具体的行动方案，以帮助其逐步达成理想生涯目标。要实现这一目标，就需要学校对生涯教育进行顶层设计，让身处这个教育系统中的每一个教育者基于自身的岗位职责，从生涯规划的角度为学生的发展提供支持。

第二，做好家校合力，重视家庭教育影响。父母角色榜样，是年轻一代职业选择的重要途径。在幼年时，父母给孩子提供玩具、培养孩子兴趣爱好、鼓励孩子参与活动以及家庭生活经历等，都是父母影响孩子将来兴趣与职业活动的方式。

因此，在开展生涯教育时，学校可以成为协调者，让父母以职场专业人士的角色，通过一起合作的方式，面向学生群体进行分享，更容易做到客观、专业及全面，青少年也容易放下对父母的防御心态，更能接受分享者的信息及经验。

做好深度合作，整合校内外优质资源。在高中阶段生涯教育中，职业生涯规划是一大重点。学校应积极整合各方资源，通过大学游学、企业参访等活动的开展，提升学生对大学、专业和职业的认识，并把自己的兴趣爱好转化为内在学习动力。

总而言之，新中国成立 70 年来，国家在经济、社会、文化等方方面面已发生了翻天覆地的变化。加上科技发展一日千里，世界格局深刻演变，具有中国特色的社会主义教育应该怎么办？如何立足中国大地，培养具有国际视野和国际竞争力的拔尖创新人才？这些都是当下中国教育者必须回答的时代命题。

我很幸运，个人伴随着新中国发展而成长，虽然岗位几经变化，但始终没有离开教书育人这个主阵地。近三年来，得以在深圳、在深中这样的平台上，为拔尖创新人才的培养出一份力、发一点光，并取得一些成绩，这是我个人的荣耀所在，也是使命与担当所在。

不久前，中共中央、国务院发布《关于支持深圳建设中国特色社会主义先行示范区的意见》，在深圳建市 40 年之际，吹响了这座先锋城市新一轮改革创新发展的号角。作为以这座城市命名的著名中学，深中责无旁贷，必须为深圳基础教育构筑更高的标高，为中国拔尖创新人才培养闯出一条先行示范的新路！我本人愿意为此竭尽全力，发光发热，不负国家与时代！

2019 年 10 月 18 日

1-10

提升基础教育质量，激发城市发展活力
—— 在全市基础教育改革发展大会上的发言

2020 年 12 月 3 日，朱华伟校长出席由深圳市委市政府举办的全市基础教育发展大会，并作主题发言，从师资、课程、集团化办学三个方面为深圳基础教育发展献言建策。

尊敬的各位领导、各位同人：

大家好！

我汇报的主题是“提升基础教育质量，激发城市发展活力”。教育兴，则城市兴。深圳建设中国特色社会主义先行示范区，深圳教育理应在全国先行示范。借此机会，我向各位领导汇报三点想法。

一、加大师资培育力度

凡事皆须务本，兴校以人为重。近年来，越来越多基础教育学校通过引进名校毕业生提升教育质量。以深中经验来看，引育并举，为综合大学毕业的教师提供针对性、系统化教师教育，使“学术形态”较快地转换为“教学形态”，是师资培育的重中之重。

深中践行以人为本的管理理念，努力营造宽松和谐的工作氛围，善待每一位教师；在生活上关心他们：真诚地尊重、关爱所有教职员工，千方百计解决青年教师所遇到的各种困难；在工作上帮助他们：通过“青蓝工程”“树人计划”等项目，为每位青年教师配备教学导师，为青年班主任配备班主任导师；在思想上引领他们：开展系列培训，每年我都会结合个人的求学和工作经历，为新教师分享“漫谈青年教师成长”。

二、深入推进课程改革

因材施教是中华民族千锤百炼的教育思想。学生天资各异，实事求是，不拘一格，摒弃一刀切、增加课程弹性和多样性是办高水平基础教育的必经之路。

深中为学生提供充分的选课空间，并在课程设置和课程管理上取得突破：例如引入社会资源开设校本课程，开设深中博士讲堂（深中目前拥有 60 多位世界一流大学的博士），鼓励学生自主发起课程；打通初、高中课程衔接通道，最大限度实现学生在学业、生活、心理、人际等方面的贯通培养；探索体育、美育“在普及基础上提高、在提高指导下普及”的发展途径，使所有学生在高中毕业时至少掌握一项体育运动技能、培养至少一项艺术爱好，并为有体育、艺术天赋的学生提供高水平选修课程。加强高端学术课程建设，丰富学生社团活动：深中在国家课程的基础上开设涵盖科学精神、人文底蕴、学会学习、健康生活、责任担当、实践创新六个方面160余门校本选修课；与清华、北大、华为、腾讯、大疆等著名高校、企业共建19个创新实验室和创新体验中心，携手培养学生的创新精神和实践能力；100多个社团，为学生提供了充分的成长空间。

三、不断优化集团化办学

深中虽未成立教育集团，但自2003年以来在深圳、河源两地共办了7所共同体学校，覆盖小学到高中；通过选派优秀干部管理共同体学校，深中先进的办学理念和卓越的校园文化在各学校得以延续和传承。

深中办共同体学校，坚持办一所优一所。一方面以同课异构等方式共享各校优质课程资源，通过大教研组、大课题组等多种形式开展教育教学研究，充分发挥名优教师的辐射引领作用；另一方面针对具有学科特长的学生探索联合培养机制，利用深中优秀教师和优质课程为其提供培训，促进学生的充分发展。未来，我们会在市教育局的领导下，不断优化、稳步推进集团化办学。

“周虽旧邦，其命维新。”“十四五”时期教育改革发展面临着许多新的机遇和挑战，“志不求易者成，事不避难者进”。深中将牢记习近平总书记的殷切嘱托，“永葆‘闯’的精神、‘创’的劲头、‘干’的作风”，为深圳教育先行示范贡献自己的力量。

谢谢大家！

2020年12月3日

新校区 2020 年 9 月启用，深中校长朱华伟：加快建成世界一流高中

深中新校区启用前夕，朱华伟校长接受《南方日报》《南方+》专访，“深中新校区 9 月启用，大幅扩招！校长朱华伟：加快建成世界一流高中”，阅读量 280 万+。《人民网》《今日头条》《南方都市报》《广州日报》《羊城晚报》《读特》《深圳晚报》《深圳新闻网》《壹深圳》《腾讯新闻》等同时转发。

位于深圳市罗湖区泥岗西路 1068 号的一项建筑工程目前正在紧张有序收尾，6 月底，它将正式交付给深圳中学，9 月作为其新校区启用。

这个总建筑面积 17.5 万平方米的新校区，对深圳市民、深中，以及深圳这座城市，都有着极为特殊的意义。

对深圳市民而言，它意味着孩子离深中更近了。

作为深圳老牌名校，深中可谓诸多深圳学子梦寐以求的理想校。随着新校区的启用，深中今年将大幅扩大招生规模，让更多学子有机会享受优质的高中教育。

对深中而言，它堪称梦想加速器。

2017 年 11 月 18 日，在深中建校 70 周年之际，校长朱华伟提出，深中将致力于“建设中国特色世界一流高中，培养具有中华底蕴和国际视野的拔尖创新人才”。深中要实现

“世界一流”目标，当时最大的短板是校园环境和师资队伍。于是，朱华伟极力呼吁并推动深中新校区建设，2018年初项目开建后，为了紧盯工程进度，他不顾机器夜夜轰鸣，搬到工地旁居住。从新校区的校园规划设计到外墙砖颜色挑选，他事无巨细事事参与。

为实现办学目标储才蓄能，他极力倡导“让最优秀的人教育下一代，培养出更优秀的人”，仅用三年半的时间就引进了100多位哈佛、牛津、剑桥、北大、清华等世界名校毕业生和诸多经验丰富的优秀教师“加盟”深中。

对深圳市而言，深中新校区是为特区建立40周年献礼，并为深圳基础教育示范全国增加了底气。

“新校区今年9月投入使用，我们将加快建成中国特色世界一流高中。”朱华伟说，“今年是深圳经济特区建立40周年，深中将坚持改革创新的特区精神，为深圳基础教育构筑更高的标高，为拔尖创新人才培养探索出一条先行示范的新路，让深中成为深圳在世界舞台上的一张闪亮名片，同时也为先行示范区和粤港澳大湾区建设贡献深中力量。”

深中新校区今年将如何招生？新校区启用后，深中将发生怎样的变化？又有何底气加快建成世界一流高中……日前，深中校长朱华伟接受《南方+》独家专访进行详解。

今年新高一大幅扩招，从800人增加到2140人

新增数理实验班

南方+：深中新校区今年的招生非常受外界关注，能否介绍大概情况？

朱华伟：深中一直以来都是千万学子的梦校，但过去受场地所限，我们每年只能招800人。今年秋季新校区启用，深中的招生规模将增加1340人，共招收2140人，其中增设了深中数理实验班。通过扩招，大大降低了录取门槛，让更多优秀学子能够有机会来深中读书，更大程度满足深圳学生对优质教育的需求，这也是深圳经济特区成立40周年，深圳市委市政府送给市民的一份大礼。

南方+：新增的深中数理实验班招生情况如何，举办数理实验班有何考虑？

朱华伟：为了为国家发展储备更多数学、物理、化学、生物、信息学人才，在省市相关部门的支持下，今年会开办深中数理实验班。华为总裁任正非在接受央视专访时说：“发展电子工业，过去的方针是砸钱；芯片光砸钱不行，要砸数学家、物理学家等。”数学、物理是自然科学的基础，是重大技术创新发展的基础，数理实力影响着国家实力。因此，重视并加强基础教育阶段的数学、物理等自然学科教育迫在眉睫，尤其是对于数学、物理等拔尖人才的早期识别和培养，给予这些好苗子一个适合的特殊的成长机会至关重要。

高一新生全部入读新校区

新校区助力深中加快建成世界一流高中

南方+：新校区的启用，对深中意味着什么？学校将发生怎样的变化？

朱华伟：深中的始建校舍是只有几百平方米的二层建筑——张氏雍睦堂，1955 年迁址晒布岭。几十年中学校数度改建，以至于现在的校园建筑风格不一、颜色各异，没有整体的规划设计；而且操场和教学区分离，给学生的学习、生活带来了诸多不便——可以说深中的校园环境远远落后于深中的发展。虽然这几年我们又进一步对校园环境进行了改造提升，但离世界名校还是有一定的距离。

为了扩充深圳市优质高中教育资源，并致力于打造百年名校、千年学府，在深圳市委市政府、市教育局的大力支持下，深中新校区今年 9 月启用，届时我们的校园环境会得到很大提升，深中建设世界一流高中的步伐会加快。

拥有国家倾力培养具有国际竞争力拔尖创新人才的“天时”，身处深圳经济特区的“地利”，以及优秀师生汇聚的“人和”，我们一定会加快建设中国特色世界一流高中的步伐，为深圳基础教育构筑更高的标高，为拔尖创新人才培养探索出一条先行示范的新路，助力深圳中国特色社会主义先行示范区建设和粤港澳大湾区建设。

南方+：新校区和东门校区今后将如何使用？

朱华伟：新校区并不是一所新学校，只是深中的物理空间发生了变化，它和现在的东门校区是一体的。深中先进的办学理念和卓越的精神文化会在新校区自然延续，深中强大的师资队伍和成熟的课程体系也会在新校区进一步成长和完善。

今年招收的高一新生将全部入读新校区。今后高一、高二以及高三国际方向学生都会在新校区就读，高三高考方向学生在东门校区就读。近期与北大物理学院共建的天文创新实验室、与清华物理系共建的朱邦芬院士工作站、与南京大学共建的先进光声功能材料实验室等新的创新实验室全部会落地新校区，东门校区的创新实验室和创新体验中心也会在新校区升级。

南方+：新校区的规划设计有什么亮点？

朱华伟：新校区的设计借鉴了斯坦福大学、清华大学等著名学府的建筑风格，学校环境和硬件设施都堪称世界一流，也是我理想中世界名校的样子。新校区拥有 5000 平方米的图书馆，有配备“兰引三号”天然草的标准足球场，以及游泳中心、田径场、乒乓球场、羽毛球场、篮球场、网球场、攀岩墙、跆拳道室、健身房、形体室等；学生宿舍沿笔架山河而建，沿河岸形成“绿色长廊”。

新校区配备“豪华版”师资团队

“最优秀的人一定能培养出更优秀的人”

南方+：新校区的师资配置会怎样？

朱华伟：这三年多时间里，我们一直在为新校区的开办储才蓄能，引进了 100 多位高学历、高专业水平的优秀师资。2017 年 1 月我到任深中校长时，是学校第 3 个博士，目前深中有博士 60 余人，北大、清华毕业的教师 80 余人，哈佛大学、牛津大学、剑桥大学等海外顶尖名校毕业的教师 20 余人，教授、正高级教师、特级教师、竞赛金牌教练、名班主任共 40 余人——这在三年之前是不可想象的。

这些年深中引进的不仅有世界一流名校的应届毕业生，还有许多经验丰富的优秀教师。比如 2017 年入职的物理教师周启勇是全国优秀教师；2019 年入职的胡剑博士，曾就职于清华大学物理系和中国科学院国家天文台，还在德国 Max-Planck 天体物理研究所博士后工作站深造过。

这些人才的引进，没有任何特殊人才政策的支持，也没有外界猜测的高薪。他们的视野、胸怀，想要干事业的热情都让我特别感动。有了这样一批有情怀、有能力的优秀教师加盟，学校形成了经验丰富、教学业绩突出、学术水平扎实、结构合理的老、中、青相结合的教师梯队，目前深中的教师队伍已经是国内高中最强之一，数理化生奥赛教练队伍国内最强、世界一流。

南方+：深中的“豪华”师资，究竟能为高中生带来什么？

朱华伟：一流的高中必须有一流的师资队伍。在师资队伍建设上，我非常喜欢引用著名教育家梅贻琦先生的一段话：“学校犹水也，师生犹鱼也，其行动犹游泳也。大鱼前导，小鱼尾随，是从游也。从游既久，其濡染观摩之效自不求而至，不为而成”。

教育是为未来培养人才的。科学精神与人文情怀、大胆质疑与批判性思维、坚毅执着与锲而不舍、科学推理与合情推理、提出问题与解决问题、时间管理与科学规划、团队协作与领导能力等，是未来人才应当具备的基本素养。我们不遗余力引进名校硕士、博士毕业生，看重的不仅是他们扎实的学科背景，还希望让这些优秀人才给予学生更多高端的学术引领以及思想熏陶。他们不只传授知识，更会用自己的视野和格局引领学生，用自己的人格和品行感染学生，用自己的习惯和性格影响学生，在人生观和价值观上给学生们影响，让学生们早立大志，存大格局。

我经常说：“你们希望你们的孩子成为什么样的人，就要希望你们的学生成为什么样的人；身为老师，你们自己是一个什么样的人，就会影响你们的学生成为什么样的人。”而深中这么多世界名校的毕业生，就是学生们为人处世、治学研究的榜样。

同时，越优秀的学生，越需要优秀的老师引领。深中拥有全国最优秀的学生，面对这样优秀的学生群体，我们有责任引进更多高层次人才来引领他们向更高的平台发展。

另外，深中诸多高端的创新体验中心和创新实验室，也需要一批具有较强科研能力的高层次人才，充分利用这些优质的平台和资源，指导学生进行科技活动，参加国际高端赛事，进而培养学生的动手能力和创新精神。

南方+：您说的引领，具体怎样实施？

朱华伟：比如除了上好学科课程外，我们还鼓励名校毕业生们结合各自的研究背景开设选修课，比如“天文学基础与前沿”“英语戏剧初探”“全球化思维”等。

2018 年入职的清华大学刘莹博士，是美国国家科学院外籍院士颜宁教授的学生，在深中教授高中生物课程，负责深圳华大基因研究院创新体验中心，她去年指导学生在国际基因工程机器大赛（iGEM）中获得高中组金奖。

2020 年入职的魏鑫老师是牛津大学博士、波士顿大学博士后，曾在牛津大学任教，研究东方学、世界语言与文学，这样的老师给高中生讲解东方文化，视野和格局肯定不一样。

课程重新整合升级

助力拔尖创新人才培养

南方日报：新校区启用后，课程方面会有怎样的优化和提升？

朱华伟：课程是育人的核心和载体。目前，我们为不同兴趣志向的学生提供涵盖 28 个课程群的 300 多门校本选修课，为不同学习能力的学生提供不同层次的教学班级。这些都是为了让学生按需选学，促进他们个性化、多元化发展。学生还可以根据自己的兴趣爱好自主创建丰富多样的社团，目前学校高中部有90多个社团，学生在社团活动中培养了兴趣、提升了综合能力。为了开拓师生的学术视野，我们已邀请了多位诺贝尔奖得主、两院院士、海内外著名学者为学生开设“深中大讲堂”。我们还搭建高端学术活动平台，让学生在国际比较中迎接挑战，拓展创新教育平台，持续丰富优质学习资源等。

为了更好地适应时代需要，自2018年开始，我们就着手对已有的课程进行重新整合和升级，接下来深中将以实施新课程新教材为突破口，以改革创新为动力，全面深化课程改革，全面落实《新课程新教材实施工作方案》，从课程、师资、管理三个维度，推进系列项目改革，形成系列优质研究成果。同时，我们还会结合国家“强基计划”，进一步完善拔尖创新人才培养体系，为国家拔尖创新人才培养贡献深中智慧。

南方+：深中的创新体验室和创新实验中心是如何与高校、企业合作，联合培养拔尖创新人才的？

朱华伟：截至目前，深中已与清华、北大、中科大、上海交大、华为、腾讯、大疆、光启等著名大学、企业共建了18个创新体验中心和创新实验室。不同体验中心和实验室的运作方式不同，总体来说，会在硬件、师资、课程等方面进行合作，培养拔尖创新人才。

例如，我们与华大基因共建的创新体验中心开设了“趣味基因检测”课程，我们的学生可以进入我国首个、全球第四大的深圳国家基因库参观学习；我们与中广核共建的清洁能源创新体验中心开设了“‘核’的科学”等课程，深中师生不仅可以进入大亚湾核电站及中微子实验室参观学习，中广核的专家们也会定期指导我们的学生参与课题研究或国内外相关比赛；我们与上海交通大学材料科学与工程学院建设的光伏发电创新实验室是国内中学首家。

我们还会与更多国内外顶尖大学、企业共建创新实验室和创新体验中心，也会引入国内外名校、创新教育机构研发的优质课程，通过这些高水平、开放性平台，更好地服务学生成长。

深中已进入国内高中第一方阵

将加快建成世界一流高中

南方+：距离今年高考已经很近了，深中备考情况如何备受外界关注，能否介绍？

朱华伟：新冠肺炎疫情暴发以来，虽然经历了最长假期、网上授课、高考延期，但深中全体高三师生沉着应对、攻坚克难。在大家的共同努力下，我们的深一模成绩亮眼：深圳市理科前10名、前50名、前100名、前200名人数，深中均为全市第一，且每个分数段人数均占全市50%左右；文科前10名、前200名人数，均为全市第一；文理科学生总平均分均为全市第一，其中理科学生总分平均分比第二名学校高近20分；A档达线率96.5%（相当于一本率），全市第一。

截至目前，深中2020届高三有5人获北大、清华保送，1人被清华丘成桐数学英才班预录取，10人获得北大、清华“强基计划”破格入围，人数位列广东省第一。

南方+：您对深中发展未来还有哪些期望？

朱华伟：这三年多以来，深中取得了很大的进步，学校的进步得到了社会各界的高度评价，省市领导高度肯定学校的办学理念、办学成果，支持深中尽快建设世界一流高中。《人民教育》“改革开放中的学校变革”栏目在全国遴选四所名校，深中位列其中。可以说，无论从办学业绩，还是社会影响力，深中都已经进入国内高中第一方阵。

深中能有今天的成就，历任校长、历代老师都做出了巨大贡献，现在接力棒传到我手中，我一定要跑好这一棒，力争多为深中做点有价值的事情。深中已经成为我生命中的一部分，为了学校的发展，我竭尽所能、夙夜在公，风雨兼程；希望今后能带领深中实现更大的发展，搭建世界一流平台、引进世界一流人才、干出世界一流业绩、办成世界一流高中，不负组织的培养、不负深中、不负深圳、不负这个伟大的时代。

最让我欣慰的是，现在整个学校有着浓厚的干事、创业的氛围，深中师生的精神风貌焕然一新，全校上下心往一处想、智往一处谋、劲往一处使，大家齐心协力、只争朝夕，都在为实现世界一流高中的愿景而努力。我相信有了优化升级的校园和课程，有了世界一流的师生和文化，深中一定能够加快建成世界一流高中。

今年是深圳经济特区建立四十周年，四十年前的南国渔村今日正在建成郁郁葱葱的“文化绿洲”，并在世界舞台崭露头角。未来深圳要建成世界一流城市，需要世界一流的基础教育做支撑，因为教育是一座城市安身立命软实力的生动体现，是民族振兴和社会进步的基石；如果说教育是社会发展的基础，那么基础教育理应是基础的基础。

教育兴则城市兴，教育强则国家强。从教育规律看，学校办学各有特色，学生天资禀赋各异，要为优秀的学生提供最适合的教育，最好的发展平台；从深圳乃至广东教育看，要先行先试，大胆创新，要有一所中学全国领先、与深圳和广东地位相匹配的世界名校；从国家发展看，我们要不遗余力培养拔尖创新人才，为国家屹立于世界民族之林贡献力量。这是深中担负的光荣使命，也是深中未来要走的追梦征途。

——本文刊发于《南方日报》2020年6月10日AⅡ 02版

筚路蓝缕，以启山林

——在深中新校区揭牌仪式上的演讲

尊敬的各位领导、各位老师：

大家上午好，欢迎各位莅临深圳中学新校区揭牌仪式。

“筚路蓝缕，以启山林。”深中新校区2018年3月6日正式动工，经过两年半艰苦卓绝的建设历程，尤其是在疫情期间攻坚克难，终于迎来了今日的华丽绽放：新校园气势恢宏、典雅大气，有着百年名校、千年学府的气质和潜力。每每走进校园，我都感慨万千，因为在新校区开建之初，我就搬家住在工地旁，日夜关注工程进展，亲眼见证了新校区从当时的塔吊林立、钢筋水泥到如今的红砖灰瓦、廊腰缦回。

我清晰地记得，市领导在台风“山竹”来临前夕亲赴新校区工地视察指导，庆生副市长在建设之初多次组织相关部门讨论设计方案。令我印象深刻的是，在一次讨论会上，我顶着巨大压力，力排众议坚持选择了如今的设计方案，它是我想象中的百年名校该有的样子；我很庆幸，也很感恩，这个想法得到了庆生副市长、杨洪常委的大力支持。正是有了数易其稿、几经提升的设计方案和各级领导的亲切关怀，才有了深中新校区今日世界名校的格局和气象。

借此机会，我代表深圳中学全体师生员工及四万余名深中校友，衷心感谢市委市政府、市教育局一直以来的正确领导和大力支持，感谢市发改委、市规划和自然资源局、市住建局、市水务局、罗湖区、福田区的支持与帮助，感谢市建筑工务署及所有建设者的辛勤付出，感谢广大市民的关心关爱。

建设世界一流高中是一项伟大的事业，一定会遇到各种预想不到的困难和挑战——这是我们近几个月的深切体会和切身感受。新校区不仅遇到了深中历史上最大规模的扩招，而且在规划、建设中需要攻坚克难，在交付使用的磨合期，也出现了各种各样的问题，比如宿舍床位不足、食堂餐位紧缺、宿舍电梯运力不够等。看到这些缺憾给学生带来的种种不便，我非常痛心和焦虑，常常夜不能寐……令人欣慰的是，大部分学生及家长对暂时的困难表示理解并全力配合学校。在市市场监督局和学校通力合作下，我们不到一周时间就通过配餐、优化食品作业等方式基本满足了学生就餐需求。同时，学校已向市领导请示：规划建设新食堂，在每栋学生宿舍楼外加装两部电梯，这些改进措施都得到了市领导的支持。

回望近几个月的经历：新校区启用的磨合期，疫情期间的种种限制，再加上大规模扩招及其带来的食堂、住宿、师资困难等多种因素、多种困境的叠加，有时令我身心俱疲、心力交瘁。我很感恩，在此期间有很多领导、同事、朋友及家人与我一起共渡难关。我更要感谢所有学生和家长对学校工作的理解和包容，感谢全体教职员工的默默付出和无私奉献，感谢各位领导的大力支持和鼎力相助。再次向你们表示衷心的感谢和深深的敬意，因为有了你们，才有了深中的今天。

“自信人生二百年，会当水击三千里!”目前，学校正在以日益可见的进步，向着越来越好的方向发展——这是深中蕴藉沉淀七十余年水到渠成的厚积薄发，亦是这座城市给予她的十足底气和磅礴力量。今年是深圳经济特区成立四十周年，四十年前的南国渔村已经崛起为国际化创新型城市，成为中国最重要的经济中心、金融中心、创新中心之一。

未来，深圳要建成全球标杆城市，需要全球标杆的基础教育做支撑；深圳中学使命在肩、责无旁贷。伟大的事业需要伟大的精神，深中人定会继续发扬“追求卓越，敢为人先”的深中精神，不负众望、乘风破浪，加快实现世界一流的办学目标，为深圳在新时代再创新局、再谱新篇做出新的更大贡献。

谢谢大家!

2020 年 9 月 28 日

奋进伟大时代，决胜世界一流
——在2020年深圳质量大会上的发言

2020年12月23日，2020年深圳质量大会召开。深圳中学获评2019年“深圳市市长质量奖特别贡献奖”，是深圳市市长质量奖设立以来首个获得该殊荣的教育单位。颁奖大会上，朱华伟校长发表获奖感言。

尊敬的各位领导、各位嘉宾：

大家好！

非常荣幸接受市政府授予深圳中学2019年度“深圳市市长质量奖特别贡献奖”。我谨代表深中全体师生员工及四万余名深中校友，向大力支持深中发展的市委市政府、市教育局及各级主管部门，向关心、关爱深中发展的社会各界人士，表示衷心的感谢和崇高的敬意！

弦歌不辍，薪火相传。深中今天所取得的荣誉，得益于深圳这座城市的发展，是建校七十余年历史积淀和一代代深中人前赴后继共同努力的成果。细究背后的逻辑，我从顶层设计、教师队伍、课程建设、学校文化等方面向各位领导汇报。

第一，建设中国特色世界一流高中。2017年，在“中国特色社会主义进入新时代”和国家加快建设“双一流”的背景下，深中提出“建设中国特色世界一流高中”的办学定位和“培养具有中华底蕴和国际视野的拔尖创新人才”的育人目标。“中国特色”的教育必然是传承中华文化血脉、践行中国特色社会主义道路、服务国家发展的教育；“世界一流”的高中势必具有国际视野，能够为世界一流大学输送更多优秀学子，为国家、为人类培养更多杰出人才。为了实现办学目标，深中对标世界一流，出台《深圳中学中国特色世界一流高中建设方案》等系列文件。

第二，用优秀的人培养更优秀的人。深中极力倡导并积极践行“让最优秀的人教育下一代，培养出更优秀的人”，建设世界一流师资队伍。目前深中教师队伍中，博士教师80余人，北大、清华毕业的教师100余人，哈佛、牛津、剑桥等海外顶尖名校毕业的教师30余人。引进这些优秀人才，没有外界猜测的高薪，靠的是情怀、平台、关怀——他们愿意投身到基础教育事业为国育才；认可并追寻深中建设世界一流高中的宏伟愿景，愿意到地处改革开放前沿的深圳、深中干事创业，实现人生价值；深中践行以人为本的管理理念，努力营造宽松和谐的工作氛围，在生活上关心他们，在工作上帮助他们，在思想上引领他们。通过近年来的不懈努力，学校已经形成了一支热爱教育事业、学术水平扎实、教学业绩突出、结构合理的老、中、青相结合的高水平师资队伍。

第三，为学生搭建多元发展立交桥。深中一直以来努力营造“人人皆可成才、人人尽展其才”的良好环境，遵照“学校按需施教、学生按需选学”的课程观，在国家课程的基础上开设涵盖科学精神、人文底蕴、学会学习、健康生活、责任担当和实践创新六个方面300余门校本选修课，与北大、清华、华为、腾讯、大疆等著名高校、企业共建19个创新实验室和创新体验中心，携手培养拔尖创新人才。

第四，积极营造风清气正育人环境。办学特别需要好的文化氛围，拿“泡菜”打个比方，泡菜的味道决定于泡菜水，泡菜水好，无论是白菜、萝卜、黄瓜，泡出的味道都好，否则，结果相反。一个人的成长，第一靠天分，第二靠后天环境；我认为深中取得成功的原因，就是把泡菜水调得好。最让我欣慰的是，目前深中有着浓厚的干事、创业的氛围，全校上下齐心协力、只争朝夕，都在为实现世界一流高中的愿景而努力奋斗。

九万里风鹏正举，五千年云鹤长鸣。2020年9月1日，具有世界名校气度和风范的深中新校区华丽登场，这让更多学子有机会享受优质的高中教育，也是为深圳经济特区建立40周年献礼。新校区，新起点，新征程。深中将“永葆‘闯’的精神、‘创’的劲头、‘干’的作风”，“以一往无前的奋斗姿态、风雨无阻的精神状态”，尽快建成中国特色世界一流高中，为深圳创建社会主义现代化强国城市范例、率先实现社会主义现代化贡献力量。

谢谢大家！

2020年12月23日

1-14

科学编制“十四五”规划，推动优质高中可持续发展

科学编制学校发展规划，是每个学校回应时代要求、追求高品质发展的应有之义。“十四五”时期，是我国开启全面建设社会主义现代化国家新征程、向第二个百年奋斗目标进军的第一个五年，学校教育将承担重要任务与使命，也面临着重大挑战与机遇。广东省深圳中学基于“建设中国特色世界一流高中”的办学定位和“培养具有中华底蕴和国际视野的拔尖创新人才”的育人目标，研制了《深圳中学“十四五”发展规划》（以下简称《发展规划》）。

《发展规划》的制定过程，是自下而上与自上而下的互动过程，是顶层设计与一线探索的深度融合过程，是“从群众中来”的集体智慧的共生过程。在规划编制中，我们紧紧抓住“三维逻辑起点”“五个着力要素”“四重保障机制”三方面，不断提高规划的价值性、科学性和实用性，使得《发展规划》成为学校凝聚发展共识、进行高质量可持续发展的有效载体。

一、定位明确：学校构思发展规划的三维逻辑起点

用什么目标定位来凝神聚力，是一个全局性、方向性问题。一所学校在编制“十四五”规划之前，既要考虑学校所处的大时代背景，也要对标所在城市的发展定位，更要结合学校自身的历史积淀和发展基础，构建纵横清晰的坐标体系，编制具有城市特色和学校特色的“十四五”规划，推动学校更高质量、可持续地发展。

1. 基于对国家教育政策的准确解读

2021 年全国教育工作会议强调：“十四五”时期，我国教育进入高质量发展阶段，教育改革发展的外部环境和宏观政策环境已发生深刻变化，面临着新形势、新阶段、新理念、新格局、新目标、新要求。“高质量发展阶段”是教育领域对“十四五”时期我国所处历史方位作出的重大战略判断，为中小学在新阶段谋划新发展提供了根本遵循。“高质量”发展，首先一定是顺应时代潮流、服务社会、服务国家的发展。

“中国特色”“世界一流”是《发展规划》的核心要义和根本价值取向。2017 年，基于“中国特色社会主义进入新时代”和国家加快建设“双一流”的时代背景，深圳中学提出新的办学定位：建设中国特色世界一流高中。“中国特色”的教育必然是传承中华文化血脉、践行中国特色社会主义道路、服务国家发展的教育；“世界一流”的高中势必具有国际视野，能够为世界一流大学输送更多优秀学子，为国家、为人类培养更多杰出人才。

2. 基于对城市未来发展的需求分析

教育是民族振兴和社会进步的基石，是一座城市安身立命软实力的生动体现。一所学校总会带着其所在城市的深深烙印，学校编制“十四五”规划，一定要突出城市特色和学校特色。

从改革开放初期的“先行先试”到当前的“先行示范”，深圳再次肩负重大使命——成为中国建设社会主义现代化强国的城市范例。因此，深圳理应有一所世界一流的高中与之相匹配。在这个诞生了腾讯、华为等高科技企业，致力于将自己打造成“中国硅谷”的城市，却一直缺少一所具有世界影响力的高中。深圳中学希望和这些知名企业一样，成为深圳的地标性城市名片，这也是深圳中学提出“加快建成世界一流高中”的基本出发点和落脚点。

3. 基于对学校自身发展的理性认知

一切伟大成就都是接续奋斗的结果，一切伟大事业都需要在继往开来中推进。科学编制“十四五”规划的前提是对学校现有的基础和条件，尤其是优劣势进行综合考量和分析。

深圳中学在自身发展中有三个方面的比较优势起到很大作用。一是固有优势，比如地处深圳改革开放前沿阵地的区位优势，七十余年办学的文化优势和以人为本的理念优势，这类优势将长期支撑学校的未来发展。二是阶段性优势，也就是现阶段深圳中学拥有的优势，比如深圳中学改革奋进的领导班子，学校发展得到省、市各级领导及社会各界的大力支持等。三是潜在优势，也就是未来可以支撑学校发展的优势，比如从深圳中学毕业的一代代优秀校友的支持力量等。对标世界一流中学，深圳中学目前的发展还存在一定的现实差距，比如师资队伍的沉淀和提升、创新教育资源的深度开发和整合、课程建设的优化和完善等，这些方面都是深圳中学将要着力加强的工作要点。

二、学生中心：学校编制发展规划的五个着力要素

教育的核心理念是以人为本，即以学生为中心，它是指导校建设最根本的精神。围绕“学生综合发展”这一核心，《发展规划》的“发展内容”部分由管理、课程和师资三个维度组成，每个维度下面有四个行动计划，共十二项行动计划，其中“加强改进党的领导”“促进教师专业发展”“打造资优生孵化器”“整合创新教育资源”“建设世界一流

校园”是深圳中学将要着力加强的五大要素。

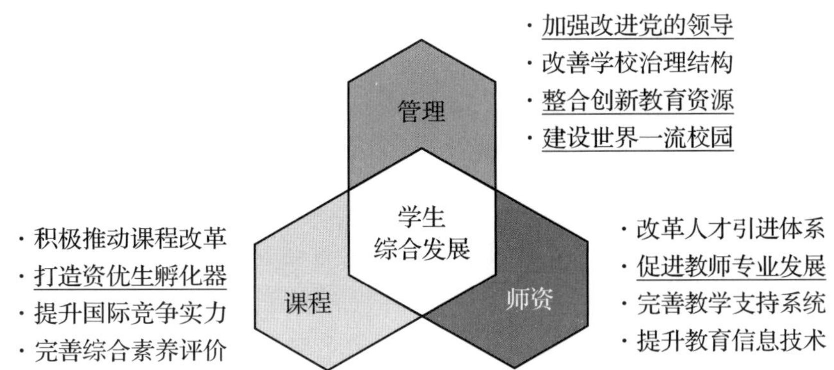

《深圳中学“十四五”发展规划》的发展内容

1. 铸魂育人，加强改进党的领导

面对百年未有之大变局，深入贯彻落实习近平新时代中国特色社会主义思想，为党育人、为国育才，是每一所学校应当坚守的初心和使命。2018 年 5 月 2 日，习近平总书记在北京大学考察期间指出：“办好中国的世界一流大学，必须有中国特色。”这同样为扎根中国大地建设世界一流高中指明了方向：世界一流的高中并不是“全盘西化”，而是坚守本真，继承民族特色。民族性是国际性的基础，民族的就是世界的；差异是发展的动力，没有民族特色就失去了交流的基础。民族性是文化的根，它也永远是学生综合发展的精神底色。

培养具有中华底蕴和国际视野的拔尖创新人才，是深圳中学的不懈追求和历史使命。为了弘扬社会主义核心价值观，形成积极向上的育人环境和舆论氛围，《发展规划》“加强改进党的领导”行动计划主要包括以下内容：构建卓越先锋党员队伍、建立规范高效党务机制、创建特色党员活动品牌、建设廉洁文明和谐校园等。

2. 引育并举，促进教师专业发展

一流的教师队伍是深圳中学建设世界一流高中最宝贵的战略资源。国以才立，业以才兴，一所中学只有师资队伍的整体水平达到了世界水平，才能够称得上是世界一流高中。引进海内外高层次人才是优化师资结构的重要途径，引育并举是打造一支高素质教师队伍的关键所在。

《发展规划》“促进教师专业发展”行动计划主要包括以下内容：健全师德建设长效机制、提高教师培训的有效性、提高教师科研水平发展等。“大鱼前导，小鱼尾随”曾是清华大学校长梅贻琦寄语师生之谊的名言，这同样可以成为中学教育方阵发展态势的描摹。吸引高层次人才是基础，大力发挥专家型教师的学术引领作用，鼓励青年教师将本身已具备的学术形态较快转换为教学形态，进而培养一批研究型教师，这是促进教师专业提升的可持续发展动力。

3. 软硬并施，打造资优生孵化器

为了走出中国在世界科技竞争领域“被卡脖子”的困境，拔尖创新人才的培养迫在眉睫、刻不容缓。《发展规划》中“建设思路”部分包括深圳中学建设世界一流高中的品质定位、实力定位和特色定位，其中对“特色定位”的解读为：形成“深圳中学特色”的拔尖创新人才培养教育品牌，打造世界一流的“资优生孵化器”。

《发展规划》“打造资优生孵化器”行动计划主要包括以下内容：完善资优学生识别体系、改善资优学生成长环境、优化资优学生评价方案等。在软件方面，深圳中学计划通过建立资优生综合能力数据库，改进现有评价（考核）方案，建立资优学生的甄别方案，使资优生的甄别工作更加精准；完善现有资优生评价机制，结合学校综合素养评价平台，对学生进行多元化评价，建立家校定期沟通机制，及时对每一个学生的培养、未来规划“量身定做”，并做好持续跟踪记录，完善评价反馈体系。在硬件方面，学校需要为资优学生的身心健康创设更优越的条件，不断提升教学服务的质量和水平，例如配备更先进的物理、化学、生物学、信息学、天文学等竞赛实验室和创新体验中心等；与高校、企业合作，打通发展空间，构建完整的教育链；充分利用校园自媒体，丰富资优学生的校园生活，促进家校合作。

4. 文化赋能，整合创新教育资源

深圳中学一方面围绕创新能力的培养，以教学改革为基础，把彰显个性、培养学生的创新精神和创造能力作为人才培养模式改革的重要突破口；另一方面与著名高校、企业共建 19 个创新实验室和创新体验中心，开设一系列创新体验课程，并鼓励学生参加社会实践和科技创新竞赛。

《发展规划》“整合创新教育资源”行动计划主要包括以下内容：构建创新教育特色路径、完善创新活动支撑体系、营造和谐的创新教育文化，其中创新教育的“文化赋能”对于创新教育资源整合至关重要。创新文化的孕育与生成不仅需要宏观层面国家政策的引导和支持，而且还需要中观维度学校的制度保障和文化熏陶，以及微观视角下教师的理念认同和践行。

5. 建筑表达，建设世界一流校园

一流的校园环境是深圳中学建设世界一流高中最基本的物质保障。物质文化是精神文化的基础，一流的校园环境有助于促进一流校园文化的形成。“建筑表达”是环境育人的重要表达，整洁舒适的校园环境会让人产生蓬勃向上的动力，能激发学子追求上进、提升自我的信心。学校是教书育人的地方，校园环境是校园文化最为直接的体现，校园中的每一座建筑、每一处景点，都能成为一种思想的传递、一种文化的表达。建设一个和谐优雅的校园环境，有利于学生身心健康地成长，有利于提高教职工的工作效率。

《发展规划》“建设世界一流校园”行动计划主要包括以下内容：形成标准规范管理机制、创建绿色生态校园环境、配备先进完善硬件设施、构建稳定和谐的安全管理体系等。

三、确保落地：学校实施发展规划的四重保障机制

为了落实《发展规划》，深圳中学从组织、制度、资源和政策等方面强化实施保障，确保目标任务顺利完成。

1. 组织保障

确保发展规划落实的保障组织，包括规划制订与实施领导小组和督导评估领导小组。其中，前者负责规划制订和实施工作的整体统筹和协调，组长为校长，副组长为副校长和校长助理等校级领导；后者负责对规划实施情况进行阶段检查和考核，组长仍为校长，副组长为副校长和校长助理等校级领导以及教师、学生、家长、校友代表等。

2. 制度保障

确保发展规划落实的保障制度，包括教职工代表大会制度和跟踪监测、检查及评估制度。一方面，规划的制订需要尊重每位教职工对建设方案的发言权，认真听取和吸收教职工代表大会对规划方案的意见和建议；另一方面，学校要加强对规划实施的组织、协调和督导。鉴于此，深圳中学制定完成《深圳中学"十四五"发展规划督导评估工作方案》，运用自我评估和第三方评估、过程性评估和终结性评估，构建依法办学、自主管理、民主监督、社会参与的督导评估制度，全面提升学校管理、教育和学习的质量，不断追求卓越品质。

3. 资源保障

关于确保发展规划落实的保障资源，学校一方面争取大学和名企的专业支持，另一方面邀请专家、学者等进行专业指导。截至目前，学校与北京大学、清华大学、南京大学等高校共建 9 个创新实验室，与腾讯、华为、大疆等企业共建 10 个创新体验中心，这些资源为学校建设提供了强力保障和专业支持。

4. 政策保障

一方面，深圳中学积极争取各相关政府部门的政策指导，建立以总体规划为总领，分项规划、专题规划为支撑，部门规划为基础的发展规划体系，形成规划合力，各司其职、齐心合力，确保各项任务高质量完成。另一方面，深圳中学积极争取各相关政府部门的经费支持，坚持规划先行，以规划定项目；实行项目带动，以项目定预算，规范各个项目的论证审批制度，加强学校财务预算与规划实施的衔接协调。

“凡事预则立，不预则废。”学校“十四五”发展规划需要在新时代背景下找准定位和方向，结合地域优势和学校特色，从而服务于学校管理水平提升和办学质量飞跃。

——本文刊发于《中小学管理》2021年3月刊

器大者声必闳，志高者意必远
——在国际教育分享会开幕式上的致辞

尊敬的各位来宾、各位老师、各位家长，亲爱的同学们：

大家上午好！

今天，深圳中学携手万科梅沙书院举办国际教育分享会，共同探讨国际教育议题。我代表深圳中学，向大家的到来表示热烈的欢迎！

2020年伊始，突如其来的新冠肺炎疫情席卷全球，波及全球200多个国家和地区。疫情当前，曾经备受关注的国际教育面临巨大挑战；是否还要继续选择出国留学，在哪个学段，去哪里留学，如何准备留学，成为当下学生及家长十分关心的话题。

2020年6月，《教育部等八部门关于加快和扩大新时代教育对外开放的意见》（以下简称《意见》）正式印发。《意见》指出，教育对外开放是教育现代化的鲜明特征和重要推动力，要以习近平新时代中国特色社会主义思想为指导，坚持教育对外开放不动摇，主动加强同世界各国的互鉴、互容、互通，形成更全方位、更宽领域、更多层次、更加主动的教育对外开放局面。

疫情对出国留学的影响是暂时的。《意见》强调，将继续通过出国留学渠道培养我国现代化建设需要的各类人才，将积极开拓优质教育资源合作渠道，拓展出国留学空间。同时，下大力气完善“平安留学”机制，将应对疫情过程中摸索出的行之有效的做法进一步制度化、常态化，为广大学子实现留学梦保驾护航。

习近平总书记在海南出席博鳌亚洲论坛2018年年会开幕式上说：“我要明确告诉大家，中国开放的大门不会关闭，只会越开越大！”这句话同样适用于后疫情时代的今天。从更高的层面、更长的时间维度来看，中国对外开放的大方向不会变，中国对高素质、国际化人才的需求不会变，学生走向更广阔世界舞台去学习、去探索的愿景不会变，因而国际教育长期向好的趋势不会变。

长久以来，如何在中国这片沃土上开办国际教育，都是一个重大议题。如今，疫情带来的冲击，与其说是挫折和困难，不如说是机遇和挑战，是一次让学校和学生，乃至中国的国际教育行业去静心思考、优化沉淀的契机。深圳中学和万科梅沙书院都在不遗余力地应对此次挑战：目前，两所学校都开设了AP和A-Level课程体系，可以满足学生申美和申英的不同需求，也与香港、日本、加拿大等地的大学开展合作项目，为学生提供多元选择。2021年1月，深中与美国普林斯顿国际数理学校举行了建立友好学校的云签约仪式，两校将课程共享、共促发展；2020 年上半年，为了在新校区给学生搭建更多优质的科技创新平台，深中在疫情期间克服重重困难，与北京大学、清华大学、南京大学分别共建天文创新实验室、朱邦芬院士工作站和先进光声功能材料实验室，并举行云签约揭牌仪式。

搭建高科技平台是基础，支持学生开展学术活动是目的。深中和梅沙两所学校都积极为学生提供参加国内、国际大赛的支持和辅导，虽然很多国际比赛因为受到疫情影响改为线上进行，但这并不影响学生们参赛的热情和高水平发挥；全球第一、全国第一的字样，屡屡和深中学子一起亮相新闻，这几个汉字并不只是听上去那么简单，背后凝聚着深中师生无数的心血。高端学术活动只是多彩校园生活的一部分，自由与民主，开放与包容是深中学生文化的特色，学校搭建了丰富的平台，给予学生自由选择的空间，鼓励学生在真实的实践中学会选择、学会承担、规划自我发展；丰富的学生社团，活跃的学生组织和直接参与学校政策制定的民主环境，都让学生能在高中这人生中最美好、最丰沛的三年尽情挥洒自己的热情，在校园常常听到学生发出这样的感叹："深中的生活太精彩，以至于怎么过都是一种浪费。"

越优秀的学生，越需要优秀的老师引领。近年来，深圳中学引进了来自牛津、北大、清华等世界名校的 80 余位博士，40 余位哈佛、牛津、剑桥等海外顶尖名校毕业生，高素质、高水平的教师队伍言传身教，助力学生们实现着从学术到人格的全面发展；他们不只传授知识，更会用自己的视野和格局引领学生，用自己的人格和品行感染学生，用自己的习惯和性格影响学生，让同学们更早立大志，存大格局。好的教育，在于学生在一个好的学校里，遇到了一生当中需要效仿的典范和崇敬的榜样；而深圳中学这么多世界名校的毕业生，就是学生们为人处世、治学研究的榜样。这些优秀的青年教师对教育充满热情，充分保护着学生兴趣的火种，点燃着学生进取的热情，引导着他们自主地去发现，去探索。

善作善成，久久为功。我们每一位老师坚持以敬业奉献的职业精神，用对每一位学生负责任的态度，更用优异的升学录取结果，诠释了国际教育的应有之义。2021 年申请结果逐渐出炉，在大环境总体不利的情况下，深圳中学逆流而上，再创辉煌——外界评价深圳中学是公立收费、国际教育、一流成绩。梅沙的录取成绩三年来节节攀升，今年再创新高，斩获藤校录取，艺术升学领跑深圳。

"教育决定着人类的今天，也决定着人类的未来。"一个人的视野，能够决定他未来发展的水平和高度；一所学校的格局，能够决定它教育的广度和深度；一个国家的战略定位，能够决定它在整个国际格局中的地位。人类现实社会就是一个矛盾的统一体，有许多矛盾，也有许多追求的共同点。我们可以把这些共同点汇集为：和平发展、合作共赢。"人类命运共同体"就是在这样的背景下应运而生，自提出以后便成为推动全球治理体系变革、构建新型国际关系和国际新秩序的共同价值规范。

我们的国际教育是在人类命运共同体背景下的国际教育，是扎根中国大地的国际教育，是旨在面向中国的未来，去培养具有全球观、大局观人才的教育。深圳中学的办学定位是：建设中国特色世界一流高中。一方面，“中国特色”的教育必然是传承中华文化血脉、践行中国特色社会主义道路、服务国家发展的教育；中华文化积淀着中华民族最深沉的精神追求，是中华民族生生不息、发展壮大的丰厚滋养。民族性是国际性的根基，只有立足于本民族的文化，坚守本真、继承民族特色，建立文化自信与身份认同，我们才能寻求和推动平等的国际交流与国际对话。另一方面，“世界一流”的高中势必要放眼全球，接轨国际标准，并且能够为世界一流大学输送更多优秀学子，为社会和国家培养更多杰出人才；我们坚信，世界一流高中的学生应该是理解多元文化、通晓国际规则、具有扎实学术基础、具备创造力和国际竞争力，是具有中华底蕴和国际视野的拔尖创新人才。没有中华底蕴，没有民族文化的认同感，在世界舞台上也很难受到尊重；拥有国际视野，才能让我们更加懂得如何“用世界的眼光看中国”，如何在全球化的浪潮中发出中国声音，讲好中国故事，并且为推动世界进步作贡献。

“器大者声必闳，志高者意必远。”构建人类命运共同体是时代赋予我们的宏大命题，也是一个需要一代又一代人接力才能实现的目标。深圳中学和万科梅沙书院始终相信国际教育未来可期，期待我们培养的学生越来越多地走向世界舞台，不仅成为各行各业的领袖人才，而且还要融入国际事务，甚至影响、引领国际事务，为国家、为世界、为人类文明进步贡献力量！

谢谢大家！

2021 年 4 月 24 日

衔枝育凤，创享未来
—— 在深中坪山创新学校揭牌仪式上的致辞

尊敬的各位领导，各位老师：

大家上午好！

首先，我代表深圳中学向前来参加深中坪山创新学校揭牌仪式的各位领导、嘉宾、朋友表示热烈的欢迎！正所谓“风声雨声读书声声声入耳，家事国事天下事事事关心”，今天的揭牌仪式恰逢吉雨，寓意着良好的开端。

衔枝育凤，创享未来。回想 2018 年国庆节前后，我和陶永欣书记一拍即合，第一次有了“深中坪山联手办教育”的想法，经过之后近一年时间的向上级请示及双方协商，在市委市政府和市教育局的支持下，在陶永欣书记的努力下，2019 年 8 月 6 日正式签署协议，2020 年 8 月 12 日成立筹备小组。如今，经过艰苦卓绝的建设历程，一所现代化九年一贯制学校屹立于坪山石井之中。深中坪山校园延续了深中新校区的建筑风格，气势恢宏、典雅端庄，是一所面向未来的高标准智慧校园。

筹办一所新学校是一场浩大的工程，是一项造福千万学子的伟大事业。如人饮水，冷暖自知，深中坪山今日华丽绽放的背后，是筹备组成员数不尽的艰辛和不计日夜的付出，而他们背后的坚强后盾，是坪山各级领导自始至终的指导和支持。借此机会，我代表深中全体教职员工，衷心感谢坪山区委、区政府和区教育局一直以来对深中坪山创新的殷切关心和鼎力支持，感谢区建筑工务署及所有建设者的辛勤付出，感谢广大市民的信任与厚爱。

建学校难，办学校更难。在成就一所一流学校的过程中，一定会遇到各种预想不到的困难和挑战。今天的雨就让我想到苏东坡《定风波》中的话：“一蓑烟雨任平生”“也无风雨也无晴”。东坡先生仕途坎坷，颠沛流离，尤其在晚年遭遇一贬再贬，“黄州惠州儋州”，但他始终以乐观豁达的心态消解心中的苦闷，既以文采超群垂芳千古，也以人格精神光耀青史。一所学校在其发展过程中也一定会遇到各种风风雨雨，但是我们始终坚信，上下同欲者胜，风雨同舟者兴，同舟共济者赢。

一所好学校的标志，关键是要有一流的校长和教师。李芳胜校长在河源三年，将深圳中学河源实验学校建设成河源市最好的学校。如今来到坪山，担任深中坪山创新学校校长，再次创业。征途漫漫，前景辽阔。我坚信，在李芳胜校长的带领下，在全体教职员工的精诚团结下，深中坪山一定能发展成为全市一流的基础教育名校，为打造深圳东部教育高地、推进深圳东进战略贡献深中力量！

谢谢大家！

2021 年 8 月 27 日

第二辑 家国情怀

——中华底蕴 国际视野

2020年4月20日，习近平总书记在陕西考察时特别强调："各级党委和领导干部要自觉讲政治，对'国之大者'一定要心中有数。"所谓"国之大者"，解决的是思想认识上的格局和高度问题。那么"校之大者"呢？同样需要各位老师不断开阔眼界，存大格局，立宏伟志愿。身为一名深中教师，我们也要不断提高思想站位，要有超脱一般学校老师的格局，心中存"大我"，立大志、有远见，忠于职守、甘于奉献，努力培养出为国家、为民族、为人类做出卓越贡献的栋梁之材。

2–1

从《觉醒年代》谈“校之大者”
—— 在全校教职工大会上的演讲

尊敬的各位老师：

大家好！

一个偶然的机会，我看到《觉醒年代》的一个片段，印象十分深刻。这部 43 集的电视剧，讲述了 1915 年到 1921 年，短短 6 年之间中国翻天覆地的变化：新文化运动、巴黎和会中国在外交上的惨败及其引发的五四运动，最后是划时代的事件——1921 年中国共产党的成立。

最近每天下班回家，我都会追几集《觉醒年代》。当看到我们国家危难、民不聊生，青年觉醒、山河激荡的时候，我常常满含泪水——为那个年代的知识分子和革命先驱的情怀、担当和智慧所震撼、所感动。今天借此机会，我想以《觉醒年代》这部电视剧给我的启发为背景，从思想启蒙、理想信念和实干担当三个方面与大家分享一些关于教育的想法。

一、思想启蒙

中国人是背负着八国联军攻占北京的耻辱进入 20 世纪的。在救亡图存的艰辛探索中，辛亥革命没有完成反帝反封建的历史任务，北洋军阀的混战让苦难深重的中国人民看不到出路，探索者们尝试了各种“主义”、各种“方案”，但都以失败收场。

在这个民族危亡的关键时刻，陈独秀说：“民众觉醒了，中国才有希望。”混沌黑暗的岁月里，蔡元培、陈独秀、李大钊、胡适、鲁迅、钱玄同等一批仁人志士觉醒了，高举着“德先生”和“赛先生”的大旗，为时代的暗夜带来新文化和新思想的火种。

革命道路，千难万险。陈独秀说：“你们以为唤醒一个被封建思想禁锢了几千年的民族是那么容易的吗？你们以为要扫除我们这个民族血液里面的麻木冷漠、惰性思维是一日之功吗？”

为救亡图存，他们创报刊、著文章、开民智、扶志气。集结全国有识之士的星星之火，他们以燎原之势点燃国人求知识、爱国家的血性。在那国难深重的年代，知识分子都尚能排除万难，立志为教育事业奉献，何况今天的我们？

我们每一位老师也应时刻反省自己，我们对待工作是否也存在“麻木冷漠、惰性思维”呢？一个学校的发展求的是每个人努力的“代数和”，代数和中不仅有正项，还会有负项，正负会互相抵消，因此我们就应尽量减少努力值中的负项，否则会让很多人的正向努力变成“无用功”。同时，学校发展如逆水行舟，不进则退，只要有一个人不努力、不上进，只要有一个人在应付工作、不主动作为，也势必是在拖深中发展的后腿。

初心易得，始终难守。辜鸿铭说：“什么是真正的中国人？中国人的精神是永葆青春的精神。”希望各位老师都能时刻保持工作激情和工作热情，不要工作一段时间之后就懈怠了、麻木了、冷漠了，这是非常可怕的。山雄有脊，房固因梁。深中要为国家培养世界一流的人才，这个目标的实现需要每一位老师初心不改、青春始终，因为你们是支撑深中未来发展的生力军，深中未来的蓝图需要在座的每一个人放眼畅想和奋力描画。

一百年前，开民智，做教育，可救中华民族于生死存亡之旦夕。一百年后，中国要在世界舞台上发出更响亮的声音，更需要教育者面向世界，面向未来，积极承担起自己应负的责任。

二、理想信念

2020 年 4 月 20 日，习近平总书记在陕西考察时特别强调：“各级党委和领导干部要自觉讲政治，对‘国之大者’一定要心中有数。”所谓“国之大者”，解决的是思想认识上的格局和高度问题。那么“校之大者”呢？同样需要各位老师不断开阔眼界，存大格局，立宏伟志愿。

蔡元培说：“教育救国，科学救国，人才救国，这正是我蔡元培之追求的理想。”

李大钊说：“为了国家利益，我们需要一个彻底的革命，把思想觉悟和行动觉悟结合起来，我李大钊愿意当这个急先锋，九死而不悔！虽千万人吾往矣！”

南陈北李相约建党时，面对苦难深重、流离失所的同胞，共同立下誓愿：“为了让你们不再流离失所，为了让中国的老百姓过上富裕幸福的生活，为了让穷人不再受欺负、人人都能当家做主，为了人人都受教育、少有所教、老有所依，为了中华民富国强，为了民族再造复兴，我愿意奋斗终生！”

个人命运与国家命运休戚与共，息息相关。少年强则国强，也只有祖国强盛，我们每个人才能安居乐业，过上自己理想的生活。当前，我们每位教师都应牢记使命，为国育才，为社会主义育才。我们有责任为社会主义现代化建设不断输送高质量的新鲜血液。

习近平总书记说：“这么大一个国家，责任非常重、工作非常艰巨。我将无我，不负人民。我将做到一个‘无我’的状态，为中国的发展贡献自己。”回首过去 40 年的工作经历——从一名农村中学数学教师、团委书记，到市教研员、区教育局局长，再到中学校长、大学研究所所长、市教研院创院院长，一直到如今的深中校长，无论在什么地方、从事什么工作，我始终都以“忘我”的状态投入到工作中，兢兢业业、恪尽职守、夙夜在公，耐得住治学的寂寞、守得住生活的清贫、经得住外界的诱惑，不计个人之得失、不争一时之长短。

在座的各位，身为一名深中教师，我们也要不断提高思想站位，心中存“大我”，立大志、有远见，忠于职守、甘于奉献，努力培养出为国家、为民族、为人类做出卓越贡献的栋梁之材。

当然，单单是仰望星空还是不够的，远大的理想信念需要每一天切实的行动和努力作为基石。作为一名教育工作者，我们的工作说大也大，说小也小，但我相信，做好它，永远在于将每一件小事做到极致。

三、实干担当

蔡元培在《新青年》编委会上提出的一个观点让我印象非常深刻，我当即就在语音备忘录里记了下来。他说："要干成大事，必须严格要求。"任何事业的成功不可能一蹴而就，都要靠一朝一夕、点点滴滴的实干和积累，并且还要随时保持极其严谨的工作作风和工作习惯。

1949 年 4 月，毛泽东为自己的文章《五四运动》及《人民解放军布告》中的文字错误分别给北平《解放日报》和新华社写信，并附上亲笔纠正的这两文中的若干误处。毛泽东严谨精细、一丝不苟的治学精神由此可见一斑。

2017 年元月，我一到任深中校长，就对学校各类文件及宣传文章提出了严格要求并一一把关，每份文案的检查都从逻辑、语法、修辞一直细化到每一个标点符号的正确使用。高标准就会有高质量，深中微信公众号近五年不断提升的推文品质就是一项例证。"天下大事，必作于细。"每一个文字、每一个标点，看似事小，但意义重大。深中近几年实现的"大"跨步发展，正是由类似这样的一点一滴的"小"细节累积而成，正是我们每个部门、每位老师在日复一日的每一项看似平常的工作中始终端正态度、狠抓细节的结果。

"祸患常积于忽微，智勇多困于所溺。"深中人要对自己严格要求，最重要的就是要实干担当。

陈独秀说："天生我才，不敢担当，就是失职。""干革命哪有不苦的。可这苦是我自找的，我情愿的，乐在其中。"

毛泽东说："天下者，我们的天下；国家者，我们的国家；社会者，我们的社会。我们不说，谁说？我们不干，谁干？"

2020 年，经向上级部门反复请示，多次沟通后，初中部改造项目终于获批立项，在拆除扩建工程的开工仪式上，我百感交集、五味杂陈，说了这样一段话："一直以来，深中初中部所取得的卓越成绩与它落后的硬件条件是极度不匹配的。回想第一次看到深中初中部简陋的教室、食堂、卫生间……我不敢相信，在中国最富裕城市的最好中学的初中部里，竟然是如此艰苦的办学环境。即便这样，我们的老师和学生依然取得了优异的成绩，非常了不起。但是作为校长，我觉得愧对这么多优秀的孩子和老师，愧对为深圳发展做出贡献的建设者，更愧对这座先行示范的先锋城市。所以，我们克服重重困难，坚持对深中初中部进行改扩建，这不仅是为了给师生营造更好的教育环境，更重要的是为我们深圳未来的发展培育后备人才以及引进高水平人才贡献力量，因为地区引进优秀人才的核心竞争力，就是要有高水平的基础教育做配套。"

再以深中新校区为例，从最开始外观设计方案的改变、一个还是两个分数线的艰难抉择到教师招聘标准的变革等，这一路以来我都顶着巨大的压力，常常夜不能寐。但是，深中是我们的深中，我们不干，谁干？敢于担当的精神非常重要，大家一定要相信"大浪淘沙"的历史发展规律，这个学校所取得的任何点滴成就都是我们大家同甘共苦、矢志奋斗的结果。

"邦之兴，由得人也；邦之亡，由失人也。得其人，失其人，非一朝一夕之故，其所由来者渐矣。"作为深中的教育者，我们的志向就是要办一所世界名校、世界一流高中，并坚定不移地向着这个方向前进，如果我们自己都没有这种担当、没有实干作风的话，那我们这个学校就肯定办不好，更不要谈建成世界名校。

各位同人，没有一件事可以随随便便成功，深中取得今天的成就是一代代深中人前赴后继的成果，是市委市政府、市教育局及社会各界支持的结果。"居安思危，思则有备。"深中已经发展到如今的高度，大家要对自己提出更高的标准和更严的要求，努力实现更大的突破和更好的发展。获得第一个世界冠军的乒乓球运动员容国团说过："人生能有几回搏！此时不搏，更待何时！"期待各位老师都能在深中干成大事、有大作为。

希望在深中度过的每一个日夜，能于大家而言不仅是一份工作，更是对自我价值实现、人生意义追寻的不断求索。当大家回首往事的时候，能不因虚度年华而悔恨，也不因碌碌无为而羞愧，可以骄傲地说，我已经把毕生的热血和精力，献给了伟大的教育事业。

谢谢大家！

2021 年 7 月 13 日

2-2

修身报国，不负使命
—— 在初中部升旗仪式上的演讲

尊敬的各位老师，亲爱的同学们：

大家上午好！

今天是 9 月 25 日，80 年前的今天，八路军在山西省大同市平型关附近打了抗战时期的第一场胜仗，也就是历史上著名的“平型关大捷”。这让我想起了上周“九一八”事变纪念日的那天，凄厉的防空警报声划破深圳上空。同学们是否想过，每年的警钟为何长鸣？警钟又是为谁而鸣？它是为了提醒每一个中国人，尤其是你们，祖国未来的希望和栋梁，勿忘国耻，不负使命。1931 年，“九一八”事变爆发，中华民族自此开启了长达 14 年的浴血奋战，大半个中国被践踏，3500 多万同胞伤亡。同学们不能忘记，那是一段悲惨屈辱的苦难历史，也是一部民族觉醒的悲壮史诗。尽管战争已经远去，但在日本帝国主义侵华期间，所有惨遭杀戮的死难同胞，值得我们永远悼念；抗日战争中所有英勇献身的烈士和为之做出贡献的人们，值得我们永远缅怀。不忘历史，是为了以史为鉴，为了警醒全世界人民共同避免历史悲剧的重演，更好地维护世界和平。

五天后，就是“十一”国庆节，在这个小长假里，我希望同学们在游览祖国大好山河的同时，更要感受一下祖国日益繁荣的气息。你们可以去看看北京的天安门城楼，她曾经见证了中华人民共和国成立的历史性一刻，68 年来，她也经历了中华民族的沧桑，更见证了祖国今日的辉煌。从去年的 G20 杭州峰会，到今年 5 月的“一带一路”国际合作高峰论坛和 9 月的金砖国家领导人第九次会晤，两年时间，三次主场外交，所有国人都清晰地感受到大国的魄力和担当。

同学们，“天地英雄气，千秋尚凛然。”大国崛起的背后是无数民族英雄的无私奉献和默默付出。9 月 15 日，国际天文界的一流科学家南仁东与世长辞。他是中国“天眼”之父，“天眼”是世界上最大、最灵敏的单口径射电望远镜，就是这项工程，让外国所有的天文学家望尘莫及；就是南仁东，让中国成为世界上看得最远的国家。我们所有人都应当缅怀这位伟大的科学家，并以他为榜样，继续勇攀科学高峰，主动承担起建设祖国未来的责任和使命。

同学们，你们都是“00 后”，你们诞生于一个蕴藏巨大能量和发展空间的时代。周恩来总理去日本留学前，曾给好友赠言说：“愿相会于中华腾飞世界时”。同学们很幸运，因为你们就生活在“中华腾飞于世界”的时期，改革开放近 40 年来的辉煌成就，深圳经济特区 37 年发展的累累硕果，深圳中学建校 70 周年的历史积淀，这些都是你们拥有的宝贵财富，希望你们珍惜历史机遇，珍惜宝贵资源，发愤图强，为中华崛起而读书。

祖国的美好未来是由青少年创造的，我希望你们继续弘扬爱国主义精神，勤学苦练，锤炼品格，志存高远，修身报国。习近平总书记说："爱国主义精神深深植根于中华民族心中，是中华民族的精神基因。"同学们，爱国其实并不遥远，但爱国绝不是口号，爱国的"爱"是动词，是行动。好好学习、天天向上就是爱国；文明礼貌、遵纪守法就是爱国。从小事做起，从基础做起，一步一个脚印，积跬步方能至千里。你们在深中三到六年的时间里，不仅是要掌握一些具体的知识和技能，更重要的是懂得"身居斗室，而心系天下"，把个人理想融入国家和民族的视野当中去，真正成长为堂堂正正，坦坦荡荡，有灵性、有血性、有担当、有作为的深中人。

最后，我想与大家分享一段黄大年曾写下的感人誓言："人的生命相对历史的长河不过是短暂的一现，随波逐流只能是枉自一生，若能做一朵小小的浪花奔腾，呼啸加入献身者的滚滚洪流中推动历史向前发展，我觉得这才是一生中最值得骄傲和自豪的事情。"

亲爱的同学们，"今日之责任，不在他人，而全在我少年。少年智则国智，少年富则国富，少年强则国强"。你们每个人都肩负着中华民族伟大复兴的艰巨历史使命，愿你们发奋图强，早日成为中华之脊梁！

谢谢大家！

2017 年 9 月 25 日

2–3

弘扬体育精神，振奋中国力量
——在体育嘉年华开幕式上的演讲

尊敬的各位老师、亲爱的同学们：

大家好！

十二月的深圳，依旧阳光和煦，绿意盎然。在这个美好的日子里，我们再一次迎来了一年一度的深圳中学体育嘉年华。

全民健身，快乐生活。体育嘉年华是深中校园生活的重要组成部分，也是深中人最喜爱的节日之一。体育代表着青春、健康、活力，关乎着每一位师生的幸福，关乎着每一个人乃至整个民族的未来。在今年第十三届全国运动会即将开幕之际，习近平总书记发表重要讲话强调："体育承载着国家强盛、民族振兴的梦想。体育强则中国强，国运兴则体育兴。"弘扬体育精神，振奋中国力量，是每一位国人的责任与担当。

老师们，同学们！生命不息，奋斗不止。体育不是一阵子的激情，而应该是一辈子的坚持。奥林匹亚山上刻有这样一段话："如果你想变得睿智，跑步吧；如果你想健康，跑步吧；如果你想更加健美，跑步吧。"生命在于运动，强健的体魄理应成为每个人一生的追求。

终身体育，受益无穷。体育比赛不仅是对身体素质的考量，更是参与者之间意志品性的较量。期待看到你们在赛场上饱满的热情与昂扬的斗志，希望你们能享受过程，享受竞争，享受体育带给你们的健康与快乐。

预祝所有运动员取得优异成绩，预祝本次活动圆满成功！

我宣布：2017 年深圳中学体育嘉年华正式开幕！

2017 年 12 月 7 日

用世界的眼光看中国
——在泛珠三角高中生模拟联合国大会开幕式上的致辞

尊敬的各位老师、亲爱的同学们：

大家下午好！

今天非常高兴与大家一起见证并参与这样一场学术盛宴。作为来自泛珠三角地区五十七所高中的优秀代表，你们的到来给深圳中学注入了生机与活力，请允许我代表学校向各位参会代表表示最诚挚的欢迎，对本次大会的召开表示最热烈的祝贺！

同学们牺牲假期时间，积极踊跃参会，这无疑展现了大家对模联活动的热情与激情。“模联人以独立之精神、自由之思想实践对社会事务的关注，以公民之责任、青年之使命寻找世界的范式。”希望你们珍惜这么宝贵的交流平台，互学、互鉴、共成长，积极探索在新时代的背景下，如何成为人类命运共同体的积极参与者和伟大中国梦的忠实实践者。下面，我借此机会给大家具体提两点建议。

第一，关心世界局势，培养全球视野。

人类现实社会就是一个矛盾的统一体，有许多矛盾，也有许多追求的共同点。我们可以把这些共同点汇集为：和平发展、合作共赢。“一花独放不是春，百花齐放春满园。”全世界各国都得到发展，中国的发展才能得到保障；中国的发展得到保障，才能为各国的发展做出更大贡献。

同学们，人类命运的福祉与进步需要当代青年勇担重任，希望你们以崇高的理想建设和谐人类家园；国际秩序的维护与建设要求当代青年厚积薄发，希望同学们以包容的胸怀贡献非凡中国智慧。

第二，坚守家国情怀，心系祖国发展。

拥有全球视野，就会让我们更加懂得如何“用世界的眼光看中国”，如何在全球化的浪潮中发出中国声音，讲好中国故事。党的十九大报告提出了我国发展的战略安排：到2020年全面建成小康社会，到2035年基本实现社会主义现代化，到本世纪中叶把我国建成富强民主文明和谐美丽的社会主义现代化强国。

同学们，你们生逢其时，同时也重任在肩。“建成社会主义现代化强国”的中国梦是民族的梦，也是我们每一个人的梦。中华民族的崛起与复兴期盼当代青年继往开来，以报国热忱铸就崭新时代风采。

以上提到的这两点既是我对同学们的建议，也是提供给大家在本次或今后模联大会上探讨的方向或主题。

举办此次会议的深圳中学模拟联合国协会是深中一百多个社团中最具影响力的社团之一，在2014年全国中学生模拟联合国大会、2016年粤港澳中学生模拟联合国大会、2018年北京大学高中生模拟联合国大会中均荣获最佳组织奖。我相信在深中模联协会的带领下，本次活动必定可以为300余位代表提供一个交流共享、百家争鸣的平台，期待大家的精彩表现！

最后，希望同学们在活动中保持愉快心情并取得丰硕的收获，预祝本次大会圆满成功！

谢谢大家！

2018年7月24日

心怀天下，行稳致远
——在2019届高三毕业典礼上的演讲

尊敬的各位老师、家长，亲爱的2019届毕业生：

大家好！

今天，你们即将告别高中生活，开启人生的新征途。请允许我代表学校向你们表示最诚挚的祝贺，祝贺你们圆满完成高中阶段的学业！同时也要向陪伴你们一路走来的老师、父母致以最崇高的敬意！

在这个特殊的日子，我想以三句话作为送给你们的临别赠言。

第一，希望你们拥有心怀天下的格局。

“谋大事者，首重格局。”最近，任正非先生在华为深圳总部接受媒体采访时的谈话，受到无数人的赞赏。华为的底气来自哪里？很多人认为是华为的“备胎计划”，而更深层次的一定是源于任正非先生宽广的眼界和阔大的格局。试想，如果他打情绪牌，诉诸民粹，也一定会有巨大的影响力，那么我们就会看到更加亢奋的舆论与情绪、更加激烈的对立与冲突。任正非先生没有，即使女儿被扣押、企业被制裁，他依然能冷静处理、承认差距，提出要开放、要合作，并且真诚地赞美苹果和谷歌这样的企业。华为一向如此有格局、有远见——他们支持基础教育，创建深中-华为创新体验中心，鼓励中学生进行科学研究；设立“深圳中学-华为特殊人才奖”，为偏才怪才提供成长沃土；他们支持基础学科的研究，在全球为科学家提供科研经费和研究便利……任正非先生的格局就是华为的底气！

不谋万世者，不足以谋一时；不谋全局者，不足以谋一域。深圳中学近年来一直努力引进和培育高学历、高水平的优秀师资，招聘了一批北大、清华等名校的硕士、博士到学校任教。社会上有一些人质疑：认为名校毕业生到高中任教是“大材小用”。我们不遗余力引进名校毕业的硕士、博士，看重的不仅是他们扎实的学科背景，还希望让这些优秀人才给予学生更多高端的学术引领以及思想的熏陶；他们不只传授知识，更会用自己的视野和格局引领学生，用自己的人格和品行感染学生，用自己的习惯和性格影响学生，让学生们更早立大志、存大格局。

第二，希望你们养成脚踏实地的习惯。

叶圣陶曾说：“教育是什么，往简单方面说，只须一句话，就是要养成良好的习惯。”

好的人生是由好的习惯决定的，就像任正非先生，他不是喜欢抛头露面的布道型企业家，而是朴素地陈述自己的看法，踏踏实实做自己的事，这就给人带来极大的安全感。想到他，人们就有信心，觉得华为不可能被击垮。这是一种境界。如何才能达到这种境界？前提是养成脚踏实地、做好小事的习惯。主动学习、主动做事，履行承诺，这是很简单的，但也是朴素的人生道理。一个人的形象永远是自己创造的，你在别人眼中是怎样的形象，你能否成为一个让人信任的人，就取决于生活中的每一件小事。

“天下难事必作于易，天下大事必作于细。”我曾经说过，希望同学们能“想大问题，做小事情，让大问题指引我们方向，让小事情支撑我们向前”。播种行为，收获习惯；播种习惯，收获性格；播种性格，收获命运。能否养成脚踏实地、做好小事的习惯，很大程度上决定了你未来究竟能走多远。

第三，希望你们履行时代赋予的使命。

今天，我们正处在一个伟大的时代，一个孕育无限希望的时代。虽然面临重重困难，但是未来一定会比现在更好——社会更加高效、更加富裕，世界更加开放、更加平等，教育更有质量、更加多元，人的发展更加全面、更加和谐。未来的中国，会出现更多卓越的企业、优秀的企业家，会出现更多的“深圳市南山区粤海街道办”，也会出现更多优秀的科研工作者、医生、教师以及各行各业的人才……

在座的你们，打算给这个时代交出一份怎样的答卷？大家以后会走向更广阔的天地，遇到更优秀的同伴，体验更丰富的人生。希望同学们拥有大的格局，不囿于一时之得失，不计较一己之短长，脚踏实地、砥砺前行，勇于肩负起时代赋予的使命，为中国科学完成从“追赶者”到“领跑者”的角色转变，为国家发展、民族复兴贡献自己的力量。

同学们，有多大胸怀，就有多大格局；有多大格局，才有多大成就。心怀天下，行稳致远。祝福同学们金榜题名、梦想成真，在凤凰花开的路口，永远有钥匙妹和老师们为你守候。

谢谢大家！

2019 年 6 月 11 日

使命在途，永葆初心
——在深中庆祝中华人民共和国成立70周年大会上的演讲

2019年9月29日，在深中庆祝中华人民共和国成立70周年大会上，朱华伟校长与师生代表一同领唱，带来了一场燃爆全场的大合唱《我和我的祖国》。这一场点燃深中人爱国热情的盛会，是深中人欢庆中华人民共和国成立70周年的献礼，祝福我们伟大的祖国繁荣昌盛！

在深中庆祝新中国成立70周年大会上领唱《我和我的祖国》

尊敬的各位老师、亲爱的同学们：

大家早上好！在这举国欢腾的日子里，我们将迎来中华人民共和国成立70周年华诞，身为中华儿女，我们相聚在这里，向我们的伟大祖国送上最诚挚的祝福与最美好的祝愿。

深圳，这座勇立潮头的城市，沐浴着改革开放的荣光，在一代代深圳人前赴后继地拼搏建设中，从落后的小渔村发展成繁华的国际大都市。深圳中学，这个唯一以深圳这座城市命名的中学，在一群有着浓烈教育情怀的老师们的辛勤耕耘下，在一群对深中饱含热爱的赤子们的追随下，气象迭新，从只有几百平方米的二层小楼——“雍睦堂”，一跃成长为广东领先、全国一流名校。在深圳建设中国特色社会主义先行示范区的征途中，深中勇担使命，正朝着中国特色世界一流高中迈进。

中华民族源远流长，在五千年的历史长河中，创造了灿烂的文明；近代中国，由于西方列强入侵，山河破碎，生灵涂炭，中华民族遭受了前所未有的苦难；革命年代，中国人民以血肉之躯筑起拯救民族危亡的钢铁长城；中华人民共和国的成立犹如日出东方，开辟了中国历史的新纪元；建设岁月，中国人民筚路蓝缕，在实现民族复兴的道路上阔步前进，为经济社会发展打下了坚实基础；改革开放以来，全国人民同心同德，协力向前，以一往无前的进取精神和波澜壮阔的创新实践，书写了举世瞩目的“春天的故事”。

“70 年披荆斩棘，70 年风雨兼程”，当代中国一路跋山涉水的历史，就是一部中国人民的英雄史、奋斗史、精神史。如今，中华民族迎来了从站起来、富起来到强起来的伟大飞跃。步入中国特色社会主义新时代，无数中华儿女当以“坚如磐石的信心、只争朝夕的劲头、坚韧不拔的毅力”奋力实现中华民族伟大复兴的中国梦。

近日，《我和我的祖国》唱遍大江南北，“我和我的祖国，一刻也不能分割，无论我走到哪里，都流出一首赞歌……”简单的文字里，流淌着几代中国人对祖国母亲的深沉爱恋。中华人民共和国成立，身在美国的钱学森激动万分，他说：“我是中国人，我可以放弃这里的一切，但绝不能放弃我的祖国。”回国后的钱学森，用自己毕生的情感、智慧和忠诚，书写了一位爱国科学家的辉煌人生。爱国，不是一句空洞的口号，它总是在具体的行动中得到诠释，它总是能凝聚成亿万人民为祖国发展不懈奋斗的力量源泉。

“芳林新叶催陈叶，流水前波让后波”。同学们，希望你们以史为鉴，“无论我们走得多远，都不能忘记来时的路”；希望你们读懂 70 年砥砺前行的艰辛与辉煌，明白“艰难困苦，玉汝于成”的道理；希望你们读懂 40 年改革开放的探索与开拓，明白“为者常成，行者常至”的真谛；更希望你们能将饱满的爱国情怀注入中华民族复兴的伟大使命中，把个人的理想同国家的前途、命运联系在一起，勇于担当，敢于创新，成为具有家国情怀和世界眼光的建设者和接班人。

昨天，中国女排以十连胜佳绩提前一轮蝉联 2019 年第十三届女排世界杯冠军。女排主教练郎平赛前接受记者采访时说：“只要穿上带有‘中国’字样的球衣，就是代表祖国出征，为国争光是我们的义务与使命，我们的目标是升国旗、奏国歌!”同学们，当每一次国旗升起，每一次国歌奏响，我都希望你们能自豪地说出：“我爱你，中国!”

谢谢大家!

2019 年 9 月 29 日

中国脊梁，民族希望
—— 新冠肺炎疫情期间线上直播课程之“校长第一课”

尊敬的各位老师、亲爱的同学们：

大家上午好！

首先，我代表学校向奋战在新冠肺炎疫情防控第一线的工作者致以崇高的敬意，向目前仍身在湖北的深中师生致以亲切的问候：“请你们多保重，注意防护，盼早日平安归来！”

这个春节，突如其来的新冠肺炎疫情，对每一位国人来说都是一次严峻的挑战、一场艰巨的考验。学校把做好新冠肺炎疫情防控、保障师生员工生命安全作为当前最重要的任务：第一时间成立防控疫情领导小组，建立全覆盖的工作体系，设立综合协调、医疗保障、教育教学、学生工作、教职工工作、后勤保障、校园管控七个工作组，及时协调处理师生关切的问题，有效落实上级防控疫情的各项部署。

同时，学校根据教育部、广东省教育厅和深圳市教育局关于2020年春季学期延期开学的通知，结合《深圳中学防控新型冠状病毒感染的肺炎疫情方案》，制定了《2020年春季学期延期开学线上直播课程的方案》。学校分年级、分学科为延期开学的学生提供在线学习、线上辅导及线上同步测评。为了帮扶教育资源不足地区的学校师生，包括我校对口扶贫的学校师生，本着共享深中优质教育资源的原则，此次线上直播课程面向社会开放，全国范围内有需求的学生均可同步在线学习。

新冠肺炎疫情发生后，我们看到许多逆行者奋战在抗疫一线，他们是这个时代最可爱的人。今天，他们为找回我们的幸福乐园不惧生死，执着坚守在最前线。今后，我希望你们能够像他们一样，不畏艰难，敢为人先，成为未来中国的希望和脊梁。

希望是暗夜里的一束光芒。

这次新冠肺炎疫情暴发后，一位84岁的老者让全中国人民为之敬仰，他就是17年前曾领军抗战“非典”的钟南山院士。钟院士虽已到耄耋之年，但当国家陷入危难之时，他仍然选择奋不顾身地为国出战，奔走于抗疫一线，肩负起人民的重托。为什么钟院士不顾个人安危，义无反顾地为全国人民冲锋陷阵？那是因为，这位年迈的英雄深知：他就是那束光，处在水深火热中的人们盼望着它闪耀在阵地上。

同学们，这次新冠肺炎疫情的阴霾终将散去，正如人生总是在黑暗与光明的交替中进行，但是我希望未来的你们不要那么快忘记黑暗，要时刻提醒自己做一个光明的追求者，努力学着前辈的模样，做照耀黑暗的那束光，照亮这个时代。就像诗人赫尔曼·黑塞曾写道："我们还站在昏暗中，怀着柔和的梦想，渴望走进那光明中，自己也化为光。"

同学们，每个人都会遭遇困境，但只要内心有光明，就不怕陷入黑暗。无论世界如何变化，无论我们面临的暗夜是长是短，"此后如竟没有炬火，我便是唯一的光"，都会成为你们永远向前的信念，正如鲁迅在《热风》中所愿："愿中国青年都摆脱冷气，只是向上走，不必听自暴自弃者流的话。能做事的做事，能发声的发声。有一分热，发一分光，就令萤火一般，也可以在黑暗里发一点光，不必等候炬火。"

脊梁是向上走的一股力量。

人生中，每一次追求都应是一场没有妥协和退缩的战役。就像这次抗疫之战，为了顺利渡过难关，我们要抗争到底，矢志不渝勇往直前，直至取得胜利。

鲁迅在《中国人失掉自信力了吗》一文中有这样一段话："我们从古以来，就有埋头苦干的人，有拼命硬干的人，有为民请命的人，有舍身求法的人……这就是中国的脊梁。"——这也是中华精神的精髓所在，这样的精神一直在中国人的心中萌芽、生根，直到成长。埋头苦干的人是无私的奉献者，他们不懈努力，为的是将这个社会带到更好的方向；拼命硬干的人，他们舍生忘死，为的是改变不平等的社会关系；为民请命的人，他们心系百姓，心系天下；舍身求法的人，他们不惜一切代价维护社会的公平和正义。这样的人越多，中国的未来越有希望。

我希望，深中培养的每一位学生都能够成为这样的人，志存高远、心怀天下，敢于担当、勇于作为，以民族兴旺、国家昌盛为己任，尤其是在危机来临之时，不畏惧，不退缩，挺身而出，战胜灾难，成为国家的中流砥柱。纵览前贤，范仲淹"先天下之忧而忧，后天下之乐而乐"，顾炎武"天下兴亡、匹夫有责"，周恩来"为中华之崛起而读书"，这些都给我们以丰富的人生启迪。巴金曾说："我们的祖国并不是人间乐园，但是每一个中国人都有责任把它建成人间乐园。"

同学们，这次新冠肺炎疫情或许给我们带来了很多迷茫、恐惧和身心俱疲，很多无可奈何和愤懑不平，很多身不由己和扼腕叹息，正因如此，我才盼望着你们将来成为引领社会向上走的那股力量。一代人有一代人的责任，一代人有一代人的担当，希望你们在实现中华民族伟大复兴中国梦的征程中"以青春之我，创建青春之国家，青春之民族"；希望你们将自己融入社会主义建设的宏伟事业中，在服务社会、奉献人民、报效祖国的过程中实现自己的人生价值；希望你们为中华之振兴而不断奋进，因为只有当下的奋进才能充盈你们的羽翼，只有羽翼丰满才有力量擎起时代的重担，才能早日成为中国的脊梁和民族的希望。

最后，和各位老师分享李兰娟院士的一段话："这次疫情结束以后，希望国家逐步给年青一代树立正确的人生导向和正确的人生价值观……只有少年强则国强，为祖国未来发展培养自己的国之栋梁!"这是我们每一位教育人的心声和希望，也是我们肩上的使命和担当。

中国脊梁，民族希望。愿国泰民安，山河无恙。

谢谢大家!

2020 年 2 月 10 日

凝聚中国力量，弘扬民族大义
—— 初三、高三复学第一课

尊敬的各位老师、亲爱的同学们：

大家上午好！

告别漫长的寒假，跨过诸多的不易，我们迎来了这场期盼已久的“复学第一课”，欢迎你们回到美丽校园！新冠肺炎疫情逐渐平息，我们终于可以走出家门，去拥抱地平线上的胜利曙光，而为我们奋斗的人们，已经有一些人永远倒在了黎明之前，再也不会归来。为众人抱薪者，不可使其冻毙于风雪；为生民立命者，不可使其殒殁于无声。在此，让我们向那些抗疫牺牲的英勇烈士致哀，让我们向所有拼搏奋战的逆行者致敬！

不遗忘，才是最好的怀念。此刻，我们虽然已经从无奈和焦虑的困境中走出，但对抗疫期间那些不平凡的经历和感受一定还记忆犹新——当每一个鲜活的人物、动人的故事催人泪目时，当那些冰冷的数据终于急转直下时，我们都深深体会到：一个国家多一些矢志不渝、爱国担当的人，这个国家才会有希望；一个民族多一些无私奉献、忠诚守望的人，这个民族才会有未来。

弘扬家国情怀，彰显爱国担当。

2020 年初，病毒肆虐、举国遭难，当无数人远离武汉，逆行的白衣天使们却开始汇聚江城；他们就像听到冲锋号角的战士，毅然加入与死神的搏斗之中。他们是王兵、冯效林、江学庆、刘智明、李文亮……他们出征，他们奋战，他们牺牲，正如他们的无数前辈在灾难中冲锋陷阵一样：那是 1950 年的长津湖战役，1976 年的唐山地震救援，1998 年的全国抗洪抢险，2008 年的汶川地震救援……他们是一代又一代共和国的脊梁；他们超脱一人生死，毕其精力一肩以扛；他们只愿国家早日安定的大义情怀化为希望之光，带领中国人民一次次走出黑暗，在非常时期彰显了华夏儿女的爱国与担当。

回顾近代中国史和近百年党史，爱国与担当始终是中国有志青年的不变之魂。新中国建立之初，一穷二白、百废待兴，仅用一年多就获得博士学位的邓稼先，毕业当年毅然返国。虽因长期近距离接触核辐射使他身患直肠癌，但他仍对妻子说：“假如生命终结后可以再生，那么，我仍然选择中国，选择核事业。”在邓稼先的心中，祖国始终重于千钧。

同学们，基辛格在《论中国》中说过：“中国人总是被他们之中最勇敢的人保护得很好。”当下一次国家和人民需要的时候，希望你们也能做那个“最勇敢的人”，保护好身边的人，保护好我们的祖国；希望你们也像无数前辈那样，有勇气成为时代的逆行者，有底气扛得起一个民族。

坚守平凡岗位，发扬奉献精神。

“革命的成功，不仅需要有人在枪林弹雨中冒死冲锋，也需要有人在平凡的岗位上默默奉献。”——这是新华社在建党 95 周年，回访毛主席《为人民服务》演讲地时评论的一段话，也是此次全民抗击新冠肺炎疫情的真实写照。我们既要铭记那些为国为民牺牲奉献的英雄人物，也不能忘记身边涌现出的平凡英雄：快递员汪勇，为白衣天使筑牢后勤保障线；环卫工人潘斌伏，主动请缨参与定点救治医院保洁；翁江、骆可欣夫妇，强忍父母去世悲痛，当志愿者、捐献血浆……

这些是我们在新闻报道中还能看得到的名字，但在病毒肆虐的寒夜里，还有多少默默无闻的守夜者，我们连他们的姓名都不曾得知。例如在情势最严峻时期依然执着坚守的环卫工人，从清晨到傍晚，从街头到巷尾，他们在冷风冷雨中依旧无比坚定的背影，每时每刻都传递着温暖与力量，给我们带来无尽的安全感。这些在新冠肺炎疫情期间默默付出的人，“英雄”的含义在他们身上诠释得淋漓尽致，他们虽未留下姓名，但他们的事迹熠熠生辉。

同学们，灾难往往都是冰冷的，但灾难中显现的人性光辉却极其温暖。面对无情的病毒，那些平凡英雄和我们每个人一样，也会恐惧、也会忧虑，但他们挺身而出，维持着城市的正常运转；他们用寻常的言行、真挚的情感，书写了属于当下的英雄史诗；他们的点点光亮汇成火炬，照亮了中国亿万人民迈向胜利的征途。

凝聚中国力量，弘扬民族大义。

“感动而不反思，一定会有更悲壮的下一次。”如今，新冠肺炎疫情的危机虽然解除，但是疫情还远未结束，而且它对我们会产生哪些影响，很多还是未知数。习近平总书记在 4 月 8 日的中共中央政治局常务委员会上指出，“要做好较长时间应对外部环境变化的思想准备和工作准备”。

“士不可以不弘毅，任重而道远。”王辰院士说：“这次新冠肺炎疫情事件使我们更感受到医学科技的重要性……我们应该少一点说漂亮话的科学家，多一点真正的、更多地看到问题的科学家，应当多一点目光冷静、头脑清醒、行动稳健迅捷的科学家，这是我们要做的事情。”希望这也能成为你们的追求和志向，心系祖国、胸怀天下，刻苦学习、勤奋钻研，在必要时用知识和科学的力量，不仅救人民于水火之中，救国家于危难之时，更要将人类发展再向前推进一步。

亲爱的同学们，古往今来，国在不安时，哪有什么救世主？何处是能走的路？恰如鲁迅所说：“其实就是一群人，从没路的地方践踏出来的，从只有荆棘的地方开辟出来的。”中华民族历来是一个英雄辈出的民族，而未来中国需要更多的开辟者。你们是中国脊梁和民族希望，愿你们凝聚中国力量、弘扬民族大义，在热血沸腾的青春时光，努力学习，成为有用之人，为中国梦注入强大的正能量，在新时代谱写绚丽华章，将强盛中国的道路越走越笔直，越走越宽广！

最后，在冲刺中考、高考的关键时刻，希望各位同学以积极的人生姿态快速回归学习生活，静下心来、沉得住气，珍惜时间、坚持到底，用拼搏成就梦想，让青春在奋斗中闪光！加油吧，少年！“面前再多艰险不退却”，等你们金榜题名的那一天！

谢谢大家！

2020 年 4 月 27 日

2-9

万有相通，大爱无疆
—— 在 2019—2020 学年第二学期全校线上开学典礼上的演讲

尊敬的各位老师、亲爱的同学们：

大家上午好！

在居家学习的漫长假期里，在病毒肆虐的日日夜夜里，也许你们心中常有无奈和迷茫，常有焦虑和恐慌；但成长的路上必然经历很多风雨，如今同学们重返美丽校园，相信“你们还是那个少年，没有一丝丝改变，时间只不过是考验，种在心中信念丝毫未减”。

庚子之初的新冠肺炎疫情突袭，打乱了大家的生活，却也磨炼了我们的心智。身在这座城市的我们，清楚地看到了深圳迅捷的行动力和执行力，看到了祖国强大的意志力和战斗力；我们为生活在这座美丽城市而感到骄傲，我们为生长在中华大地而感到自豪。

突如其来的新冠肺炎疫情是一场极端测试，面对疫情防控的大考，深圳市委、市政府统揽大局、全力以赴，深圳各相关企业和广大市民凝心聚力、众志成城；其中，深圳的科技企业是科技战疫的主力军。疫情暴发后，武汉建造了火神山医院，华为公司仅用 3 天时间就完成了当地 5G 网络的建设，为数据采集、远程会诊、远程监护等医疗业务的正常开展保驾护航——这样的深圳速度，彰显了这座城市在新冠肺炎疫情灾难中的使命与担当。在深圳，还有这样一批守卫国门的幕后英雄，他们不惧风险，用实际行动筑牢了祖国大门的防卫线，他们是坚守在战疫一线的深圳海关科研工作者。1 月 26 日，一艘载有 6 000 余名旅客及船员的“歌诗达 · 威尼斯”号邮轮返回蛇口，船上 400 多人有重点地区旅居史，急需对其进行核酸检测。深圳海关保健中心实验室不到半天时间就完成了所有送检样本的检测，为政府后续工作提供了重要决策依据。速度之快，得益于科学家团队建立的实验室新冠病毒快速检测方法。

同学们，这就是科技的力量，这就是科技向善的温度。“人类同疾病较量最有力的武器就是科学技术，人类战胜大灾大疫离不开科学发展和技术创新。”希望你们不断增强本领，用科学的力量武装自己，未来为我们深圳的发展添砖加瓦、贡献力量。

家是最小国，国是千万家。一方有难，八方支援。武汉告急之时，全国各地的医疗队纷纷前往援助，深圳自 2 月 9 日起共派出 5 批医疗队分赴武汉、荆州——他们是这个时代的最美逆行者。此外，令我欣喜的是，我校高一年级的王奕杰和丁培杰同学在寒假期间自发创作战疫歌曲《午安武汉》，深中学生社团 ACES Studio 为其精心制作视频；我安排学校的微信公众号专门推送了这首歌，也联系了相关媒体对他们进行了采访报道，希望更多身在武汉的人们能接收到这份暖心关怀。

同学们，**“没有人是一座孤岛”，万众一心才能渡过难关。**钟南山院士在给全国学生的复学寄语中说，“我们每个人心中除了有一个‘小我’，还应该有个‘大我’，而且在危难的时刻，在非常的时刻，‘大我’是最重要的。只有大家做出了奉献，我们自己才能保得平安”。

人类是一个命运共同体，病毒没有国界，疫情不分种族。在全球抗击新冠肺炎疫情的过程中，中国的企业、公益基金会也发挥着巨大的作用。最近，任正非在回应向加拿大、美国等国家捐赠抗疫物资的动机时说：“人们都需要互相关心、互相帮助，只要有求助，我们就会做一些力所能及的事情给予支持，这些捐赠是属于人道援助，没有目的，没有任何交换条件。”

同学们，**万有相通，大爱无疆。**经历了这次苦难，相信你们更理解善良，更懂得慈悲。未来，在经济全球化的大背景下，这样的重大突发事件不会是最后一次，各种传统安全和非传统安全问题还会不断带来新的考验。人类命运的福祉与进步需要当代青年勇担重任，希望你们以崇高的理想构建和谐人类家园；国际秩序的维护与建设要求当代青年厚积薄发，希望你们以包容的胸怀贡献非凡中国智慧。

亲爱的同学们，每一段经历都是一次历练，每一程风雨终会遇见晴天。泰戈尔有诗言：“世界以痛吻我，我要报之以歌。”我们正在经历历史，我们也正在创造历史。习近平总书记到陕西考察提到“西迁精神”时强调：“重大的历史进步都是在一些重大的灾难之后，中华民族就是这样在艰难困苦中历练、成长起来的。”希望同学们珍惜自己的际遇和机缘，在自己所处的时代条件下奋勇争先、奉献社会，谋划人生、创造历史，既谱写出壮丽动人的青春之歌，更为国家发展和民族复兴贡献力量。

谢谢大家！

2020 年 5 月 11 日

2-10

唱响主旋律，传播正能量
—— 在 2020 届初三毕业典礼上的演讲

尊敬的各位老师、亲爱的同学们：

大家上午好！

今天我们齐聚一堂，隆重举行 2020 届初三毕业典礼。我代表学校向圆满完成学业的初三年级同学表示衷心的祝贺！向辛勤耕耘的全体老师表示崇高的敬意！向关心支持学校工作的各位家长表示衷心的感谢！

细数今年发生的不平凡的种种过往，我们常常会感慨：2020 年是极为特殊的一年，我们的国家、民族，乃至全世界都经历了一场前所未有的考验；在这场考验中，我们的生活习惯、看待世界的方式也在悄然发生着改变。由于新冠肺炎疫情的特殊原因，互联网在人们的学习、工作和生活中逐渐变得不可替代，而新媒体的迅猛发展也让我们获取讯息的途径变得前所未有的便捷。

在这样的大背景下，我想与你们分享两点关于倾听与发声的思考。

第一，在众声喧哗中，保持冷静、听清事实。

如今，智能时代的信息获取已进入了“读秒时代”，但不辨方向的快，很可能欲速则不达；而单纯追求快的信息获取方式，常常也意味着碎片化的阅读。你们一定都听过“盲人摸象”的故事，只言片语地获取信息，往往只能断章取义地远离真相。

有时候，单纯通过局部判断整体是草率且失真的；而不加判断、随波逐流，也同样不可取。赵翼有句诗这样说：“矮人看戏何曾见，都是随人说短长。”人的观点和思想很容易被塑造、被改变，往往很多时候不是被事实所影响，而是被言语所左右。有时候，你看到的不一定是事实，你以为的事实也不一定是真相。

同学们，你们即将成为一名高中生，会有更多的机会和时间接触网络，会看到更多形形色色的新闻、故事和观点，会面临更多的判断，经历更多的选择，希望你们从现在开始就认真体会两个道理：一是世界上的事情从来就不是非黑即白，要学会辩证地看问题，时刻保持理性，审慎批判；二是不要跟着大众的浪潮随便发声，做一个有自己想法、有独立思考能力的人。

第二，在万籁俱寂时，弘扬正气、善于发声。

“一个健康的社会不能只有一种声音。”说这句话的人是李文亮，他生前是武汉市中心医院的一名眼科医生，因最早于 2019 年 12 月 30 日向外界发出防护预警，而被称为新冠肺炎疫情“吹哨人”。抗疫战斗打响之后，他又不顾个人安危，毅然决然地冲上抗疫一线。他是正义的化身、人民的榜样——是他当时的高度警惕和迅速反应让及时控制新冠肺炎疫情多了几分希望。

关于希望，鲁迅的《呐喊》自序中记录了这样一段与钱玄同的对话：“假如一间铁屋子，是绝无窗户而万难破毁的，里面有许多熟睡的人们，不久都要闷死了，然而是从昏睡入死灭，并不感到就死的悲哀。现在你大嚷起来，惊起了较为清醒的几个人，使这不幸的少数者来受无可挽救的临终的苦楚，你倒以为对得起他们么?”钱玄同回答：“然而几个人既然起来，你不能说决没有毁坏这铁屋的希望。”

正是怀揣着这份希望，鲁迅开始做文章了，这便是最初的一篇《狂人日记》；正是他振聋发聩的积极发声，才在时代的暗夜里划出一道光，给人们指引了前进的方向。而在我们深中初中部也有这样的例子：去年，2011 届校友班雅伦在德国科隆街头用三种语言怒斥“港独”分子，把一群打着“港独”标语的“乱港分子”驳得体无完肤，她的敢于发声、善于发声彰显了当代中国青年的爱国热忱和勇于担当。

同学们，你们即将迈入高中，进入世界观、人生观、价值观形成的关键阶段，你们会有更强烈的意愿去发声，你们会有更多的想法去表达。敢于发声是基础，善于发声是关键。发声不是不负责任地妄加评论，而是在包容不同声音的基础上做出理智的分析。希望你们不论走得多远，都要胸怀祖国、心系人民，发出正义的声音、传递积极的能量。

亲爱的同学们，初中毕业只是你们人生道路上一个小小的驿站，更远的目标、更大的考验、更美的风景在未来等着你们。新征程，新起点，愿你们心怀暖阳，逐光而行；唱响主旋律，传播正能量。

最后，祝全体毕业生，在未来遇见更好的自己。

谢谢大家！

2020 年 7 月 23 日

2-11

传承深圳精神，争做时代新人
—— 在 2020—2021 学年第一学期初中部开学典礼上的演讲

尊敬的各位老师、亲爱的同学们：

大家好！

今年八月，深圳——中国第一个经济特区，迎来了 40 岁生日。40 年对我们身处的这座城市来说是一段传奇：曾经南海之滨默默无闻的小镇成长为如今实际管理人口超过 2 000 万的现代化国际大都市。

今年八月，深圳中学也迎来了意义非凡的重大节点：新校区的建成和投入使用，不仅为特区成立 40 周年献礼，更为深中建成世界一流高中增加了底气。同时，初中部改造工程正式启动，初中部全体师生搬入老校区——这里是我们深中精神的发源地，承载了学校数十年的历史变迁和深中人的青春记忆。

73 年风雨桑田，40 年沧海巨变，我们站在了学校发展的新起点，立足时代、放眼未来，我向你们提三点希望。

第一，传承敢闯敢试、锐意创新的深圳精神，做积极进取的时代新人。

《礼记·大学》有言："苟日新，日日新，又日新。"世界上唯一不变的，就是一切都在改变。应对变化，思想观念要与时俱进，方式方法要不断创新。从 1980 年成立经济特区，到 2017 年推进粤港澳大湾区建设，再到 2019 年建立中国特色社会主义先行示范区，深圳敢闯敢试，顺势而变。

创新是时代的要求，也是推动学校教育教学发展的不竭动力。通过近 4 年的努力，深圳中学在师资队伍、课程改革、科技教育、校园环境等方面做了大量探索与实践，学校面貌发生了很大的变化。希望我们的老师和同学，继续秉承创新精神，在继承中发展、在发展中创新，实现自我超越，成就精彩人生。

第二，传承使命在肩、务实高效的深圳精神，做实干担当的时代新人。

20 世纪 80 年代，深圳在国际贸易中心大厦的建设中创造了"三天一层楼"的"深圳速度"；而今年，新冠肺炎疫情又给了"深圳速度"以特殊的诠释：8 月 14 日，在发现两名无症状感染者后，深圳反应迅速，仅用 5 天时间就检测了 40 余万份样本，给深圳市民吃下了一颗定心丸，也生动地展现了特区担当和深圳作为。

深圳中学，作为以这座城市命名的中学，始终以为国育才为己任，提出“建设中国特色世界一流高中”的办学定位，建立19个创新实验室和创新体验中心，创办华为-深中数理实验班，培养具有中华底蕴和国际视野的拔尖创新人才。希望我们的老师和同学，秉承务实精神，坚守正道、追求真理，努力推进学业和事业的进步，不负自己、不负时代。

第三，传承勇立潮头、破浪前行的深圳精神，做追求卓越的时代新人。

1979年7月，蛇口工业区的开山炮如春雷惊动神州大地；1980年8月，深圳建立经济特区，率先探索社会主义市场经济体制。先行者们凭借“勇立潮头、破浪前行”的精神，书写了深圳经济特区40年的崛起奇迹。

“敢为天下先”是最具有深圳标志性意义的观念之一，而深圳中学秉持着“追求卓越，敢为人先”的深中精神，在拔尖创新人才培养方面贡献了深中智慧和深中经验。2020年高考，全省领先：理科前100名9人，文理前100名13人，一本率98.7%，北大、清华录取32人，QS世界大学排名前100的中国高校录取110人，以上数据均为全省第一；海外录取，全国前列：美国常春藤大学录取7人，U.S.News排名前30的美国大学录取80人，排名前50的美国大学录取127人。希望我们的老师和同学，继续秉承敢为人先的精神，追求新知，奋发有为，为深圳建设和国家发展贡献力量。

老师们、同学们，深圳精神不是过去式，而是进行时；每一个意气风发的少年都是深圳精神的传承者，更是深圳精神的塑造者，期待所有深中人为深圳精神续写新的辉煌。

谢谢大家！

2020年9月1日

扣好青年时代的第一粒扣子

99 年前，一批青年学生和知识分子掀起了一场伟大的反帝反封建爱国运动。历史发展到今天，尽管物换星移、时过境迁，“五四运动”所孕育的爱国、进步、民主、科学精神，表现出来的强烈的民族忧患意识和奋发图强的拼搏精神依然是代代青年的不懈追求。习近平总书记在 2014 年的五四青年节与北大师生座谈时强调：“青年的价值取向决定了未来整个社会的价值取向，而青年又处在价值观形成和确立的时期，抓好这一时期的价值观养成十分重要。这就像穿衣服扣扣子一样，如果第一粒扣子扣错了，剩余的扣子都会扣错。”

“青年者，人生之王，人生之春，人生之华也。”青年的发展决定着未来的人生轨迹，青年一代的成就决定着一个国家的未来。如何扣好青年时代的第一粒扣子？树立正确的世界观、人生观、价值观，不断学习和践行社会主义核心价值观至关重要。

“在社会主义核心价值观中，最深层、最根本、最永恒的是爱国主义和家国情怀。”爱国是感性的，是对生于斯、长于斯的这片土地的深厚感情和真挚眷念；爱国也是理性的，是对国家、民族命运和前途的高度责任感和报国奉献精神。爱国不是抽象的，它必然要落实到每个具体的人身上，体现在每个爱国者的认知、情感和意志行为中。希望朝气蓬勃的你们恪守知国之理、爱国之情，多读点历史、常关注时事，努力提升和完善自己，在崇高志向的指引下实践报国之行。正如易卜生对青年朋友说过的一句话：“你要想有益于社会，最好的法子莫如把自己这块材料铸造成器。”

2017 年，深中在确立未来办学定位——建设中国特色世界一流高中的基础上，提出了新的培养目标——培养具有中华底蕴和国际视野的拔尖创新人才。经济全球化的今天，我们希望学校培养的学生在未来融入世界浪潮的同时，不忘坚守民族精神和家国情怀，不忘为祖国和世界做出自己的贡献。深中 2002 届校友刘若鹏在美国获得博士学位后，毅然选择了回深创立光启研究院。他是近些年科技创新领域中名副其实的“领跑者”，在今年参加两会接受采访时说的一段话让我印象深刻：“我为能有机会做这些顶尖的科技项目而感到自豪和光荣。对于我们这些在海外留学的博士来说，‘报国有门’，能将科技创新书写在祖国大地上就是对我们最大的吸引！”

五四青年节是对历史上爱国青年的纪念，你们是祖国未来的希望之光。期盼广大青年能够修德、勤学、明辨、笃行，用当代青年应有的价值追求引领整个社会的价值取向，以青年最灵敏的价值晴雨表去刻画出整个社会的价值走向。

——本文刊发于《深圳青年报》2018 年 5 月 1 日

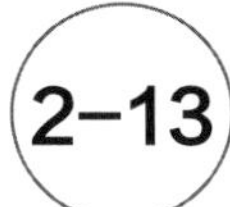

学史力行：赓续红色基因，发扬特区精神
——在深中“共忆‘五四运动’、献礼建党百年”主题集会上的演讲

尊敬的各位老师、亲爱的同学们：

今天是5月10日。同学们就像五月的花海，充满了勃勃生机与无限希望。在这美好的季节，我想和同学们一起回顾党史上的5月，在党史学习中赓续红色基因、发扬特区精神、筑牢理想信念、担当时代使命。

一、100年前的伟大开端：“五四运动”和中国共产党的初心

102年前的5月10日，“五四运动”正如火如荼地开展。“五四运动”，以及“五四”之前持续数年的新文化运动，深刻地影响了当时的年轻人。中国共产党的先贤与领袖们，大多成长于“五四”新文化运动时期，他们是一位又一位的“五四青年”。在和你们相当的年纪，他们是怀着怎样的初心，走上了马克思主义道路的呢？我想给大家分享几个故事：

1913年到1918年，20岁出头的毛泽东在湖南一师读书时，和朋友们约定“三不谈”：不谈金钱、不谈男女之间的问题、不谈家庭琐事；又约定了“三谈”：谈“人的天性，人类社会，中国、世界、宇宙”。

1917年，19岁的周恩来远赴日本求学，临别之时，给同学的赠言中写道：愿相会于中华腾飞世界时。

可以看出，救国救民、为国为民，是几代中国革命者、先进知识分子的初心，是我们党最为宝贵的精神财富；在中国共产党人100年的非凡奋斗历程中，无数视死如归的革命烈士、顽强奋斗的英雄人物、忘我奉献的先进模范，锻造出了红船精神、井冈山精神、长征精神、遵义会议精神、延安精神、西柏坡精神、抗美援朝精神、“两弹一星”精神、抗疫精神、脱贫攻坚精神等一系列伟大精神，是我们党和人民弥足珍贵的政治财富和精神瑰宝，成为中华民族推动人类文明进步的精神灯塔。

我们要弘扬“爱国、进步、民主、科学”的“五四”传统，从党史这部最生动、最有说服力的教科书中汲取智慧力量；我们要继承“团结、进取、求实、创新”的深中校训精神，明辨是非曲直，增强自我定力，追求更有高度、更有境界、更有品位的人生。

二、身边的党史故事：中国文化名人大营救和东江纵队

历史并不遥远，历史就在我们身边。在党的百年奋斗历史上，深圳人民的身影并非仅仅显现在改革开放之后。

1941 年 12 月，日军进攻香港，香港沦陷，日本侵略军为了让中国人在精神上屈服投降，大肆搜捕留困在香港的大批中国爱国民主人士和文化人士。为营救生命安全受到严重威胁的这批仁人志士，中国共产党组成以广东人民抗日游击队为主体的营救队伍，以深圳为中心，历时 11 个月，护送 800 多名文化民主人士及其家属、国际友人冲破日军封锁线，从香港成功撤离。在中国共产党的领导下，深圳人民奋不顾身，和抗日游击队紧密团结，排除万难，闯过日伪和国民党军队的数十道封锁线，将文化民主人士安全转移到大后方。

这次营救出的文化名人有著名政治活动家、画家何香凝，中国近现代政治家、民主人士、诗人柳亚子，著名文学家茅盾，剧作家夏衍，文艺理论家胡风，新闻家范长江和邹韬奋，国学大师梁漱溟，漫画家丁聪，科学家高士其，电影导演蔡楚生和司徒慧敏等。这场大营救为中华民族保存了一大批文化精英，为新中国文脉延续和文化建设做出了卓越贡献，被茅盾称为“抗战以来最伟大的抢救工作”。

在这场危机四伏的大营救中，文化名人中没有牺牲一个，没有被捕一个，被称为“胜利大营救”。但是，在安全转移的背后，历尽艰辛和风险，数以千计的无名英雄默默奉献，甚至不惜牺牲自己的生命，留下了可歌可泣的英雄事迹，表现了中华民族伟大的家国情怀。

1943 年 12 月，参加这场营救行动的主体游击队在深圳坪山正式成立广东人民抗日游击队东江纵队。东江纵队先后进行大小战斗 1 400 次，收复城镇 60 余座，歼灭日伪军 1 000 余人，其开辟的华南敌后战场成为“敌后三大战场”之一，东江纵队与琼崖纵队、八路军、新四军被朱德同志并称为“中国抗战的中流砥柱”。

令人荡气回肠的革命历史离我们并不遥远。在深圳中学老校区附近的东门南庆街，有一栋红白相间的民国时期三层建筑，是东江游击队指挥部旧址纪念馆，是 1938 年新四军军长叶挺负责领导深圳乃至东江地区的抗日斗争时的总指挥部。同学们下次到东门休闲购物的时候，可以走进东江游击队指挥部旧址纪念馆看一看，了解先辈们浴血奋斗的历史，铭记革命先烈前赴后继的壮举，深刻体会我们今天幸福生活的来之不易。

三、特区 40 年的精彩演绎：世界发展史上的一个奇迹

41 年前，1980 年的 5 月，中共中央国务院正式将深圳定为“经济特区”。习近平总书记在深圳经济特区建立 40 周年庆祝大会上说：“深圳是改革开放后党和人民一手缔造的崭新城市，是中国特色社会主义在一张白纸上的精彩演绎。深圳广大干部群众披荆斩棘、埋头苦干，用 40 年时间走过了国外一些国际化大都市上百年走完的历程。这是中国人民创造的世界发展史上的一个奇迹。”

作为深圳的老师和学生，我们生逢盛世，是改革开放和深圳经济特区发展的受益者，我们是幸福的。改革开放40余年来，深圳中学的发展从软硬件设施到办学质量都发生了翻天覆地的变化。深中人感党恩，跟党走，秉承“追求卓越，敢为人先”的精神传统，紧随国家和深圳特区的前进步伐，围绕拔尖创新人才培养，在师资队伍建设、课程改革、学科竞赛、创新教育、国际教育、艺体教育、校园文化、服务社会等方面做了大量探索和实践，成为深圳教育的窗口和文化名片，并自觉承担起了“建设中国特色世界一流高中”和在基础教育领域先行示范的时代使命。

我们要继续发扬敢闯敢试、敢为人先、埋头苦干的特区精神，以“闯”的精神、“创”的劲头、“干”的作风，谱写更动听的教育故事，为深圳在基础教育领域先行示范贡献深中智慧。

四、赓续红色基因，发扬特区精神，深中人在行动

70多年来，一批批深中教师辛勤耕耘，从筚路蓝缕到桃李满枝，见证或引领着深圳基础教育事业的强劲发展；4万余名校友在各条战线努力拼搏，成为行业的骨干力量或领军人物。我们在场的各位师生也赓续红色基因，发扬特区精神，发挥出了自己的作用。

2019年，为庆祝新中国成立70周年，国庆节前，深中初、高中两部携共同体学校与具有爱国、爱港优良传统的友谊学校——香港福建中学，共计16 000多名师生共同举行以“同饮一江水，同唱一首歌”为主题的升旗仪式等系列活动。2020年，在脱贫攻坚战中，深中的老师奔赴新疆、广西支教，深中家委会为广西西林中学捐款捐物价值达57万元。在抗疫行动中，深中老师积极参加社区抗疫志愿服务、精心组织线上教学；同学们创作抗疫歌曲和视频、开展抗疫小课题研究、参加网络大合唱，为抗疫加油；我校的疫情防控措施严格细致，复课复学安全有序，受到了省、市领导的高度肯定。

在今年的党史学习教育中，我们将党史教育融入各学科教学之中，安排了党史学习教育主题团课、知识竞赛、歌咏比赛、历史剧本大赛等活动，还将组织同学们到井冈山、韶山等革命老区进行现场体验，希望同学们踊跃参加，用心体会，做到学史明理、学史增信、学史崇德、学史力行。

2021年4月19日，习近平总书记在清华大学考察时指出：“当代中国青年是与新时代同向同行、共同前进的一代，生逢盛世，肩负重任。广大青年要爱国爱民，从党史学习中激发信仰、获得启发、汲取力量，不断坚定‘四个自信’，不断增强做中国人的志气、骨气、底气，树立为祖国为人民永久奋斗、赤诚奉献的坚定理想。”

希望同学们牢记习总书记的嘱托，弘扬以爱国主义为核心的民族精神和以改革创新为核心的时代精神，立大志、明大德、成大才、担大任，努力成为堪当民族复兴重任的时代新人，让青春在为祖国、为民族、为人民、为人类的不懈奋斗中绽放绚丽之花。

谢谢大家！

2021年5月10日

第三辑 师资队伍

——大鱼前导 小鱼尾随

国运兴衰，系于教育；兴校之道，始于人才。一所好学校的标志，关键是要有一流的校长和教师。深中自2017年提出新的办学定位“建设中国特色世界一流高中”以来，围绕“建设世界一流师资队伍”的战略目标，聚焦高端，不断优化人才布局；引育并举，助力教师成长成才；以人为本，营造和谐教育生态。

3-1

用最优秀的人培养更优秀的人

国运兴衰，系于教育；兴校之道，始于人才。一所好学校的标志，不在于它设在何处，有多大的规模，有多少设备，关键是要有一流的校长和教师。深圳中学自 2017 年提出新的办学定位“建设中国特色世界一流高中”以来，围绕“建设世界一流师资队伍”的战略目标，聚焦高端，不断优化人才布局；引育并举，助力教师成长成才；以人为本，营造和谐教育生态。这一系列的探索、实践和经验对于新时代背景下国内普通高中的优质发展具有一定的借鉴意义。

一、确立战略，建设一流师资队伍

（一）国家发展呼唤教师队伍革新

2019 年 6 月 11 日，国务院发布《关于新时代推进普通高中育人方式改革的指导意见》，文件指出要强化师资和条件保障，加强教师队伍建设。如果说教育是社会发展的基础，那么基础教育就是基础的基础。正如普法战争结束之后，普鲁士大获全胜，普鲁士元帅毛奇说，德意志的胜利早就在小学教师的讲台上决定了。如今，智能时代日新月异的技术革新在不断影响甚至改变着教育，基础教育的学校和教师都经历了前所未有的挑战，但是有一条永远不会改变，那就是社会对学校、教师的要求在不断提升。

因此，国家要吸引最优秀的人才从事基础教育，让教师成为受尊崇的职业，让基础教育事业成为优秀青年的向往，这样国家才有希望，民族才有未来。

（二）一流师资队伍成就一流高中

一所好学校，首先要有一个好校长，然后就要有一批好老师。著名教育家吕型伟说：“名校必有名师，没有一批学高身正的名师，绝成不了名校。”

在 2017 年深圳中学建校 70 周年之际，我提出了深圳中学新的办学定位“建设中国特色世界一流高中”和育人目标“培养具有中华底蕴和国际视野的拔尖创新人才”。建设世界一流高中，培养拔尖创新人才，首先要有一支世界一流的教师队伍。为实现办学目标储才蓄能，我极力倡导“让最优秀的人教育下一代，培养出更优秀的人”，在“建设世界一流师资队伍”的战略指引下，深圳中学用近四年的时间引进了 100 多位哈佛、牛津、剑桥、北大、清华等世界名校毕业生和诸多经验丰富的优秀教师，与现有教师共同构成了一支经验丰富、教学业绩突出、学术水平扎实、结构合理的老、中、青相结合的教师梯队。

二、聚焦高端，不断优化人才布局

一所学校致力于培养出什么样的学生，就需要引进什么样的老师。作为校长，我常常思考，世界一流的学校，培养出来的学生应该是什么样的？它的学生应该具备什么样的能力和品质？教育一定是为未来培养人的，科学精神与人文情怀、大胆质疑与批判性思维、坚毅执着与锲而不舍、科学推理与合情推理、提出问题与解决问题、时间管理与科学规划、团队协作与领导能力等，是未来人才所应具备的主要素养，而培养未来优秀人才的工作一定是需要高学历、高水平的教师来胜任的。

（一）名师出高徒，名校博士当中小学老师是“大材大用”

2019 年，深圳中学发布“拟引进哈佛、清华、北大等名校 35 位硕士、博士生”时，在社会上引起强烈反响，当时就有记者提出：“名校博士当中小学老师是‘大材小用’吗?”虽然一纸文凭不能说明一切，但更高的学历必然意味着学术视野和水平的整体提升，真正的“大材”才能培养出“大材”。

深圳中学不遗余力引进名校毕业生，看重的不仅是他们扎实的学科背景，还希望让这些优秀人才给予学生更多高端的学术引领以及思想熏陶。他们不只传授知识，更会用自己的视野和格局引领学生，用自己的人格和品行感染学生，用自己的习惯和性格影响学生，在人生观和价值观上给学生们影响，让学生们早立大志，存大格局。我经常对老师们说：“你们希望你们的孩子成为什么样的人，就要希望你们的学生成为什么样的人；身为老师，你们自己是一个什么样的人，就会影响你们的学生成为什么样的人。”而深圳中学这么多世界名校的毕业生，就是学生们为人处世、治学研究的榜样。

2018 年入职的清华大学刘莹博士，是美国国家科学院外籍院士颜宁教授的学生，在深中教授高中生物课程，负责深圳华大基因研究院创新体验中心，她指导学生在国际基因工程机器大赛（iGEM）中获得高中组金奖。

（二）高徒需名师，越优秀的学生越需要优秀教师引领

“名师”和“高徒”很多时候也是相互成就的，名师出高徒，高徒更需名师，越优秀的学生越需要优秀的教师引领。深圳中学优秀的教师培养了一批批优秀的学生，同时也正是这些优秀的学生让优秀的教师获得了职业的成就感和幸福感。

2019 年入职的罗天挚博士，在美国特拉华大学（University of Delaware）材料科学与工程系博士毕业后留校从事博士后研究，2018 年回国加入南方科技大学任研究助理教授，并获评深圳市“孔雀计划”海外高层次人才称号。一年之后，他从南方科技大学辞职选择了深圳中学，任化学教师。当被问及高学历人才到高中当老师是否屈才时，罗老师说：“完全没有，学霸才会更懂学霸。”对于逻辑思维非常优秀的深中学生来说，课堂上常常只需在关键处轻轻一点，即可达到事半功倍的效果。一方面，这极大地提高了课堂的效率；另一方面，也让老师们在讲授课本知识的基础上，能够扩展自己的课堂。

深中致力于培养具有中华底蕴和国际视野的拔尖创新人才，因此我们希望引进更多

的高水平人才，让他们用自身宽广的科学视野引领学生站在更高的角度看问题，也希望深中的课堂能够成为孩子们科学研究的启蒙之地。

三、引育并举，助力教师成长成才

伴随着越来越多世界名校的优秀毕业生加入深圳中学，我感到身上的担子很重，学校吸引了一大批优秀人才之后，该如何用好人才、留住人才？面对那些学术造诣深厚的高水平教师，如何挖掘他们身上的巨大潜能，并为他们提供合适的舞台展示自己？如何让这些教师尽展其长、各显其能，从而真正实现“用最优秀的人培养更优秀的人”？这些都是我们过去不曾面临的问题，也是我们当下遇到的难得的挑战和机遇。

2018 年，在深圳中学三位同学荣获国际奥赛金牌的新闻发布会上，我提出过这样的观点：深圳中学要“为学生成长搭建多元发展立交桥，让每个学生都有出彩机会”。其实，这个理念同样适用于教师队伍的建设：深圳中学要“为教师发展搭建多元发展立交桥，让每位教师都有出彩机会”。

（一）融合社会资源，搭建平台多元发展

在校本教研的基础上，深圳中学积极为教师发展搭建平台，融合多种社会资源，与北大、清华、华为、腾讯、大疆等著名高校、企业共建了 19 个创新实验室和创新体验中心。学校通过诸如此类的多种途径为教师提供更多教学资源与空间，让他们能将自己的专业知识与教学相结合，开设高层次选修课（示例见表 1），并指导学生进行课题研究，参加国际高端赛事，进而培养学生的动手能力和创新精神。

表 1　近四年入职深圳中学的名校毕业生开设的选修课列表（部分）

姓名	毕业院校	学位	选修课名称
于舒婷	北京大学	硕士	情境式表达与写作
李爽	北京大学	博士	化学发展简史
罗天挚	美国特拉华大学	博士	神奇的新材料（Amazing Materials）
何柳婷	清华大学	硕士	《产品创意设计初体验》
贾川	清华大学	硕士	相对论初步（Theory of Relativity and Quantum Physics I）
胡剑	清华大学	博士	天文学基础与前沿、国际物理竞赛
吴文欣	英国爱丁堡大学	硕士	全球化思维、英语戏剧初探

2019 年入职深圳中学的胡剑老师，本科、研究生毕业于清华大学，2007 年在清华获得博士学位，又赴德国马普天体物理研究所进行为期三年的博士后研究工作。回国之后，相继在清华、中科院国家天文台工作。加入深圳中学后，作为天文竞赛主教练和天文社团指导老师，胡老师开设了国际物理竞赛课和天文学基础与前沿选修课。不到一年的时间，他所带的学生即获英国物理奥林匹克金奖和广东省天文竞赛一等奖。今年 5 月，在胡剑博士的积极联络和不懈努力下，促成了北京大学天文创新实验室正式落地深圳中学，

两校以天文创新实验室为平台，共同规划建设深圳中学新校区的天文台和天象厅，打造全国最好的中学天文台；共同开发天文课程、策划中学生天文科研和科普活动等。胡老师是以上所有活动的主要负责人，通过在这样的平台上尽展其长，他获得了职业成就感和幸福感。

（二）携手互促发展，大鱼前导，小鱼尾随

年轻教师成才，离不开前辈教师的引导和帮助。在师资队伍建设上，我非常喜欢著名教育家梅贻琦先生的一段话："学校犹水也，师生犹鱼也，其行动犹游泳也。大鱼前导，小鱼尾随，是从游也。从游既久，其濡染观摩之效自不求而至，不为而成。"为助推青年教师的专业发展，学校通过"青蓝工程""树人计划"等项目，为每个青年教师配备教学和班主任导师。以旨在提升德育教育研究水平的"树人计划"为例，培养对象需参加一个校级以上名班主任工作室的活动、参加学校青年班主任读书会（阅读 15 本教育类图书，撰写三篇读书笔记）、撰写源自真实教育实践的德育类专业文章、参与一次校级以上班主任技能或德育类专项比赛等。

在学校的关注和培养下，近四年入职的青年教师在教育、教学中得到了更多的锻炼，他们指导学生取得了很多亮眼的成绩，例如 2017 年入职的新加坡国立大学博士尤佳老师辅导学生荣获 2019 年 Brain Bee 脑科学大赛全国第一和 HOSA 2020 Biochemistry 全球第一。

（三）自愿双向选择，才尽其能，位得其人

在关注青年教师专业发展的同时，深圳中学勇于打破传统论资排辈的条条框框，充分挖掘每位教师的潜力，让教师尽展其才，使学校位得其人。深圳中学针对青年教师推出了领导力培训项目，依据自愿报名、双向选择的原则，安排青年教师进行行政跟岗实习（见表 2）。例如，2018 年入职的北京大学博士张佩值，在读书期间曾任北京市学生联合会驻会执行主席，在学生处跟岗短短一年的时间内表现突出，经学校办公会研究，任命其为代理团委书记。此外，还有更多的青年教师在跟岗的过程中获得了成长和锻炼。

表 2　近四年入职教师跟岗实习列表（部分）

姓名	毕业院校	学位	跟岗部门
任亚飞	北京大学	硕士	高中教学处
张佩值	北京大学	博士	团委
刘莹	清华大学	博士	创新体验中心
何柳婷	清华大学	硕士	信息资源中心
周小微	新加坡国立大学	博士	高二年级
尤佳	新加坡国立大学	博士	出国方向
朱嘉玮	中央音乐学院	硕士	艺术体育中心
章丽琼	中国人民大学	博士	行政事务部
林易凡	中山大学	博士	竞赛指导中心

四、以人为本，营造和谐教育生态

一所学校的教师是否热爱自己的工作，是否将职业视为事业，与他/她从事这项工作时是否获得了幸福感密切相关，而教师在工作中是否获得了幸福感，则与学校管理密切相关。

（一）营造宽松氛围，让教师有归属感

作为校长，要关心教师身心健康，营造宽松和谐的工作氛围；要真诚地尊重、关爱每一位员工，用人之长，记人之功，容人之过，解人之难，让教师在追求自己人生理想的过程中有尊严、有自由、有幸福感。在每一位新老师入职的时候，我都会和他们聊几句，聊聊他们对学校的期待、各自的工作计划等，也会给他们推荐几本书，带他们参观我的藏书，激励他们好好读书、好好教书。每天在食堂吃饭遇到新入职的老师，我也会主动和他们聊天，问他们在学校有什么困难、有哪些收获、对自己的工作有什么想法等，由于有入校时的那次见面做铺垫，这些新老师都很愿意向我敞开心扉。人们对一个全新的环境难免会有陌生感、距离感，我希望通过这样的方式让每一位新教师在初次走进深圳中学的时候，就能感受到家的温暖，从而尽快适应工作环境、融入工作环境，并产生归属感。

（二）营造学术氛围，让教师有成就感

当新老师站稳讲台之后，如何继续成长为学术型教师、专家型教师是教师职业发展必将面临的一个课题，而教师各项素养的发展需要在后期的教育实践中不断提高。深圳中学制定了系统、科学、有效的教师培训体系，比如针对综合性大学毕业的教师提供教师教育培训，让他们本身已具备的学术形态较快转换为教学形态。同时，深圳中学着力提升教师的科研水平，鼓励教师在权威媒体发文发声，传播深圳中学的教育经验和教育智慧。近四年来成果喜人：全校共发表论文 127 篇，出版著作 90 部，新立项课题 19 项，获国家级、省级教学成果奖 3 项。

（三）营造干事氛围，让教师有荣誉感

对一所学校而言，硬件设施的价值是可以估量的，但学校师生的整体精神状态所带来的价值则是无法估量的。经过近四年的努力，深圳中学师生的精神风貌焕然一新，整个学校有着浓厚的干事、创业的氛围，全校上下心往一处想、智往一处谋、劲往一处使，大家齐心协力、只争朝夕，都在为实现世界一流高中的愿景而努力，都在深圳中学的岗位上获得了集体荣誉感和自豪感。

国将兴，必尊师而重傅，教师对学生的一生发展有着重要的影响。深圳中学将持续优化师资队伍，为实现世界一流高中目标储才蓄能，为中华民族伟大复兴贡献力量。

——本文刊发于《人民教育》2020 年第 19 期

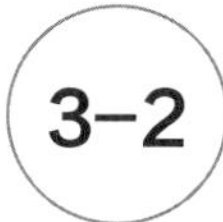

一校之大，不在大楼，而在大师

“所谓大学者，非谓有大楼之谓也，有大师之谓也。”1931 年，梅贻琦先生发表就职台湾“清华大学”校长演讲时如是说。人才的聚集，是学校发展的底气；一所好学校的标志，关键是要有一支一流的师资队伍。如今，越来越多有志青年投身基础教育事业，是我国教师地位不断提高、教师职业幸福感不断攀升的一个有力证明，是大势所趋、势之必趋。

一、大美之美，一流教育事业吸引一流人才

《孟子·尽心下》有言：“充实之谓美，充实而有光辉之谓大。”在孟子看来，个体通过不断提升自我修养，将善的本性扩而充之、使其盈满全身就称为“美”，充盈且能散发光辉就称为“大”。教书育人是修己达人之事业，不可不谓“大美”之业。

一流事业吸引一流人才，大师进中学任教，百年前就有先例。20 世纪 20 年代的春晖中学，就是大师铸就的教育辉煌，夏丏尊、丰子恺、朱自清、朱光潜、李叔同等一大批教育家汇聚于此，蔡元培、叶圣陶、黄炎培等学者慕名前往讲学。2018 年，我在欧洲各国考察期间也特别留意到，在当地，世界名校毕业生任教著名中学本身就是“常态”，并非什么“稀奇事”。

一流学校吸引一流人才，“凤翱翔于千仞兮，非梧不栖”。深中之所以能吸引一大批高学历名校毕业生来校任教，主要有三方面原因：一是这些青年有教育情怀——他们热爱教育事业，为党育才、为国育才；二是深中提供了优质的发展平台——深中拥有深厚的历史积淀、先进的办学理念、开放的校园文化、一流的硬件条件、卓越的办学成就等，因而成为很多优秀人才的向往之地；三是深中对青年教师的培育与关怀——深中倡导“以人为本”的管理理念，尊重老师、善待老师、关爱老师，全心全意为老师创造温馨和谐的工作、生活环境，让老师工作顺心、生活舒心，静心读书修己、安心教书育人。

一流人才成就一流学生，高学历教师进中学任教，是合乎教育规律的双向选择。在基础教育阶段遇到优秀的老师，接受全面而深入的知识学习和积极而多元的价值观引导，对于人的一生发展来说都大有裨益。2021 年 2 月 2 日，经济合作与发展组织（OECD）发布的 TALIS-PISA Link《培养卓越学生，学校和教师怎么做?》报告显示：学校拥有硕士或博士学位的教师人数越多，学生期望完成高等教育的可能性就越大。因此，越来越多的高端人才有情怀、有见地、有格局，主动选择基础教育作为自己的人生事业，于国于民都是大事、好事。

二、引育并举，用最优秀的人培养更优秀的人

引进是基础，培育是关键。深中吸引到一大批高学历人才的加入，这为我们的教育管理提出了新的命题和挑战，同时深中也有责任在高学历教师培育方面为更多的学校身先示范。

五年多来，为助推青年教师的专业发展，学校进行了一系列的探索与实践。学科组、备课组、“青蓝工程”、班主任专项培训等项目全员覆盖：各科组集思广益，集中备课，以缓解新教师经验不足的焦虑；学校为每位青年教师一对一安排教学导师和班主任导师，以针对性提升新教师的教学水平和育人能力；学生处和学生辅导中心每两周举办一次班主任工作主题探讨和分享，例如 2021 年 9 月已开展的培训主题包括“中学生心理危机的识别与干预”“批评与表扬——鼓励学生的艺术”等。“树人工作室”“学科研究室”等项目聚焦深度研究：青年教师自愿参与，以资深教师引领、团队互助等方式联合志同道合的老师在班主任工作和学科教学方面进行深入研究，为“教育家型教师”的成长提供充分的发展平台，目前，深中成立的“树人工作室”有 12 个，“学科研究室”有 34 个。

高学历教师势必承载着学校、学生和家长的高期待，这是压力，更是动力。文凭的“高学历”虽不能和教学的“高水平”直接画等号，但高学历教师往往自我反思意识较强，生涯发展目标明确，科研能力强，从而更容易获得认可与重视。在近年来的实践中，这些优秀的高学历教师不仅以自己前沿的学术视野、强烈的思辨意识、扎实的研究能力为深中的教科研注入了新的活力，同时更以深厚的教育情怀、敬业的工作作风、强大的人格魅力、出色的教学表现赢得了学生和家长的认可与喜爱。

三、尽展其美，一流教育事业成就一流人才

蔡元培先生说：“知教育者，与其守成法，毋宁尚自然；与其求划一，毋宁展个性。”学生发展如此，教师培育亦然。深中坚持开门办学，融合多种社会资源，与著名企业、大学共建 21 个创新体验中心和创新实验室，为教师提供多元教学资源与发展空间。例如，本、硕、博毕业于清华大学的胡剑老师，曾赴德国马普天体物理研究所进行为期三年的博士后研究工作，回国之后又相继在清华、中科院国家天文台工作，2019 年入职深中后，学校积极鼓励并大力支持胡老师充分展其所长：与北京大学共建天文创新实验室，筹建完成深中天文台，开展“深中航天周”，指导学生进行天文竞赛等高端学术活动。

丰富多元的资源和平台促使教师更好地将各自专业知识与教学相结合，开设多种类型、高层次的选修课，拓宽学生的视野。深中教师为学生开设的选修课共有 360 余门，专业性强、涵盖面广，其中别具代表性的是以博士教师为主讲人的《深中博士讲堂》。讲座每周四开设一场，每位博士教师充分发挥所长，主题选择均聚焦于各自研究领域，主要涉及数学、物理学、化学、生物学、语言学、医学、历史学等学科，例如毕业于波士顿大学的谭金旺博士讲授的《从坎巴拉到特斯拉——计算物理学的广泛应用》、毕业于美国特拉华大学的罗天挚博士讲授的《化学之美》、毕业于墨尔本大学的范文嘉博士讲授的

《自然语言处理》等。每周都能受到这样近距离、高品质学术盛宴的熏陶，学生不仅会在知识上获益匪浅，更重要的是，他们也许就借这样的机会发现了自己热爱的领域，并有可能在未来将其发展成为自己一生追求的志业，甚至成为这个专业领域的科学家。

在关注青年教师专业发展的同时，深中勇于打破传统的论资排辈，让能力突出的年轻人尽快到适合的管理岗位上发挥才干，实现个人价值。2017 年，深中启动“青年教师领导力培训项目”，依据自愿报名、双向选择的原则，安排青年教师进行行政跟岗实习。2018 年入职的北京大学博士张佩值，曾任北京市学生联合会驻会执行主席，因其在学生处跟岗期间表现突出，在 2021 年即获任命为深中团委书记。此外，还有更多的青年教师在跟岗的过程中获得了成长和锻炼。

一校之大，不在大楼，而在大师。2016 年 9 月，习近平总书记到北京市八一学校看望慰问师生时说：“一个人遇到好老师是人生的幸运，一个学校拥有好老师是学校的光荣，一个民族源源不断涌现出一批又一批好老师则是民族的希望。”深中不仅要成为学生成长的乐园，也要成为教育家成长的摇篮。建设世界一流师资队伍，培育世界一流人才，建成世界一流高中，为中华民族的伟大复兴贡献力量，深中任重道远，志在必行。

3-3

有境界，自成高格
——在第二期青年教师教育领导力培训工程启动仪式上的致辞

尊敬的各位老师：

大家下午好！

今天，我们在此举行深圳中学第二期青年教师教育领导力培训工程的第一次会议暨启动仪式。各位老师愿意在做好本职工作的基础上，继续在教育领导力方面提升自己、服务学校，我为你们有这样的情怀而感到高兴和欣慰。我 19 岁走上中学讲台，40 年来在许多不同的岗位上工作过，有一些想法和大家分享。

第一要树立理想。20 世纪 20 年代，从距离绍兴城 40 余千米的白马湖畔走出了夏丏尊、丰子恺、朱自清、朱光潜等一大批教育家，彼时的春晖中学大师云集，蔡元培、叶圣陶、黄炎培等学者慕名前来游学讲演。春晖中学在教育史上堪称奇迹，我希望深中也能像当年的春晖一样，不仅要成为学生成长的乐园，也要成为教育家成长的摇篮，这里所说的教育家不仅包括教学方面的专家，还包括教育管理方面的专家。深中近五年走出了近 20 位校长，如今都在各自岗位上兢兢业业、发光发热，深中因此也被媒体称为深圳教育人才的“黄埔军校”。学校未来几年的发展还需要大量的干部，希望在座的每一位老师要树立远大的职业理想，不仅服务深中，更为深圳服务，为国家服务，为世界服务。

第二要脚踏实地。教育不仅要有理想，更要有耐心、有韧性。当你进入一个全新的领域，少走弯路、快速进步的最好方法就是认真学习，一方面向经典学习，精选各自跟岗部门的权威图书、经典图书认真研读；一方面向典范学习，向所在部门或者领域最优秀的学校学习，向全国乃至世界顶尖的高中和大学学习。“纸上得来终觉浅，绝知此事要躬行。”学习是基础，实践出真知，实践长真才。实践中一定会遇到各种各样的困难，而越是身处逆境越能锻炼人，越是严峻的挑战越能检验一个人的能力，因此要有锲而不舍的精神，百折不挠，越是艰险越向前，愈挫愈勇。正所谓“沧海横流，方显英雄本色”，干部成长是一个大浪淘沙的过程，希望大家经得起考验，在考验中成长。

第三要总结反思。“日知其所亡，月无忘其所能，可谓好学也已矣。”一天天的工作不应是盲目地在原地简单重复，而是有目的、有方向地向前进步，这个进步有赖于你对自己所做工作的不断反思：自己哪里做得好可以发扬，哪里做得尚且不足还有待改进。有了想法之后要及时记录下来，我们《深中新锐》栏目的每一篇文章我都认真看了，写得都很有水平，希望你们再接再厉，在反思中进步，在反思中成长。

第四要格局宽广。王国维在《人间词话》里说："词以境界为最上，有境界则自成高格，自有名句。"做人也一样，尤其身为一名人民教师，在做人做事上一定要率先垂范，提高思想觉悟，提高思想站位，不要斤斤计较，切忌自私自利，如果事事都"以自己为圆心、以身长为半径画圆"，就只能是作茧自缚，更不会有好的发展；此外，身为一名世界一流高中的教师，一定要提升思想境界，提升审美格调，做人做事的标准要匹配深中的格局和定位，要么不做，要做就要对标世界一流的水准，达到力所能及的最高水平。

深中这五年，经历了老校区改造、新校区建设、初中部重建、两次史无前例的大规模扩招，以及随之而来的教师、教室、食堂、宿舍的不足甚至紧缺，再加上近两年全国严峻的疫情形势，"内忧外患"，我们走过的路可以说在当今中国的所有名校中是最困难的，但全体深中人勠力同心、攻坚克难，就这样一步步跨沟迈坎地走过来了。我相信，深中的未来无比光明，但任何发展都不可能一帆风顺，希望每一位老师都能以学校发展为己任，集思广益、群策群力，不畏艰辛、迎难而上，践行责任担当，做出更大贡献。

最后，送大家一段话，是陶行知的"每天四问"——第一问：我的身体有没有进步？第二问：我的学问有没有进步？第三问：我的工作有没有进步？第四问：我的道德有没有进步？祝大家在各自岗位贡献智慧和力量，实现人生价值。

2021 年 9 月 15 日

3-4

回望百年党史，筑牢信仰之基
—— 在党的十九届六中全会精神专题学习会议上的发言

2021 年 11 月 17 日上午，深圳中学党委举行扩大会议，专题学习贯彻党的十九届六中全会精神并进行交流研讨。党委书记朱华伟主持会议，党委委员、校级干部、中层干部参加了会议。

尊敬的各位老师：

大家好！

党的十九届六中全会全面总结了党的百年奋斗重大成就和历史经验，充分体现了中国共产党不忘初心、牢记使命的坚强意志和坚定决心，充分体现了我们党深刻把握历史发展规律、始终掌握党和国家事业发展的历史主动和使命担当，充分体现了我们党立足当下、着眼未来的高瞻远瞩和深谋远虑。全会通过的《中共中央关于党的百年奋斗重大成就和历史经验的决议》，是一篇光辉的马克思主义纲领性文献，开创性提出“两个确立”的决定性意义，系统性总结“四个历史时期”的伟大成就，全局性概括“十个坚持”的历史经验，深刻揭示了“过去我们为什么能够成功、未来我们怎样才能继续成功”，发出了在新时代新征程上赢得更加伟大胜利和荣光的号令。

学习纲领文件一定要结合我们的实际工作，要理论联系实际，这也是马克思主义“活的灵魂”，是“共产党人从斗争中创造新局面的思想路线”。

第一，回望百年党史，筑牢信仰之基。百余年前，面对苦难深重、流离失所的同胞，南陈北李相约建党，共同立下誓愿：“为了让你们不再流离失所，为了让中国的老百姓过上富裕幸福的生活，为了让穷人不再受欺负、人人都能当家做主，为了人人都受教育、少有所教、老有所依，为了中华民富国强，为了民族再造复兴，我愿意奋斗终生！”百余年来，从播下革命火种的小小红船，到领航复兴伟业的巍巍巨轮，在百年奋斗历程中，我们党领导人民取得了举世瞩目的辉煌成就，书写了波澜壮阔的历史画卷，留下了弥足珍贵的宝贵经验和精神财富。

百年征程波澜壮阔，百年初心历久弥坚。我们“要以先辈先烈为镜、以反面典型为戒，不断筑牢信仰之基、补足精神之钙、把稳思想之舵，以坚定的理想信念砥砺对党的赤诚忠心”，在回看走过的路中，坚定信仰信念，增强自信自觉；在远眺前行的路中，敢于担当担责，不断开拓创新。

第二，以高远目标引领高质量发展。自党的十八大以来，中国特色社会主义进入新时代，党面临的主要任务是，实现第一个百年奋斗目标，开启实现第二个百年奋斗目标新征程，朝着实现中华民族伟大复兴的宏伟目标继续前进。2017年，党的十九大对实现第二个百年奋斗目标做出分两个阶段推进的战略安排。在不同的历史发展阶段，一国有一国之奋斗目标，一校也要有一校之发展愿景，要以高远目标引领高质量发展。2017年，在“中国特色社会主义进入新时代”和国家加快建设“双一流”的背景下，我在深中建校七十周年庆典上正式提出“建设中国特色世界一流高中”的办学目标，得到省市领导、师生校友和社会各界的高度认可。

五年来，我们朝着这个目标稳步前进，办学短板得到弥补，办学优势更加突出，为学校进一步发展打下了坚实基础。下一步，我们每个部门都要瞄准新的工作重点稳步落实，对标世界一流，找差距、补短板。各位要有自我否定的胸怀和勇气，经常反思各自部门的工作有哪些不足，工作品质是否能进一步提升，从而找到下个阶段的工作重心，并制订计划弥补短板、实现发展。只有各个部门都发展好了，深中才能百尺竿头，更进一步。

第三，涵养中国精神，坚定文化自信。不忘本来才能开辟未来，善于继承才能更好创新。党的十八大以来，以习近平同志为主要代表的中国共产党人，坚持把马克思主义基本原理同中国具体实际相结合、同中华优秀传统文化相结合。这其中的“同中华优秀传统文化相结合”要引起我们的格外重视。中华优秀传统文化是我们的“民族基因”“文化血脉”“精神标识”，中华优秀传统文化教育也是中国特色世界一流高中人才培养的主要内容。

深中的培养目标是“具有中华底蕴和国际视野的拔尖创新人才”，中华优秀传统文化就是“中华底蕴”的重要组成部分，我们要进一步加强以爱国主义为核心的民族精神教育，加强以改革创新为核心的时代精神教育，加强中华优秀传统文化教育以及中共党史与国情教育；将中华优秀传统文化融入课堂，融入思想道德教育、文化知识教育、艺术教育、体育、社会实践教育等环节，立德树人，更加重视与传统文化相关的校本课程建设及教材出版工作，弘扬中国精神，坚定文化自信。

第四，切实加强干部队伍作风建设。习近平总书记强调：“打铁必须自身硬，办好中国的事情，关键在党，关键在党要管党、全面从严治党。”① 必须以加强党的长期执政能力建设、先进性和纯洁性建设为主线，以党的政治建设为统领，以坚定理想信念宗旨为根基，以调动全党积极性、主动性、创造性为着力点，不断提高党的建设质量，把党建设成为始终走在时代前列、人民衷心拥护、勇于自我革命、经得起各种风浪考验、朝气蓬勃的马克思主义执政党。

五年来，深中逐渐形成了风清气正的工作氛围和干事创业的良好环境，在新的发展阶段要更加重视并加强干部作风建设。一是勤勉敬业：作为领导干部，一定要恪尽职守，率先垂范，我已年近六旬，仍然兢兢业业，夙夜在公，最近在夜以继日地整理撰写《深

---

① 中共中央关于党的百年奋斗重大成就和历史经验的决议. 人民日报，2021-11-17.

中高中数学校本教材》，常常工作到深夜，希望大家都能发扬勤勉进取和艰苦奋斗的精神，杜绝思想懈怠，少应酬，把时间花在读书、工作上，以身作则、不懈追求，为党育人、为国育才；二是廉洁自律：作为学校干部，一定要严于律己、宽以待人，洁身自好、清廉自守，不搞圈子文化、坚持五湖四海，经得住考验、抵得住诱惑、守得住底线，涉及人事、财务、招生、采购、基建等工作的部门尤其要自律自守，落实负面清单，提升履职效能。

2021 年 11 月 17 日

3-5 名校博士当中学老师是“大材大用”

近日，深圳中学发布的 2019 年拟聘教师名单显示，新聘的 35 名教师均为硕士以上学历，其中 20 人毕业于北京大学、清华大学，1 人毕业于哈佛大学。这些老师中，27 人为硕士，8 人为博士（3 人为博士后）。

这一份“豪华”的教师名单引发社会广泛关注，有人认为“不逊色于一些高校的教师招聘名单”。名校博士当中学老师是否“大材小用”？记者连线正在英国、瑞士、奥地利等欧洲国家著名高中参访的深圳中学校长朱华伟，揭秘深中师资为何如此“豪华”。

南方日报：自您成为新“掌门人”后，深中招收高层次人才的步伐加快。为何招收这么多高层次人才？

朱华伟：学校之大，不在大楼之大，而在大师之大。我一直认为，要想办好一所学校，首先要有一个好校长，然后就要有一批好老师，教师对学生的一生有着重要的影响。

一方面，世界一流学校毕业的教师，往往拥有更广阔的格局和视野，以及更加丰富的学术资源，因此更容易培养出世界一流的学生。例如我们 2018 年引进的清华大学博士刘莹，是刚刚当选美国国家科学院外籍院士颜宁教授的学生。她所拥有的平台、资源，受到的训练必定是一般大学的毕业生无法企及的。当她走上讲台之后，就可以将这些最前沿的知识转化为课程，让学生受益。除此之外，深中与 16 个世界知名企业、大学合作成立了创新体验中心和创新实验室，因此需要引进一批具有较强科研背景的高层次人才，充分利用这些优质的平台和资源，指导学生进行科技活动，参加国际高端赛事，进而发展其批判性思维和创造性精神。

另一方面，越优秀的学生，越需要优秀的老师引领。深圳中学拥有全国最优秀的学生，面对这样一个优秀的学生群体，我们有责任引进更多高层次人才来引领他们向更高的平台发展。所谓“名师出高徒”，如果老师自己不优秀，面对高徒，只能是束手无策、捉襟见肘。另外，“名师”和“高徒”很多时候也是相互成就的，深中优秀的老师培养了一批批优秀的学生，同时也正是这些优秀的学生让优秀的老师们获得了职业的成就感和幸福感。

南方日报：今年深中拟招收的 35 名新教师都是硕士以上学历、毕业于名校。现在学校招收新教师的门槛是否比较高？主要注重考核教师的哪些能力和因素？

朱华伟：近两年，学校北大、清华毕业的教师从 6 人增加至 39 人，博士从 4 人增加至 30 人。2019 年引进的 35 名教师中有 13 人毕业于北大、7 人毕业于清华，还有 5 名老师毕业于哈佛大学等世界顶尖名校。

由于深中泥岗校区的开办，这几年深中将会新增 200 多位老师，我们希望引进一批具有世界一流学校教育背景、热爱教育的教师。

名校、高学历可以是一个人过往学习能力的证明，但绝对不是万能的“通行证”。近年来深中一直在提高引进新教师的门槛，同时也十分注重考核教师的道德修养、教育情怀、科学精神、人文素养等。

学高为师，身正为范。一个师德高尚、灵活施教、言传身带、以生为友的教师才是学生心目中理想的教师、可信赖的教师，甚至会成为学生崇拜的偶像，从而对他们的兴趣、爱好、理想、追求，以至专业的确定、道路的走向、人生的选择都会产生深远的影响。当学生看到自己的老师是先进思想、人类文明的化身的时候，他们所受到的思想影响和心灵教育必然是深刻的。这样的老师甚至会成为学生的精神支柱，支持他们的理想追求。尽管这种影响是潜移默化的，甚至是间接隐蔽的，但它却是强烈持久的，甚至是终生永恒的。

科学与人文并重，是我们当下人才培养的一个追求；尤其是人工智能越发达，越是要注重科学教育与人文教育的融合。很多大科学家，对人文大都有涉猎，他们有的文笔优美，甚至可以媲美文学家。我们希望我们的学生具有理性思维、实证方法和批判态度，我们也希望他们关心社会、关爱人类，具有正确的世界观、价值观和人生观。我们致力于培养出什么样的学生，就需要引进什么样的教师，因此科学精神和人文素养是我们在考核教师时特别注重的两个重要因素。

除此之外，一名合格的教师一定是热爱教育、热爱学生和热爱生活的，他们对教育怀抱热忱之心，对学生充满关爱之情，对生活保持积极心态。凡成大事者，必有大志；凡有大志者，必临危不惧、乐观向上，正确对待困难和苦闷，正确对待压力和挫折。

同时，学校也将对引进的高素质人才进行教师教育的培训，为他们成为高素质专业化的教师提供支持。

南方日报：近年来，有了多位优秀教师的“加盟”，深中人才培养的效果是不是更好？体现在哪些方面？

朱华伟：我们不遗余力引进名校毕业的硕士、博士教师，看重的不仅是他们扎实的学科背景，还希望这些高层次人才给予学生更多高端的学术引领。例如北京大学化学生物学与分子生物学院裴润雯博士，最近就“免疫调节”这一主题在深中课堂开讲。从扁桃体发炎到疫苗接种，免疫调节与我们的生活息息相关，也是当前生命研究的热门领域——2019 年诺贝尔生理学或医学奖就颁给了该领域的两位科学家。

裴老师在介绍完免疫的基本概念与功能之后，基于当前的研究成果，补充了细胞免疫和体液免疫的经典通路，启发学生自主对比教材知识与前沿动态，深入理解“细胞免疫与体液免疫中出现的 T 细胞的异同”这一高中生物疑难点。立足教材，高于教材又回归教材，裴老师高屋建瓴的备课思路和扎实的学科素养获得师生的一致好评。

除此之外，从学业表现看，深中每年考入北大、清华的学生有 30 人左右。近三年高考，29 人进入省理科前 100 名，深圳其他学校合计 29 人；4 人进入省文科前 20 名，其他学校合计 7 人。迄今为止获得 14 枚国际学科奥林匹克金牌，近十年获 8 枚金牌，2018

年获3枚金牌，排名全国第一。海外录取方面，深中近几年也保持骄人战绩，总体实力位居全国前三。2017年U.S.News排名前30的美国大学录取深中84人，10名学生获藤校录取，牛津、剑桥大学录取4人；2018年U.S.News排名前30的美国大学录取88人，9名学生获藤校录取，牛津、剑桥大学录取7人；2019年U.S.News排名前30的美国大学录取90人，7名学生获藤校录取，牛津、剑桥大学录取5人。

深中学生的优秀不仅指学业成绩，还包括社会担当、国际视野、创新精神等，这些都是现代公民所必备的素养，也是深中学生鲜明的特质。

南方日报：您是深圳首位具有博导头衔的中学校长，带领这么多高素质教师，希望带领深圳中学实现怎样的发展？

朱华伟：中国的基础教育在世界上已有一定地位，但真正达到世界一流水平的高中还比较少。中国有两所中学是大家公认的国内最好高中：北有人大附中，东有上海中学，在华南地区还没有一所跟这两所学校可以比肩的学校，身处深圳的深圳中学就有与这两所学校实现“三足鼎立”的潜质。

深圳中学经过70余年的积累，是“省内领先、国内一流”的名校，我们有条件向“世界一流”的目标迈进，这也跟深圳的城市发展和定位相匹配。深圳的目标是成为国际一流的现代化国际化创新型城市。深中作为以城市命名的学校，是深圳教育的窗口和文化名片，理应冲刺世界一流，这也是国家发展的需要。我国正大力推进大学“双一流”建设，打造一批世界一流大学和一流学科。但如果没有数量更多的世界一流中学作为支撑，怎么会有世界一流大学？

因此，我希望把自己的教育智慧和教育经验奉献给学校，与全体教职员工一起，将深圳中学建设成为中国特色世界一流高中。建设世界一流学校，其实就是构建世界一流的教育生态，包括良好的外部环境，先进的办学理念，一流的师生群体以及校本课程、校园文化、硬件设施、国际化水平等。

学校今后会坚持以“立德树人”为根本，构建世界一流课程、组建世界一流团队、建设世界一流校园、塑造世界一流文化，为更多老师提供发展平台，为国家培养更多优秀人才，为建设世界一流高中贡献深中智慧和深中方案。

南方日报：有人觉得清华、北大毕业的学生到中学任教是大材小用，您如何看待这种观点？

朱华伟：基础教育是人才成长的起点，青少年素质培养的根本在教师。最优秀的人才能培养出更优秀的人，真正的“大材”才能培养出“大材”，我们就是希望引进更多高层次教师，培养更多高水平中学生，为一流大学输送一流生源，为国家发展储备杰出人才。

国运兴衰，系于教育；兴校之道，始于人才。如今，越来越多高学历的人选择来当老师，把自己所学所得教给祖国的下一代，这一定是“大材大用”，对人民、对社会来说都是一大幸事。

——本文刊发于《南方日报》2019年5月21日AⅡ版

关于加强教研组建设的五点想法
—— 在科组长述职考核工作会上的发言

尊敬的各位老师：

大家好！

首先，感谢各位教研组长在非常困难的情况下，依然能够出色地完成教研组的日常工作。这个困难在客观上，主要是因为我们学校的体系化模式与传统教研方式的矛盾，这样就给教研组的活动带来一定的困难。比如刚才有老师说："在一个办公室里，一个科组就只有一个老师。"但是即便有困难，各科组长依然对工作兢兢业业、积极进取，借此机会，我向各位表示感谢。

我在中学当过八年数学老师，做过武汉市教学研究室数学教研员、广州市教学研究室主任，也担任过广州教育研究院的创院院长，因此我非常关注学校的教研工作。我来深中以后，只要是我知道的有关教研组的活动，我都会参加。教研水平与教学水平是成正比的，深圳中学最终能不能建成国内领先、世界一流的高中，一个至关重要的因素就是我们的教研组能不能成为国内领先、世界一流。现在国际上认为，中国的数学教育是做得很好的。

这里我简单说一下数学教育，数学教育绝不是"简简单单的加减乘除"这么简单，不是说"我们现在有了计算器就可以替代的一种教育"。华罗庚说："宇宙之大，粒子之微，火箭之速，化工之巧，地球之变，生物之谜，日用之繁，无处不用数学。"数学是通向科学大门的"金钥匙"，是我们的学生在成长过程中不可或缺的必修课。

我们数学教育做得好，很大程度上得益于中国有很好的教研水平，这其中很重要的一个经验就是每个学校都有教研组，就如毛主席所说的"把支部建在连队上"。

接下来，我就围绕教研组的建设，主要谈以下五个方面。

一、加强常规的教学工作

（一）抓好基本的课堂教学

日常的教学活动包括备课、上课、课后辅导、作业批改等若干个环节，我们一定要把每个环节都做得扎扎实实。如果一个环节做得不扎实，那之后的活动就会变成无源之水，无本之木。比如新课的引入就是一门学问，面对不同年龄段的学生、针对不同的学科或是不同的学习主题，引入方式都是有差异的，这是每位老师需要认真思考的问题。

另外，老师的板书也非常重要，板书要规范，字体要工整；给学生布置作业不要再出现“做错了就罚抄几遍”这样的情况，这种作业是很低级的。诸如此类的主要教学环节都必须认真规划，落到实处。

我们要“吾日三省吾身”：课前准备是否尽力？课上教学是否尽心？课后辅导是否尽责？从下学期开始，我们要开始对常规的教学进行检查工作，这一方面对有经验的老教师起到督促和激励的作用，另一方面也为年轻的教师提供快速发展的机会。

（二）开展评课议课活动

对老师来说，上公开课肯定是有压力的，但是有压力就会有动力，有动力就会有发展。尤其是对青年老师来讲，公开课还是一门必不可少的“修炼课”。通过准备一堂公开课，老师的教学水平或多或少都会有所提高，因为在备课的过程中，你不得不考虑方方面面的问题：教学内容如何选择、教学环节如何设计、多媒体如何利用、教学时间如何控制等。有了思考，就会发现问题，就会有感悟，感悟后自然有收获。另外，通过上公开课，可以更加清楚自己的教学状态，特别是可以发现并总结自己身上的不足之处。

（三）选择教辅书宜精不宜多

在保证课本上的题目认真做完且掌握熟练的基础上，我们给学生教辅书的选择宜精不宜多，一个学科一本就足够了。现在市场上的教辅资料鱼龙混杂，品质也参差不齐，甚至不乏粗制滥造的情况，所以各个教研组组长一定要本着对孩子高度负责的精神，肩负起这个“大浪淘沙”的责任，精心选择质量高、水平高，而且是适合我们深中学生发展水平的教辅书。我认为我们的学生是国内一流的高中生，所以我们就要选择国内一流的教辅材料。

那么，什么是国内一流的教辅书呢？首先要是知名学者编著，权威出版社出版；然后要符合深圳中学培养目标的难度，并且适应全国卷的难度。选不同的材料，学生学出来的水平是不一样的。苏联的教育家赞科夫有一个“以高难度进行教学”的原则，虽然大家对其看法是仁者见仁，智者见智，但我觉得还是有一定的道理。对深圳中学的学生不能搞机械化的教学，把课本的定义、概念、时间、地点、人物等论述再抄到教辅书上去，这是没有意义的。我们应该多培养学生的批判性思维，这样的话，拔尖创新型人才的培养才会有所突破。除此之外，我们要有更高的视野，就是要面向大学的自主招生给学生选择适当的课程和教材。

（四）筛选适合学生的学习资源

现在社会上有非常多的资源，我们不能一拍脑袋，拿来就用。花钱是次要的，孩子的时间比金钱更珍贵。我们应该经常反思自己：是不是给学生选择了最好的课程？是不是选择了最适合深圳中学学生水平的课程？是不是选择了深圳中学学生最喜欢的课程？课程是学校实施教育的载体，通过这些课程能够为国家培养拔尖创新人才，为孩子的一生发展做出很重要的奠基。

选择资源的时候，我们要把视野放宽，要有敏锐性，要能抓住一些机会，尽可能地去寻找各种资源。比如刚才刘越讲到的仙湖植物园，那就是我在与市城管局局长王国宾聊天时发掘的合作契机。当时我和邢向钊副校长、黎治国主任找王国宾局长谈泥岗校区学校建设的相关问题，谈完之后他说仙湖植物园有很多研究资源，也有很多博士，当时我就想仙湖植物园离我们很近，研究实力雄厚，这是深圳中学不可多得的教育资源。后来我们越聊越深入，最后他就决定把仙湖植物园给深圳中学做生物教学实验基地。我是刚好碰到生物这件事，其他学科的老师也都要有敏锐的眼光去发现、去发掘相关的学科资源，不论是深圳的、全国的、世界的还是校友的，把最好的资源拿来为我们深圳中学各个学科所用。我觉得我们只要有心，就能将很多资源转化为我们学生学习的资源。

我刚才讲的就是强调我们要“用心”，包括平时汇报工作也是一样，不要照本宣科，只要大家用心了，把五分钟的汇报讲好没有那么难。我个人不善于念别人写的东西，除了一些必要的场合，必须念稿子以外，我都是更倾向于去讲一些我自己内心特别想表达的东西，因为通过自己的思考、经历和经验讲出来的东西是最能打动人的。下次开会我们也定个规矩，五分钟的发言大家都最好不要读稿子，既然是自己做过的工作，汇报起来就应该自然、轻松、流畅。

（五）加强各科组的宣传工作

深圳中学这么多年在宣传方面做得是比较欠缺的。有的时候“酒香也怕巷子深”，尤其是在信息爆炸的时代，学校的宣传工作更不能懈怠。

我们学校主要的宣传窗口包括学校网站、微信公众号自媒体、媒体新闻平台等，这几个月我们的微信公众号有很大进步，取得了很好的效果。每个科组都应该有这样主动宣传的意识，在这方面，刘越做得不错，生物科组开通了自己的微信公众号。

今年 5 月的中考报名我是比较着急的，因为我们初中部的学生数量少，很多学校都有自己的一到两个初中部，而且学生能依从自己的意愿顺利报考深圳中学读高中是很不容易的。但是无论如何，我们能做的就是做好自己，同时做好宣传工作，每个科组都要主动去宣传自己的理念、特色、成绩，同时也宣传我们深中的特色和优势，吸引更多优秀的学子了解深中、报考深中，更多优秀的老师认识深中、加盟深中。

二、打造一流的教师队伍

（一）培养卓越教师

我一直认为，要想办好一所学校，首先要有一个好校长，然后就要有一批好老师。一个人遇到好老师是一生的幸运，一个学校拥有好老师是一个学校的光荣，一个民族源源不断涌现出一批又一批好老师，是民族的希望。我们深圳中学在“建设一流教师队伍”这方面做得还远远不够，这的确是一个非常艰巨的任务。虽然任重而道远，但是我们绝对不能懈怠，因为能不能打造若干个全国最高水平的科组，决定着我们深圳中学将来是不是全国最高水平的。

何为一流的教师队伍？我们每个学科都要有一两个顶尖的、在省内外有影响力且德艺双馨的学术带头人。我们每个教研组长都应该检视一下自己的科组有没有这样的带头人，如果有，那么这个学科就大有希望；如果没有，就应当抓紧时间培养出一两个带头人。最有效的培养方式就是通过教研组的活动和师徒结对，比如我自己成长的过程：师范毕业之后，我就在家乡的一个中学当老师，当时很年轻，就先听老教师的课。我专门向教学处申请把一位非常优秀的老教师的课排我前面，就是为了先听他上课，一点一点地学，我再去讲课。我也会骑着自行车挨个去听我们县里好老师的课，吸取百家之长。

在深圳这个机会与挑战并存的大环境下，各种诱惑很多，但是我们一定要腾出时间做学问，一定要立志做一名有教育理想和教育情怀的人民教师。深中需要一批热心教科研的好老师，这样才有可能形成好的教育生态。

（二）引进优秀人才

打造高水平的教师队伍，一方面是我刚才讲的“培养”，另一方面就是“引进”。

首先，引进已经有成就的中青年老师。大家要积极发现自己所在学科领域的国内高水平的老师，姚亮主任在这方面做得比较好，只要一发现就跟学校推荐；然后，引进国内外名校的博士和硕士。我提出这样的想法是有根据的，当年西南联大能够办得好，就是因为有一个好校长梅贻琦，有一批从欧美回来的博士和大师在那儿当老师，然后国内很多有志于学习的同学都到昆明去学习。另外，当时由于战争原因，西南联大有很大的办学自主权。在这些因素共同作用下，西南联大能在短短八年成就了一所世界一流大学，其中毕业于名校的诸位名师功不可没。

如今，我们面临的一个很现实的问题是，如何提供足够有吸引力的条件来广纳国内外的优秀人才。目前，学校会给引进的名师、金牌教练、博士等优秀人才提供过渡用房，保障他们在深圳先落稳脚跟。下一步学校计划进一步为特别优秀的人才争取人才房，尽可能地为国内外优秀人才解决来深圳工作的后顾之忧。无论如何，在加强师资队伍建设方面，我们一定要有远大的理想和目标，如果深圳中学经过五年的努力能够引进一百位世界名校的博士和一百位北大、清华的毕业生，我们的学校一定能够办好。

三、营造浓厚的教研氛围

教师做教科研是教师专业发展不可或缺的一个部分，更是一所世界名校教师所必备的素养。所以，我们要立足常规教学，扎实有序地开展教科研工作。王占宝校长之前提出“办学术性高中”，现在很多学校提出来要“办研究型、创新型的高中”。

那么，我们老师该如何研究？如何创新？一方面，我们经常要求学生做课题，那么老师更要带头做教科研。现在深圳市在推行“十三五”规划，大力倡导教师做教科研，学校也会加大力度鼓励大家积极申报项目。通过项目研究，也是鼓励老师们成才的一个途径。我打个比方，崔静老师带头做个项目，然后这个团队的所有人通过这个项目研究，都能提高自己的研究水平，这就达到了“众赢”的效果。另一方面，我们要制定相应的政策鼓励，奖励老师在学术刊物上发表文章、出版著作，申报市、省、国家级教学成果奖。《人大复印资料》的总编宣小红老师做过统计后发现，从全国范围来看，我们广东的中学整体发文数量都偏少，深圳中学做得也远远不够。

我们的基础是好的，但是我们之前没有足够的重视，欠缺相应的激励机制，没有形成浓厚的学术氛围。下一步学校要完善相应的激励机制，鼓励大家做教科研。大家通过项目研究，可以在各个刊物发表学术论文，或者将学术成果直接出版，这都是在为社会做贡献。我希望以后在各种学术刊物上看到越来越多深圳中学老师的名字，因为我们不光要培养学生，也要把培养学生的经验贡献给社会，鼓励老师成名成家。

四、开辟高端的学术平台

我们要鼓励学生多参加高端的学术活动。为什么我要专门提出“高端”的学术活动呢？因为这是和深圳中学的办学定位相匹配的，我们要努力建设“国内领先、世界一流”的高中。深中现在有 11 个创新体验中心，这些高端的实验室都是很好的学术平台。这其中大部分属于理科领域，但是我们决不能拘泥于理科，我们的人文学科同样也要积极参加国内外各种高端的学术活动。

其实，我国基础教育比较弱的是人文教育，跟欧美国家相比有差距。但是，基础弱反而是一个实现大发展的机会，尤其是在办学自主权越来越宽松的条件下，我们人文学科组应当更加积极地参加各种各样的活动。以历史学科为例，可以给学生开设丰富的选修课程，甚至包括一些大学的课程，比如中国通史、世界通史、中华文化等。这是培养学生的人文素养、积淀文化底蕴的过程，对学生的成长意义重大。大家应该都记得在央视《中国诗词大会》上夺冠的“00 后”女生武亦姝，她能有如此惊艳的表现绝不是偶然的，部分也归功于她所在学校的国学校本课程。所以，我希望我们的文科也要开展多种多样的学术活动，为学生的终生发展奠基。当然，我们理科也要加强，而且档次要更高、水平要更高，向世界一流高中看齐。

今年我们在初一要办两个博雅班，这个灵感源自欧美的博雅教育，也就是数理、人文并重；做人第一，做事第二。我们中国在古代和近代做得是非常好的，包括先秦时期的“百家争鸣”、民国初期的“新文化运动”等。在科技迅猛发展的今天，我们更应当关注人文教育，要向学生传递正确的世界观、人生观和价值观。

五、开发精品的校本课程

我国施行的是国家、地方、学校三级课程管理制度，因此学校就有了一定的课程开发自主权，即校本课程。校本课程的开发是基于学生的差异因材施教，它是一种“特色课程”，是适合本校学生的课程。

深圳中学目前有 100 多门校本课程，我计划是在校庆前出版 20 本校本教材。表面上看，从 100 多门课程中选出 20 门是很容易的，结果选来选去，选出比较合适的的确挺难，所以我们在校本教材开发上还有很大的进步空间。

课程是学校教育的载体，深圳中学想要办好，最终的落脚点是课程。一方面，我们要进一步完善学校现有的 100 多门校本课程，把它做成高水平的精品课程；另一方面还要进一步开发适合深圳中学学生水平的校本课程，编写能够达到国内外一流水平的校本教材，我觉得我们是有条件、有能力完成的。另外，我还有一个想法，就是给开发课程的老师给予相应的奖励，鼓励更多的老师参与其中。我们一年出版三至五本校本教材，贵在坚持，我觉得将来肯定可以越做越好。

以上就是我的关于教研组建设的五点看法，即：加强常规的教学工作、打造一流的教师队伍、营造浓厚的教研氛围、开辟高端的学术平台和开发精品的校本课程。说得不对的地方，请大家指正，感谢大家，大家辛苦了。

2017 年 6 月 19 日

3-7

教者大爱，不辱使命
—— 新冠肺炎疫情期间致深中全体教师的信

各位深中人：

2020年的寒假，让人不寒而栗。突如其来的新冠肺炎疫情牵动着人们的心，许多一线医务工作者自愿参与新冠肺炎的治疗，让所有国人为之动容。

医者有仁心，教者有大爱。在教育部呼吁各级教育部门和学校“停课不停教、不停学”的大背景下，为了帮扶教育资源不足地区的学校师生，包括我们对口扶贫的学校师生，深圳中学第一时间响应国家号召，计划面向全国开放直播课程，这不仅是我们每个人践行职业使命、履行社会责任的担当，更是深中为教育均衡做贡献的探索和“先行示范”的体现。

积极尝试、大胆开拓是“先行”，提升质量、保证品质才是“示范”。向全社会开放线上直播课程在深中历史上是首次，也是一次不小的挑战，但挑战和机遇往往是并行的。在全国范围内公开课程，就要做好接受质疑和批评的准备，古有吕不韦悬赏改《吕氏春秋》一字千金，今天我们全面开放课程就是为了听取建议、不断进步，争取将线上直播课程做到全国一流的水平——这是深圳中学建设中国特色世界一流高中的重要一环。

1993年4月，评特级教师时我要上一节参评课——《三角函数的周期性》，为了上好这节课，我查阅了所有关于三角函数周期性的文献，从创设问题情境、引入概念、例题讲解、方法总结到数形思想的渗透，精心编写教案。我还特地从汉口骑自行车坐轮渡去武钢三中向全国著名特级教师钱展望老师请教，得到钱老师画龙点睛的指导。经过这一节课的锤炼，我对课堂教学有了更深刻的认识和层次上的升华，后来这篇教案由《中学数学》约稿发表。这也成为我和亦师亦友的钱老师交往中值得回忆的一段佳话。我相信各位线上授课的老师，一定也会通过这次活动在教材处理、教学策略、技术应用、团结合作等方面有质的提升。

为全国的中学生提供优质的线上直播课程，是提升自己的宝贵机会，更是在这个特殊时期身为人民教师应当肩负的使命。早在十五年前，钟南山课题组就撰文呼唤新的人文精神，“以开放、自主的姿态融入全球化浪潮，在文化上、精神上建立更开放、更成熟的民族意识”。向全国中学生公开课程，正是彰显成熟、开放精神的应有之义，同时也体现了深中教师的宽广格局和担当精神。

最是担当见初心，敢为砥柱铭使命。深中拥有先进的办学理念、科学的课程体系、一流的师资队伍，尤其是近三年从海内外名校引进了一百多位优秀的毕业生，因此我非常有信心：深中有能力，也有足够的实力承担起这次重任。希望各位科组长身先士卒、迎难而上；希望所有参与其中的老师不辱使命、攻坚克难；希望所有的行政教辅人员都能守土负责、守土尽责——这本是“逆行者”的真正内涵。

医生和教师，一曰救人，一曰育人。在举国遭难的当下，这两个职业都不会缺位，他们都可以称得上是这场疫情中的“最美逆行者”。“行路难！行路难!”“欲渡黄河冰塞川，将登太行雪满山”。所幸是，冬渐暖，春不远；愿山河无恙，人间皆安。在这场没有硝烟的战疫中，一直以来秉承“追求卓越，敢为人先”精神的深中人，一定会不畏艰难，勇往直前。教者大爱，不辱使命，向每一位逆行者致敬！

2020 年 2 月 4 日

3-8

读书是人一生的精神陪伴
——《专业·生活·心灵——深中教工推荐书目》序言

19岁从教至今39载，从河南到湖北、广东，从中学到大学、教研院，如今再回到中学，一路伴随我“漂泊”的是一箱箱沉甸甸的图书，两万多册藏书（八千多册原版英文书）是我珍贵的财富。而这其中，《平凡的世界》是我非常想与同事们分享的一部书。

《平凡的世界》的思想内涵，是对中华民族“自强不息，厚德载物”精神基因的传承，这部书启发、指引我们立足现实，超越自我。我们绝大部分人所处的世界都是平凡的，有苦难，也有温暖；有挑战，也有机遇；有诱惑，也有正义。但是，我们每一个人都可以因自己的选择而变得不平凡。苦难是人生最好的大学，面对苦难我们可以选择奋斗，在奋斗中成长，在奋斗中创造幸福。

经历此次新冠肺炎疫情，我们更深地体会到：一个国家多一些矢志不渝、爱国担当的人，这个国家才会有希望；一个民族多一些无私奉献、忠诚守望的人，这个民族才会有希望。建设中国特色世界一流高中是一项开创性的事业，这就注定了我们要走的路不会是坦途。我们选择了追梦，我们就选择了奋斗。唯有奋斗，方不负韶华，不负学生、家长、社会各界人士的期许，不负我们身处的伟大时代。

好读书，读好书，是以追求卓越为特质的深中教师文化的重要组成部分，期待大家的读书推荐，读书分享！对于教师而言，读书不仅是专业发展的一条捷径，也是精神生活的重要内容。读书是一种信仰，是一种修行。没有读书，教师就没有真正意义上的成长和发展；没有读书，教师就失去了精神活水的注入。“春蚕到死丝方尽，蜡炬成灰泪始干。”仅仅这样来形容教师的工作是不够的。德国哲学家雅思贝尔斯说：“教育就是一棵树摇动另一棵树，一朵云推动另一朵云。”作为一棵树、一朵云，让我们吸取日月精华，滋养自己、丰富自己，进而去影响他人、成就他人！

书籍是人类进步的阶梯，读书是人一生的精神陪伴。我希望深圳中学是这样的：一个喜欢读书的校长，带领一批喜欢读书的老师，培养一届一届喜欢读书的学生；让阅读成为习惯，让书香溢满校园。

2020年7月21日

育人之本，在于立德铸魂
——《深中树人工作室培训课程手册》序言

为了探索回答“培养什么人、怎样培养人、为谁培养人”这一教育发展的根本问题，深圳中学在建校70周年之际，提出了“建设中国特色世界一流高中”的办学定位和“培养具有中华底蕴和国际视野的拔尖创新人才”的育人目标。

育人之本，在于立德铸魂。青少年是国家未来发展的掌舵人，是民族振兴的护航手，其价值观的构建不仅影响着青少年自身的成长与发展，也关系着国家的前途和民族的命运。高中阶段的学生处于价值观、人生观和世界观形成的关键时期，教师如何更好地开展德育工作，引导和帮助学生把握好人生方向，特别是引导和帮助青少年学生扣好人生的第一粒扣子，是我们每个教育者应不懈思考和审慎实践的命题。

“师者，所以传道授业解惑也。”作为教师，既要精于“授业”“解惑”，更要以“传道”为责任和使命。在教育教学工作中，不仅要传授知识，更要用自己的视野和格局引领学生，用自己的人格和品行感染学生，用自己的习惯和性格影响学生，在人生观和价值观上给学生们影响，让学生们早立大志，存大格局。身为教师，你们自己是一个什么样的人，就会影响你们的学生成为什么样的人；你们希望你们的孩子成为什么样的人，就要希望你们的学生成为什么样的人。

“路漫漫其修远兮，吾将上下而求索。”希望各位老师树立高远的教育理想，确立崇高的教育信念，身体力行、躬耕讲台、积极探索、不懈努力，早日修炼成为具有人格魅力、学术影响力的老师，做学生为人处世、治学研究的榜样，做各自学科、专业领域的领袖标杆。

2020年7月28日

第四辑

育人理念

——上善之教 美美与共

深中取得今天的成绩，不是“唯分数”、不是“专注应试”的结果，而是“尚自然”、水到渠成的收获。上善之教若水，水善利万物而不争。深中为学生搭建多元发展立交桥，尊重天性，张弛有度，主动留白，不搞题海战术，不争一时短长，鼓励每位学生自由发展、充分发展、全面发展。在科学民主、开放自由、多元包容的文化氛围中，深中学子拥有多元的成就自我的道路，高考、竞赛、出国等方向均成绩卓著、表现亮眼。

上善之教，美美与共

1978 年，在人杰地灵的汝南古城，当时正读高中的我，看了作家徐迟的一篇报告文学《哥德巴赫猜想》后兴奋不已。受到文中数学家陈景润故事的感染，我暗暗立下志愿：要成才，还要为国育英才，做一名像陈景润的中学数学老师沈元一样的、点燃学子梦想的数学老师。

19 岁，我如愿以偿在家乡一所高中担任数学老师，后来又到武汉读研究生。研究生毕业后，在武汉工作了九年，当过三年市数学教研员和六年区教育局局长。2000 年 9 月，从美国做访问学者回国后，辞去武汉市江岸区教育党委书记，2001 年 7 月，从武汉到珠海，任人大附中珠海校区校长。2004 年 2 月，应张景中院士之邀，我到了广州大学计算机教育软件研究所，同年被评为研究员，接替张景中院士，担任软件所所长。张先生学高为师、德高为范，在做人做事上和在数学方面，都是我的榜样和楷模。在张先生的指导下，我工作得有声有色。2014 年 1 月，受广州市教育局局长屈哨兵教授之邀，任广州市教研室主任、广州市教育科学研究所负责人，负责筹办广州市教育研究院并担任创院院长，在教研院工作了三年。

虽然这三十余年间换了很多岗位，但我感到最自豪的，是一直没有脱离教育，没有脱离课堂。因为我喜欢数学，喜欢学生，热爱数学教育，热爱教育事业。

一、定位高远：建设中国特色世界一流高中

2017 年 1 月 17 日，我带着 17 岁就播种下的教育梦，带着自己在教育生涯中逐渐形成并酝酿已久的教育梦想——办一所具有世界影响力的中学，出任深圳中学校长。

2017 年 11 月 18 日，在深中建校 70 周年纪念活动上，我代表全校逾 500 名教职工和近四万名校友向社会庄重宣布：“建设中国特色世界一流高中，培养具有中华底蕴和国际视野的拔尖创新人才。”时任广东省省长马兴瑞、深圳市委书记王伟中发来贺信，时任深圳市人民政府市长、副市长现场见证。

2018 年 5 月 2 日，在五四青年节和北京大学建校 120 周年校庆日即将来临之际，习近平总书记在北京大学考察时强调：坚持办学正确政治方向，努力建设中国特色世界一流大学。总书记的这番话，让我们更加坚定了建设中国特色世界一流高中的步伐：深中的“中国特色”教育必然是传承中华文化血脉、践行中国特色社会主义道路、服务国家发展的教育；“世界一流”的高中势必具有国际视野，能够为世界一流大学输送更多优秀学子，为国家、为人类培养更多杰出人才。为了实现办学目标，深中对标世界一流，制

定出台了《深圳中学中国特色世界一流高中建设方案》等系列文件。

建设世界一流高中是一项伟大的事业，一定会遇到各种预想不到的困难和挑战。以深中新校区为例，2018年2月新校区（占地面积10.8万平方米，建筑面积17.5万平方米）工程动工，为了督促建设，不顾工地机器的日夜轰鸣，我就租住在工地旁，实时关注工程进展，深中新校区已于2020年9月正式开学。开学之后，为了解决师生出行不便、大幅扩招带来的学生食堂餐位不够、教学空间不足、学生宿舍电梯运力小等难题，我们开通了11条通学定制巴士线路，临建新食堂澍园、重新调配教学区功能室并临建综合楼、加装学生宿舍电梯等。令人欣慰的是，不论遇到再多困难，深中整体的教师文化越来越好，全校上下齐心协力、只争朝夕，共同为实现世界一流高中的愿景而努力奋斗。

二、各美其美：为学生搭建多元发展立交桥

著名社会学家费孝通说："各美其美，美人之美，美美与共，天下大同。"常言道"孩子是祖国的花朵""十年树木，百年树人"。我们无法用一个标准评判所有花朵的美丽，因为每一个孩子都有一张天使般的脸庞，我们无法用一把尺子限定所有树木的成长，因为每棵树必将勾画出自己的年轮，正如每一个孩子都有自己的成长轨迹。

深中能取得今天的成就，不是"唯分数"、不是"专注应试"的结果，而是"尚自然"、水到渠成的收获。上善之教若水，水善利万物而不争——我们一直以来努力营造"人人皆可成才、人人尽展其才"的良好环境，遵照"学校按需施教、学生按需选学"的课程观，在国家课程的基础上开设涵盖科学精神、人文底蕴、学会学习、健康生活、责任担当和实践创新6个方面360余门校本选修课；为学生搭建多元发展立交桥，与北大、清华、华为、腾讯、大疆等著名高校、企业共建21个创新实验室和创新体验中心；为学生营造良好文化氛围，尊重天性，张弛有度，主动留白，不搞题海战术，不争一时短长，鼓励每位学生自由发展、充分发展、全面发展。在科学民主、开放自由、多元包容的文化氛围中，深中学子拥有多元的发展道路，高考、竞赛、出国等方向均成绩卓著、表现亮眼，每个人都有出彩的机会、拥有更广阔的人生。

正如史蒂芬·李柯克在《我所见到的牛津》（Oxford as I see it）中所说，牛津大学的学生都是被教授的烟斗熏出来的："如果他有超凡的才调，他的导师对他特别注意，就向他一直冒烟，冒到他的天才出火。"办学特别需要好的文化氛围，拿"泡菜"打个比方，泡菜的味道决定于泡菜水，泡菜水好，无论是白菜、萝卜、黄瓜，泡出的味道都好。我认为深中取得成功的原因，就是把泡菜坛子的水调得好。一个人的成长，第一是天分，第二是后天环境，深中就创造了一个非常好的环境。

三、学生第一：像对待自己的孩子一样对待学生

一所好学校一定是一所有爱的学校，作为校长，一方面要为学校谋划美好的发展蓝图，另一方面要切实关注校园里每个学生面临的最现实的困难。

在2017年春季开学的第一天，我去学生宿舍时发现，学生宿舍的条件简陋、设备老

旧，墙面钢筋外露、斑驳陆离，最突出的问题是热水供给不足，一遇寒冷天气，女生宿舍就没有热水洗澡。当看到女生宿舍条件如此这般的时候，我不禁感叹道："这让我想起上个世纪八十年代初武大校长刘道玉视察女生宿舍的场景，没想到，在中国最富裕城市深圳的最好的中学，会有这么差的学生宿舍。"现场人员说："自 2012 年以来一直是这样，很难解决。"我当即反问："如果这里住的是我们自己的女儿，我们还会说无法解决吗？无论如何都要克服一切困难把女生宿舍的热水问题解决，我们现在不谈困难，只谈怎样解决问题。今天我们就站在这儿开会，找不到解决办法不散会。"最后，用一周的时间，克服重重困难，重新拉电缆，解决了积压五年之久的女生宿舍热水问题，将电热水器安装到每个宿舍。当天巡晚自习，看到有同学伏在教室外平台上，借着昏暗的走廊灯光认真学习。看着他们在这么差的照明环境下，却异常专注投入的神情，我特别心疼，随即便安排相关部门按照校园照明标准，将走廊和楼梯的整体照明设备进行了优化，这不仅保护了学生的视力健康，也满足了学生在教学区的任何角落想要学习和读书的需求。

为了从根本上解决学生住宿条件差的问题，自此的两年时间里，我不遗余力地对老校区进行改造提升——从建新宿舍楼，到新宿舍建成后监督选用实木家具、实时监控新宿舍各项检测指标，再到带领家委细心检查每个细节等，只为给学生们创造一个舒心满意的住宿环境。与此同时，为了从根本上解决老校区食堂老旧、条件简陋等问题，我着力推进新食堂的修建项目，并提出要对标一流标准，建设全国最好的中学食堂。2018 年初，新食堂"静园""和园"正式开餐，大幅提升了深中师生的就餐水准。老校区新旧图书馆的建设和改造，也是令我印象尤为深刻的项目。图书馆最能体现一所学校文化的气质，最能彰显一所学校的气象和精神，一定程度上也是学生最重要的"第二课堂"。深中原有的图书馆面积小、藏书少，室内采光和通风均不太好，为此，我们先后修建新图书馆、改扩建原图书馆，并连接通道贯穿两处，总使用面积从原有的 1400 平方米增至3233 平方米。新扩建图书馆利用楼梯、高墙、曲折的动线，形成高大书墙和低矮空间，书柜沿着墙环绕连绵，形成各具特点的格局与布置；空间的丰富性、环境的舒适性，增强了图书馆的吸引力，还有每一本精挑细选的图书，让图书馆成为学生的最爱，也成为老师们经常驻足的场所。

在为学生解决种种困难的时候，我经常对深中老师说的一句话就是："我们一定要像对待自己的孩子一样对待学生，我们希望自己的孩子在学校有什么样的学习状态、生活环境，就要尽力提供这样的环境给学生。"

四、严格要求：事业的成功来自实干和积累

我在看《觉醒年代》时，蔡元培在《新青年》编委会上提出的一个观点让我印象非常深刻，当即就在语音备忘录里记了下来。他说："要干成大事，必须严格要求。"任何事业的成功不可能一蹴而就，都要靠一朝一夕、点点滴滴的实干和积累，并且还要随时保持极其严谨的工作作风和工作习惯。1949 年 4 月，毛泽东为自己的文章《五四运动》及《人民解放军布告》中的多处文字错误分别给《北平解放报》和新华社写信，并附上

亲笔纠正的这两文中的若干误处。

2017 年元月，我一到任深中校长，就对学校各类文件及宣传文章提出了严格要求并一一把关，每份文案的检查都从逻辑、语法、修辞一直细化到每一个标点符号的正确使用。高标准就会有高质量，深中微信公众号五年多来不断提升的推文品质就是一项例证。

“天下难事必作于易，天下大事必作于细。”这是老子《道德经》里的一句话。每一个文字、每一个标点，看似事小，但意义重大。深中近几年实现的“大”跨步发展，正是由类似这样的一点一滴的“小”细节累积而成，正是我们每个部门、每位老师在日复一日的每一天、每一项看似平常的工作中始终端正态度、狠抓细节的结果。

五、以爱为本：细微处见精神 细节处见真情

作为校长，对待老师不仅要严格要求，更要在工作、生活的方方面面给予老师暖心关怀：要关心教师身心健康，营造宽松和谐的工作氛围，真诚地尊重、关爱每一位员工，记人之功，容人之过，解人之难，让教师在追求自己人生理想的过程中有尊严、有自由、有幸福感。在每一位新老师入职的时候，我都会邀请他们到我藏书 2 万余册的书房座谈交流，聊聊他们对学校的期待、各自的工作打算和设想等，会给他们签名赠送自己的著作，带他们参观我的藏书，激励他们好好读书、好好教书；每次在食堂吃饭遇到新入职的老师，也会主动和他们聊天，问他们在学校有什么困难。很多问题，我都是想在青年老师的前面，忧其所忧、解其所困，例如为了让青年老师安居乐业，让他们在新入职期间能感受到家的温暖，我竭力向政府争取人才房资源，并不遗余力地推进完成学校教工宿舍的改造工程。

2022 年初，深圳遭遇了罕见寒冷天气，我之前在北方生活过很多年，南方寒风刺骨的湿冷甚至比北方的零下天气更难耐，而且南方的昼夜温差大。2 月 21 日，我去看望封闭在老校区的高三老师，得知老师晚上回到宿舍冻到瑟瑟发抖时，我立即安排购置供暖设备，并要求马上到位。当天下午四点，84 台取暖机就送到了办公室和宿舍。老师们辛辛苦苦上了一整天的课，回到温暖的宿舍，感受到的不仅是身体的暖，更是心里的暖。3 月 29 日，我看到了一位高三老师在朋友圈“吐槽”：“哭了，依然拿不到我的快递，没有隐形眼镜我怎么上课啊?”我立即打电话了解情况，原来这是因为疫情封控期间的快递积压造成的。快递看似是学校工作中微乎其微的一个细节，但在这样的特殊时期，它却是切实关乎教师工作和生活的关键环节。我当即就安排相关人员尽快恢复快递分发区域的正常秩序，一解老师们的燃眉之急，确保封控在校老师的正常工作和生活的开展。

对一所学校而言，硬件设施的价值是可以估量的，但学校师生的整体精神状态所带来的价值则是无法估量的，而饱满、积极的精神状态来源，就是我们在每一个细节处给老师们的关爱和关怀。

六、心存大我：支撑我步步坚定向前的信念

1998 年，我在获评湖北省十大杰出青年时说：“人应该有点精神，特别是作为一名人民教师、党员干部，要耐得住治学的寂寞，守得住生活的清贫，经得住外界的诱惑，

用‘苦’养德、养性，用‘贫’励志、戒逸，永远保持共产党员的本色和奋进的锐气。”

回首过去41年的工作经历——从一名农村中学数学教师、团委书记，到市教研员、区教育局局长，再到中学校长、大学研究所所长、市教研院创院院长，一直到如今的深中校长，无论在什么地方、从事什么工作，我始终都以“忘我”的状态投入工作中，兢兢业业、恪尽职守、夙夜在公，不计个人之得失、不争一时之短长。

我经常给深中老师说的话就是，身为一名深中教师，要不断提高思想站位，要有超脱一般学校老师的格局，心中存“大我”，立大志、有远见，忠于职守、甘于奉献，努力培养出为国家、为民族、为人类做出卓越贡献的栋梁之材。

2022年，是深圳中学建校75周年。我坚信，在全体深中人的不懈努力下，我们一定能加快建成中国特色世界一流高中，深中也必将在新时代新征程上赢得更大的胜利和荣光。

——本文刊发于《中国教育报》2022年6月22日06版

积极探索拔尖创新人才早期发现和选拔培养机制

科技竞争归根结底是人才的竞争，人才竞争归根结底是拔尖创新人才教育水平之间的竞争。伟大新时代急切呼唤拔尖创新人才，而我们如今的教育为什么培养不出世界级的顶尖杰出人才？教育归根结底是人的教育，人的教育核心是“人”，每个人在接受教育过程中的深层诉求，一定是尊重其多元和差异。培植使杰出人才“冒”出来的适宜土壤至关重要：解放思想，营造开放包容的良好生态；尊重差异，建立科学规范的甄选体系；因材施教，精准匹配高端的师资课程；一体联动，实现大中小学贯通式培养；君子不器，立足成人成才的发展目标。

一、伟大新时代急切呼唤拔尖创新人才

2018 年 1 月 3 日，在国务院常务会议上，李克强总理指出：“无论是人工智能还是量子通信等，都需要数学、物理等基础学科作有力支撑。我们之所以缺乏重大原创性科研成果，‘卡脖子’就卡在基础学科上。”2019 年 5 月 21 日，面对美国制裁，任正非先生在接受中央电视台专访时颇有感触地说道：“发展电子工业，过去的方针是砸钱；芯片光砸钱不行，要砸数学家、物理学家等。”任总以华为公司的实际经验深刻地洞见到，想要发展创新产业和尖端科技，光有资金投入是远远不够的，没有基础学科的支持、没有尖端人才的推动，前沿产业的发展也就成为无源之水、无本之木。

拔尖创新人才处于创新人才的顶端，对国家的自主、创新、可持续性发展起着关键性的引领作用。将拔尖创新人才的培养放到国家发展的战略高度，势在必行。2020 年 9 月 11 日，习近平总书记在科学家座谈会上强调：“要加强基础学科拔尖学生培养……对科学兴趣的引导和培养要从娃娃抓起，使他们更多了解科学知识，掌握科学方法，形成一大批具备科学家潜质的青少年群体。”培养拔尖创新人才，一定要从小抓起、从基础教育抓起。

二、我们缺少的不是天才而是适宜的土壤

2005 年，时任国务院总理的温家宝在看望 94 岁的钱学森时，钱老感慨地说：“这么多年培养的学生，还没有哪一个的学术成就，能够跟民国时期培养的大师相比。”钱老又发问：“为什么我们的学校总是培养不出杰出的人才？”如今十七年过去了，“钱学森之问”依旧是困扰中国教育和发展的难题。事实上，我们缺少的不是天才，而是适宜天才成长的土壤。鲁迅在《未有天才之前》一文中这样写道：“不但产生天才难，单是有培养天才的泥土

也难。我想，天才大半是天赋的；独有这培养天才的泥土，似乎大家都可以做。做土的功效，比要求天才还切近；否则，纵有成千成百的天才，也因为没有泥土，不能发达。”

（一）起点缺乏科学性而牺牲实质公平

新中国成立后，尤其是自1986年开始普及义务教育以来，人民群众受教育水平发生了质的飞跃，并取得了举世瞩目的伟大功绩。国家统计局2021年12月发布的《〈中国儿童发展纲要（2011—2020年）〉终期统计监测报告》显示：2010年以来，小学学龄儿童净入学率保持在99.7%以上，小学升学率保持在98%以上，义务教育普及成效显著。在保证“有学上”的基础上，我们追求的一定是“上好学”，让每个孩子都能得到合适的教育。

从学生成长规律看，确有一批天资聪颖的孩子，应早发现、早培养；从教育科学的角度，拔尖创新人才所必备的许多重要素质是在基础教育中培养和发展出来的，但这一点长期以来并未受到应有的重视。20世纪末，著名教育家吕型伟就提出：“50年间我们培养了不少合格人才，但也压制了一些拔尖人才，不少有才华的学生被扼杀在摇篮里，特别是那些奇才、偏才。”这些“奇才、偏才”天分的显现是从小学，甚至是幼儿园就开始了。在普及教育追求公平的过程中，我们或多或少埋没了很多天才儿童，这对没有接受合适教育的他们来说，无疑是不公平的。教育公平，最终的目标是每个人在充分选择的基础上，找到适合自己的教育，这是更科学、更高水平的公平。我们追求的公平，不能再以牺牲有特殊专长人才的成长为代价，这于国于民都不利。

拔尖创新人才是客观存在的，无论是孩子还是成人，事实上都存在极少数在智能、志愿、人格特征等方面远超平常人的超常人才、天才。从这个角度来看，对天才儿童的识别和培养不会影响教育整体的公平。以深圳市为例，如果每年面向全市小学毕业生选拔200名资优儿童，相较深圳近年来10余万小学毕业生的数量，其比例不到千分之二。早在1963年，苏联就在莫斯科、列宁格勒、基辅和新西伯利亚四地设立数学物理学校，覆盖5年级到11年级，培养了一大批杰出人才，目前仅华为聘请的俄罗斯数学、物理学家就有五百多位。例如，俄罗斯239中学，在校学生总数约800人，共分七个年级（五年级到十一年级），目前已有120多人在国际大赛中获奖，以数学为例，每年国际数学奥林匹克俄罗斯国家队，有一半以上的队员来自该校，而且，从这些队员的后续发展来看，他们中的很多人都走上了学术道路，例如大数学家佩雷尔曼（Perelman，第25届菲尔兹奖得主）和斯坦尼斯拉夫·斯米尔诺夫（S. Smirnov，第26届菲尔兹奖得主）。

（二）过程缺乏人文性而忽视个性差异

通过数十年的教育改革和不懈努力，我国人口的整体素质不断提升，但是尖端人才仍然稀缺，用统计学的语言来说，就是均值大、方差小。2019年12月3日，PISA2018测试结果公布，中国四省份（北京、上海、江苏、浙江）作为一个整体，取得了阅读、数学和科学全部三项科目世界第一。这虽不代表中国基础教育的平均水平，但在一定程度上印证了中国经济、教育发达地区在世界基础教育领域的领先地位。那么以这四个省份为例，按照前1%～3%的比例计算英才规模，其近2亿人口200万～600万的“英才”中，还没有能够凭借在中国的研究获得诺贝尔科学奖的人。我们不得不反思，我们的教育过程究竟出现了什么问题?

加德纳多元智能理论告诉我们，人类天资禀赋各异，每个人身上至少存在七项智能，即语言智能、数理逻辑智能、音乐智能、空间智能、身体运动智能、人际交往智能、自我认识智能，1996年又补充了第八种智能——认识自然的智能。然而，班级授课制背景下注重的教学原则往往是有教无类，而忽视了同样重要的一条：因材施教。如果学生的天资禀赋在起初没有得到及时的发现和应有的培育，那么其优势往往就会在后期越来越弱化。

教育的本质是人的教育，一定要尊重人性，尊重人性最根本就是要尊重人的差异性，这是教育最基本的人文关怀。著名教育家陶行知先生说：“人像树木一样，要使他们尽量长上去，不能勉强都长得一样高。”以美国加利福尼亚州为例，该州自1961年就立法为英才生提供特殊的成长计划，虽然近年来我国的分层走班制教学在一定程度上缓解了学生在学习的过程中“吃不饱”与“吃不了”的教育现象，但对于那些1%～3%的英才来说，依然没有得到最合适的教育。虽然我们的中学也有特殊计划，但一直成规模、成体系进行的只有人大附中、北京八中等为数不多的几所中学。更广大的英才儿童群体亟待发掘和培育，因此还需要更多基础教育学校的参与。

（三）评价缺乏区分度而导致结果通胀

高考和中考作为我国人才识别的重要标尺，一直是拔尖创新人才脱颖而出的重要通道。1978年，在李政道和杨振宁的倡议下，我国即设立中科大少年班，招收11～16岁的天才儿童。虽然自此以后国内多所大学相继效仿，但目前硕果仅存的是中科大少年班、西安交大少年班等为数不多的几个拔尖创新人才早期培养点。事实上，十几年来，对英才选拔的力量一直是向优化高考倾斜，例如教育部在拔尖创新人才培养方面持续发力，先后施行了珠峰计划、强基计划等，以及诸多高等教育领域的“拔尖计划”：北京大学的“元培学院”、清华大学的“钱学森力学班”、浙江大学的“竺可桢学院”等。

清华大学2021年1月发布的“丘成桐数学科学领军人才培养计划”和北京大学2022年1月发布的“物理学科卓越人才培养计划”都将招生对象放宽至初中三年级。这些具备条件的初三学生如何能培养出来？如果不及早谋划，难免错失培养良机。一定要及早发现、及时培养，小学升初中是一个重要节点。同时，在没有正式打通拔尖创新人才早期识别与培养的“绿色通道”之前，我们的中考就显得尤为重要。

近年来，中考命题的区分度越来越小，对于人才选拔的意义越来越小，甚至起到了反作用——异常激烈的分数竞争让很多学生不得不选择反复刷题、机械应考，这个过程对培养学生的创造力毫无益处，也大幅增加了学生的学业负担，与“双减”的要求背道而驰。从学生成长规律看，学生天资有差异、禀赋各异；从客观上看，学校办学水平有差异、各有特色。如果中考题目难度太小，区分度不够，就很难筛选出天才儿童或资优生；如果天资出众的学生不能进入合适的学校就读，得不到相应的超常培育，这对他们一生的发展都不利。

三、培植使杰出人才“冒”出来的适宜土壤

鲁迅在《未有天才之前》一文中写道：“做土要扩大了精神，就是收纳新潮，脱离旧套，能够容纳，了解那将来产生的天才。”千里马常有，而伯乐不常有。培植使杰出人才“冒”出来的适宜土壤，就是要“脱离旧套”、解放思想、以人为本、尊重差异，为实现每位学生的充分发展而努力。

（一）解放思想，营造开放包容的良好生态

理念先行，行动为基。革新理念，加强宣传，营造重视英才教育的文化氛围，这是万事开头难的第一步。拔尖创新人才培养并不会与教育公平相抵触，最好的教育一定是最适合的教育，因材施教是对每个孩子的天赋负责，是对每个孩子的公平。同时，科技竞争的日趋激烈，中美关系的交错动荡，无不警醒我们：重视并加强基础教育阶段的数学、物理教育迫在眉睫，尤其是对于数理拔尖人才的早期识别和培养，给予这些好苗子一个适合的特殊的成长机会至关重要。

早在 1977 年 5 月，邓小平同志就指出：“办教育要两条腿走路，既注意普及，又注意提高。要办重点中学、重点大学。要经过严格考试，把最优秀的人集中在重点中学和大学。”“子规夜半犹啼血，不信东风唤不回。”笔者先后多次在深圳市政府常务会议、国务院发展研究中心课题组、教育部教育发展研究中心课题组调研座谈会等场合提出建议：“得天下英才而教育之”，为党育人，为国育才。在初中阶段，我们就应该积极探索培养拔尖创新人才的机制和模式，发现、孕育并系统培养人才苗子。近十多年来，笔者在多个场合以《拔尖创新人才的早期发现与培养》为主题做讲座，呼吁对具有天赋的儿童一定要早发现、早培养。

（二）尊重差异，建立科学规范的甄选体系

识别第一，培养第二；没有发现，就没有培养。资优生的识别和选拔不仅需要中央和地方政府的统一部署和政策保障，而且需要赋予基础教育学校充分的自主权。伴随着国际竞争的日趋激烈，社会对尖端人才的急切需求，以及教育思想的越来越解放，国家及地方对基础教育阶段的拔尖创新人才识别与培养越来越重视，并提到了政策高度。2022 年 2 月 28 日，习近平总书记在主持召开中央全面深化改革委员会第二十四次会议时强调：“要全方位谋划基础学科人才培养，科学确定人才培养规模，优化结构布局，在选拔、培养、评价、使用、保障等方面进行体系化、链条式设计，大力培养造就一大批国家创新发展急需的基础研究人才。”2022 年 1 月 8 日，《教育部 2022 年工作要点》发布，文件指出，“加快培养、引进国家急需的高层次紧缺人才……积极探索拔尖创新人才早期发现和选拔培养机制”。2021 年 12 月 30 日，《深圳市教育发展“十四五”规划》印发，文件指出：“建立健全大中小学贯通培养拔尖创新人才体制机制，着重培养具有原始创新

能力和颠覆式创新能力的杰出人才。”2021 年 9 月 30 日，北京市在其发布的《“十四五”时期教育改革和发展规划（2021—2025 年）》中提出：“全面优化创新人才早期培养生态，探索大中小各学段有机衔接的拔尖创新人才培养模式，开辟拔尖创新人才脱颖而出的‘绿色通道。’”

理念的落地还需要更加具体的配套政策和实践指导。例如在基础教育层面，需要改革“一刀切”的小升初、初升高制度，允许拔尖创新人才培养试点学校在政府的指引下，并基于各地的具体情况，以科学的方式甄别、选拔拔尖创新后备人才，早发现、早培养。

（三）因材施教，精准匹配高端的师资课程

因材施教是中华民族千锤百炼的教育思想，实事求是、不拘一格、尊重差异性、摒弃“一刀切”是培养各领域拔尖创新人才的必由之道。同时，拔尖创新人才的培养需要不走寻常路，他们往往是有特殊才能同时也有特殊个性的人，培养他们，需要在教师、课程配置等方面进行精准匹配。

培养一流学生需要一流师资，一方面是高水平学术教师，正所谓名师出高徒，高徒需名师，一支优秀的教师队伍不仅需要专业能力强，而且需要具有高度的责任感和奉献精神。另一方面，英才儿童的培养也需要专业的心理咨询教师，满足英才儿童特殊的心理发展和咨询需求。培养一流学生需要一流课程，内容可因地制宜、因校制宜，多元灵活、以德为先。例如深中的“丘成桐少年班”目前的课程架构涵盖必修和选修两大类，其中必修课程包括国家课程、数学竞赛基础、信息竞赛基础、腾讯 DN. A 网络素养课程等，选修课程包括七年级的以认识城市与生态环境为主题的人文素养课程和八、九年级的数学、物理、化学、生物、信息竞赛课程等。除此之外，为了涵养中华底蕴和家国情怀，丘成桐少年班开展了一系列别具特色的实践活动，包括开学礼、党史学习课程、爱国教育课程、劳动教育课程、生存技能课程等。

（四）一体联动，实现大中小学贯通式培养

拔尖创新人才早发现一定要比晚发现要好、早培养一定要比晚培养要好、各学段的系统培养一定要比“各自为政”好。系统的培养是一个长期性、复杂性的问题，一定要在体制机制方面统一谋划、协同进行。横向来看，家庭、学校、社会三要素缺一不可；纵向来看，构建小学、初中、高中、大学/科研院所培养共同体，对于拔尖创新人才的可持续健康发展至关重要——共同体基于共同愿景、协定培养方案、共享学术资源。

体育方面，毕业于清华附中的学生在 2020 年东京奥运会上摘得四块金牌，这得益于 1986 年即成立的清华附中“马约翰班”（简称“马班”）。“马班”初一、高一面向全国选拔好苗子，主招田径、篮球、射击、足球等项目，单独分班，并与清华大学、清华附小进行联合贯通培养，集中强大师资针对个人天赋特长培养体育拔尖人才。数学方面，2021 年全国首批五个“丘成桐少年班”成立，丘成桐院士定期与各试点学校直接进行交流座谈，了解需求、解决疑难，并及时给予指导，包括推荐书目、审核课程设置等。此外，深圳中学依托清华大学（朱邦芬院士工作站、基础学科拔尖创新人才大学中学衔接培养基地、丘成桐少年班）、北京大学（天文创新实验室、数学后备人才培养基地、博雅人才共育基地）、深圳大学（乒乓球联合培养）等优质高校资源，力争在基础教育阶段建构一个符合人才成长规律，并与高等教育接轨的完整教育链。

（五）君子不器，立足成人成才的发展目标

先做人，后做事；先成人，后成才。确立成人成才的培养目标，是拔尖创新人才培养最重要，也是最常被忽视的一个方面。教育一定是为未来培养人的，好奇心与想象力、科学精神与人文情怀、大胆质疑与批判性思维、坚毅执着与锲而不舍、科学推理与合情推理、提出问题与解决问题、时间管理与科学规划、团队协作与领导能力等，是未来人才所应具备的主要素养。例如，我们急需培养数学、物理等基础学科的尖端人才，但并不代表要忽视人文学科的重要性。相反，越是顶尖的科学家，越是人文与科学并重；他们时刻心怀“国之大者”，为国分忧、为国解难、为国尽责，为人类做贡献。

德才兼备，方堪重任。我们培养的拔尖创新人才不仅是天资聪颖，更要具备良好的学习习惯和生活习惯；不仅是智商过人，更要拥有强健的体格和健康的心态；不仅是专长突出，更要有社会责任感和家国情怀。丘成桐先生说：“今天我们教学生，要从娃娃抓起，为什么？为的是基本功必须从他们开始，不单单是学问，也要注意训练他们的态度，做人的态度和做学问的态度。要能够自律，要不怕挑战，要培养高尚的感情。情动于中，方能成就大学问！”

知识就是力量，人才就是未来。习近平总书记指出：“综合国力竞争说到底是人才竞争。人才是衡量一个国家综合国力的重要指标。国家发展靠人才，民族振兴靠人才。我们必须增强忧患意识，更加重视人才自主培养，加快建立人才资源竞争优势。”[①] 我们应以更大的努力和劲头，建立健全大中小学贯通培养拔尖创新人才体制机制，全面优化创新人才早期培养生态，培养具有原始创新能力和颠覆式创新能力的杰出人才，为人民谋幸福，为国家谋复兴。

——本文刊发于《创新人才教育》2022 年 8 月第 4 期

① 习近平．深入实施新时代人才强国战略 加快建设世界重要人才中心和创新高地．求是，2021（24）．

为学生搭建多元发展立交桥，让每个孩子都有出彩机会
——在国际物理、化学奥林匹克金牌选手经验交流座谈会上的致辞

尊敬的各位老师、各位家长、各位媒体朋友，亲爱的同学们：

大家上午好！

从一开始得知杨天骅、薛泽洋、聂翊宸三位同学获得金牌的消息到现在，我一遍遍地看着他们手持国旗，充满自信地站在国际颁奖台上的照片，心情久久不能平静。一年三枚国际奥赛金牌——这在广东省历史上从未有过，三位同学不负众望，拔得头筹，为国争光，学校为你们感到骄傲！

筚路蓝缕启山林，栉风沐雨砥砺行。深圳中学今天所取得的荣誉，是建校七十余年历史积淀和一代代深中人前赴后继共同努力的成果，是学校一直以来支持学生多元发展水到渠成的收获。同时，三位同学的成长离不开父母的陪伴和付出，离不开教练的尽心培养，离不开所有相关老师的鼎力支持。在此，我要对大家的辛苦付出表示真挚的感谢。

基础教育对拔尖创新人才的培养至关重要。中小学是人才成长的起点，是一个人品格、思维、习惯形成的关键时期。深圳中学一直以来积极探索培养拔尖人才的机制和模式，发现、孕育并系统培养人才苗子，努力建构一个符合人才成长规律，并与高等教育接轨的完整教育链。

经过多年努力，深中数学、物理、化学三科竞赛已居全国前列，生物学、信息学竞赛近年来也实现新突破。截至目前，深中学子共获得 14 枚国际数学、物理、化学奥林匹克金牌，3 枚亚洲物理奥林匹克金牌；近十年（2009—2018 年）共获得 8 枚国际数学、物理、化学奥林匹克金牌；2018 年，周楷文在全国信息学奥林匹克决赛中获得深圳市首枚金牌。

这些成绩的取得并非一朝一夕，而是来自科学系统的设计、脚踏实地的落实和日积月累的坚持与探索。学校专门成立竞赛指导中心，从政策、机制、课程、队伍、资金和技术等方面系统规划、全面统筹，为人才培养提供制度保障；在落实国家基础课程标准的前提下，根据学生的年龄和学习需求，在初高中开设针对性、特色化课程，满足学生个性化需求；搭建高端学术活动平台，让学生在国际比较中迎接挑战；打造高水平的师资队伍，为学生卓越发展保驾护航；拓展创新教育平台，持续丰富优质学习资源；邀请海内外知名学者讲学，开拓师生的学术视野；实行全员德育管理模式，培养学生健全人格。

深中会继续完善资优生甄别和培养体系、完善相关软件硬件系统，努力形成具有深中特色的拔尖创新人才培养教育品牌，打造世界一流的“资优学生孵化器”。

借这个机会，我还想说的一点是，此次杨天骅、薛泽洋、聂翊宸为国争光，可喜可贺；但是深中学生的成才路径绝不止于竞赛，三位同学是深中七十余年培养的近四万名优秀学子的代表。学校一直以来努力营造“人人皆可成才、人人尽展其才”的良好环境，遵照“学校按需施教、学生按需选学”的课程观，以标准、实验、荣誉三大课程体系为支柱，为学生搭建多元发展立交桥，为每个人提供适合的教育，让每个人都有出彩的机会、拥有更广阔的人生。

常言道：“孩子是祖国的花朵”“十年树木，百年树人”。我们无法用一个标准评判所有花朵的美丽，因为每一个孩子都有一张天使般的脸庞；我们无法用一把尺子限定所有树木的成长，因为每棵树必将勾画出自己的年轮，正如每一个孩子都有自己的成长轨迹。

总而言之，我们要切实根据学生的需要和特长设计教育模式。我一直不赞成把“木桶理论”简单地类比到人的身上，这样的比喻只是一个猜想，而不是科学的命题；我们生活中很多“最短的板”并不是一个人生存所必需，因此没必要花费本来就有限的时间统统补起来。现代社会非常需要我们在兼顾学生综合素养的前提下，争取把“长板”做长，这样他们未来自然而然会在擅长的领域中脱颖而出，从而最终有所成就。

“虽比高飞雁，犹未及青云。”2018 年 3 月，习近平总书记在广东代表团审议时强调，“发展是第一要务，人才是第一资源，创新是第一动力”。深圳中学今后一定会在市委市政府对教育事业的高度重视下，在市教育局的正确领导下，不忘初心、继续前进，创新工作思路，办好人民满意的教育，为深圳乃至全国发展提供更多优质的人才资源，在新时代续写新篇章。

谢谢大家！

2018 年 8 月 3 日

上善之教若水

——在国际数学奥林匹克金牌选手经验交流座谈会上的致辞

尊敬的梁贯成主席，尊敬的各位领导、各位老师、各位媒体朋友，亲爱的同学们：

大家下午好！

念念不忘，必有回响。时隔七年，冯晨旭和彭也博同学在今年第62届国际数学奥林匹克（IMO）中，为深中IMO金牌榜再添两枚金牌。国际数学奥林匹克是全世界最高水平的中学生学术活动，继2009年作为第50届IMO中国国家队领队，我再一次从最近的距离，以倍加激动的心情，见证IMO中国国家队队员载誉而归。两位同学凭借自己的真才实学为深圳争得荣誉，为国家赢得荣光，你们是深中的荣耀，你们是深圳的骄傲，你们是国人的自豪！

自强不息，奋斗不止。2018年，深中就曾开广东省之先河，一年获三枚国际学科奥林匹克金牌。三年时间，五枚金牌，而且涵盖数学、物理、化学三个学科，这在广东省是首次，在全国都实属难得。成绩的取得，非一朝一夕之功，这其中有三个因素非常关键。

第一是理念。2017年，深中提出“建设中国特色世界一流高中”的办学定位，致力于“培养具有中华底蕴和国际视野的拔尖创新人才”。落脚点定在“拔尖创新人才”，是深中基于对国家急需大批顶尖人才来突破发展瓶颈形势的考虑，敢于担当、主动作为，首次将“培养拔尖创新人才”提到了学校发展战略的至高地位。一所有远见的学校，不仅要看到教育的过去和现在，更要预见教育的未来。近几年，国家各项政策的出台印证了深中办学定位和培养目标的前瞻性和适切性：不论是今年全国两会，还是全国人大通过的《中华人民共和国国民经济和社会发展第十四个五年规划和2035年远景目标纲要》，基础学科拔尖人才的培养都是教育领域热议的话题。

培养拔尖创新人才，一定要从小抓起、从娃娃抓起、从基础教育抓起，正如习近平总书记2020年9月11日在科学家座谈会上强调的：“对科学兴趣的引导和培养要从娃娃抓起，使他们更多了解科学知识，掌握科学方法，形成一大批具备科学家潜质的青少年群体。”

第二是制度。1978年3月，邓小平同志在全国科学大会开幕式上提出，“必须打破常规，去发现、选拔和培养杰出的人才”。给予好苗子一个特殊的、适合的成长机会至关重要，基于这样的考虑，深中不断完善拔尖人才的识别培养以及科创教育的实践运行机制。1993 年，组织创办初中超常教育实验班，致力于发现、培养有潜力的资优儿童。2017 年，与华为合作设立“深圳中学-华为特殊人才奖”，在初高中阶段发掘在基础科学领域有特殊专长的天才、偏才、怪才，彭也博同学就是在此机制中获得发现和培养的。2019 年，开办高中博雅班，以文史方向为重点实施文理融合、广博而有深度的培养模式。2020 年，开办华为-深中高中数理实验班（市班/省班）。

培养拔尖创新人才，不能囿于一时、不能囿于一地，要与时俱进、要“开门办学”。截至目前，深中已与华为、腾讯、大疆等国内顶尖企业和清华、北大等著名大学共建 19 个创新体验中心和创新实验室，下一步会在现有基础上，对创新体验中心和创新实验室课程进行完善和提升，并邀请更多海内外知名学者进校指导，让学生从小在心中埋下科学的种子，并立志成为科学家。

第三是师资。拔尖创新人才培养的关键是，在一个开放包容的环境里，优秀的老师和优秀的学生从物理接触进入化学反应，互相激发、共同成长。目前，深中教师队伍中，博士教师 80 余人，北大、清华毕业的教师 100 余人，哈佛大学、麻省理工学院、牛津大学、剑桥大学等海外顶尖名校毕业的教师 50 余人；不仅如此，深中拥有一支全国最优秀的竞赛教练队伍，例如今年的金牌教练王坤老师获 2000 年 CMO 金牌并入选国家集训队，金春来老师获 1999 年 CMO 银牌，吴边老师获 2007 年 CMO 银牌——这三位是深中数学竞赛教练组的教师代表；我们物理、化学、生物、信息、天文等竞赛教练组的老师也都非常优秀，他们大多拥有非凡的竞赛经历，或毕业于清华、北大，或是从北京等地的名校慕名而来，究其原因，除了深圳这座城市的魅力，还有一个重要的因素，就是深中拥有全中国最优秀的学生群体和先进的校园文化，“得天下英才而教之”是每一位追求卓越的教育者孜孜以求的目标。

一校之大，不在大楼，而在大师。深中不仅吸引到全国各地的高端人才，乃至世界名校的博士、硕士来任教，而且受到越来越多初中毕业生的青睐——深中的中考录取分数线自 2018 年以来连续四年稳居全市第一。究其根本，很大程度就是因为深中近几年高度重视并不断加强师资队伍的建设。我常说：“只要我们有好老师，好学生就一定会到深中来，好老师和好学生相互吸引、相互成就，这是一个良性循环。”最好的老师就会吸引到最好的学生，同时也会助力“最好学生”实现更优发展；最好的学生继而会吸引到更多最好的老师，同时也会给“最好老师”的素质提出更高的要求——能够将本身已具备的学术形态较快转换为教学形态就是非常关键的一个环节。例如，深中教师为学生开设的选修课有 300 余门，专业性强、涵盖面广，其中别具代表性的是以博士教师为主讲人的《深中博士讲堂》，讲座主题涉及数学、物理学、化学、生物学、语言学、医学、历史学等学科最前沿的科研领域，例如谭金旺博士讲授的《从坎巴拉到特斯拉——计算物理学的广泛应用》、罗天挚博士讲授的《化学之美》、范文嘉博士讲授的《自然语言处理》等。每周四下午，只要我有时间，就会去现场聆听学习，每一次听完都心潮澎湃，为他们深入浅出、生动活泼的讲解所震撼，为学生在高中阶段就能及时了解到科学最前沿的思想和方法而感到高兴。对于学生而言，博士讲堂的主讲人都是自己班级上的任课老师，这在无形之中就拉进他们与科学的距离，而且每周都能受到这样近距离、高品质学术盛宴的熏陶，学生不仅会在知识上获益匪浅，更重要的是，他们也许就借这样的机会发现了自己热爱的领域，并有可能在未来将其发展成为自己一生追求的志业，甚至成为这个专业领域的科学家。

以上三点是深中在拔尖创新人才培养方面的一些工作举要，此外，我们在发展的过程中也遇到一些难题和瓶颈——深中一直希望建构一个初、高中两部接轨的完整教育链，因为人才苗子的发现和培育一定是越早越好，例如今年清华大学发布的“丘成桐数学科学领军人才培养计划”就已经把招生对象放宽至初三年级。深中一直建议并呼吁：学生天资各异、各有所长，因材施教是中华民族千锤百炼的教育思想，因此，实事求是、不拘一格、摒弃“一刀切”，因材施教、尊重教育规律、增加课程弹性和多样性，是形成培养拔尖创新人才良好生态的必由之路。

最后，和大家分享一则喜讯：截至目前，2021届深中学子共有41人被清华、北大录取，全省第一。从1959年张月林成为考取清华的深中第一人，到1997年深中学子韩嘉睿获得深中第一枚国际奥林匹克金牌，再到近年来每年数十人考取清华、北大，70多年来，一届届深中学子始终坚持“追求卓越，敢为人先”的深中精神，闯难关、夺佳绩、创历史。深中取得这样的成绩，不是“唯分数”、不是“专注应试”的结果，而是“尚自然”、水到渠成的收获。上善之教若水，水善利万物而不争——深中为学生搭建多元发展立交桥，尊重天性，张弛有度，主动留白，不搞题海战术，不争一时长短，鼓励每位学生自由发展、充分发展、全面发展。在科学民主、开放自由、多元包容的文化氛围中，深中学子拥有多元的成就自我的道路，高考、竞赛、出国等方向均成绩卓著、表现亮眼。

“大美其美，美美与共。”让每个学生都有出彩的机会，把学生输送到理想的大学，是深中对学生、对家庭、对深圳、对国家义不容辞的责任与担当。“初心不改，使命不怠。”加快建成中国特色世界一流高中，为2025年深圳建成现代化国际化创新型城市提供有力的教育支撑，为中国特色社会主义事业培养更多合格建设者和可靠接班人，为国家能培养出更多院士、菲尔兹奖、诺贝尔奖获得者等世界顶尖人才添砖加瓦，深中任重道远，未来定会再创新辉煌。

谢谢大家！

2021年7月27日

讲好“实践育人”这一课
——深圳中学综合实践课程机制和教学体系

广东省深圳中学自2001年教育部颁布《基础教育课程改革纲要（试行）》后，积极尝试课程改革，成为国内首批开设综合实践活动课程的学校之一。经过十多年的课程探索和发展，目前已培养了一支专业的教师队伍，形成了一套以“研究性学习”“社会实践”“社区服务”课程为实施基础，以“小课题探究”和“创新挑战赛事”为提升平台，集系统性、主体性、实践性、整合性和教育性为一体的深圳中学综合实践课程机制和教学体系。

一、系统性：重视课程整体建设

系统的课程建设是综合实践活动课程顺利实施的前提。深圳中学的办学定位为“建设中国特色世界一流高中”，致力于培养具有中华底蕴和国际视野的拔尖创新人才。学校根据学生培养目标对所有课程进行本校化处理，除基础学术课程，还特别设立由认知技能、自我成长、文化审美、体育健康、实践服务、研究创造六个课程群构成的深中文凭课程。

在搭建课程框架的过程中，学校通过把综合实践活动纳入整个学校课程体系的方式，确立了综合实践活动课程的地位和机制；在课程实施的过程中，学校全面落实《中小学综合实践活动课程指导纲要》提出的“价值体认、责任担当、问题解决、创意物化”四项具体目标，积极构建综合实践活动课程体系，对不同学段的学习内容和所修学分等进行了详细规划（如表1所示），并不断加强管理和指导，为综合实践活动课程的落实提供切实保障。

表1　深圳中学综合实践活动课程内容规划

课程	高一（上）	高一（下）	高二（上）	高二（下）
研究性学习（15学分）	课题研究方法的学习	以小组合作方式进行课题研究（5学分）	以小组合作方式进行课题研究（5学分）	以小组确定大课题、个人承担子课题的方式进行研究（5学分）
社会实践（6学分）	军训和入学教育一周（2学分）	“踏上井冈山热土”“长沙乡村主题实践”一周（2学分）	“走近大学”“职业体验”其他等一周（2学分）	
社区服务（2学分）	高一、高二期间完成不少于10个工作日或50个小时的社区服务（2学分）			

二、主体性：尊重学生自主选择

古罗马教育家普鲁塔克说过，“儿童的心灵不是一个需要填满的容器，而是一颗需要点燃的火种”。然而，在传统的学习模式中，教师是权威的传授者，学生是被动的接受者，学生的主动性被忽视，难以调动其主观能动性、产生有创造力的学习，学生身上的“火种”自然难以“点燃”。而当我们赋予他们充分的尊重和信任后，让学生处于学习的主体地位时，他们身上的主动性和创造力就会得到最大程度的激发。因此，我们在综合实践活动课程中倡导“以学生为中心”的理念，充分尊重学生的主体地位，我们相信有创造力的学习萌发于自主化的学习氛围。

“走近大学”是深圳中学在国内首创的社会实践项目。这个活动的目的是让学生通过实地走访自己心仪的目标高校，构建真实的个人生涯规划，从而更加有效地完成自我激励的学习过程。有别于其他学校的是，深圳中学的“走近大学”活动完全是由学生自主策划、自主实施。学生们首先要做的是根据个人的意愿进行组队，接下来组员间要一起协商他们的旅程方案，邀请带队教师、自行选择承接旅行社并与之协商具体的路线和费用。每年“社会实践周”期间，就会看到深圳中学的学生们或登上飞机、或坐上火车奔赴北京、上海、西安、武汉等地的高校校园去寻梦他们的理想学校。经过多年的发展，目前深圳中学“走近大学”的课程方案更加个性化，可以班级或社团活动的形式来开展，也可以由监护人带领个体独自完成，学生的足迹更是遍布海内外知名高校。

在研究性学习的课堂上，学校将传统的以教师为中心的“目标·达成·测试”的教学结构改变为以学生为中心的“主题·探究·表现”结构（如图 1 所示）。在选题阶段，教师并不会给学生指定课题，而是学生们根据自己的兴趣爱好，从自然、社会等学科的角度提出他们自己感兴趣且有价值的研究问题。在教学的过程中，学校始终把培养和提升学生的“自主性、探索性、创新性”作为课程的核心目标，注重培养学生发现问题、分析问题、解决问题的能力，学术阅读与写作能力、思维能力、创新能力和团队协作能力。

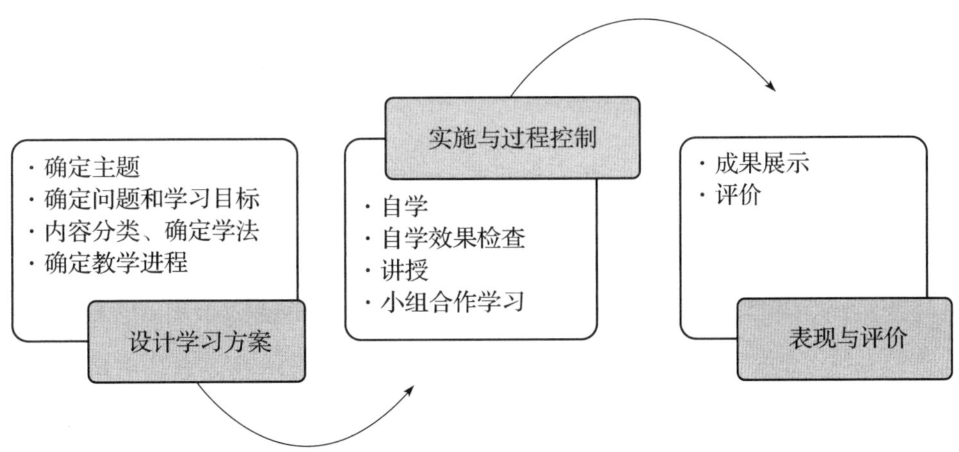

图 1　以学生为中心的“主题·探究·表现”结构

正是由于给予了学生充分的选择空间，他们的选题总会富有创意而且贴近他们的日常生活。例如，深圳中学作为一所有着 70 年历史的学校，其悠久历史所带来的丰富文化沉淀正是深中精神之所在。而这份精神有相当一部分是通过历届学长学姐与学弟学妹的交流互动来传承并创新的。学校有众多的学生社团、学生组织，在活动中学长学姐无形中对学弟学妹产生了深刻的影响，为此，学生就开展了一项学长制对低年级学生产生的影响及机制研究。需要特别强调的是，在研究过程中，设计、执行、反馈的主体都是学生，当他们的主动性凸显后，教师的角色也发生了变化，由过去高高在上的传授者变成了学习过程中的指导者、协助者和陪伴者，教师所做的工作也只是必要的方法论指导和专业知识指导。

此外，为了尊重学生的主体性，学校对研究性学习的评价采用自评和他评相结合的方式，并且关注学生在活动过程中的整体表现。自评环节充分调动学生的参与性以及引导他们对课程的再思考，他评环节通过教师评价更多地去引领规范及课程进度的推动。评价的具体细则如表 2 所示。

表 2　研究性学习评价细则

内容	所占百分比	评价者
开题评价	20%	学生评价
过程评价	30%	老师评价
成果评价	20%	学生评价
论文评价	20%	老师评价
个人贡献评价	10%	小组内部互评

三、实践性：补齐实践育人短板

长期以来，我国中小学的学习地点囿于教室，学生主要通过教师的教授获取知识，知识的获取途径是从“头脑-头脑”的模式，这是一种纯理性的认知模式。党的教育方针明确要求，坚持教育与生产劳动、社会实践相结合；党的十九大提出全面推进素质教育。那么，究竟该如何讲好“实践育人”这一课？如何破解我国中小学教育“文化基础扎实，而创新实践能力偏弱”的难题？我们倡导“以生活为课堂”的理念，在具体的生活情境中，学生有了明确的、鲜活的体验和感知，学生从中所提炼的知识就会变得丰盈而有温度。

有温度的知识根植于情境式的学习模式。“井冈山——乡村文化主题实践活动”和“长沙——历史文化主题实践活动”是学校两个具有代表性的游学项目。在实践活动中，我们要求学生要在考察当地风土人情的基础上，自选主题完成相应的探究活动。

学校从 2007 年开始策划实施“井冈山——乡村文化主题实践活动”，该活动分为两部分：体验农村生活和了解革命历史。学生通过体验农村生活，学会尊重自然并表达对他人的关爱。学生在活动中入住农家，体验 48 小时的农家生活，与当地居民同吃、同住、同劳动，做农家饭、干农活。学生在当地开展农村调查，了解老区农民的经济状况、医疗卫生和教育情况，还有的同学从植物性状、地图测绘的角度开展研究。在开设这门课程之前，对于大多数在都市长大的孩子而言，乡村只是一个遥远而陌生的词汇。当这批对农村生活毫无认识的孩子身处井冈山的广袤土地中，在与当地农民同吃同住同劳动时，他们开始了解真实的乡村生活，从而促使他们思考乡村生活的实质含义。在学生提交的“研学”调研报告中，有学生因为看到了农村墙壁上大量的标语而去琢磨“标语所体现的时代特征”，有学生因为看到当地多子女家庭而去进一步关注“二孩政策”在当地的推进情况，也有学生开始好奇“农村基层民主建设”“基层医疗现状”等社会问题。其中影响力最大的一个主题活动是在学生提议下，深圳中学为井冈山当地留守儿童献爱心的“手拉手”关爱活动。

“长沙——历史文化主题实践活动”是深圳中学另一个运行成熟的游学项目。在这个活动中，设置了韶山毛泽东铜像广场参观的环节。曾有同学在参观广场过程中表示非常震惊，因为他看到了从各地涌来的人群，其中不乏白发苍苍的老人，他挪动着蹒跚的步伐对毛主席行跪拜之礼。“从来没有想过还有这么多人来这纪念毛主席”“年纪这么大了还跪拜一定是有什么特殊的情感”。在强烈的认知冲突的驱使下，他和同学们就在现场开展了一项跨年龄层的社会调研。正是在一位位真实述说者的描述中，他萌生了进一步了解毛泽东其人和其领导的革命史的想法。“这些念头平时在学校是肯定不会有的，我们离那个年代太久远了，而且教育我们的那些套路太生硬，没有好感。”

四、整合性：融合多元学科知识

综合实践学科的学习内容广泛而丰富。无论是在研究性学习中的课题研究里还是在社会实践活动开展中，学习过程里所涉及的内容通常是跨学科、跨领域的，这与传统的学科截然不同，因而对于学生、教师的整体性思维和整合性意识都提出了很高的要求。

为了优化学习过程，深化学习内容，深圳中学一直在以“综合实践”课程为平台，推动校内各学科组共同参与。比如，在井冈山的活动中，政治老师介绍“基层民主-选举制度”、历史老师讲解“中国革命史”、生物老师引导学生探究“井冈山生物种类与习性”、地理老师和学生一起“夜观星象”。在推进校内学科合作的同时，我们也在积极引入社会资源，建立校外导师制度、尝试同多个机构和单位开展合作办学模式。“城市观察与研究”和“社会认知”就是其中开发较成熟的两个课程。在刚过去的2017年的最后两天，我们就把“城市观察与研究”的课堂“搬”到了“深港城市\建筑双城双年展”，邀请展会布展人在位于深圳南头古城的展区给我们的学生上课。

五、教育性：回归立德树人本质

综合实践活动课程与各学段的学科课程一起，共同承担着“立德树人”的根本任务，这是课程教育性的本质体现，也是综合实践活动课程的出发点和最终落脚点。学生在综合实践活动课程中学到的不仅是知识，培养的也不限于认知能力，更重要的是，这是一门人格塑造的课程，培养了学生的非认知能力，这也是更为高级的能力。

在进行研究性学习的过程中，纷繁复杂的社会环境为学生的课题选择提供了很多启发，学生们通过敏锐的观察力捕捉社会热点，发现社会问题；学生在“做”的过程中不断开阔视野、锻炼品性，增强了社会责任感和主人翁意识，并尝试针对各种社会问题献言献策。正如毛泽东曾在《讲堂录》中所说，“闭门求学，其所学无用，欲从天下国家万事万物而学之，则汗漫九垓，遍游四宇尚已”。2017 年，学校有 27 个学生小课题获得深圳市教科院立项，其中有的项目是关注校园生活的，如“教室与教师办公室距离如何影响学生去办公室的积极性”“手机对学习效率的影响”；有的关注时事热点、社会民生，如“公众对地铁设置女士优先车厢的态度的研究”“网络直播平台对高中生的吸引点”“深港跨境学童的身份认同研究”；也有学科领域的探讨，如“拐角楼梯中的最优化问题”“家庭自制发酵乳饮品的困境及其解决方法的探究”等。在对“女士优先车厢”的研究中，学生们通过调查研究后发现，专设“女士优先车厢”的出发点的确是体现了保护和尊重女性的理念，但同时也会造成公众对“性别平等”的呼吁以及针对公共资源浪费的质疑。此外，在社区服务课程中，我们鼓励学生走入社区、走进社会，在高一、高二期间完成不少于 10 个工作日或 50 个小时的志愿服务。学生在帮助他人、服务社会的过程中，不仅传递了爱心，而且收获了文明，用自己的点滴奉献见证了自己的成长和社会的和谐与进步。

综合实践活动课程的意义在何处？它终要回归立德树人的本质。“纸上得来终觉浅，绝知此事要躬行。”教育家陶行知用他的名字阐明了教育的旨趣所在——行知，即在行动中探索，在实践中获得真知。脱离了真实生活和具体情境的知识显得冰冷且没有生机，而我们的综合实践活动课程是一种真正意义上的“有温度的课程”，是一种真正能够融入孩子生命的教育方式；它突破了传统的固定学习场景和学习方式的限制，让知识从“头脑”到“头脑”的模式演变为从“实践”到“头脑”；通过孩子的“做中学”，引导他们在体验中把教育要求内化为品质，外化为行为，从而真正实现知行合一的教育目标。

——本文刊发于《人民教育》2018 年第 3－4 期

生涯指导：走好兴趣与职业平衡木

近年来，在新高考指挥棒效应下，学生发展指导与职业生涯教育成为高中教育新热点。当多数高中学校对于如何开展生涯教育迷茫时，我所在的深圳中学已在此“海域”航行良久。

学校在 2004 年率先实行选课走班制，要求学生在丰富的课程与校园文化活动中，选择适合自身的内容，实现个人发展。这就要求学生需要具有主动选择的意识与准备，以及生涯规划的意识与能力。为在学生自主发展的过程中实现专业化引导，学校成立了学生辅导中心，共设有 8 个生涯辅导教师专职岗位。

经过十余年的探索与实践，学校逐步完善了创新性、引领性、专业性、规范性兼具的生涯规划教育模式，并在“教育需要策划，成长需要规划”理念指导下，构建了校本特色突出的立体化生涯规划课程，主要包括生涯必修课程、生涯选修课程、生涯体验课程、生涯实践课程、生涯成长小组课程。在此过程中，学校研发设计并完善体系完整的生涯规划校本教材。在新高考背景下，学校将生涯规划教育置顶。

学校围绕生涯教育这根主线，不断跟踪、追访学生成长历程，根据他们进入社会、进入职场后对高中阶段接受的生涯教育反馈，不断修正学校生涯教育模式。在试错与摸索中，学校对生涯教育形成了自身独特的思考。

顶层设计，动员多元教育角色。

当前，不少学校的生涯教育主要由心理教师来推动，采用开设一门课程的单一模式，着力点局限于学生兴趣爱好探索、如何选课选科、如何选择大学专业等方面，过于依赖测评工具，将生涯规划窄化为职业生涯规划。

高中阶段学生处于生涯探索期，生涯规划的重要价值在于给学生提供有效解决问题的方法、多元发展平台，让学生有能力在不同发展阶段都有整合自己的机会，成为自己最想成为的人。因此，高中阶段生涯规划教育的重点，在于引导学生探索一个能提升自我肯定水平和达成自我实现的生涯目标，引领其生涯发展方向，促使其学会规划具体的行动方案，以帮助其逐步达成理想生涯目标。

要实现这一目标，就需要学校对生涯教育进行顶层设计，让身处这个教育系统中的每一个教育者基于自身的岗位职责，从生涯规划的角度为学生的发展提供支持。

以我校为例，学校在 2014 年启动推进学生综合素养评价的过程中，将生涯教育置于学校教育设计的顶层，用以引领和整合各项学生活动。学校搭建的综合素养评价系统，结合质性评价与量化评价，学生档案不仅有学业报告，还有学生成长记录。学生的人生规划、成长经历、师友印象及代表作品都是对其进行评价和描述的有效参照，学业报告与成长记录是学生成长最有说服力的“报告单”。

系统的生涯规划，应包括觉知与承诺、自我认识、社会资讯、目标与计划、选择与行动以及行动与修正六部分，学校立足于此系统，为班主任、导师、学生辅导中心、学生社团、信息技术科组、校友会、图书馆等角色安排相应的岗位任务，以此提升学生执行力。

家校合力，重视家庭教育影响。

父母角色榜样，是年轻一代职业选择的重要途径。在幼年时，父母给孩子提供玩具、培养孩子兴趣爱好、鼓励孩子参与活动以及家庭生活经历等，都是父母影响孩子将来兴趣与职业活动的方式。

然而，父母有时会通过强制、命令或是限制的方式影响孩子的职业选择。之所以如此，或是因为父母对自身职业满意度高，或是想让孩子从事自己当年的理想职业，过上幸福的生活。但青少年敏锐地意识到父母的意图后，他们的重点往往放在如何摆脱父母控制，而非客观辨析信息。因此，在生涯教育时，学校需要承担重要的协调者角色，让父母以职场专业人士的角色，通过一起合作的方式，面向学生群体进行分享，更容易做到客观、专业及全面，青少年也容易放下对父母的防御心态，更能接受分享者的信息及经验。

2016 年，学校充分利用家长资源，通过自愿报名的方式，开展了“百名家长职业故事进校园”的分享活动，每年都会有百余位家长进入学校分享他们的职业故事。分享活动结束后，学校在这些家长中遴选出数位客座教师，参与学校选修课程的教学工作。家长走进课堂，讲解职场信息、职场经验，重点分享自己在职业生涯每一次选择时的思考，以及战胜困难和挑战的经验。这样的活动及课程，既启蒙了学生的生涯规划意识，也让家长进一步了解学生整体情况，促进亲子之间的相互理解，打造健康的亲子关系，成为学生生涯规划的助力者。

深度合作，整合校内外优质资源。

在高中阶段生涯教育中，职业生涯规划是一大重点，学校应提升学生对于大学、专业和职业的认知。

目前，无论是高校还是高中学校，都已经意识到让高中生提前了解大学、专业信息的重要性，因此会利用多元的渠道促进相关信息的输入，如走进大学的游学项目、参访企业等。但如何帮助学生建立与自己真实学业生活的链接，并把自己的兴趣爱好转化为内在学习动力，是职业生涯教育需要重点思考的问题。

学校生涯教育多年来高度重视校外资源的引入，包括家长、校友、校外导师、大学、企业机构等不同的实施主体，以请进来、走出去的方式为学生提供丰富多元的活动，让学生有接触不同的任务和职业榜样的机会。通过不同角色职场人士的分享、示范以及岗位体验活动，帮助学生进一步清晰自我认识，丰富社会认知，探索、形成、发展、确定自己的兴趣。同时，这些资源在引入后，学校都会进行系统的设计和实施，以深度合作的方式，力求在学生生涯规划意识及能力培养上发挥真正的实效。

以与大学和企业深度合作为例，深中与腾讯、华为、大疆、科大讯飞等知名企业共建 11 所创新体验中心；与中国科学技术大学、香港中文大学（深圳）、深圳大学、加拿大阿尔伯塔大学等高校共建 4 个创新实验室，共同开发了以“项目式学习（Project-Based Learning，PBL）”为主要模式，以工程和技术为核心，结合信息技术、数学、物理、生物、化学、政治等学科的校本系列 STEAM 课程——3D 设计与打印、建筑创客、走进核电站、Arduino 应用设计、多轴飞行器应用、智能机器人等。实验室建设与课程建设深度融合，不仅促使学生主动进行创造性探究，同时也深度链接学科学习与专业、职业的关系，这对帮助学生逐步形成更稳定的职业兴趣和更坚定的职业理想，具有相当深远的意义。

学校 2010 届毕业生叶千源，如今已在世界知名投资公司任投资经理，他曾在接受媒体采访时说：“通过深中生涯规划课程的学习，我开始清晰对自己的认识，我会去思考一些问题——我是一个什么样的人？我想过一种什么样的生活？我喜欢从事什么职业？我该如何规划我的教育生涯？我该如何发展我的兴趣？”这些问题，正是学校一直以来生涯教育的主题，也是受到过生涯教育的学生所需回答的问题。

如何认识生涯教育？如何平衡学生兴趣爱好与职业发展的关系？如何让生涯教育为学生的终身发展导航？这应是每一名教育管理者在实践与探索中所需回答的问题。

——本文刊发于《中国教育报》2018 年 12 月 12 日 05 版

4-7

大德为先，大美至美：拔尖创新人才培养的德育探索

为了回答“培养什么人、怎样培养人、为谁培养人”这一教育发展的根本问题，广东省深圳中学在建校 70 周年之际，提出了“建设中国特色世界一流高中”的办学定位和“培养具有中华底蕴和国际视野的拔尖创新人才”的培养目标。育人之本，在于立德铸魂。围绕学校的办学定位和培养目标，深圳中学始终坚持把青少年精神文明建设放在学校工作的顶层设计中，秉承“价值引领、尊重个性、主动发展、多元融合、追求卓越”的育人理念，不断建立健全德育工作的组织架构，努力践行“大美至美”的德育观，坚持理论与实践相结合的知行合一路径，逐渐开发和完善了以实践活动为基础，以核心素养教育为主线的课程体系、活动体系和评价体系，构建了高品质学校的现代德育体系。

一、重视德育的思政性：立德树人，优先价值引领

“弘扬爱国精神，涵养家国情怀”是深圳中学德育实践的重要主题。无论是通过开展主题集会、主题班会等形式实现课程育人，还是通过组织开展丰富多彩的校内外活动实现活动育人，学校始终注重对学生进行价值引领，从而将立德树人落在实处。

（一）让活动“入心”，在真实场景中激发学生家国情怀

脱离具体情境的教育，往往是低效甚至无效的。我们通过多种方式，让学生身临其境，在事件发生的“现场”，去真实了解和感受中华民族和革命先烈的艰辛与伟大。例如：自 2007 年以来，学校每年定期组织学生前往江西和湖南开展为期一周的社会实践活动。在井冈山的线路中，学校根据当地的历史、地理、教育等情况，设计了不同的体验项目，包括参观井冈山革命圣地、学习革命先烈的英雄事迹、参观革命烈士博物馆等，充分利用爱国主义教育基地开展革命传统教育。在湖南线路的社会实践活动中，学生参观毛泽东故居，了解伟人功绩，缅怀革命先烈；走进湖南省博物馆，感受中华民族历史文化的源远流长与博大精深。学校通过开展“红色历史教育”活动，引导学生深入了解中国革命史、中国共产党史、改革开放史和社会主义发展史，激励他们继承革命传统，传承红色基因。

（二）与学生共情，真诚分享师长自己的政治理解

现在的青少年，尤其是这一代越来越有自己的独立思考的青少年，不只要看前人和“外人”如何做，更愿意关注身边人的想法和行为。作为校长的我，更愿意借助各种场合与学生交流自己的真实想法。例如：2019 年，在学校庆祝新中国成立 70 周年集会上，

我带领全校师生合唱《我和我的祖国》，并做了《使命在途，永葆初心》的主题演讲，寄语深圳中学的孩子们要“将饱满的爱国情怀注入振兴中华的民族使命中，勇于担当、敢于创新，成为具有家国情怀和世界眼光的建设者和接班人”。2020 年初，全国因新冠肺炎疫情推迟开学。在 2 月 10 日学校面向社会开放的首日线上直播教学中，我向全国师生分享了深圳中学德育第一课《中国脊梁，民族希望》，勉励中学生：“不畏艰难，敢为人先，成为未来中国的希望和脊梁。”我在直播课中勉励教师：“少年强则国强，我们每一位教育人要明确自己肩上的使命和担当，为祖国未来发展培养自己的国之栋梁。”

二、保证德育的开放性：各美其美，构建丰富课程

在学校教育中，德育不是独立存在的，而是学校整体教学的有机组成部分。深圳中学通过构建多元的课程体系，实施以学生为中心的教学结构，以全方位学科渗透的方式开展德育，潜移默化地培养学生良好的心理素质和健全的人格。

（一）开展研究性学习，在社会参与中培养学生社会责任感

在课程建设上，学校坚持以“按需选学”作为课程实施的基本原则，开设了涵盖三大板块、28 个课程群的 360 多门校本选修课程，为学生搭建多元发展的立交桥。其中，研究性学习是“社会参与”板块中重要的德育课程之一。该课程的实施不是以教师为中心的“目标·达成·测试”式教学结构，而是以学生为中心的“主题·探索·表现”式教学结构，以学生感兴趣且有价值的研究问题为依托，引导学生从自然、社会等角度关注社会现实，培养学生的社会责任感。

学生获得充分的选择空间后，他们的选题常常富有创意且贴近日常生活。例如：作为一个沿海城市，每当台风来袭，深圳的城市道路就会积水为患。由于缺乏有效且实时的道路积水信息，深圳市民的出行非常不便。对此，深圳中学学生采用问卷调查、实地考察、专家访谈、数学建模等多种研究方法，开展了一项“如何提升由强降水导致的道路积水内涝问题的预防与反应能力”的课题研究，在初步探明城市内涝预警系统存在的问题、了解市民对道路积水预警系统需求的基础上，研发了相应的微信小程序供市民使用。他们惊人的创造力和思维能力也获得了中国大智汇创新研究挑战赛（China Thinks Big，CTB）的高度认可。该项目的综合评分进入 CTB 2019—2020 年度全球排名前 5%。

（二）实施学科渗透，潜移默化滋养学生精神世界

学科渗透也是德育的重要方式之一。我们在语文、数学、历史、英语、政治等学科中融入德育元素，以“润物细无声”的方式，滋养学生的精神世界。例如：2019 年历史学科组设计了“吉金铸史”青铜冶炼与铸造实验课程。“国之大事，在祀与戎。”青铜器不仅是工具，更是礼仪、秩序的象征。青铜器的纹样与铭文，体现的是思想、艺术与文化；而青铜器的铸造则体现了古代的手工业技术。在整个课程活动中，历史文化问题、技术问题与科学问题交错其间。通过重现青铜器的冶炼、铸造过程，学生们体会到了中国文化的连续性和韧性，对古代历史文化有了更深刻的理解，也深刻意识到科学技术与

材料科学对人类文明进步的巨大作用。

三、尊重德育的主体性：美人之美，促进主动发展

在德育实施过程中，学生的主体地位应该得到充分的尊重和彰显，只有鼓励学生主动发展，学生的主观能动性和创造力才能够被充分激活。而且，校园中的同伴影响往往是广泛而深刻的，正如杜威所说：“教育的目的在于使人能够继续教育自己。”深圳中学非常重视同辈引领，以期使青少年在同伴影响中实现自我教育和影响他人。

（一）建立“学长团”，发挥同辈示范引领作用

学长团是深圳中学实践“同辈引领”最典型的代表。学校每年会在高二年级招募 60 名学生组成学长团，他们与低年级学生建立跨年级连接，为高一新生提供入学适应支持体系，在学生之间实现纵向的情感连接和生涯经验的传递。作为学校的文化名片之一，从“非常好，YES”到协助学校开展入学教育，从饱含鼓励的歌曲《夜空中最亮的星》到军训中充满慰问情怀的舞蹈《撑腰》，从生涯历奇到学生成长交流营，学长团承担了真实、重要的任务，始终践行着用爱导航的宗旨，传承了深圳中学学生文化很重要的一部分，并与之共同成长。深圳中学学生都以能够加入学长团为荣，以成为一名优秀的学长为成长动力，学长团真正发挥了同辈示范引领的作用。

（二）开设社团课，营造多样化校园文化

学生社团也是深圳中学践行尊重学生德育主体性的重要途径。学校目前有 135 个在校注册社团，其中高中社团 97 个、初中社团 38 个。为了推动社团发展，深圳中学特别设置了社团课，每个社团都有自己独特的课程和活动方式，它们为建设多样化的校园文化做出了卓越贡献。深圳中学的学生社团历经多年磨炼，不断向多元化、专业化的方向发展，许多优秀社团的影响力已不仅限于校内，在全国都享有较高声誉，如先锋中学生社团、模拟联合国社团、辩论社、ACES Studio 等社团。为鼓励学生社团更好地发挥积极作用，促进学生社团向着多层次、高水平、宽视野、专业化的方向健康发展，学校社团联盟理事会在校团委的指导下每年举办“十佳学生社团”评选活动。

（三）丰富校园活动，培养学生领导力、执行力、创造力

除了社团课程，学校还为学生搭建了丰富多彩的活动课程，这些活动课程也是德育的重要平台和途径，如体育嘉年华、戏剧节、校园十大歌手比赛、游园会、辩论赛、“校长杯”足球赛、“深中杯”篮球赛、羽毛球赛、乒乓球赛、社团招新大会、高雅艺术进校园等各类大型校园活动近 20 项。这些活动由教师和学生共同组织策划，学生们通过参加活动或者亲自策划活动，在具体而又真实的工作中，既展示了自我风采，也培养了领导力、执行力和创造力。

四、实现德育的超越性：美美与共，搭建多元平台

我们认为，有效的德育不能囿于一处和一法，而应将有利于德育工作开展的一切优

质资源进行融合，补齐实践育人的短板。

（一）引入多元主体，开展多维评价

德育的多元性，首先体现在德育评价的多元。在学校的评优评先活动中，除了班主任、学科教师的意见，校内外社团指导教师、宿舍生活管理员等也都会参与评价；利用青少年重视同伴评价的心理特点，引入朋辈学生评价维度；为保证家校沟通与合作，引入家长作为评价方，促进家长关注学生全面发展；学生本人评价也是评价结果的一个重要维度，能充分发挥学生的主观能动性，增强学生内在动机，促进学生对自己全面客观的认识。学生加入诸如学长团等校内组织，也都需要经过上述所有维度的评价才能获得面试资格。

（二）拓展多元途径，强化实践育人

德育的多元性还体现在德育途径的多元，其中公益活动是非常重要的一项。深圳中学学生以“锻炼自己，服务他人，奉献爱心，共同成长”为宗旨，举办并参与了许多公益活动，用实际行动回馈社会。例如：2011 年以来，深圳中学“义工联”联合深圳市儿童医院，每学期组织全体社员对深圳市特殊儿童进行一对一的教学，帮助特殊儿童快乐成长。学校支教社的学生每年寒假前往广东贫困县开展支教活动，与当地留守儿童同学习、共成长，在寒冷的冬季送出最温暖的爱与关怀。在每年 6 月的社会实践活动中，学生们会与江西省泰和县禾市中学开展手拉手活动。2019 年，学生们经过前期调研发现，禾市中学的课外图书十分匮乏。为此，学生处指导学生社团公益创变社发起了募捐图书的活动，面向校内学生和社会公众募集到总价约 1.5 万元的图书。这些活动进一步丰富了社会实践的内涵，传递了深圳中学学生的爱心与公益理念。

“生命教育周”也是深圳中学的一个特色德育项目。为了帮助青少年完成“建构自我同一性”的成长任务，学校通过开展“生命教育”提升青少年的生命意义感和价值感，引导学生积极汲取生活中的幸福元素，在与人和事的互动中感悟生命的多种可能性，从而更有勇气去拥抱未来多彩的生活。2011 年至今，学校已成功举办了九届生命教育周。例如：第八届生命教育周以“别忘了，‘心动’”为主题，启发学生在繁忙的学习和生活中停下脚步，去感受每一个“心动”时刻，去发掘生命中的更多可能。

浇花浇根，育人育心。青少年是国家未来发展的掌舵人，是民族振兴的护航手，其价值观的构建不仅影响着青少年自身的成长与发展，也关系着国家的前途和民族的命运。今后如何更好地开展德育工作，是我们每个教育者应不懈思考和审慎实践的命题。

——本文刊发于《中小学管理》2020 年 6 月刊

4-8

从时间管理入手推动“五项管理”落地

日前，国务院教育督导委员会办公室印发了《关于组织责任督学进行“五项管理”督导的通知》，通知指出，加强中小学生作业、睡眠、手机、读物、体质管理（以下简称“五项管理”），关系学生健康成长、全面发展，是深入推进立德树人的重大举措。

加强“五项管理”切口虽小，意义却深远。

首先，必须深刻认识到推进“五项管理”的整体性、系统性。作业、睡眠、手机、读物、体质看似独立，其内在有着紧密的相关性。它们互为因果，假设手机、睡眠管理不到位，作业、体质管理则无从谈起；如果作业、手机管理不到位，睡眠、体质也无法保证……

系统问题需要整体谋划、协调推进。具体到中小学校，推进“五项管理”落实落地，学校必须形成各部门之间统一部署、相互协作、互相联动的有效机制。例如，协同学生处、教学处、学生辅导中心、各科组等部门通过开设时间管理课程、制定学生手机管理制度、设计开展自我管理主题班会、定期调研及调整学生的作业量、优化宿舍管理等措施，合力保障学生能够学得好、睡得够、身体好。只有整体谋划、协同推进，才能将“五项管理”的育人价值最大限度地发挥出来。

其次，落实落地“五项管理”的突破口在时间管理。“五项管理”对中小学生的作业、睡眠、体质都有着严格的管理要求，其共同的制约因素在于时间。优化学生在校作息安排，促进在校时间结构性调整，提高时间利用效率，就能有效减轻学生负担，保证学生充足睡眠、体育锻炼、阅读。

对学生在校时间进行整体结构性调整，不同的学校可根据学校的实际情况有不同的尝试。有的学校可能会增加午睡时间保证睡眠，还有的学校可能会在零碎的时间上做整合，也有的学校会深入推进教育教学改革，通过作业改革、课堂教学质量提升来保证其他管理在时间上的落实。总的方向都是紧紧围绕如何促进学生健康成长、全面发展做文章。

同时，优化和协调时间管理，让“五项管理”真正落地要把握一个原则，那就是“张弛有度，主动留白”——这也是我任深圳中学校长以来在学校管理方面一以贯之的理念。

时间管理中的“留白”不是什么都不做，而是让学生自己选择做什么，这就要求我们为学生提供丰富的可选择空间。深圳中学的校本选修课有 360 余门、学生社团有 100 多个；每周四下午是学生的选修课时间，每周一至周三下午第 9 节课是学生社团活动时间——这些未被学校固定安排供学生自主选择的“留白”时间，达到了“以无胜有”的效果。学生在这些可自由支配的时间里，学会如何平衡社团与学业，如何更好地将保障睡眠与锻炼、阅读、考试相结合。

最后，推进“五项管理”落地的突破口虽然是时间管理，但时间管理的根本还是自我管理。学生在广阔的自我发展空间里管理的不是时间，而是自己。无论何种管理，协调、整合只是手段，而不断培养学生的自主学习能力、时间管理能力，促进学生自我教育、自我管理和自我完善，才是解决一系列教育难题的根本。

上学期，深圳中学的学生课题小组、环保协会与实践科组共同开发了一门“自我管理”校本课程，其中就包含“手机管理”模块，学生研究了每周手机使用总时长折线图并在研究基础上给出了手机管理的策略。通过主动参与来破解社会关切的教育难题，不仅有利于“五项管理”的落地，而且促进了学生自我教育、自主管理能力的形成。

——本文刊发于《人民教育》2021 年第 10 期

家庭是儿童的第一所学校
—— 深中家委会会刊创刊词

深圳中学家委会成立于 2016 年 6 月，三年的荏苒时光见证了家委会的快速发展与成长。很高兴看到会刊《深中夕拾》第一期的正式付梓，这是深中家委会不断走向成熟的又一里程碑。

家庭是儿童的第一所学校，父母是孩子的第一任老师，一个孩子的成长之路由父母全程参与。因此，孩子走进了校园并不代表脱离了家庭的影响和教育；相反，家庭教育和学校教育将就此产生十分紧密的联系。家校合作的目的和真正旨趣在于按照各自的内在要求和规则形成家校 1+1>2 的教育合力，在于更好地发挥家庭教育和学校教育各自不同的教育功能，在于共同承担孩子健康、快乐、幸福成长的责任，在于促进孩子自由发展、充分发展、全面发展。毋庸置疑，家庭和学校单一任何一方都很难完成对孩子优秀的教育和培养，孩子的健康成长和全面发展需要家校密切合作，需要整合双方的教育优势以形成合力共同完成，家委会就是家校进行密切合作的重要桥梁。

正如深中家长在本刊中提到的那样，“有别于其他家委会的监督员、服务队角色，我们更希望成为学校的合作者”。家庭教育和学校教育作为两种不同的教育形态，有着各自不同的教育职责、功能和价值。作为合作共同体的双方，家校之间是一种平等的合作关系，这也是深中家委会一直坚持的原则和底线。

深圳中学的学生是世界一流的，同时也拥有着世界一流的家长后援团。一直以来，家委会成员对深中各项工作的无条件支持和无私奉献让我非常感动。例如，以专业眼光和视角为学校膳食供应商的选择出谋划策，利用家长资源邀请国际知名人士、院士开展学生讲座，配合学校举办“百名家长职业活动进校园”活动等。

借此机会，我要特别感谢每一位家委会成员三年来对学校各项工作的大力支持和无私付出，深中因你们而更美好！

2019 年 7 月 9 日

为教师赋权增能
——深圳中学系列校本教材总序

教育的目的和本质是育人，是使学生在教育中成长并且能不断提升自我、完善自我，在关爱他人和服务社会中实现自我价值。在学校，教育的目的一方面需要依托教师的职业行为（主要是教学）来实现，另一方面更需要学校的教育理念指导和学校课程支撑，其中最核心的无疑是学校的课程建设和实施。

20 世纪 90 年代后期，我国开始试行国家、地方、学校三级课程管理制度，课程决策权部分下放到了学校，全国各地随即开展了轰轰烈烈的“校本运动”。“校本课程”（School-Based Curriculum）本是一个“舶来品”，欧美一些国家在 20 世纪初就开始关注以校为本的教育改革。在我国第八次基础教育课程改革的大背景下，校本课程成为我国新课改的重点，同时也成为越来越多教师和学校关注的焦点。

国家课程注重的是普适性，是为了保证学生对基本知识技能和素质的掌握与实现，满足大多数学生的共性需求。而校本课程开发直接指向差异，它是一种“特色课程”，是以学校为开发单位和实施单位，包含浓郁的校园特色、本校学生特色，旨在尊重学生、学校和社区的独特性与差异性。这也是深圳中学一直以来重视校本课程建设，积极进行校本教材开发的出发点和落脚点。

著名哲学家克里希那穆提曾说：“正确的教育所关心的是个人的自由，唯有个人的自由，才能带来与整体、人群的真正合作。”为什么很多学生在中等教育阶段很难体会到学习的幸福和乐趣？很大程度上是因为他们缺乏相对自由的选择权。为了赋予学生更多的自由和更多样的选择，深圳中学在近十几年来通过实地调研学生实际需求、深入挖掘素材资源，开发了 200 多门丰富多样的校本课程，让学生们在更广阔的天地里去体验、去发现、去成为最好的自己。

今年正值深圳中学 70 周年校庆，我们在前期校本课程探索和实践的基础上，对学校 200 多门校本课程进行精心筛选和整理，特推出这 10 本配套的校本教材，献礼深圳中学 70 华诞。该系列教材包括《初中资优生生涯规划》《深圳中学校园植物志》《超现实主义摄影》《化学开放实验》《数学建模下的项目学习》《数学培优教程（7 年级）》《数学培优教程（8 年级）》《数学培优教程（9 年级）》《数学培优教程（高中上册）》《数学培优教程（高中下册）》，涉及生涯规划、艺术、文化、科学等诸多领域，涵盖生物、语文、数学等多个学科。它们既相互联系，又各自相对独立。我们力争使这套书能够充分体现出以下特点：

第一，坚持以人为本，培养全面发展的人。这是深圳中学校本课程开发的灵魂追求，也是这套教材的基本特征。以人为本既是现代教育的价值取向，也是我国校本课程开发的基本价值取向。校本课程的实施归根结底是为了学生的全面发展，我们通过不断的努力和尝试，开发编写丰富多样并且适合本校学生发展的校本教材，践行对以人为本的追求和实践。

第二，坚持理论与实践的有机结合。本套校本教材不是空谈理论，而是立足于深圳中学的学校特色和课程特点，针对实践进行反思和总结，致力于理论建构与实践探索的统一。比如说，对学生发展理念、教学研究范式等问题的研究，主要是基础研究的范畴；而对课程与教学特色模式、建构等问题的探讨，则主要是应用研究。

第三，坚持注重多维视野的相互关照。从宏观与微观、历史与现实、继承与超越、国际与本土等方面探讨学生生涯发展规划、校园特色植物志、基于项目的学习、数学培优方式等问题领域，既反映了学科发展的基本趋势，又体现出理论的创新诉求。

校本课程的显著特点是给教师赋权增能，让教师成为课程开发的主体。这一系列教材凝聚了诸多老师的智慧和汗水，他们在本套书的选题、组稿、修改、定稿和编辑出版的过程中付出了艰辛的劳动。如果没有他们的努力和付出，这套书是很难和大家见面的。非常感谢这些教材的编著者们，是他们的辛勤和卓越成就了深圳中学校本课程的厚度！

校本课程的开发是一个渐进的过程，尤其是特色的形成需要进行长期的摸索和逐渐的积累。几十年来，深圳中学从未停止探索的脚步。我们期望通过我们的微薄之力进一步培养学生的能力和兴趣，进一步推进校本课程的发展和进步。我们乐于和学界同人分享我们的这些成果，同时也真诚希望大家批评指正，欢迎各位同人不吝赐教。

是为序。

2017 年 8 月 5 日

莘莘学子梦，浓浓深中情
——《走进著名大学——深圳中学学子成长启示录（2017）》序言

深圳中学作为深圳市基础教育的领头羊学校、全国课程改革样板校，“建设世界一流高中，培养拔尖创新人才”是其主动选择和承担的教育使命。转眼间，深圳中学走过了七十载的光辉历程。七十年薪火相传，七十年弦歌不辍。自1947年建校以来，深圳中学累计为国家培养了约四万名初、高中毕业生，“丹心似火育得桃李满天下，美德如玉教得学子尽乾坤。”

莘莘学子梦，浓浓深中情。深中人对母校总有着一份特殊的情结，一种至真至纯的依恋。有人说这是一个“可以看到更大世界的地方”；有人说这是一个“没有权威，但要尊重师长的地方”；有人说这“可能是你待过的同伴质量最高的地方”。在这本书中，这些今年刚刚毕业的深中学子大多都谈到了他们当初选择深中的理由，谈到了他们心目中母校的样子，以及他们在深中三年发生的种种变化……他们无一例外地都为“深中人”这个身份感到万分自豪。即便是刚刚踏出校门，他们就已然感受到对母校的依依不舍和深切眷恋。

十年寒窗苦，一朝天下闻。在2016—2017学年中，深中学子在海外录取、国内高考、国内外各类竞赛方面凯歌高奏、再创辉煌。他们中的很多人都实现了“从深圳中学走向国内外名校”的梦想。这些骄人成绩的背后一定有着学子们独特的学习态度和生活哲学。例如，同时拿到哈佛和耶鲁两大名校录取通知书的邵卓涵同学不仅成绩优异，而且“温和谦逊”“有领导力”，被同学们称为“学霸”“邵神”，他将自己平时的学习经验及申请学校的心路历程无条件地分享给了每一个需要的人；2017年深圳文科状元、挺进全省前十的唐灵聪不仅有文的“灵”气，还有理的“聪”敏，他既擅文辞，又长逻辑，给学弟学妹们分享了一份近两万字的地理学习材料，是名副其实的文理兼备的学习型人才……

这本书中收录的故事还有很多，它们都来自深圳中学2017届的优秀毕业生。他们是深圳中学最年轻的一届校友，他们的发展代表着深中的最新成就。毕业在即，他们用自己的故事为三年的青春生活作注脚，将那些欢笑流泪、拼搏奋斗的日子在深中定格。在母校七十岁生日之际，他们用这种特殊的方式献礼深中七十周年华诞。

读罢此书，掩卷而叹：这是一群个性鲜明的深中人，这是一群追求自我的逐梦者。他们让我们得到一个共识：“优秀”没有标准的答案，“卓越”没有固定的模板，每个人都有自己的无限可能；他们也让我们看到：“从晒布到世界，深中人的脚步从未停止!”

一本书，几段故事；一段故事，几多回忆。一个个鲜活、生动的成长故事，不仅让大众从微观的层面上更加深刻地理解深圳中学拔尖创新人才培养的理念是如何实践的，更是向社会展示了七十年历史积淀的深圳中学的独特校园文化和精神品格。我们衷心地希望，这些宝贵的经验能够成为更多学子成长之路上的指路明灯，为更多学生的发展起到一定的引导和启示作用，也期待未来有更多的人能够续写辉煌!

2017 年 8 月 29 日

第五辑

创新教育

——融合资源　赋能发展

陶行知先生说："教育不能创造什么，但它能启发儿童创造力以从事于创造工作。"我们做的所有这些事情并不是要把中学生培养成某一个领域的专门人才，而是希望通过这些平台让学生发现自己的兴趣和潜能所在。中小学创新教育的价值不是培养专门的创新人才，而是培养学生的主动探索精神、动手能力和批判性思维能力，让广大师生更加主动、更有创意地投入校园生活，从而形成一种健康向上、勇于创新的校园生态文化。

融合创新课程资源，为学生成长赋能
—— 在2018年高中教育发展论坛上的演讲

2018年12月7日至8日，北京圣陶教育发展与创新研究院、上海市教育学会在上海市上海中学举办“2018年高中教育发展论坛”，主题是“高中课程建设的现代性实践”。朱华伟校长率深中20余位中层干部及教师代表参加，并发表主旨演讲。

尊敬的各位校长、各位老师：

大家上午好。

我今天演讲的题目是“融合创新课程资源，为学生成长赋能”。我主要讲三个关键词：创新、融合、赋能。

首先，创新是时代的命题。从20世纪90年代末的IBM“深蓝”象棋大战，到2016年的AlphaGo围棋大战，以及之后出现的AlphaZero，人们深刻感受到了人工智能的魅力。但是人工智能越发达，教育尤其是创新教育越重要；信息技术飞速发展的今天，我们更需要培养学生的独立思考能力和创造力。未来许多机械、简单、重复的劳动一定会被机器替代，但人的创新能力是机器永远无法取代的。

创新也是深圳这座城市的气质。今年是改革开放四十周年，“创新”一直是深圳体内流淌的血液基因；四十年来，深圳年均经济增速为23%，经济总量从建市之初到2017年共增长了1万多倍。四十年前的南国渔村，今日已在世界创新舞台上引人注目。正如深圳市委书记王伟中在省十三届人大一次会议深圳代表团开放日上提到的那样："创新已经成为深圳的城市基因和显著优势，到2035年要将深圳市建成可持续发展的全球创新之都"。

深圳中学地处这样一座以创新驱动发展的城市，并伴随着深圳的成长而成长，因此自然拥有着与深圳气质相符的文化和精神。在去年建校70周年之际，学校发起了关于"深中精神"的大讨论，得到各届校友的热烈回应。经过充分讨论和反复斟酌，我们在所有答案中取了"最大公约数"，确定了认可程度最高的八个字作为深中精神的总结："追求卓越，敢为人先"，这是深中校园文化的核心所在。七十余年来，学校开展了诸多教育教学改革，培养了一批富有开拓创新精神的人才，这就是对"敢为人先"的最佳注脚。在中国特色社会主义进入新时代和国家加快建设"双一流"的背景下，我们提出了"建设中国特色世界一流高中"的办学定位，也体现了深中人"追求卓越"的精神内核。

"中国特色"是新时代的要求，提出"世界一流高中"是响应国家建设"双一流"大学的号召——建设世界一流大学，一定要有世界一流高中；没有世界一流的高中生，就没有世界一流的大学生源。对应世界一流高中，我们提出了新的培养目标，培养具有中华底蕴和国际视野的拔尖创新人才。创新型人才的核心是创造力，创造力主要有三个维度：创造性精神、创造性思维和创造性能力——这三个方面也是学校培养人才的主要着力点。

我要讲的第二个关键词是"融合"。深圳中学坚持开门办学，融合社会上各种优质的教育资源，致力于打造深中的"创新生态"。创新生态是近年创新政策领域逐渐兴起的概念，是一个地区通过科技创新实现高质量、高效益、可持续发展能力的综合体现。学校的创新生态，强调不同创新主体间的关联互动、形成合力，共同为学生的成长赋能。

一是搭建平台，延伸课堂。深圳拥有很多世界著名的创新企业，而且这些企业都是改革开放之后发展起来的，这些企业本身都是创新的成果，它们有很好的创新文化、创新思维。截至目前，深圳中学借助有利的地缘条件和校友优势，已与腾讯、华为、大疆、科大讯飞等著名企业共建11个创新体验中心，与中国科学技术大学、香港中文大学（深圳）、深圳大学、加拿大阿尔伯塔大学等高校共建4个创新实验室。腾讯五位创始人中有四位是深中89届的校友，光启的董事长刘若鹏是深中2002届毕业生。习近平总书记十八大之后第一站到深圳视察的三家实体都是深中校友主持的单位，除了腾讯和光启，还有一家是68届校友吴惠权主持的渔民村。另外，深中的四个高校实验室分别是中国科学技术大学语音识别创新实验室、香港中文大学（深圳）智能机器人创新实验室、加拿大阿尔伯塔大学刘江枫数学创新实验室和深圳大学空间智能创新实验室。每一个创新体验中心和创新实验室都有相应的教室和对应的负责人，日常工作包括常规教学、课程建设、日常活动、竞赛活动、课题探索和教学研究。

以深圳光启高等理工研究院创新体验中心为例，除了开展"利用传感器进行物理实验”等项目和开发“科学探索实验”等校本课程，中心还会定期组织教育教学研讨以及参观光启高等理工研究院。全国最好的无人机公司——大疆创新科技有限公司，与深中也有合作。双方聚合优势资源建立的大疆无人机创新体验中心，旨在打造一个无人机、机器人专业示范性实践教育平台，合作培养具有思辨精神、创新能力的科技人才。大疆经常会派年轻的博士到深圳中学指导学生，并开设了与科技创新相关的课程。同时，深圳中学负责管理的深中南山创新学校，大疆也给予了很大的支持。

丰富多元的平台不仅拓展了学生的学习空间，为教师提供了高端的专业发展平台，而且汇集了各领域的专业人员参与校本课程设计开发，进行学术讲座分享，进而培养了师生的学术素养和专业精神。

二是一体两翼，共促发展。首先，以多元课程为“主体”，通过国家课程、校本课程等多种方式夯实基础。除了国家规定的必修和选修课程，深中开设了丰富的校本课程。我们这学期就有88门选修课，其中与科技教育有关的有近十门。例如数学建模的授课老师是深中97届的毕业生，深中历史上第一位国际学科奥林匹克金牌获得者韩嘉睿博士，他每周四下午义务给学生上课。此外，在确保贯彻落实和积极调适国家课程的基础上，深圳中学开发了以项目式学习（Project-Based Learning，PBL）为主要模式，以工程和技术为核心，结合信息、技术、数学、物理、生物、化学、政治等学科的校本系列STEAM课程。

“一体两翼”模式的主体为课程，“两翼”为社团活动和学术竞赛。学校鼓励学生积极参与感兴趣的社团和富有挑战性的高端学术竞赛拓宽视野。其中，社团的招募、活动开展都是学生自己完成的。深中每年有一百多个社团，今年和科技活动相关的社团有18个，其中星火创客空间是最具代表性的一个。2014年4月15日，由当时中国最小的“创客”胡镕博同学成立了第一个中小学创客社团“深圳中学星火创客空间”，代表着科技创新在中小学中一定能够成星星之火可以燎原之势得到巨大的发展。4月15日也被定为深圳中学初中部的创客日，每年在这天都会举办学校的创客节。截至目前，我校连续举办了四届创客节和一届创客展。创客文化渐渐深入人心，学校逐渐形成了人人有创新、个个出创意、动手与动脑紧密结合的学习氛围。

另外“一翼”是高端学术竞赛。深圳中学参加了包括美国青年物理学家锦标赛（USIYPT）、国际基因工程机器大赛（iGEM）、FIRST机器人大赛、丘成桐中学科学奖、中国大智汇创新研究挑战赛（CTB）等三十余项国内外著名的学术活动。

三是协同力量，整合资源。创新教育走的是一条前人未走过的道路，因此创新教育本身就需要做到创新，尤其在制度上学校要给予充分的支持和保障。为了给各创新体验中心和创新实验室提供交流共享的平台，我校于2015年7月成立了创新活动中心，专门负责学校的科技与创新教育，包括设计与规划创新课程、组建优秀教练团队、组织学生参加各级各类创意大赛、开展高端学术活动等。此外，我们在近两年邀请了海内外五十余位知名学者走进“深中大讲堂”进行交流，如诺贝尔化学奖得主阿龙·切哈诺沃博士、北京大学副校长王杰教授、清华大学副校长薛其坤院士、香港中文大学（深圳）校长徐扬生院士、南方科技大学副校长汤涛院士、科大讯飞董事长刘庆峰等。

2017年，我们与华为合作设立“深圳中学-华为特殊人才奖”，在初高中阶段发掘并资助那些在基础科学领域有特殊专长的天才、偏才、怪才，进一步加强拔尖创新人才的培养，助力他们成长为国家栋梁之材。目前已启动“个别化教育计划”（Individualized Education Plan），该计划是根据学生的身心特征和实际需求拟定的针对有特殊需要及才能的学生实施的教育方案，它既是有特殊潜能学生教育和身心全面发展的一个总体规划，又是学校未来针对其特质开展教育教学工作的指南。

四是人人参与，培植文化。创新文化的孕育与生成不仅需要宏观层面国家政策的引导和支持，而且需要中观维度学校的制度保障和文化熏陶以及微观视角下教师的理念认同和践行。创新教育不是仅局限于信息技术课堂或者一些特定的选修课和社团，深圳中学鼓励教师根据所在不同学科的特点和学生差异，采取适当方法将创新思维整合进现有课程体系，融入日常的学科教学，培养学生的批判性思维和问题解决能力。

所以说，创新是一颗种子，它可以在校园的各个角落生根发芽、开枝散叶；创新是一种理念，它可以体现在各个学科的课堂教学中；创新是一种文化，它可以融入学校活动的方方面面。办学特别需要好的文化氛围，拿“泡菜”打个比方：泡菜的味道决定于泡菜水，泡菜水好，无论是白菜、萝卜、黄瓜，泡出的味道都好，否则，结果相反。

我要讲的最后一个关键词是赋能。学校教育的出发点和落脚点是培养学生，让学生有更好的发展。例如，2017年深中学子荣获国际基因工程机器大赛（iGEM）全球金奖，3名学生的论文入选美国知名高中学术杂志——*Pioneer Research Journal*，是全球入选学生人数最多的学校（全球共22篇）。同时，学校丰富多彩的科技活动也为学生提供了多元成长的平台，深中的高中毕业生得到了众多世界著名大学的青睐。

截至目前，深中学子共荣获14枚国际学科奥林匹克金牌。在2018年第49届国际物理奥林匹克（IPhO）中，中国队5名选手全部获得金牌，中国队获得团体总分第一名。我校的杨天骅同学位列世界第一，薛泽洋同学位列世界第九，其中杨天骅（高一）同学获得了个人总分第一、理论总分第一、实验总分第一的佳绩。在2018年第50届国际化学奥林匹克（IChO）中，中国队4名选手全部获得金牌，中国队获得团体总分第一名。其中我校聂翊宸同学个人理论成绩世界第一，获得最佳理论奖。

陶行知先生说：“教育不能创造什么，但它能启发儿童创造力以从事于创造工作。”我们做的所有这些事情并不是要把中学生培养成某一个领域的专门人才，而是希望通过这些平台让学生发现自己的兴趣和潜能所在。中小学创新教育的价值不是培养专门的创新人才，而是培养学生的主动探索精神、动手能力和批判性思维能力，让广大师生更加主动、更有创意地投入校园生活，从而形成一种健康向上、勇于创新的校园生态文化。

2018年12月8日

5-2

科技改变教育
——在2017年中美K12国际学校应用信息技术支持教学研讨会开幕式上的致辞

2017年5月3日，美国驻广州总领事馆、万科梅沙书院和Blackboard中国公司联合主办“2017年中美K12国际学校应用信息技术支持教学研讨会”，主要探讨信息技术的创新应用及其与学校教学的深度融合。会议在深圳万科国际会议中心举行，来自103所国际学校的170余位校长、教师、教育专家、企业代表等参加，朱华伟校长出席该研讨会并致辞。

尊敬的各位嘉宾：

大家好！

人类经历了三次改变人类命运和生活方式的工业革命。第一次工业革命以蒸汽机为标志，以煤炭为能源；第二次工业革命以电气为标志，石油为新能源；第三次工业革命以自动化、信息化为标志，数据成为新能源。依据曾邦哲的观点，第四次工业革命以智能化、系统科学的兴起到系统生物科学的形成为标志，发展新的生物能源。

科技使世界的改变以几何级数进行增长，人类对深海、深空、深地、人脑的探索都仅仅在起步阶段，每一个小小的科技进步都可能引发一场影响深远的革命，甚至影响人类的命运。

在制造业领域，特斯拉工厂主要是机器人在工作；在服务业，银行自动柜员机取代大量营业员；在食品业，旧金山一家企业生产的机器人一小时可以做360个汉堡，公司创始人说，“我们造机器不是为了提高人的工作效率，而是要完全取代他们”；在零售业，亚马逊2012年买下仓储机器人公司Kiva System，实现仓库机器人化，实现Amazon Go免排队商店的智能化；在教育界，谷歌开始将3000万种图书数字化，其中500万种已装在了App里随你阅读，谷歌博物馆还将700万幅名画装在了App里任你观赏；在知识界，AlphaGo的深度学习、自我进化将导致预测、决策都在智能化……

有人说，相比之下，科技对教育的改变，尤其是基础教育和体制化学校来说，相对有些缓慢，教育实施方式、测评方式并没有发生太大的改变。我同意这种观点，但是，作为教育者，我们更应该清晰地看到新技术已经改变了人类获取知识的方式：网络学习，可汗学院（Khan Academy），翻转课堂，运用互联网几乎可以得到任何想得到的知识。基于互联网的大数据已经引发了测评方式的改变，实现了定制化的教学方案的调整，使评价更细致、更过程性、更可视化。

一、随时随地学习

可汗学院通过数字白板和录制技术，在互联网播出其在线图书馆收藏的500多部可汗老师的教学视频，向世界各地的人们提供免费的高品质教育，被誉为“打开教育未来的曙光”。

MOOC的快速发展，使来自世界各地的数以万计的学生通过在线平台跟同一个老师学习。根据《经济学家》的报道，MOOC平台Coursera有800万用户，Udacity与AT&T和Georgia Tech合作提供了价廉物美的在线硕士学位课程。

哈佛商学院推出了一个在线的被称为“MBA预备班”的项目，将于今年秋天向学生开放，而学费仅为1500美元。

还有很多的在线教育提供者提供更多形式丰富的网络公开课，使学生可以在线学习从计算机编程到艺术史等所有课程。学校再也不是唯一的获取知识的空间，一个简单的互联网链接，就打开了几乎无限量的信息和学习的潜在空间，优质的教育资源也不再是少数群体才能够获得的稀缺资源。

二、自适应学习和个性化学习

Blackboard公司的学习平台，通过学生在平台上完成的作业、考试获得学生对知识掌握的数据分析，帮助教师了解学生在哪里更需要帮助，为更有针对性的个性化教学提供数据支持。Rice University创建了自适应学习电子教科书，利用机器算法，使生物和物理教材适应每个学生个体。

同时，教师也将能享受到个性化服务。教师可以创设自己的课程，设置教学目标、评价细则、反馈数据类型，得到大量的更精准的数据分析。数据科学、内容图谱等技术使得这些分析成为现实。

三、技术鼓励学生及老师间的合作

通过网络协作工具或者网络平台，如Basecamp，可以让学生上传、分享和编辑文档，并且可以通过对比待办事项列表和时间表来跟踪任务进度。谷歌教育应用服务提供了类似功能，Google Classroom将平台的功能推进一步，使教师可以自由地创建和组织任务，也可以在学生提交作业之前查看并留下评论，使他们与班级更容易地沟通。

同样的，在线协作工具也可以促进教师间的合作，教师受益于大量的在线共享资源。开放式课程图书馆、在线社区和资源库，来源包括教师博客和出版商，教师可以通过网站访问教学计划生成器和其他工具。

那么这些技术给教育带来的变革会如何影响人类的学习呢？如果学校不是获得知识的唯一场所，那么学校存在的意义到底是什么？如何能更好地利用科技为人类的学习服务？

令人遗憾的是，有很多学校、教师还没有为拥抱这一切做好准备，很多时候，我们的教室里还只是传授知识，只注重与考试相关的课程，很少鼓励学生去合作、去创造、去尝试、去实践。未来进一步发展的人工智能，或者机器智能，又将怎样改变人类，又会带来什么样的教育革命？教育革命会在机器与人类之间扮演什么样的角色？这一切，都有待更深入的探索。

人类学习的方式和认知世界的方式已被改变，教育必须要更主动地拥抱科技，才能拥抱未来。非常有幸，由深圳中学负责办学的万科梅沙书院和美国驻广州总领事馆、Blackboard 中国公司，今天共同邀请了海内外的教育专家、关注教育科技发展的有识之士相聚深圳梅沙，共同探讨中美 K12 国际学校应用信息技术支持教学的主题，希望今天的会议，能为教育，能为未来，提出一些问题，交流一些困惑，寻找一些共识。

最后，预祝会议圆满成功，谢谢大家！

2017 年 5 月 3 日

未来人人都将是创客
——在深圳中学初中部第三届创客节上的致辞

各位来宾、各位老师、亲爱的同学们：

大家下午好！

刚过完端午节，今天我们又迎来了深圳中学初中部的第三届创客节！过端午节我们最不能忘记的一位民族先贤就是屈原！"路漫漫其修远兮，吾将上下而求索。"屈原的一生，是自觉追求真理的一生。"亦余心之所善兮，虽九死其犹未悔。"屈原的一生，是为了梦想敢于探索的一生。

当我走进会场，看到各班搭建了鳞次栉比的展棚时，看到各班的宣讲板上富有创意的宣讲时，看到各班展示的一件件作品时，看到"创意""创新""创客"条幅随着无人机冉冉升起时，我知道"创客"的思想已注入深中学子的心灵！深中初中的"创客"们，一如雨后春笋般迅速地成长起来了！

"创客"是什么？克里斯·安德森在《创客：新工业革命》一书中将"创客"解释为"不以营利为目标，利用3D打印技术以及各种开源硬件，努力把各种创意转变为现实的人"。今天，人们把那些努力把创意变成现实、用创新美化生活的人，都称为"创客"。安德森认为，未来人人都将是创客，这是一场即将到来的革命！学校举办创客节，实施创客教育，就是希望在"这场革命"真正到来之前，把你们培养成"这场革命"的战将，引领时代的发展！

创新和创造，不再只是科学家、发明家在装备昂贵的实验室里的"专利"，普通人，甚至没有任何编程基础的中小学生，凭借这些低价的创新工具，利用3D打印技术和开源硬件等，也能将自己的创意变成现实。在安德森看来，开源创新、个人自生产是"创客运动"最重要的标志。

深圳是一座创新城市，需要学校培养创新的人才，因此学校开展创客教育是时代的要求！像腾讯的马化腾、光启的刘若鹏，他们就是深圳中学创客的先驱！"互联网+教育"的时代已悄然来到，学生学习方式的改变促进了老师教法的改变。利用互联网进行学习，用各种数字化工具探究跨学科的知识将形成常态。学校举办创客节，实施创客教育将意味着学校将构建一种新的教育生态。"创意""设计""制作""分享""评价"构成了创客教育的基础环节，教育教学更注重培育学生提出问题、研究问题、解决问题、动手制作的综合能力，更注重让学生了解科学研究、技术制作、艺术创作的全过程，更注重培养学生的主动探索精神、批判性思维能力、自主创新能力、合作研究能力、语言表达能力、艺术创作能力等，让广大师生更加主动、更有创意地投入校园生活，形成一种健康向上、勇于创新、勇于担当的校园生态文化。

同学们，创客教育将引起未来社会深刻的变化，未来人人都将是创客！

最后，祝贺本届创客节圆满成功！谢谢大家！

2017年5月31日

深圳中学：为创新培养设一个“文凭”

4 月 9 日，2018 年中国大智汇创新研究挑战赛（CTB）北美总决赛在哈佛大学举行。由学校实验体系出国方向高二学生组成的 Super Solar Energy（SSE）项目团队，经过三轮高强度的项目展示，完成了哈佛大学教授组成的评审团队的答辩，最终在 50 支总决赛队伍中脱颖而出，获得创新团队奖。这是学校十四年新课改的缩影之一。

在深中课程建设中，学校的落脚点在于“关注学生个性化、多样性的发展，关注育人目的”，因此格外注重挖掘教与学的广度与深度，在课程设计上体现基础性、综合性、应用性、创新性，着力培养学生发展的核心素养。学校将国家课程和校本课程进行整合，并加以校本化处理，打造具有鲜明深中特质的“文凭课程”，旨在培养具有中华底蕴和国际视野的拔尖创新人才。

文凭课程由认知技能、自我成长、文化审美、体育健康、实践服务和研究创造等六大课程群组成，涵盖语言与文学、数学、社会科学、自然科学四大领域，包括语文、英语、数学、政治等 9 个学科，共计 184 门课程。文凭课程的授课主体多元，除本校教师之外，还有在校学生和社会客座教师。学校选取了其中的 32 个课程模块面向全社会招募热心教育公益事业的客座教师，历届学生家长、校友乃至社会专业人士均可申请，走上讲台给学生授课。课程内容呈现多维度，既有适合学生个性化发展的学科专业课程，也有关注学生自身兴趣爱好的社团课程，还有体现高端学术需求的创新体验及实验课程。同时，为尊重学生的创造性，学校鼓励学生自主发起文凭课程。在这样的氛围中，学生自我管理、自我教育的能力会逐渐增强。

单一的评价标准，只会导致千人一面的结果。因此，改革学生评价体系，关注培养优秀学生的自由高效学习能力，成为学校创新课程体系的“辅助技能”。学生可以通过校外学习、网络学习、国际交换学习经历等方式换取或免听部分相关课程以获得学分。这一评价体系是帮助学生实现“会了的不用学、感兴趣的可多学、研究性的深度学”的有效学习路径，同时也是构建深圳中学学生综合素养评价体系的重要组成部分。

课程体系的创新“步步生花”。从 2010 年开始，学校创新课程模式，设计并实施了以标准、实验、荣誉为主体的三大课程体系。经过 8 年的实践与探索，各具特色的课程体系已经基本成形，供不同需求、不同特质的学生入校时自主选择。

三大课程体系的针对性各不相同。以“学术型、标准化、有效性”见长的标准课程体系是对考纲的进一步深化，注重学生的研究能力和学科素养的培养，目标在于培养具有良好个人修养和家国情怀的深中学子。这也是新课标的着眼点之一。

以“独立、思考、合作、创造”为核心的实验课程体系，引进“互联网+”技术，为学生打造国际素养、全球网络、自我成长、领导力等 6 大门类课程。该体系数学和英语学科实施分层教学，实行导师制管理模式，以满足各类学生的不同需求，旨在培养“深度探究者、专注笃行者、积极创造者”。

荣誉课程体系倡导“科学、自由、动脑、动手”的体系文化，将学科竞赛、科技创新作为体系特色课程设计的中心，设有学科竞赛、中国大学先修（AC）、自主招生（数学、物理）、高端学术活动等 4 大类课程。班级管理采取“班主任+主教练”的全员管理模式。

为了丰富学校教育资源，学校还拓宽学生国际化视野和培养学生拔尖创新能力。借助有利的地缘条件和丰富的校友资源，学校开创了包括创新体验中心，创新实验室、高端学术论坛、大学先修课程在内的一系列高端特色课程，实现跨学科 STEM（科学、技术、工程、数学）课程和 PBL（问题式学习）项目研究方法的有机融合。

目前，学校已与腾讯、华为、科大讯飞等知名企业共建 10 所创新体验中心，与中国科学技术大学、香港中文大学（深圳）、深圳大学、加拿大阿尔伯塔大学等高校共建 4 个创新实验室，开设了 AP 物理、AP 微观经济、AP 微积分等 19 门与大学一年级水平相当的大学先修课程。

创新体验式教育以体验中心、实验室为基地，通过主题讲座、实地观摩、案例学习、课题研究等活动，让学生在专业研究人员的指导下，学习和参与研发案例，从而提高创新实践能力和科学研究水平。这一系列高端学术课程不仅为发展学生科研创新思维能力提供了优质平台，也让深中学子的学术研究能力在国际舞台上大放异彩。

——本文刊发于《中国教育报》2018 年 4 月 25 日 05 版

构建一流的创新教育氛围

创新是推动人类历史发展进步的核心动力，是实现人生发展成就和幸福的核心能力。培育创新型科技人才如今已经是国家战略，习近平总书记指出“创新战略竞争在综合国力竞争中的地位日益重要”，提出“在创新实践中发现人才、在创新活动中培育人才、在创新事业中凝聚人才”。作为以世界一流高中为目标的深中，培养拔尖创新人才自然重任在肩。

创新教育走的是一条前人未走过的道路，本身就需要创新。

在 2018 年的全国教育大会上，培养学生们的综合素质和创新思维，成为大家关注的焦点之一。国家发展需要创新人才，学生成才需要创新教育，可以说，创新也是生产力。不过，培养创新型人才不只是大学的事，培育创新思维的基因需要从小学、中学时代就开始。

很多时候，创新教育走的是一条前人未走过的道路，本身就需要创新，尤其要在制度上给予充分的保障。例如，深圳中学设计并实施了以标准、实验、荣誉为主体的三大课程体系，供不同需求、不同特质的学生入校时自主选择，并与腾讯、华为等企业共建了 10 个创新体验中心，与中国科学技术大学、深圳大学、加拿大阿尔伯塔大学等高校共建创新体验式教育平台。

单一的评价标准容易导致千人一面。因此，改革学生评价体系，为创新培养设“文凭”，成为学校创新课程体系的“辅助技能”。学生可以通过校外学习、网络学习、国际交换学习等方式换取或免听部分相关课程以获得学分，“会了的不用学、感兴趣的可多学、研究性的深度学”。我们还大胆改革入口端，和华为合作设立“深圳中学-华为特殊人才奖”，已破格录取两名总分不够格、却有特殊专长的偏才，并实施有针对性的培养计划，促进创新人才的成长。

构建一流的创新教育氛围，种下创新思维、培厚创新土层，应当是一流中学的共同特质。

——本文刊发于《人民日报》2019 年 1 月 3 日 16 版

面向未来，科技如何推进真实的教育
——在2019年高中教育发展论坛上的演讲

2019年10月25日至26日，北京圣陶教育发展与创新研究院在北京人大附中举办“2019年中小学校长论坛”，主题是“智能时代：中小学的挑战与选择”。朱华伟校长率深中20余位中层干部及教师代表参加，并发表主旨演讲。

2019年，华为发布了一则关于全球产业展望（Global Industry Vision 2025，GIV 2025）的视频，展望中提出智能世界正加速而来，触手可及，并预测到2025年，智能技术将渗透到每个人、每个家庭、每个组织。正如视频中所展示的，科技已然成为推动社会变革和经济增长的强大引擎。

随着大数据、互联网和人工智能等科技成果全面进入人类生活，学校如何让科技与教育有机融合，科技与教育的融合如何助力拔尖创新人才的培养，深圳中学一直在思考和实践。2017年，深中在70周年校庆之际，提出了“建设中国特色世界一流高中”的办学定位，致力于“培养具有中华底蕴和国际视野的拔尖创新人才”。“拔尖创新人才”的培养成为深中践行科技推进真实教育的落脚点，其关键是平台、师资和课程。

一、搭建高端、多元的学习平台

深圳作为创新之都，改革开放之后，诞生了许多世界级的科技创新企业，有着丰富的科技资源。深中借助有利的地缘条件和校友优势，融合社会优质教育资源，携手科技，为学生搭建智能化学习平台。如与腾讯、华为、大疆、科大讯飞等著名企业共建11个创新体验中心；加强与高校合作，与中国科学技术大学、上海交通大学、香港中文大学（深圳）等著名高校共建6个创新实验室。

2019年6月，深中与腾讯公司青少年科技学院达成战略合作。该合作围绕“科技+教育”的主题，共同开展青少年科技人才培养、构建特色科技课程体系，推动全球高水平青少年科技赛事的参与和落地，对青少年科技职业生涯教育进行共同研究。已经开展的项目包括：成立深中腾讯NOI联合实验室，组队参加VEX机器人大赛，邀请腾讯技术精英为学生开展信息学讲座等系列活动。让我们通过一个简短的视频来了解一下这些项目的开展情况。

8月3日，腾讯滨海大厦总部举办2019腾讯WPC设计竞赛，1000多名腾讯技术人

员参加了比赛。为了提升深中学生对信息学的兴趣，展示联合培养的效果，深中 ACM 程序设计战队的 18 名学生作为特邀选手参加了比赛。经过与 1000 多名专业选手的同台竞技，深中学生表现出色，有两位跻身前十，分列第四和第十名。颁奖环节，腾讯员工在得知被高中生碾压后，都表示后生可畏，赞赏不绝。

丰富多元的平台拓展了学生的学习空间，助力师生的学术素养和专业精神的提升。

二、建设专业、一流的教师队伍

科技的迅速发展，对教师的创新能力、创新意识与创新精神提出了更高的要求。组建一支创新型、学术型教师队伍是培养拔尖创新人才的关键，也是学校应对科技发展与适应未来教育的重要举措。

创新型、学术型教师善于运用新的学科知识、采用新的教学方法来建立新的教学机制，倡导研究性教与学，不是把知识作为既定的东西教给学生，而是使教学成为一种探索、创造的过程，从而启发学生的创造性思维，引领学生创造性地运用新知识、新方法，拓宽视野，提高创新意识，培养创新能力。

为建设适应科技发展需求的创新型、学术型的教师队伍，深圳中学广纳良才。近几年，我校不遗余力地引进名校和高学历毕业生，以 2019 年为例，新引进博士、博士后 8 人，北大、清华毕业生 22 人，哈佛大学、伦敦大学学院等世界顶尖大学毕业生 5 人。当然，社会上不乏一些质疑的声音，但在我看来，这些高学历人才经过严格的学术训练，有扎实的学科背景和学术研究能力，具备较强的创新精神和创新意识，他们的加入，有利于优化教师队伍的整体结构，从而有效提升教师队伍的创新水平。2019 年引入的清华大学硕士何柳婷老师一入职，即运用所学开设了一门产品创意设计课程，该课程以“设计一款盲人使用的加热饮用水的产品”为主题，介绍并带领学生体验产品设计的全过程，包括现有产品分析、用户研究、新产品功能定义、造型设计、三维建模等。除此之外，通过产品试用、工作坊、报纸面具等方式帮助学生理解设计思维。以红点、IF、G-Mark、IDEO 等国际设计大赛获奖案例为样本，介绍产品创新经常采用的思维方法（产品功能叠加法、产品特征替换法、产品使用故事化、特殊人群场景法），引导学生根据主题进行创新实践。

三、开发立体、多维的科技课程

有了丰富的科技资源平台，配备了高素质的教师团队，科技推进真实的教育如何发生，就需要以多样化的课程群为载体。在课程开发过程中，教师可以将自己的专业性、前沿性的学科知识与科技资源有机融合，建构跨学科、复合型的知识体系。通过近几年的实践，我们逐渐搭建了主体多元、形式丰富、内容前沿的立体化、多维度的科技课程。

首先，在国家课程以外，我们开发了丰富的校本课程。学校以项目式学习（Project-Based Learning）为主要模式，以工程和技术为核心，结合信息、技术、数学、物理、生物、化学、政治等学科，研发系列校本化 STEAM 课程。本学期开设了与科技相关的选修课 18 门，如：VEX 机器人竞赛、人工智能基础、Java 语言基础、产品三维设计与制造、电脑创艺、视频制作、影视后期特效等。

其次，学校利用与优质社会资源搭建的平台，联合进行课程的开发与实施。例如在与上海交大合作的光伏发电创新实验室开展的“太阳能烹饪”项目中，学生主动调研，提出问题并制订学习计划。通过阶段性过程评价反馈项目中存在的问题并加以修正，最终学生以多样化的形式（太阳能烹饪作品、海报、文章、话剧等）来展示学习成果。

最后，科技发展推动教育革新的重要表现，还在于充分发挥学生的主体作用，利用学生对科技的浓厚兴趣，促进学生在“真情境”中探究“真科技”。这一教育目的的实现，则需要利用一切资源，支持学生开展丰富、优质的学生社团活动课程。深圳中学目前有科技类社团十多个，以深圳中学算法研究社为例，该社由信息学爱好者发起组建，致力于为深中师生传播、普及信息学与信息技术知识，充分利用学校链接的各种社会资源，为校内学生开展信息学科普讲座，编程学习工具使用课程、零基础编程课程等，目前社团成员有 100 多人。今年 9 月，社团邀请了国家超级计算深圳中心主任冯圣中研究员走进深中，为同学们带来了“迎接中国超算黄金时代”的讲座。活动结束后，同学们积极与冯教授互动交流，提问从量子计算机到超算架构细节，可谓天马行空。

丰富多彩的科技类课程与活动为学生开展自主、协作、探究式学习提供了保障，促使学生从知识的被动接受者向知识的主动发现者、建构者和传播者过渡。学生获取知识的途径和方法也从单一转向多元。这既能提高学生的科技意识，也为学生的个性发展和能力提升开辟了广阔空间。

科技赋能推动教育革新，落脚点是人的发展与创新人才的培养，深中在“科技+教育”的实践中取得了一系列丰硕成果。特别值得一提的是，2018 年深中 3 名学生的论文入选美国知名高中学术杂志——*Pioneer Research Journal*，是全球入选学生人数最多的学校（全球共 22 篇）。

深中学子在国际顶尖学术赛事中的亮眼表现，得到了众多世界著名大学的青睐。近三年，美国常春藤大学以及美国 TOP30 大学在我国各高中的招生人数，深中一直位于前列。

美国教育专家威金斯说：“学校教育的目标是使学生在真实的世界里能得心应手地生活。”也就是说，教育要使学生学会“解决真实情境中的问题”。当下，落实“真实的教育”要求我们在科技与教育双向深度融合与发展中，建构新型教育生态，不断推进学习方式、学习环境和教学组织形式的变革，唯此，才能面向未来，促进个体的发展。

2019 年 10 月 29 日

携手探索星空
——在北京大学天文创新实验室签约揭牌仪式上的致辞

尊敬的高原宁院士、杨金波书记、北大物理学院和天文系的各位同人：

大家上午好！

欢迎各位参加深圳中学与北京大学物理学院共建的天文创新实验室的云签约仪式。

深圳中学作为以深圳这座城市命名的中学，秉承“追求卓越、敢为人先”的精神传统，紧随国家和深圳特区的前进步伐，是深圳教育的窗口和文化名片。“建设中国特色世界一流高中，培养具有中华底蕴和国际视野的拔尖创新人才”是我们主动选择和承担的教育使命，“为学生搭建多元发展立交桥，让每个孩子都有出彩机会”是我们不变的育人初心与不懈追求。自1947年建校以来，深中累计为国家培养了四万余名初、高中毕业生，杨天骅同学就是其中的优秀代表。作为中国物理竞赛有史以来唯一一位在高一阶段就入选国家集训队和国家队的学生，杨天骅在第49届国际物理奥林匹克中一举夺魁，取得了个人总分第一、理论第一、实验第一的骄人成绩，高一时就被北京大学物理学院破格录取。

最优秀的人才能培养出更优秀的人，目前深中的教师队伍中就有40余人是北京大学优秀的硕士、博士毕业生。北京大学一直是无数学子心中的梦想学府，此次与北大物理学院携手创建天文创新实验室，对我们来说意义重大。天文学的发展是人类文明进步的重要组成部分，中国最早的诗歌总集《诗经》中就有记载：“维南有箕，不可以簸扬。”杜甫也有诗云：“人生不相见，动如参与商。”北京大学历史悠久、享誉世界，北京大学物理学院代表中国物理学教育的最高水平，北京大学天文系是中国天文学教育的佼佼者。深圳中学的天文教育起步很早，中国天文学会普及工作委员会早在1993年就在深圳中学举行过年会，腾讯创始人马化腾是深圳中学1989届校友，在校时他就是深中天文社的成员。

此次之所以能够与北大物理学院顺利签约天文创新实验室，要特别感谢胡剑老师。胡老师是清华大学物理系博士、德国Max-Planck天体物理研究所博士后，曾就职于清华大学物理系天体物理中心和中国科学院国家天文台。胡剑博士去年10月份入职深中，目前是深圳中学天文创新实验室负责人。天文创新实验室的揭牌只是一个开端，接下来我们将在深圳中学新校区共同筹建国内中学最高水平的天文台，共同开发天文课程、开展天文活动，为学生创造一个专业的天文学学习环境，打造基础天文教育的

“先行示范区”。

最后，期待与高院长、杨书记等北大同人携手为更多学子的成长之路点燃指路明灯，期待未来有更多的深中学子能够走进北大，成长为兼具中华底蕴和国际视野、创新精神和实践能力的高素质人才，为国家和民族的伟大复兴贡献力量！

谢谢大家！

2020 年 5 月 15 日

发展科学志趣，培养创新精神
—— 在清华大学朱邦芬院士工作站揭牌仪式上的致辞

尊敬的朱邦芬院士、王亚愚教授、阮东教授，各位同人：

大家上午好！

今天，我们非常荣幸地邀请到了清华大学朱邦芬院士在深中设立工作站。作为一位享誉世界的凝聚态物理学家，朱院士不仅学术造诣深厚，而且非常关心基础教育，尤其是拔尖创新人才的培养。当下，拔尖创新人才是国家国力提升的核心力量，是解决世界科技竞争领域“被卡脖子”难题的关键因素。

深圳中学作为以深圳这座城市命名的中学，自 1947 年建校以来，紧紧追随国家和深圳的前进步伐，大胆创新、先行先试，不断探索拔尖创新人才识别与培养的实践路径：1993 年，深中组织创办超常教育实验班；2003 年，启动以“新课程及教学”为平台的课程改革；2017 年，与华为合作设立“深圳中学-华为特殊人才奖”，在初高中阶段发掘并资助有特殊专长的天才、偏才、怪才；2020 年，再度与华为合作，联合开办“华为-深圳中学数理实验班”。

关于拔尖创新人才的培养，朱院士在实践中不断总结凝练的育人理念和经验，让我们受益匪浅。例如：“世界一流基础研究人才的培养，关键是要营造一个有利于杰出人才脱颖而出的良好环境。”近年来，深中在“建设中国特色世界一流高中”的办学定位和“培养具有中华底蕴和国际视野的拔尖创新人才”的育人目标的指引下，积极融合课程资源，拓展实践平台，力争为学生营造良好的科研氛围和学习环境。截至目前，学校已与北大、中科大、上海交大、华为、腾讯、大疆等著名高校、企业共建 18 个创新实验室和创新体验中心，涉及天文、生物、能源、人工智能等多个专业领域，但近代物理，尤其是量子物理方向仍是空缺。2018 年 4 月 14 日，清华大学副校长、著名物理学家薛其坤院士莅临深中大讲堂，为同学们带来了一场量子物理学的科学盛宴，拉近了中学生与神秘的量子物理之间的距离，也让我萌生了将量子物理实验技术引入中学的想法。这个构想当即得到薛院士的高度认可和大力支持，衷心感谢薛院士促成了此次深中与清华大学物理系及朱邦芬院士的合作。

清华大学英才辈出、人才济济，目前深中的教师队伍中就有 30 余人是清华大学优秀的硕士、博士毕业生，物理学科的 13 位博士中有 8 位来自清华。清华物理系量子物理的科研水平世界领先，后续我们将以工作站为平台，在清华大学物理系的指导下，不断提高同学们的实践能力和研究水平。

学生科学志趣和创新精神的培养是一个系统工程，一个好的平台固然重要，但更需要大师的引领。在形成工作站方案之初，朱院士便指出，“一定要切实发挥作用，不挂虚名”。朴实的一句话让我们窥见了一位科学家、教育家严谨的治学态度和工作作风。希望深中学子在大师的引领下，学会做研究，更要学会做人；希望通过此次工作站的设立，深中能在朱院士的指导下将拔尖创新人才的培养推向新的高度；期待未来有更多的深中学子圆梦清华园，领略“景昃鸣禽集，水木湛清华”的清华风采，传承“追求卓越，敢为人先”的深中精神，自强不息、奋斗不止，立德为先、成长成才，为中华民族的伟大复兴贡献力量！

谢谢大家！

2020年5月21日

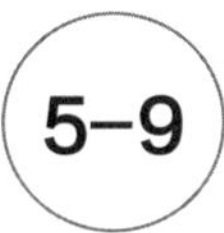

为培养青少年科创人才共同努力
—— 在南京大学创新实验室签约揭牌仪式上的致辞

尊敬的陆校长，尊敬的南京大学的各位老师：

大家上午好！

欢迎各位参加深圳中学与南京大学共建的先进光声功能材料实验室的云签约揭牌仪式。

南京大学是一所历史悠久、声誉卓著的百年名校，2017 年入选 A 类世界一流大学建设高校名单，是很多深中学子心中的理想大学。深圳中学创办于 1947 年，在建校七十周年之际，基于中国特色社会主义进入新时代和国家加快建设“双一流”的背景，确立了新的办学定位“建设中国特色世界一流高中”和育人目标“培养具有中华底蕴和国际视野的拔尖创新人才”。深中拥有全国最优秀的学生，他们个性鲜明、自信乐观、笃信好学、自主自律，他们善于思考、富于想象、敢于创新、乐于挑战。面对这样优秀的学生群体，我们有责任引进更多的海内外优秀人才、搭建先进的高端学术平台、营造优良的校园文化氛围，引领他们获得更好的发展。三年多来，我们不遗余力对学校的创新活动中心进行了大幅扩充和优化升级，截至目前已与北大、清华、华为、腾讯、大疆等著名高校、企业共建了 19 个创新实验室和创新体验中心，涉及数学、物理、生物、天文、人工智能等多个专业领域。这些优质的学术中心为教师提供了多元的专业发展平台，拓展了学生的学习空间，培养了师生的动手能力和创新精神。

纵观人类发展历史，创新始终是支撑一个国家、一个民族发展的核心动力，是推动人类社会进步的重要力量。大力提高青少年的创新能力，培养科技创新人才，对中国屹立于世界民族之林具有重要的战略意义。深圳中学七十余年的办学积淀，形成了开放自由、民主科学的校园文化，为科技创新教育的发展营造了适宜的氛围和充分的生长空间。南京大学在先进功能材料及其应用研究方面具有悠久历史和深厚底蕴，并且拥有国内唯一的声学本科专业和国家重点学科，在国际上享有盛誉。此次非常荣幸能与南大共建先进光声功能材料实验室，深中学生将借此平台近距离接触功能材料方面的前沿科技成果，并在两校老师的指导下参加相关竞赛活动、开展课题研究等。

南京大学和深圳中学交往密切，去年南京大学授予我校最佳生源基地，此次与我校共建创新实验室，同时授予我校“0 年级计划协同培养基地”。我和陆校长是一见如故的朋友，而且和南大也很有渊源——我到任深中校长后的很多理念和做法受益于南京大学匡亚明老校长的办学思想。匡校长对当代中国高等教育事业有重要贡献，做出了许多开创性的工作；他是吉林大学的重要奠基人，并曾两度出任南京大学校长，其间冲破束缚，延揽名师，注重传统文化教育，是新时期中国高等教育的代表性人物。受匡校长办学思想的启发，我们三年多来不拘一格、广纳贤才，大力引进海内外名校毕业生，学校目前有博士教师60余人，北大、清华毕业教师80余人，哈佛大学、牛津大学、剑桥大学等海外顶尖名校毕业教师20余人。匡校长为弘扬传统文化，率先在南京大学开设“大学语文”必修课，并在全国许多高校得到推广；而深中育人目标“培养具有中华底蕴和国际视野的拔尖创新人才”中所强调的“中华底蕴”也是期望在中学阶段培植学生的家国情怀，陶冶高尚情操。

最后，衷心感谢陆校长，是他的大力推动和辛苦付出，才促成了此次深中与南大的深入合作，希望两校为培养具有科学素养和创新精神的青少年科创人才共同努力，期待未来有更多的深中学子走进南京大学，感受百年学府的文化底蕴和学术魅力！

谢谢大家！

2020年6月18日

中西交融，共谋发展
——在与普林斯顿国际数理学校缔结友好学校云签约仪式上的致辞

尊敬的刘彭芝校长，

尊敬的美国普林斯顿国际数理学校、人大附中的领导和老师们：

大家上午好！

欢迎各位参加深圳中学与普林斯顿国际数理学校缔结友好学校的云签约仪式。普林斯顿国际数理学校拥有先进的教育理念和广阔的全球化视野，汇聚了来自世界各地出类拔萃的学生、能力超群的老师和才华横溢的研究人员。非常高兴，深中和普林斯顿国际数理学校正式建立合作，成为友好学校，共谋教育发展。

古人云："山积而高，泽积而长。"深中自1947年建校，尤其是改革开放以来，秉承兼容并蓄、博采众长的发展理念，不断开拓和优化深中多元课程体系，形成了以国家课程为核心的高考课程体系，以美国AP课程、英国A-Level课程为主体的国际课程体系和以培养数理化生物信息拔尖人才为目标的竞赛课程体系，融合资源、搭建平台，与华为、腾讯、大疆、北大、清华等著名企业、高校共建19个创新体验中心和创新实验室，为国内外高校输送了大量优秀人才。国内顶尖大学的录取人数近年来常居广东省第一。海外录取综合数据居全国前列，近四年有三人获哈佛大学录取。2018年，杨天骅、薛泽洋获第49届国际物理奥林匹克（IPhO）金牌，聂翊宸获第50届国际化学奥林匹克（IChO）金牌；2019年，朱冠宇获第32届国际青年物理学家锦标赛（IYPT）金牌，深中代表队获2VEX机器人亚洲锦标赛金奖；2020年，彭也博获第36届中国数学奥林匹克第一名，黄飞扬获2020丘成桐中学科学奖全球总冠军，李昊原获全美生物与健康未来领袖挑战ATC-生物化学科目全球第一，深中代表队获国际基因工程机器大赛（iGEM）高中组金奖。

"独行快，众行远。"深中坚持开门办学，与美国普林斯顿国际数理学校、芬兰耶尔文佩高中、德国萨尔兹曼外语学校等海外著名高中建立合作。2019年12月，人大附中原校长刘彭芝莅临深中指导。借此机会，感谢刘校长牵线搭桥，感谢人大附中各位促成并见证此次深中与普林斯顿国际数理学校缔结友好学校。

"千人同心，则得千人之力；万人异心，则无一人之用。"今天的世界，互联互通、休戚与共，因此加强交流、取长补短，是学校做好教育的应有之义。希望两校在今后的合作中，碰撞出更多的中西文化交融的火花，共同为世界一流大学输送更多优秀学子，为国家、为人类培养更多杰出人才。

谢谢大家！再次感谢刘校长，诚邀各位莅临深中参观交流。

2021年1月8日

自强成就卓越，创新塑造未来
——在“清华大学基础学科拔尖创新人才大学中学衔接培养基地”授牌仪式上的致辞

尊敬的钟海旺教授、马文渊老师，尊敬的各位老师，亲爱的同学们：

大家下午好！

很荣幸，深圳中学被清华大学遴选确认为第一批“拔尖创新人才培养基地”，我代表全体师生向清华大学对深中的高度认可和大力支持表示衷心的感谢！

作为以深圳这座城市名字命名的中学，深圳中学自1947年建校以来，紧紧追随国家和深圳的前进步伐，大胆创新、先行先试，不断探索拔尖创新人才识别与培养的实践路径：早在1993年，深中就组织创办初中超常教育实验班，致力于发现、培养有潜力的资优儿童。2017年，在国家加快建设“双一流”的背景下，在国家急需大批拔尖创新人才不断突破发展瓶颈的形势下，深中主动担当，提出“建设中国特色世界一流高中”的办学定位，致力于“培养具有中华底蕴和国际视野的拔尖创新人才”。

为了实现办学定位，深中对标世界一流，研制《深圳中学中国特色世界一流高中建设方案》等系列文件，依照详细的行动方案，近年来，围绕拔尖创新人才培养，在师资队伍建设、课程改革、国内高考、学科竞赛、创新教育、国际教育、艺体教育、校园文化、服务社会等方面取得丰硕成果。2017年以来，深中获清华、北大录取总人数全省第一。2018年，杨天骅、薛泽洋获第49届国际物理奥林匹克（IPhO）金牌，聂翊宸获第50届国际化学奥林匹克（IChO）金牌；2019年，朱冠宇获第32届国际青年物理学家锦标赛（IYPT）金牌；2020年，彭也博获第36届中国数学奥林匹克第一名（满分），黄飞扬获2020年丘成桐中学科学奖全球总冠军；2021年，何思源等6人入选2021年清华大学丘成桐新领军计划（全国录取69人），冯晨旭、彭也博入选第62届国际数学奥林匹克中国国家队（全国6人）。

这些成绩的取得，离不开深中营造的优良育人环境。正如清华大学朱邦芬院士所言：“世界一流基础研究人才的培养，关键是要营造一个有利于杰出人才脱颖而出的良好环境。”在这方面，清华大学一直都给予了深中大力的支持与帮助：自2017年以来，清华学堂钱学森力学班创办首席教授郑泉水院士，时任清华大学副校长、著名物理学家薛其坤院士，清华大学生命科学学院教授施一公院士，清华大学物理系教授朱邦芬院士，清华大学丘成桐数学科学中心主任、菲尔兹奖获得者丘成桐院士先后莅临深中大讲堂，为深中学子带来科学盛宴；其间，深中与清华物理系和朱邦芬院士合作，共建朱邦芬院士工作站。今天，我们非常荣幸，再次与清华携手，以“拔尖创新人才培养基地”为平台，联合加快培养基础学科拔尖创新人才。

自强成就卓越，创新塑造未来。未来，深中希望能与清华大学一道，在初高中阶段积极探索培养拔尖创新人才的机制和模式，发现、孕育并系统培养人才苗子，建构一个符合人才成长规律，并与高等教育接轨的完整教育链，从而实现“涵养拔尖创新人才的‘蓄水池’、强化大学中学衔接培养的‘推进器’、奠定大学中学衔接的‘攀登梯’”，不断将拔尖创新人才的早期培养推向新的高度；期待未来有更多的深中学子传承“追求卓越，敢为人先”的深中精神，自强不息、奋斗不止，立德为先、成长成才，为中华民族的伟大复兴，为人类文明的持续进步贡献力量！

谢谢大家！

2021 年 5 月 20 日

在首届深港教育融合创新研讨会上的主持词

（根据录音整理）

尊敬的各位嘉宾：

大家上午好！

我再回应一下香港中文大学侯校长。2019 年 12 月 3 日，PISA2018 测试结果公布，中国四省市（北京、上海、江苏、浙江）作为一个整体，取得了阅读、数学和科学全部三项科目世界第一。而在此前一次的 PISA2015 测试中，中国四省市（北京、上海、江苏、广东）作为一个整体参赛，排名第十。

然而，三年之间 PISA 排名的大幅攀升，就意味着中国基础教育已经大幅进步并已然站上了世界基础教育金字塔的最顶端吗？

回首中国四次 PISA 之路，2009 年、2012 年上海单独参加，全世界第一。近两次北京加上东部沿海经济、文化、教育最为发达的三省市参加，而没有涉及广大的中西部地区。那么，以这样方式求出的平均数，不能代表中国整体的基础教育水平。

以参加 PISA2018 的四个省市为例，作为中国政治文化中心的北京和作为经济金融中心的上海，这两座城市本身就具有超强的教育实力，而且江苏和浙江两个省自古以来就是文化教育强省。早在唐代，大诗人韦应物就已这样赞许："吴中盛文史，群彦今汪洋。"据统计，自隋朝施行科举制度以来，从江苏和浙江两省走出的状元最多；有院士制度以来，诞生两院院士最多的省份也是江苏和浙江。截至目前，获得诺贝尔奖科学奖项和文学奖项的华人有 11 位，除了杨振宁来自安徽，丁肇中和朱棣文在美国出生，李远哲来自台湾，崔琦来自河南，高行健来自江西，莫言来自山东，其余四位均来自江苏和浙江，他们分别是：李政道、钱永健、高锟和屠呦呦。9 位华人获诺贝尔奖科学奖，2 人在美国出生，4 人来自江浙。由此可见，PISA2018 的世界第一虽可以说明一定的问题，但若想展现中国基础教育的全貌，至少需在沿海、中部和西部等省市地区分别选出一部分有代表性的学生组成被测样本才有可能实现。

在第一场论坛中，我们对教育未来的展望令人振奋，对创新教育前景的讨论深刻而又富有指导意义。接下来，由我担任第二场主题论坛的主持人。

第二场论坛的主题为：关于深港融合，带动全球创新。在此次论坛中我们会主要探讨：

- 如何更好地整合深圳和香港的资源，推动全球创新；

- 如何继承香港优质学校的教育基因，与国家课程做好有机结合；
- 如何共同推进深圳和香港的科创教育。

深圳和香港一衣带水，相互支持、共同发展，在经济、基建、科创、民生和生态环境的沟通合作方面拥有互惠共赢的良好基础。近日，林郑月娥女士在2021年度的施政报告中更提及香港北部都会区的发展战略：港深两地将紧密互动，拟建连接深圳前海铁路，使两地相互连接，形成“双城三圈”的空间格局。地理空间的连接直接催化两地经济、文化的沟通，将进一步促进深港两地的深入交流，协作共赢。

在第二场论坛中，我们非常荣幸地邀请到了来自香港教育界的权威人士，他们将为我们分享他们关于深港融合，带动全球创新的独到观点。

接下来有请第二场的第一位嘉宾：

孔美琪博士是一名经验丰富的教育家和领导者，她是香港沪江维多利亚学校总校长、中国维多利亚教育集团总校长、担任原世界学前教育组织OMEP主席、香港中文大学校董。她今天为大家分享的主题是“以人为本，共创深港教育新格局”。

［10:50—11:03　孔美琪女士发言（约13分钟）］

感谢孔博士的精彩演讲，孔博士让我们看到：在教育大局的变革与发展中，“人”将作为我们持之以恒、坚定不移的核心关注点。而在新时代的背景下，我们的素养教育将怎样助力人的发展。对于教育工作者而言，我们又该如何培养人才？

接下来有请李子建教授，李子建教授是香港教育大学学术及首席副校长及课程与教学讲座教授、可持续发展教育中心联席总监、卓越教学发展中心联席总监。他分享的主题是“深港融合，带动全球创新：素养教育与人才培养的视角”。

［11:03—11:16　李子建教授发言（约13分钟）］

感谢李教授的精彩分享，“立德树人，文以化人；做人第一，学习第二”，这是博雅教育的核心所在。李教授为我们勾勒了素养教育未来的发展蓝图，并指出了教育工作者在人才培养中的巨大作用。教育是个体的教育，却更与时代的走向息息相关。

在深港融合的时代背景下，大湾区的教育融合该走向何方？接下来，我们有请上海民办包玉刚实验学校创始人兼常务副理事长、香港环球教育集团总裁、上海市政协委员包文骏理事长带来他的分享，他分享的主题是“大湾区教育融合：人心回归的基石”。

［11:16—11:29　包文骏理事长发言（约13分钟）］

包文骏理事长的发言让我们更深刻地感受到，中华传统文化教育的意义和价值。在今日的历史坐标上，在大湾区独特地理位置中，融合教育的发展前景与趋势。教育的发展离不开科技和创新，深港两地拥有丰富的教育资源，如何继承这些优质资源，为未来创新教育赋能，接下来我们有请原香港津贴中学议会主席、原香港大学校董、城市大学校董、宣基中学校长潘淑娴博士带来她的分享，分享主题是“如何在深港两地共同推进科创教育”。

［11:29—11:42　潘淑娴博士发言（约13分钟）］

感谢潘博士的分享。深中的科创教育国内领先，我们与著名大学和企业共建21个创新实验室和创新体验中心，学生在世界大赛中屡获殊荣，相信科创教育会极大推动深港两地的教育融合和创新。

感谢嘉宾们精彩而又翔实的分享。“各美其美，美人之美，美美与共，天下大同。”深港融合是时代使命，更是对创新教育者的巨大挑战和绝佳机遇。至此，我们第二场主题论坛环节结束。最后，请孔美琪博士来为本次论坛做总结演讲。

2021 年 10 月 23 日

第六辑

为者常成

——志存高远　向阳而生

少年意气风发时，不负韶华行且知。同学们，你们是新时代的中国青年，正处在中华民族发展的最好时期，既面临着难得的建功立业的人生机遇，更面临着“天将降大任于斯人”的时代使命，请各位一路同行，驰而不息，你们的人生必因责任而充实，因充实而饱满，因饱满而光辉。

6-1

2017，我们必将更加美好
—— 在2016—2017学年第二学期初中部开学典礼上的演讲

尊敬的各位老师、亲爱的同学们：

大家早上好！

新春伊始，万象更新！在新学期开学之际，我谨代表学校向全体老师和同学们致以最诚挚的问候，同时衷心祝愿我们的学校、老师和同学们在新的一年里取得新的成功，获得更大的发展。

我非常高兴，在2017年——深中即将迎来她的70岁生日时来到了深中，与全校师生一道携手同行，共创深中辉煌。

办学70年，深中早已形成自己独特的气质和文化。深中精神，是支撑、引领一代又一代深中人不断进取的基石与灯塔。今天是新学年的第一天，我给各位师生讲讲三位深中人的故事，与大家共勉三句话。

第一句话是：心之所想，力之所及。

成功不仅需要奋力拼搏，更需要一份坚持不懈的动力支持。当心存念想时，就能做到心无旁骛、专心致志，你的生活永远充满奋斗的力量。

光启研究院的院长刘若鹏，是我们深中2002届的校友。“小时候看科幻片，总是思考什么时候能把那些酷的东西制造出来。”这是刘若鹏最初的愿望，带着这个梦想、带着对物理的热爱，一路走来，创立了光启研究院，光启研究院已经成为未来科技创新的引领者。同学们熟悉的隐身衣、马丁飞行包等都是光启研究院的作品。去年12月底，在我校28名师生代表与光启研究院展开的一场特别的交流互动活动上，刘若鹏说，深中为他打牢了数理化的基础，才有他今天的成就。同时，深中对学生自主性的重视，也让他在求学期间能更积极更主动地去发现问题、解决问题。

对深中学子来说，刘若鹏校友今天的成就是有非常大的启发性意义的。他今天的成就离不开他对生活和科技的热爱，离不开他对梦想执着的追求。而他对社会对国家那一份强烈的责任感和使命感也在驱使他不断前进。

期望深中学子，向往自己心中的阳春白雪，不妥协于现实人生的挫折与灰暗。人生就是不断重新开始的过程，随时都可以有新的开始。只要我们坚持心中的梦想，我们的人生就会充满希望。不要在“心想事成”之前放弃最初的念想。成功不仅需要奋力拼搏，更需要一份坚持不懈的动力支持。坚持心之所想，最终将成为力之所及。

第二句话是：不以聪慧警捷为高，而以勤确谦抑为上。

对于一个人的发展与成长而言，天赋、环境、机遇、学识等外部因素固然重要，但更为重要的是自身的勤奋与努力。

寒假期间，我拿到了同学们手中都有的一本册子：《2016 年深中初中荣誉学生档案》，这本册子收录了 20 位深中学子的成长档案。其中一位同学给我留下了深刻的印象。这位同学在初中三年参加了角尖社团、科学社、创客社团，和小伙伴们在科学社制作了粉尘喷火器，在学生会、团委担任职务，是学长团的成员。他刚进校时，成绩并不是特别优秀，但他学习特别努力，他会针对自己的薄弱科目进行有针对性的学习，还很喜欢跟同学讨论、研究怎样学好每一科。历史科目，每节课后他都会花半个小时左右时间整理课堂笔记，三年下来笔记达到数万字。他的物理老师说："班里有些学生虽然热爱学习，但对于平时的作业，会有些马虎应付，而他每一次物理作业都是认真完成，书写工整，字迹优美，我对他作业的评价是，比标准答案还标准。"他的体育老师说："他刚开始练引体向上时，经常在练习中把自己的手掌磨破了皮，还没等手掌上的皮长好，戴着手套又开始练习。在练习过程中，还经常与同学一起研究可行、有效的动作，探讨练习方法怎样才更有效。"他的班主任说："在学习上，他不懂的地方自己就想要钻研透，比如做完作业之后，他可能会花一两个小时再去考虑这个难题，会寻求各方面资源，比如上网查资料、寻找老师和同学的帮助，每一门学科都会找到更擅长的同学。"

我所说的这位同学是 2016 年我校中考状元姚文涛。

现在姚文涛同学在荣誉体系高一（19）班，他不忘初心，继续以他的勤奋与刻苦，专注与严谨，探究与实践的精神开始高中的生活，在上学期的 9 科总分排名期中考试年级第二，期末考试年级第一，也将在本学期赴上海参加"登峰杯"全国中学生结构设计竞赛。

有人曾经说过：世界上能登上金字塔顶的生物只有两种：一种是鹰；另一种是蜗牛。不管是天资奇佳的鹰还是资质平庸的蜗牛，能登上塔尖，极目四望，俯视万里，都离不开两个字——勤奋。著名数学家陈景润，在六平方米的住处终日辛劳，奋战十年，才在数学王国里为研究哥德巴赫猜想做出了杰出的贡献。同样，勤奋也是他的座右铭。$1.01^{365}=37.78$，$0.99^{365}=0.03$，日进一厘则丰盈，日损一厘则消弭。很多时候，一个人的能力高低并不是最重要的，最重要的是，你要以勤奋的态度面对生活，付出汗水，终会有回报。

第三句话是：发现自我，发展优势。

每个人都应该各有兴趣，各具特长，在自己喜欢的领域尽情地发展，成为各自选择方向路径上的未来领导者。

我曾经看过这样的一个论断："判断一个人是否成功，最主要是看他能否最大限度地发挥自身优势。通过研究发现，人类有 400 多种优势。这些优势本身的数量并不重要，重要的是应该知道自己的优势是什么，之后要做的则是将你生活、工作和事业发展都建立在你的优势上。"

寒假期间，我到机器人实验室看望正在备战 FRC、FTC 机器人比赛的老师和同学，结识了一位来自初中部的学生，现实验体系高一（13）班的胡镕博同学。在交谈中，可以感受到他的思维活跃、想象力丰富，也感受到他是喜欢思考问题和提问题的孩子。从 2009 年自制日全食观测镜赴武汉成功观看到长江流域日全食开始，用胡镕博自己的话说，就走上了“创客的不归路”；初一那年第一次参观制汇节（Maker Faire），在一群年龄比自己大不少的顶尖创客中间，胡镕博第一次产生了“我就是一名创客”的身份认同感；随后他把柴火空间的创客星火引到深圳中学初中部，在 2014 年 7 月成立了全国年龄最小的创客平台——星火创客空间，自此，他带领不少同学成为小创客，在学校开展各类创客活动，创办了创客节，不少同学参加了国内外的比赛获奖。虽然上高中后学习任务更重了，但是他还继续自己的爱好，是高中星火创客空间和机器人社的活跃成员。现在，他带领高二、高一的 9 名同学正在研发“掉头湾”项目，此项目在今年深圳市的“两会”上引起了政协委员们的广泛关注。今年他还将与他的同伴们参加今年的国内外的相关比赛。

胡镕博同学在创客的天地里，享受新发现、新体会，追寻他的幸福。

独特的优势，就是个性，它是人生作品的来源。

培养和发展自己的优势，就是享受人生。

这个学期，学校也将加大与重点高校、高新企业的合作力度，为同学们提供更多、更好的创新平台。学校同时还将加大对有潜质学生的培养力度，使同学们能够在各种类型的比赛中脱颖而出。期待每位深中学子勇敢地去尝试，尽力开阔自己的视野，自主发现和实现个人潜能，成为最好的自己。

新的学期，又带着新的期盼上路。

“把握生命里的每一分钟，全力以赴我们心中的梦，不经历风雨，怎么见彩虹，没有谁能随随便便成功……”这首名叫《真心英雄》的歌诠释了成功的来之不易。

走稳每一步，走实每一天，才能让梦想之花绽放。

不以聪慧警捷为高，而以勤确谦抑为上。

培养和发展你的优势，就是书写你人生的作品。

新的学期，让我们一起努力，共同谱写深中发展的新篇章。

2017，我们必将更加美好！

2017 年 2 月 13 日

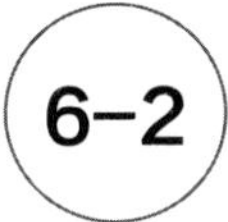

实现你的无限可能
——在2016—2017学年第二学期高中部开学典礼上的演讲

尊敬的各位老师，亲爱的同学们：

大家早上好！

今天是春季学期的开学典礼，也是我和同学们第一次正式见面。首先，我想说一说自己和深中的缘分：1992年研究生毕业时，差一点来深中工作；2001年，差一点来深中做校长。以前，我和深中有“差一点”的缘分。不过这一些“差一点”的遗憾，被后来经常来深中给学习数学奥林匹克的同学上课弥补了不少。深中的同学给我留下了非常深刻的印象：刻苦勤奋、善于思考、愈挫愈勇。今天我非常高兴能与深中成功结缘，加入这个大家庭，成为一名光荣的深中人。

以前我对深中所取得的成绩是有所了解的，但仅仅是从竞赛成绩、高考升学率这些角度去看深中的教育，只能看到深中教育的“皮毛”。我对深中保有很大的兴趣和好感，不仅是因为深中获得了多少金牌，更重要的是，她是一所围绕学生发展的真实需要而设计教育、实践教育的学校，并因此培养了一大批“个性鲜明、善于思考、敢为人先、勇于实践”的深中人，我觉得这才是深中教育的“内里”。这段时间，我正在进一步了解深中的历史及现状，尤其是从“发展中的人”这个视角，思考了深中正在发生的，以及未来的教育。

寒假我与高二、高三和已经毕业的几个学生聊天，听了听他们的想法。他们都能感受得到教育者给予他们的期待——希望他们成为一个有成就的社会人，也觉得这对他们的成长有积极作用；但同时，他们觉得这种期待并不是成长中最需要的。至于什么是他们在成长中最需要的，答案也各有不同。一个同学说，“我走不动的时候，有人拉着我。”另一个同学说：“其实我自己也不知道我到底需要什么。”一个毕业两年的学生则说：“看见我的可能性”。

“看见我的可能性”，这个年轻人的这句话警醒了我。这句话让我一下想到了我个人教育生涯中遇见的很多学生。和他们共处的经历让我理解“看见我的可能性”这句话。它包含了两层意思：一是不以一个学生目前表现出来的水准，推断他的能力上限；二是相信一个青年的人生道路，可以有更丰富，也更自由的选择。

前几天，深中2010届毕业生艾辛来看我。艾辛同学是深中优秀毕业生，初中、高中均就读于深圳中学，我们是因为数学奥赛有了师生之谊。他高中期间曾两次获得全国高中数学联赛一等奖，在2010年北京大学自主招生考试中获得全国第一名，被录取到北京大学数学科学学院。2014年从北京大学毕业后去美国斯坦福大学留学，如今在Facebook

工作。我问艾辛深中带给他最大的影响是什么，他说，在深中学习的六年对他的影响是深远的，其中最重要的是，帮助他探索和发现了自己的兴趣，认识到选择的多种可能性。艾辛表示，在高中阶段他就有了出国留学的想法，但是因为对数学的热爱，因为专心于竞赛而放弃了直接出国这条路。之后不管是选择去北大学数学，本科毕业后去斯坦福大学学统计学，还是毕业后选择去 Facebook 工作，他都是遵循自己的兴趣和热爱，也在最大程度上，在每个阶段实现了自己发展的最优可能。

站在一个“知天命”的人生阶段，我仍旧愿意看见生命的更多可能性。我不就来到了深中，遇见了你们吗？所以我也坚信你们人生里的无限可能。我问过自己一个问题：成为一个校长时，期望自己心目中的学生是什么样子的？思考良久的答案是：没有什么固定的样子。为什么？从事教育的经历让我知道，没有任何两个学生是一样的。我知道，不管我的期望是什么，那个期望都只是我的，而不是你们的。而教育重要的任务是帮助一个人成为他自己，实现每个人自己的无限可能。我希望能够创造更多的机会，让深中人，包括老师和同学们，能在深中对自己成长和发展的可能性有更多的认识和了解，有更多自我肯定和自我实现的体验，最终成为自己想成为的样子。

我还想很诚实地说，年龄和经历的差异让我不可能理解大家的全部，尤其是同学们的体验、感受和思考。了解这个事实很重要。这是我们沟通和交流的现实基础。我不会假装我什么都能理解，但是我会努力去感受，保持开放的态度去沟通，我将尽力完整地看见你们——充满了各种可能性的你们。我更希望我们一起努力，让深中变得更好的可能性成为现实！

祝老师们新学期身心愉快、幸福安康！祝同学们新学期福慧增长！

谢谢大家！

2017 年 2 月 22 日

为者常成，行者常至

——在2017届高三毕业典礼上的演讲

尊敬的各位家长、老师们，亲爱的2017届全体毕业生：

大家上午好！

今天是6月11日，这是同学们人生中十分特别的一天：你们将要告别母校，踏上新的征程。请允许我代表学校向你们表示最诚挚的祝贺，祝贺你们顺利毕业，并为你们更加精彩的明天祝福，同时也要向陪伴你们一路走来的老师、父母和亲朋好友致以最崇高的敬意！

还记得初入深中时的兴奋吗？那年凤凰花开，你们第一次踏入了校园；如今伴随着凤凰花又开，你们将告别母校。时光总是匆匆飞逝，仿佛一切都还在昨日，却在转瞬之间就到了和它说再见的时候。难忘的晒布岭，难忘的凤凰木……学校的一砖一瓦、一草一花，想必都给你们留下了难忘的回忆，因为这里定格着你们无悔的青春年华。今天，你们将从这里出发，去探索新的世界。但是无论你们未来走到哪里，深中都是你们永远的家。

空间上的深中是有限度的疆域，无论是深中街18号还是书院街6号，你们一定用脚丈量过很多次。而我希望你们可以如同前辈校友们一样，不断拓展深中的精神疆域，让深中的外延变得更加辽阔，努力锻造深中宏大的精神气魄。

刚刚结束的高考，是你们经历的第一场人生大考，无论结果如何，你们都是胜利者，因为你们经历了一场艰苦的考验，用青春和智慧书写了一张精美的人生答卷，没有遗憾地迈向新的征途！在你们即将启程的时刻，作为深中的长者，我想送你们六个“锦囊”，当你们未来遇到困难，抑或是迷茫无助的时候，记得打开锦囊，期待会对你们有所帮助。

第一个“锦囊”：希望你们永远不要放弃求知的欲望。高中毕业不是学习和修为的终结，“修身正己”这门功课理应贯穿人的一生。有人到了大学便放纵自我、混沌度日，我想这不该是深中学子应有的姿态。要知道不管是远方，还是近旁，都有无数的未知等待你去发现。无论何时，你心中都要有探究的欲望，它使你总想走过去，再走近一点，一探究竟；它使你永不满足现在的自己，它使你任何一刻抬起头，都能看到理想的模样。

第二个“锦囊”：希望你们永远保持生命的纯粹底色。在功利主义抬头的时代里，葆有超越功利的执着非常不易，但它却能构成生命的纯粹底色，让你时刻忠于本心，不会随波逐流，不会迷失自我。同时，它也会让你时刻不忘给自己的人生找点乐子，陶醉其间，超脱尘俗。未来的日子，不奢望你一定要风生水起，但千万不要活得了无生趣。我希望你们都能追求有格调的生活，享有层次丰富的人生。

第三个“锦囊”：希望你们永远“务实笃行”，牢记“久久为功”。不要只想“大问题”，要时时做好“小事情”。古人说：“任何学问，远望皆如一丘一壑，近观则皆成泰山沧海。”纵使你有经天纬地之才，拔山超海之力，都必须身体力行，努力奋斗。告别高中时代，告别父母的庇护与师长的扶持，小烦恼和大麻烦都有可能接踵而至。这时你要牢记“久久为功”，要知道：欲做精金美玉的人品，定从烈火中煅（锻）来；思立揭地掀天的事功，须向薄冰上履过。

第四个“锦囊”：希望你们永远“慎思明辨”，保持独立的思考。在这个资讯爆炸的时代，纷繁芜杂的信息冲击着我们的视听，未经审查的成规和习惯羁绊着我们的思想。在怀疑的时代里，做冷眼旁观的批判者、随心所欲的解构者，太容易了；做有良知、有底线、果敢明达的建构者，太难了。而我希望，你们能够成为后者。

第五个“锦囊”：希望你们永远尚德守正、庄敬自强。无论在任何时候，希望你们公平待人，不可恃强凌弱，更不可损人利己。自觉维护公平正义，常存悲天悯人的情怀，在人情浇薄的世界里坚持做一个有温度的人。

第六个“锦囊”：希望你们永远铭记对社会、历史、民族的担当。金庸先生有言“侠之大者，为国为民”。生命的意义不在于对生活苦难的规避和对物质享受的追求，而在于精神理想的高远和对美丽心灵的向往。在未来的日子里，我不希望你们成为一个精致的利己主义者，要将“小我”活成“大我”，如宋代张载所说，“为天地立心，为生民立命，为往圣继绝学，为万世开太平”。希望你们在广阔而深邃的时空格局中定位自己，做一个真正对社会有价值的人。

各位同学，在我心中，你们都像是我的孩子。当我默念你们的名字时，我都默默祈祷你们都能不负此生。谢谢你们的到来，你们的热情与活力、智慧与美好都将在深中的精神图谱里留下绚烂的一笔！也许，某年某月，你又走到了晒布路口；某事某情，又让你梦回凤凰树下。无论怎样，都请你们记住：深中永远都是你们的家！希望你们在未来的每一天里，都能把我们的深中精神内化于心、外化于行，走出自己的精彩人生，让青春在这个全新的起点重新出发吧！

为者常成，行者常至。

愿你们：

初心相随，方能征途渐远；

一念执着，写就无悔青春。

谢谢大家！

2017 年 6 月 11 日

以梦为马，不负韶华
——在2017届初三毕业典礼上的演讲

亲爱的同学们、老师们、家长们：

大家好！

今天是一个美好的日子，我们在这里隆重举行深圳中学初中部2017届全体学生的毕业典礼。在此，我代表学校向所有毕业生致以最热烈的祝贺！向辛勤培育你们的家长、悉心教导你们的老师，以及关心帮助过你们的每一位朋友，致以衷心的感谢和崇高的敬意！

三载花开花落，离别不期而至。站在这里，与大家一样，我只是觉得岁月匆匆如流水，它带走了三年的荏苒时光，却带不走同学们难忘的青春回忆。三年来，你们给深中留下了很多十分珍贵的时刻：有失败的懊悔，更有成功的喜悦；有拼搏的汗水，也有喜悦的笑颜；这一切的一切都会被定格为深中的美好记忆。

转眼间，你们将要离开母校，踏上新的征途。我希望同学们在未来的日子里要牢牢记得三年来母校给你们的殷殷嘱托，纵然有千言万语、万语千言，奈何时间有限，我把它们浓缩为以下的三句话，送给在座的毕业生们。

首先，请同学们保持这三年积蓄的成长力量。

初中三年，是你们成长和蜕变的三年。三年前，同学们刚刚踏入校园，还拖着童年的尾巴，稚嫩天真；现在看看在座的各位，变得愈发成熟，愈发稳重。然而，如果只是谈年龄的增长和身形的变化，那么对于“成长”的理解就太狭隘了，成长最为灿烂夺目的地方在于：它是一种知识的进阶，思想的铸造，人格的升华！

德国著名作家君特·格拉斯在他的长篇小说《铁皮鼓》里塑造了一个不愿长大的人——奥斯卡。他发现周围的世界太过荒诞，就暗下决心要永远留在童年。冥冥之中，有种力量成全了他的决心，所以他变成一个侏儒。最后，他改变了这种内在的决心，重新获得了生长的力量。

同学们的这三年，就是在积蓄这种生长的力量。

三年里，你们在课堂上、在运动场上、在舞台上，一次又一次地创造出属于自己的精彩，一步一步成为最优秀的自己。

三年里，你们开始用开阔的眼光看待周遭的世界，不再局限于自己狭小的圈子里。你们也开始抬起头来，想仗剑走天涯，看看世间的繁华。

三年的成长，有坚持、有担当、有感恩、有梦想，学校、老师、家长为你们感到骄傲，希望你们带上这些成长，在下一段旅程中气宇轩昂。

其次，请同学们保持深圳中学的气韵和精神。

深圳中学的精神具有十分丰富的内涵和底蕴，而我今天要跟每一位毕业生分享的是深中精神中比较重要的一点——“追求卓越，敢为人先”。

“追求卓越”不是为了跟别人攀比，而是在自己的世界里，绝不因为满足现状而停下前行的脚步。正如乔布斯在斯坦福大学演讲中提到的一句话：求知若渴，虚怀若愚(Stay Hungry，Stay Foolish)，这就是对不断“追求卓越”的最好诠释。

那么，“敢为人先”的意义又是什么呢？“敢为人先”看起来重在“敢”这个字，强调一种勇敢；其实，更重要的是“先”这个字，也就是一种创新的精神。“敢为人先”不是逞匹夫之勇，不是盲目地标新立异、特立独行，而是以创新的精神打破教条，先声夺人。正如《周易》中所讲，“日新之谓盛德”：不断地革新，就是一种高尚的品德。

最后，请同学们保持慎思明辨的人生态度。

在当今瞬息万变、纷繁复杂的社会，同学们要时刻保持清醒的头脑，保持对周遭环境的清醒认知。清醒者，明白自己所想，知道自己所在，懂得自己所能，深知自己所需，就能活出自己的节奏。

希腊神话中有个人物叫代达罗斯，他和他的儿子伊卡洛斯被困荒岛，为了逃跑，父子二人用蜡做成了翅膀，打算像鸟一样飞离小岛。伊卡洛斯对飞行感到极度兴奋，不顾父亲的警告，越飞越高，因为太靠近太阳，翅膀被太阳融化，跌进大海，溺水而亡。

年轻的你们也在生命的天空飞翔，未来的日子里，请记住别让周围的事物融化了你们的翅膀。

再见了，2017 届的毕业生们！今日是离别，更是起航。我为你们的明天祝福：愿你们的下一站依然精彩！愿你们以梦为马，不负韶华！

谢谢大家！

2017 年 6 月 27 日

从深中出发丈量世界
——在 2017 年新生入学典礼上的演讲

亲爱的老师们、同学们，尊敬的家长朋友们：

大家下午好！

热烈欢迎大家来到深中，成为深中大家庭的一员。和我一起迎接大家的是深中美丽的新校园，新的 B 栋，以及很多深中校友喜欢和怀念的“钥匙妹”。在刚刚过去的暑假里，为了保证开学的各项工作顺利进行，为了以更好的校园面貌迎接大家，学校领导、相关负责人以及很多辛勤的劳动工作者风雨无阻，施工不停，感谢这些在背后默默付出的无名英雄！上午已经欢迎过大家一次了，给大家开了一场《漫谈数学学习》的讲座，下面我演讲的题目是：从深中出发丈量世界。

今年我特别高兴加入深中这个温暖的大家庭。在我心里，这是一所充满无限活力的学校，而这种活力，源自身在其中所有深中人所散发的生命力，就像我看到的在座的每一位这样，风华正茂、朝气蓬勃。深圳中学致力于培养具有丰富生命力的人：他们能自主发现和实现个人的潜能，成为他们最好的自己，而且他们无论身处何处，都能尊重自己，关爱他人，服务社会，造福世界，并乐在其中。我这段时间在校园里所接触的学生，无一不是此段话的明证。

深中微信公众号上半年开辟了“深中学子”专栏，从各个角度展示了你们将要经历的深中生活。对这些学子的所有采访文本都已汇编成册，书的名字是《走进著名大学：深圳中学学子成长启示录（2017）》，这本书将在校庆之际正式公开出版。

被武汉大学、新加坡国立大学、麦吉尔大学录取的刘尚科同学说：“刚进入高一时学长学姐就告诉我们，深中的选择实在是太多了，要学会选择，更要学会放弃选择的权利。”“当我真正投入我的深中生活时，我才发现这句话是多么正确，多么重要。”

被香港大学多元卓越计划录取的房存龄同学在没有来深中时听过一句话，“深中生活太精彩了，以至于怎样过都是一种浪费”，三年体验之后他说，“深中是梦想开始的地方，深中生活之所以如此精彩，在于它将选择权尽可能多地交给学生，让学生在自主的选择中不断地思索自己究竟要成为一个怎样的人，从而建立起坚实的自我，成为一个富有生命力的人。”

同学们，高中生活本身就是从确定性思维到批判性思维，从随流从众到内心觉醒的转变过程。学会选择、走向独立，是你们人生必经的道路。社会新闻中的无数例子告诉我们，不想学会选择，也不想自己承担责任的孩子，在离开高中进入大学后，也不会知道如何独自面对更加自主的学习和生活。选择，承担责任，这些青少年时期的重要主题，都是需要学习的。与其将来被动学习这些重要内容，我希望在座的每位同学，从今天开始自觉地走向独立，不要害怕失败，更不要拒绝改变，从深中的底线和规则中，在多元与宽容的环境中，主动学会选择，学习承担责任。

丰富多元的深中就是由许多像刘尚科、房存龄这样一个个独一无二的生命个体构成的。这里看起来可能不像很多学校那样规则严格，但是在深中的自由氛围中，自有其井然的秩序。这种秩序，源于一个信念：真正的教育是建立在信任和尊重的基础之上。深中教育要做的，就是保持对青少年的信任和尊重，激发他们的潜能，引导他们在这个阶段不断尝试和体验各种可能性。70 年的历史积淀成就了今天这样一个有温度、有情怀的深中，她以广阔的胸襟接纳每一个孩子，尊重每一个孩子，让他们在其中自由呼吸、健康成长。因为我们始终相信："优秀"没有标准的答案，"卓越"没有固定的模板，每个人都有自己的无限可能。

最后，我想与大家分享一本来自德国作家丹尼尔·凯曼的小说《丈量世界》，他以倒叙的方式，讲述了两位德国青年以自己的方式"丈量世界"的经历。一位是被誉为"哥伦布第二"的洪堡，另一位是被认为自牛顿以后最伟大的数学天才高斯。这两位都是历史上的真实人物。洪堡凡事亲身体验，上山入海，以身试毒，而高斯不需要离开家门就证明出：空间是曲面的。洪堡和高斯看起来极端差异的生命历程，其实充满了相同的东西：好奇心，执着于自己的兴趣，不断提问，不断尝试，不惧失败。你们小时候都是这样的人，希望你们在深中继续做这样的人，也希望在座的父母、老师，可以继续为你们提供这样的环境支持，让你们从深中出发，成长为丈量世界、影响社会的人。

祝愿同学们在深中三年学习顺利，生活愉快！

谢谢大家！

2017 年 8 月 30 日

彼此当年少，莫负好时光
——在2017—2018学年第一学期高中部开学典礼上的演讲

尊敬的各位老师，亲爱的同学们：

大家上午好！

今天，力行楼里青春洋溢、热情涌动，我们在这里举行2017—2018学年第一学期开学典礼。再次欢迎我们2017级的高一新生加入深中这个温暖的大家庭，欢迎我们高二、高三的同学们以崭新的面貌、饱满的精神状态重回校园，开启新的学习里程。

今天我要讲的开学第一课的主题是“彼此当年少，莫负好时光”。《礼记·中庸》有云：“博学之，审问之，慎思之，明辨之，笃行之。”这说的是为学的几个层次。然而，做学问之前一定要先学会做人，这是我今天要讲的第一个关键词：修德。

“国无德不兴，人无德不立。”同学们，作为一名合格的深中人，我希望你们首先要做到的是：修身立德，锤炼品格。学习不忘立身，成才不忘做人，永远记住“小成在智，大成在德”的道理。这里我要讲的“德”不仅仅是一己之“小德”，还有爱国之“大德”。

《战狼》这部电影在过去的这个暑假里备受关注，堪称一次全民参与的文化事件。它讲述了一段感人的故事：一位已经离开军队的军人在一场非洲国家叛乱中，本可安全撤离，却毅然选择重回战场为同胞而战斗。从他身上，我们看到了中国军人所展现的家国情怀和赤胆忠诚。同学们，没有革命先烈的英勇抗战，就没有今天的国泰民安；没有民族英雄的浴血荣光，就没有今天的书声朗朗。在没有硝烟的和平年代，同样需要百炼成钢的坚毅品质和新时代的英雄精神。我希望同学们能够学习中国军人身上的高尚爱国情操，弘扬民族传统，坚守家国情怀，做一个有担当、明是非、充满正义感和责任感的中国人。

我要讲的第二个关键词是“勤学”。

“业精于勤，荒于嬉；行成于思，毁于随。”同学们，学业精深源于勤奋。正如著名数学家华罗庚所说，“天才在于积累，聪明在于勤奋。”

杨振宁是20世纪最伟大的物理学家之一。今年2月，95岁的杨振宁恢复中国国籍，他是亿万中国人的自豪和骄傲。杨振宁曾在多个场合的讲话中说道：“上中学时，对我比较有影响的是图书馆里的书籍。从文学、历史、社会到自然科学我都会看。”他还曾回忆自己的大学时光：“从1938年至1942年，我在西南联大念了四年书。那时联大的教室是铁皮顶的房子，下雨的时候叮当响不停。地面是泥土压成的，几年以后，满是泥坑。在这样一个困难的时期，在常常要拉警报的情况下，西南联大的学术风气却是非常良好的，学生们都非常刻苦。”我给大家推荐一本书，北大教授陈平原写的《抗战烽火中的中国大学》，这本书展现了一个民族的精神意志并未在炮火中被击垮，而是越战越勇，稳定了人心，延续了文化命脉，更积蓄了让后人肃然起敬的力量，立起一座民族精神的丰碑。

同学们，即便是 70 年前那个烽火连天、命如蜉蝣的年代，中国的文化命脉也从未中断。你们现在的学习条件远比战时的中国优越，所以就更应该充分利用身边的学习资源，珍惜宝贵的学习时光，发奋努力，勤学善思，一步一个脚印，在追求卓越的道路上越走越远。

我要讲的最后一个关键词是“笃行”。

几乎每一个深中人都会说：只要身处深中，就可以充满无限可能。深圳中学有两百多门校本课程，有一百多个社团，有多彩的校园活动，有丰富的学术活动。但是，如果你身在其中，却选择只做一个旁观者，那么这些所有的精彩将与你无关。

邵卓涵，同学们肯定都认识，你们刚刚毕业的学长。大家都知道他被哈佛和耶鲁两大世界名校同时录取的这个表层事实，但你们是否思考过这背后的深层原因？他的高中三年，充实而充满挑战。他曾说，深中带给他的不仅仅是一个结果，而是一个探索不同可能性、不断发掘自我潜能的过程。你们应该学习邵卓涵身上那种勇于探索，不断实践的拼搏精神。我希望你们在面对众多的社团或活动时，理性选择，理性取舍，成为适合自己平台上的积极参与者，甚至是卓越领导者。今年校庆前，学校会出版一本《走进著名大学：深圳中学学子成长启示录（2017）》，希望 2018 届、2019 届之后的每一届学生都有机会在深中的历史里留下你自己的精彩故事。

亲爱的同学们，新的学期，新的起点，希望你们以全新的面貌迎接新的每一天。彼此当年少，莫负好时光，祝福你们充实而幸福地度过在深中的每一天。

谢谢大家！

2017 年 9 月 1 日

事上磨炼，砥砺意志
—— 在 2017 年军训结营仪式上的演讲

尊敬的育新学校领导，各位教官、老师们，亲爱的同学们：

大家上午好!

历时一周紧张而有序的军训活动已接近尾声，我很欣慰地看到同学们身上发生的可喜变化：整齐的军装、笔直的站姿、坚毅的目光、嘹亮的歌声、严明的纪律，这充分彰显了深中人朝气蓬勃、奋发向上的精神风貌。在此，我代表学校向圆满完成训练的同学们表示热烈的祝贺，向为大家营造良好训练环境的育新学校，向连日来辛勤工作的各位教官、各位老师表示崇高的敬意和衷心的感谢!

有体才有悟，有见才有识。同学们军训过后，必定有很多的感受与体会。下面，我从以下四点与大家分享我对军训意义的理解，希望能对你们以后的学习生活有所帮助。

第一，坚持锻炼，强健体魄。

我建议同学们在高中生活中一定要有一两项体育爱好，坚持体育锻炼。毛泽东在 1917 年《新青年》上发表了《体育之研究》一文，他明确指出，“体育之效，至于强筋骨，因而增知识，因而调感情，因而强意志。”由此可见“强筋骨”在个人发展中的独特重要性——“欲文明其精神，先自野蛮其体魄。”

第二，事上磨炼，砥砺意志。

王阳明认为，历事才能练心，在事上磨炼，内心才会拥有强大力量，个人才能真正成长。军训过程就是一个走出舒适区，挑战自我、磨炼意志的过程。希望同学们将这些优秀的品质延续到今后的学习生活中，只有具备坚强的意志，才能在行动中始终目标如一，不怕挫折，排除干扰，顽强奋斗，直至成功。

第三，孤举难起，众行易趋。

中国有句古话：“孤举者难起，众行者易趋。”同学们在军训中接受严明纪律的约束，经受艰苦生活的锤炼，在这样的集体环境中，大家互相学习，互相帮助，不断克服个人主义，塑造集体主义思想，学会团结，学会合作，学会奉献，这都将成为你们以后学习生活的宝贵精神财富。

第四，居安思危，有备无患。

“国无防不立，民无兵不安。”历史证明，一个国家和民族的兴衰，与人民的国防观念、忧患意识有着十分密切的关系。虽然现在世界的主流是和平与发展，但局部的动荡和战争依然存在，居安思危，思则有备，有备无患。任何时候，我们的国防教育都不能懈怠。

同学们，在充满希望与挑战的知识经济时代，只有具备德、智、体、美、劳全面发展的高素质人才，才能在百舸争流的时代大潮中乘风破浪，为中华民族伟大复兴做出应有贡献。希望同学们能够将军训期间习得的严明纪律、良好习惯坚持下去，带回到深中校园中去，以更饱满的精神状态投入今后的学习生活中，立志成为具有强健体魄、坚韧意志、家国情怀和国际视野的深中人。

谢谢大家！

2017 年 11 月 24 日

不忘初心，方得始终
——在 2017—2018 学年第二学期高中部开学典礼上的演讲

尊敬的各位老师，亲爱的同学们：

大家上午好!

新春伊始，万象更新。春天是一年之始，人们常讲“春华秋实”：只有春天的满怀希冀和辛勤耕耘，才会有秋天的硕果累累。我们的人生也一样：不忘自己最初的本心，并为之努力奋斗，才会有所收获、有所成就，正所谓“不忘初心、方得始终”。围绕这个主题，我想与大家分享“三 lì”：立信、立志和力行。

第一是立信，“立信”即确立信仰。2013 年五四青年节，习近平总书记在中国航天科技集团公司同各界优秀青年代表座谈时强调：“理想指引人生方向，信念决定事业成败。没有理想信念，就会导致精神上‘缺钙’”。

深中 1985 届有位校友叫谢宏，他是中国当代作家，被人称为“怀揣梦想走他方的深圳作家”，他 1985 年以高分考入华东师范大学。即使毕业后他遵循着时代的轨迹，被分配回深圳，但和当年很多文学青年一样，谢宏一直坚持着自己在中学就开始萌发的文学梦，30 多年间出版多部小说集和诗集，成为“城市文学”的代表作家。

信仰未来，方能执着坚守；一路坚守，方能成就初心。

青年人有无限的可能性，你们的未来有无限的可能性。大家对未来抱有信仰，对梦想充满期待的同时，更要明确自己的志向和目标。这是我要讲的第二个方面：立志。古人云：“有志者，事竟成。”志愿开拓人之精神空间，使学问之进行成为可能。那么，具体来讲，应当如何立志?

首先，“志当存高远。”把目标定高一点，不要怕做不到。立大志者成中志，立中志者成小志，立小志者不得志。作为一名深中人，就应当拥有广阔的视野和豁达的胸襟，做一个对社会有用的人，做一个能对这个世界哪怕只有一点点改变的人。

其次，树立志向在于坚定，不在于锋芒毕露；成功没有捷径，贵在长久坚持，不能急于求成。

著名物理学家霍金在十三四岁时就已下定决心要从事物理学和天文学的研究。十七岁那年，他获得自然科学的奖学金，顺利入读牛津大学。学士毕业后转到剑桥大学攻读博士，研究宇宙学。不久他发现自己患上了会导致肌肉萎缩的卢伽雷氏综合征。由于医生对此病束手无策，起初他打算放弃从事研究的理想，但后来病情恶化的速度减慢了，他便重拾心情，排除万难，从挫折中站起来，勇敢地面对生命的不幸，继续潜心研究。

志向是夜晚的星辰，那么有了天上的星，又该如何走好脚下的路？这就是我要讲的最后一个方面：力行。学校力行楼墙上有一句话："子曰：'力行近乎仁。'"该句出自《中庸》，意为努力实践，竭力而行。

同学们，现阶段的你们最当力行的仍然是知识与学问。有人说，当下的我们正处于互联网+背景下的"屏读时代"，每天都在"刷屏"，刷手机、刷平板等各种电子设备。我们暂且不论"屏读时代"是否就会和"碎片化阅读"画上等号，但身处深中这样一个相对自由的知识殿堂，请合理地利用自己的自由，坚持高品质的阅读，既能陶冶性情，又能拓宽视野，让你终身受益。

埃隆·马斯克就是这样的例子。他一直都很喜欢阅读，少年时接受了哥哥的建议，每天阅读两本不同学科的书。最初阅读书目主要是科幻小说、哲学、宗教、编程、人物传记等，随着年龄的增长，他开始阅读物理、工程、产品设计、商业、技术和能源等领域的书籍。大量跨领域的阅读不仅满足了马斯克对知识的渴求，还帮助他把人工智能、技术、物理和工程方面学到的基础原理重新构建到不同领域，比如汽车制造领域的特斯拉无人驾驶功能、飞机制造领域的垂直起飞和着陆的电动飞机设想、生物技术领域的与大脑连接的神经连接设想等。马斯克在大量跨领域的阅读文本中，借助更多专业人才的眼睛，不断拓展自己对这个世界的见识，通过跨领域的建构，超越专业的界限，最终成为全才。

当然，学问之道，并不限于读书，还有多实践、多体验，追求卓越、敢为人先，努力成为最好的自己。

老师们，同学们！新的一年里，希望你们在深中这个丰富多彩、富有挑战的校园中，幸福地工作、快乐地学习，大胆尝试、尽情成长，不忘初心、方得始终，让深中生活成为你们精彩人生的重要篇章！

最后，给各位拜个晚年，恭祝全体师生安康喜乐，事事顺意！

谢谢大家！

2018年2月26日

不忘来路，不改初心
—— 在 2017—2018 学年第二学期初中部开学典礼上的演讲

尊敬的各位老师，亲爱的同学们：

大家上午好！

经过了寒假与春节，我们满怀喜悦的心情，带着美好的憧憬，迎来了新的学期。新学期的校园因为你们的归来，又变得生机勃勃、充满朝气。在此，我代表学校向大家拜个晚年，祝全体师生安康喜乐，事事顺意！

每逢春节，相信很多同学都会跟随父母回到自己的家乡过年。鸟恋旧林，鱼思故渊。无论你身在何地，故乡都是烙印在记忆深处的根。那么，我们心灵的根又是什么呢？下面，我将围绕这个问题与大家分享今天的主题：不忘来路，不改初心。哲学上有三个基本问题："我是谁？我从哪里来？我要到哪里去？"一个人不忘初心，就不会忘记我是谁、我从哪里来、我要到哪里去；一个人不忘初心，就不会迷茫迟疑，定会脚踏实地、行稳致远。在这里，我希望所有老师和同学们不忘初心，永葆善良、自强和坚持。

第一，希望你们保持善良。

"人之初，性本善。"法国作家雨果说："善是精神世界的太阳。"拥有一颗善意的初心，我们才能学会理解、体悟、同情、仁慈和悲悯，我们才会成为一个友善的人，一个能被他人所悦纳的人。

中国传统文化历来追求"善"：待人处世，强调心存善良、向善之美；与人交往，讲究与人为善、乐善好施。我希望同学们在学习和生活中不仅要懂得"投我以桃，报之以李"的礼节，更要学会"投我以木桃，报之以琼瑶"的豁达。当然，善良并不总能获得回馈，但即使遭遇不公，即使善意被人误解，我们也不应改变善良的初心。

第二，希望你们学会自强。

"天行健，君子以自强不息。"近期，在中央电视台《经典咏流传》的舞台上，乡村教师梁俊和一群大山里的孩子吟诵了清代诗人袁枚的一首诗《苔》："白日不到处，青春恰自来。苔花如米小，也学牡丹开。"山区孩子们的经历也深刻诠释了这首诗的内涵：即使是在阳光照不到的角落，生命依旧可以萌动。苔藓的花叶虽然微小，却依旧可以像牡丹花一样尽情绽放。

自强者必定是奋斗者。身在优越学习环境中的你们更应该懂得自强与奋斗的真谛：天上没有掉馅饼的事，但凡取得一定成就的人都要经过艰苦卓绝的努力。正如习近平总书记在 2018 年春节团拜会上的讲话中提到的那样："奋斗本身就是一种幸福，只有奋斗的人生才称得上幸福的人生。"

第三，希望你们懂得坚持。

今天所有在场的学生，即使就读初一年级，进入深中初中部也已经半年有余。半年前，你们满怀信心来到深中，希望在这里创造属于自己的精彩，这种"欲与天公试比高"的精神就是你们进入深中的初心。然而，随着时间的推移，有的同学因为没能抵制住学习以外的各种诱惑而迷茫无措，有的同学因为在一次竞争中的短暂失利而消极气馁。

"为山九仞，功亏一篑。"希望你们今后不论遇到任何困难，都要发扬"逢山开路，遇水架桥"的拼搏精神；希望你们始终铭记：坚持不懈，天道酬勤。

老师们，同学们！古往今来，我们可以在先辈的智慧中找寻到他们的初心："已识乾坤大，犹怜草木青"是大思想家马一浮对天地万物包括一草一木敬畏的初心；"富贵不能淫，贫贱不能移，威武不能屈"是孟子对做人的道德准则绝不动摇的初心。愿岁月更迭，你们依旧初心不改；愿多年以后各位荣归母校，仍怀拳拳赤子之心。

最后，祝各位教职工在新的一年里身体健康、工作顺利；祝各位同学学业进步、早日成才。

谢谢大家！

2018 年 2 月 26 日

筑梦晒布岭，守望凤凰木
——在2018届高三毕业典礼上的演讲

尊敬的各位老师、家长，亲爱的2018届全体毕业生：

大家上午好！

今天对在座的各位同学来说是特殊的一天：你们将要告别贯穿东、西校区的高中学习生活，开启如星辰大海般的新征途。请允许我代表学校向你们表示最诚挚的祝贺，祝贺你们圆满完成高中阶段的学业！同时也要向陪伴你们一路走来的老师、父母及亲朋好友致以最崇高的敬意！

今天我将以数学老师的名义，给同学们上高中生涯的最后一课。

首先，我想和你们分享一位数学家的故事，大家不妨来猜猜他是谁？

他是北大数学系1978级高才生；他被权威杂志《自然》誉为“敲开数学界重大猜想大门”的科学家；他被国内媒体称为深藏不露的“数学界扫地僧”；2013年凭借研究“孪生素数猜想”取得的破冰性进展而声名鹊起。

他就是著名华人数学家张益唐先生。

“庾信平生最萧瑟，暮年诗赋动江关”是他人生最真实的写照。1985年张益唐到美国普渡大学攻读博士。但由于种种原因，他的博士论文未能发表，毕业时导师也没为他写推荐信，以至于无法找到一份体面的工作。张益唐一边靠在快餐店洗盘子、送外卖养家糊口维持生计，一边继续坚持着他所热爱的数学研究。直到1999年，他才在美国新罕布什尔大学谋到一份助教的职位。在接下来的14年里，在没有任何研究经费支持的情况下，张益唐凭借扎实的数学功底、充满智慧的大脑以及潜心钻研的精神，终于到年近六旬时在“孪生素数猜想”方面取得突破性进展，他也因此由一名默默无闻的大学讲师跻身于世界重量级数学家的行列，2014年获美国麦克阿瑟天才奖。

各位同学，听完了张益唐先生的故事后，你们有何感想呢？

南方科技大学副校长汤涛院士如是评价：“年近60却还只是个讲师，在一般人看来无疑是失败的，甚至是潦倒的，但他处之泰然，不改其志。”而我看到的是孔子盛赞的“一箪食，一瓢饮，在陋巷，人不堪其忧，回也不改其乐”的贤者；是王尔德呼唤的“吾辈皆身处沟渠之中，然必有其仰望星空者也”的智者；是毛姆笔下的“满地都是六便士，他却抬头看见了月亮”的追梦人。

亲爱的同学们，这是我这堂课给大家划下的第一个“知识点”：希望你们在未来的人生道路上，能找准自己的坐标。无论身在何处，身处何境，都依然不忘抬头看看那柳梢的月、檐角的星，去追寻属于自己的不平凡的光芒。

接下来，我将和大家分享第二个和数学有关的故事。

今年五月，一篇题为《奥数天才坠落之后》的文章刷爆朋友圈。读过此文的同学应该知道，该文主人公是两届国际数学奥林匹克（IMO）的满分金牌得主付云皓。次日，他以一篇题为《奥数天才坠落之后——在脚踏实地处　付云皓自白书》的文章对媒体“天才坠落”一说予以驳斥，再次引发热议。付云皓是我的学生，在数学方面非常有才华，非常优秀，因此，当他因普通物理补考不及格肄业，从而考研面临重重困难的时候，我感到十分惋惜。当时，我联系了清华大学附中校长王殿军教授、中国数学奥林匹克委员会主席王杰教授、北京大学数学学院院长张继平教授，向教育部学生司写信推荐，在广州大学数学科学学院为他开设数学教育与数学奥林匹克的硕士专业，让他能在所擅长的领域有继续深造的机会和平台；付云皓毕业后，继续攻读了博士，目前是国际数学奥林匹克中国国家集训队教练组成员。

今天，我无意与同学们探究人生选择和社会价值的是非对错，我更想借付云皓的故事和大家谈谈“如何面对寻梦路上的青春迷惘”——他少年天才，两届冠军；保送北大，抱憾肄业。所幸的是，付云皓最终还是找回了自己的坐标，在他喜爱的数学教育道路上笃定淡然，坚定前行，正如他自己所说，“只有脚落实处，做好每件事，才能积少成多，为社会真正贡献你的力量。”

亲爱的同学们，这是我为大家划下的第二个“知识点”：希望你们“不畏将来，不念过往”，在筑梦路上做一个充满激情与能量的担当者。用理智超越迷茫，用勇锐盖过畏惧，用进取压倒苟安，这才是青春本色。就像海子诗中所写：“要有最朴素的生活和最远的梦想。即使明日天寒地冻，山高水远，路遥马亡”。

同学们，在未来的日子里，你们的青春将拔节生长，你们在深中的生活都将变成一点一滴的回忆。你们一定忘不了在课堂上和你确认过眼神的老师，忘不了每夜卧谈的室友，忘不了刷题总比你快的同桌，忘不了慵懒乖巧的校猫……太多的忘不了早已将你们和深中紧紧相连。

亲爱的同学们，这是我为大家划下的最后一个“知识点”：时光的河入海流，在凤凰花开的路口，永远有“钥匙妹”和老师们为你们守候！欢迎大家常回家看看！祝福大家前程似锦！

谢谢大家！

2018 年 6 月 11 日

做一个深中人

——在 2018—2019 学年第一学期初中部开学典礼上的演讲

尊敬的各位老师，亲爱的同学们：

大家好！

欢迎你们度假归来，回到学校。一个崭新学年的来临，意味着一个全新的开始。在此，祝愿各位同学、老师在新的学年学习开心、工作顺心。同时，我还要特别欢迎深圳中学初中部的新主人——2018 级初一年级的同学以及今年新入职的老师，祝贺你们成为一名深中人。

在新的学年，我给大家提三点希望。

第一，希望你们肩负追求卓越、勇立潮头的使命。

在深圳中学建校 70 周年之际，我提出将深圳中学建设成为世界一流高中的办学目标。作为一流高中的重要组成部分，深圳中学初中部为高中部输送了大量优秀学生。例如，目前我校高中部 2019 届、2020 届学生中已有 31 名学生被北大、清华提前签约，其中有 25 人来自我校初中部。争创一流学校，需要诸位在初中阶段就朝着世界一流的目标迈进。今年 8 月初在国际奥林匹克中收获物理、化学金牌，为国争光的杨天骅、薛泽洋、聂翊宸就是其中的代表。

同学们，“无冥冥之志者无昭昭之明，无惛惛之事者无赫赫之功。”你们来到深中，不应只是为了升学，深中学子应当树立远大目标，放眼更广阔的舞台。

第二，希望你们养成求于至精、臻于至善的习惯。

老子说：“天下大事，必作于细。”远大的目标需要切实的行动才能得以实现。正如当今社会呼唤的“以匠人之心，追求技艺的极致”的工匠精神所表达的那样，决定一个人高度的，就是把一件事情做到极致的能力。2018 届 9 班的翁沛鑫同学就是这样一个对自己高标准、严要求的学生，无论是小课题还是国旗下的讲话，他总是要把自己的每一件事近乎完美地完成，正因为如此，刚刚过去的中考，他以高分考入深圳中学高中部。

同学们，万事皆不完美，但这正是我们不断追求尽善尽美的不竭动力，唯有如此，才能成为强者。

第三，希望你们坚定乘风破浪、迎难而上的信念。

近期在学校微信公众号分享成长经历的那些优秀学长学姐，几乎都谈到了自己曾在深中经历的低谷。现实的确是这样的：无论你多么优秀，在高手云集的深圳中学，都会遇到在某些方面比你更优秀的同伴。但是，正如培根所说，“顺境的美德是节制，逆境的美德是坚韧”，这后一种是较为伟大的品德。战胜困难的能力，决定了你能走多远。初三（6）班的余楚健同学，初二时发现自己体育中考选择篮球很难满分，改选引体向上，但是，直到初三他一个引体向上也做不了，为了提高成绩，他两个月内减重 20 斤，最终体育中考满分，并考入深圳中学高中部。

“莫听穿林打叶声，何妨吟啸且徐行。”同学们，希望大家在褪去小学的光芒后，能用正确的心态去面对今后的挫折：有风有雨是常态，风雨无阻是心态，风雨兼程是状态。须知即使行到水穷处，也可坐看云起时。

最后，祝愿同学们在深中绽放精彩，期待因为你的存在，“深中人”一词有着让我们更加引以为傲的含义。

谢谢大家！

2018 年 9 月 3 日

6-12

术业宜从勤学起，韶华不为少年留

——在2018—2019学年第二学期开学典礼上的演讲

尊敬的各位老师，亲爱的同学们：

大家早上好！

“岁月不居，时节如流。”带着美好的憧憬，我们又迎来了新的学期，面对新的挑战，谋求新的进步，力争新的发展。在此，祝愿全体师生在新的一年安康喜乐，诸事顺意；祝福深中在2019年更展宏图，独占鳌头！

上学期，深中微信公众号的“深中学子”栏目分享了2018届近50位学生的成长故事。虽然他们的成长经历、个性特点、发展领域各不相同，但却有着相似的信念：他们相信自己的潜力是无限的，相信困难和失败是暂时的，相信努力是取得成功的重要因素。

我想到了深中校友陈一丹所创立“一丹奖”的首届教育研究奖获得者——美国斯坦福大学心理学教授卡罗尔·德韦克。德韦克提出了人的思维方式分为两种：一种是成长型思维，一种是固定型思维。在她看来，一个人拥有成长型思维，将乐于接受挑战，并积极地去扩展自己的能力，而这也是人的发展所需的必备能力。

2015级许清清同学在她的故事分享中说：“中考之后，本以为一定可以去荣誉体系，军训前看到自己在标准体系时感觉有点恍惚——高中从一开始就和自己设想的不太一样。”但是她并未由此产生自我怀疑、停滞不前，而是用“到位就是超越”这句话严格要求自己，脚踏实地、扎实进取，最终考上了理想大学——剑桥大学。许清清同学描述的这样一个心路历程，其实就是一个从固定型思维到成长型思维转变的过程。

我希望深中的每一位师生都能在未来的学习生活中，不断发展自己的成长型思维。

第一，坚信努力的价值。

成长型思维告诉我们，虽然人们在天生资质、气质性情上存在差异，但是每个人都可以通过努力实现改变，获得成长；人的智能是多元的，一个人真正的潜能是无限的，天生我才必有用，只要努力去探索，你总能发现自己的优势和闪光点。现代脑科学研究证明，当我们每一次突破自己的“舒适区”去学习新知识、迎接新挑战，大脑中的神经元都会形成新的、强有力的联结，相关的神经突触会越来越发达，而且这些愿意迎接挑战的人也会变得越来越聪明。

同学们，“人生万事须自为，跬步江山即辽阔。”希望你们始终坚信努力的价值，即使一时的回报不如期待的那么丰厚，也要保持乐观的精神，坚持不懈，守得云开见月明。

第二，理解失败的意义。

固定型思维模式很容易把一件具体事情的失败泛化到生活的各个层面，把事情的失败转化为自己的身份标签，将自己定义和塑造成一个“失败者”；而对于拥有成长型思维的人来说，失败肯定也是一件让人痛苦的事，但区别在于，他们认为糟糕的处境并不能够定义自己，应该花更多的时间去考虑如何面对问题，处理问题，解决问题，并从中有所收获。

同学们，“少年易老学难成，一寸光阴不可轻。”生活不可能永远一帆风顺，学习也从来不会是直线前进；希望你们学会用成长型思维看待失败，不要在失误里踌躇不前，要在挫折中总结经验，不断进步，在自我修正中成为最好的自己。

第三，保持探索的热情。

当同学们在课堂上面对难题的时候，有人回答“不知道”，有人会说“还不知道”。仔细体会一下，“不知道”和“还不知道”是有差异的：“不知道”是固定的，“还不知道”中多的这个“还”，则孕育着变化的可能性，是动态的，它包含着对未知过程探索的愿望和热情。当你给出“还不知道”这个答案，说明你虽然此刻不知道答案，但是并不打算就此罢休，你愿意不断探究，直至找到答案。

同学们，生命不息，探索不止。虽然通往未知世界的道路荆棘遍地、杂草丛生，但你只要敢尝试、敢突破，就定会在努力过后发现美丽的风景，享受获得真知的快乐。

认真阅读深中学子的成长故事，大家会发现，他们在获得成长型思维之前，大都也在固定型思维模式里兜兜转转。思维的发展和存在，不是非此即彼的东西，固定型思维和成长型思维并存于每个个体。通往成长型思维的路途，也不会是一帆风顺，一蹴而就，它是一段旅程，而不是一碗鸡汤。

术业宜从勤学起，韶华不为少年留。祝福各位在新的一年惜时如金、脚踏实地，顺境不耽于舒适、困境不溺于失望，在人生的道路上始终步履不停，早日实现心中理想！

谢谢大家！

2019 年 2 月 18 日

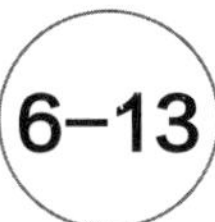

志存高远，向阳而生
——在2019届初三毕业典礼上的演讲

尊敬的各位老师、家长，亲爱的2019届全体毕业生：

大家上午好！

今天，我们欢聚一堂，在这里隆重举行深圳中学初中部2019届初三毕业典礼。首先，我代表学校向全体毕业生致以热烈的祝贺！向多年来为同学们的学习、生活付出辛勤汗水的全体教职员工表示衷心的感谢！向关心学校发展、关爱同学们成长的各位家长致以崇高的敬意！

又是一年毕业季。回首这三年，同学们在深中校园里一定收获了许多欢歌笑语和难忘的回忆。今天，大家将要满怀着欣喜与激动、留恋与不舍离开校园，在临别之际，我有几句话与你们共勉。

第一，志存高远，勇于担当。

个人命运与国家命运休戚相关，最近的中美贸易战让每个中国人更加深刻地认识到“落后就要挨打”的道理。但所有国人都坚信，我们中华民族定能经得起时间的考验和实践的磨砺。

同学们，我们正身处一个伟大的时代，也是一个充满机遇和挑战的时代。国家未来的希望，民族的振兴寄托在青年身上，寄托在你们身上。少年强则国强，只有青年人志存高远，勇于担当，我们的国家和民族才会有未来、有希望。

第二，心向光明，追求卓越。

中考结束，有些同学的学习成绩也许暂时还不够理想，也许这一次中考没有考出自己应有的水平。但不要灰心丧气，海明威在《永别了，武器》中就告诉过我们：“生活总是让我们遍体鳞伤，但到后来，那些受伤的地方一定会变成我们最强壮的地方。”

同学们，在你们在成长和奋斗中，会收获成功和喜悦，也一定会面临困难和压力。要正确对待一时的成败得失，处优而不养尊，受挫而不短志，使顺境逆境都成为人生的财富而不是人生的包袱。尤其是在遇到挫折时，不要丧失拼搏的斗志，不要丧失对梦想的追求，要保持一颗积极向上的赤子之心，就像向日葵一样，永远追逐着太阳，追逐着光明。即使山重水复疑无路，但只要心之所向，执着向前，总有一天会云开见月、柳暗花明。

第三，厚积薄发，水到渠成。

正如汪国真在《热爱生命》中写的这句话：“我不去想是否能够成功，既然选择了远方，便只顾风雨兼程。”成功是一件水到渠成的事，无须杞人忧天、庸人自扰、患得患失，只要勤奋踏实地过好每一天，终有一天滴水可以穿石，水到自能渠成。

同学们，你们2019届高三的学长学姐，就用实际行动印证了这个道理：他们以愚公移山之志，持之以恒；以功成不必在我之念，久久为功；勤奋务实，静思笃行，最终在今年的国内高考中取得了骄人成绩：

全省理科前100名，深中10人，全省第一。

理科屏蔽生深圳7人，深中4人，全市第一；文科屏蔽生深圳8人，深中2人，深圳市并列第一；文理屏蔽生人数均全市第一。

他们都是“追求卓越，敢为人先”深中人的卓越代表。

心中有阳光，脚下有力量。最后，祝福所有2019届毕业生，希望你们以历届优秀的深中人为榜样，志存高远、向阳而生，奋力拼搏、勇立潮头；希望你们成就最好自己，无愧美好时代！将来无论你们走多远，同学们都要记得，深圳中学是你们永远的家园！

谢谢大家！

2019年6月25日

奔跑吧，少年
——在 2019—2020 学年第一学期初中部开学典礼上的演讲

尊敬的各位老师、亲爱的同学们：

大家下午好！

在这金秋时节，我们迎来了新学年，开启了新征程！新的时光，寄寓着新的希望，承载着新的梦想。在此，让我们用热烈的掌声欢迎刚刚入校的初一全体新生！衷心祝愿初中部全体师生在新的学年：工作顺利、学习进步！

过去的一年，初中部在“建设深圳最优初中”的征程中，成绩斐然：石语涵同学以 451 分的优异成绩，位列 2019 年深圳市中考总分第一名，11 名学生的成绩达到 445 分以上，考上深中高中部的人数为 149 人，在全市遥遥领先；2019 年的北大、清华飞测中，全省共有一等奖 18 人，深中学子占 12 人，其中初三 2 人、初二 1 人，均获北大、清华高考录取优惠政策。

近三年，我们引进了许多优秀教师到初中部任教，这是将初中部建成“深圳最优初中”的重要保障。比如，北大、清华、港科大毕业生王坤、阮中楠、李贵忠任教初中数学；国际物理奥林匹克金牌教练熊志松任教初中物理，国际化学奥林匹克国家集训队员、毕业于北京大学的曾灿任教初中化学。此外还有像姚学林、吴聪、张文涛、饶晓星、曹霞、刘惠、苗淑艳、黄玲、陈冬杰、张秋阳、权元元、何飞等一大批优秀教师到初中部执教，我也给初中部学生做讲座，并为初中部编著出版了校本教材《数学培优教程》（7 年级～9 年级）。

2019 年初中部 14 名新聘教师都是国内外名校硕士、博士，许轲是北京大学博士，刘萱文是中国科学技术大学博士，毛静静、钱康都是北京大学硕士，杨洁珍是伦敦大学学院硕士，杜瑞楠是南开大学硕士，刘艳姣是中国科学院大学硕士，于斯寒是北京师范大学硕士，郭旭一是厦门大学硕士，燕玺宇是中央美术学院硕士，还有陈迟、何良雨是北京体育大学硕士。这 14 名新聘教师，在他们自己的学科领域都是佼佼者。

一流的师资培养一流的学生，建设一流的学校，需要我们同心同梦，携手同行。

为了能够和“建设深圳最优初中”的办学目标同频共振，在此我对你们提三点希望：

第一，肩负使命，志存高远。

建设中国特色社会主义先行示范区，是时代赋予深圳的使命；建设深圳最优初中，是初中部追求卓越的奋进号角，而你们也应肩负起自己的使命与担当：胸中要有大格局，眼中要有大视野，与时俱进，做精英中的精英！

“器大者声必闳，志高者意必远。”炮火连天的峥嵘岁月，西南联大在短短八年时间里，培养出了2位诺贝尔奖得主、1位沃尔夫数学奖得主、8位“两弹一星”元勋、174位两院院士……联大师生在坚守信念、刻苦钻研的同时，心系国家前途命运，自觉擎起民族精神的火炬，成就自我，照亮时代。作为社会的精英，他们担起了整个国家前进的信心。

作为新时代的中学生，你们应该追随先贤的步伐，志存高远，从小事做起，从现在做起，用青春梦激扬中国梦，努力成长为具有中华底蕴和国际视野的拔尖创新人才。

第二，崇德修身，成己达人。

苹果公司CEO库克说：“我并不担心人工智能赋予计算机像人类一样思考问题的能力，我更担心人类像计算机那样思考问题——摒弃同情心和价值观并且不计后果。”

初中阶段是人生观、价值观、世界观养成的关键时期，因此，在笃志向学的同时，要不断加强自身的品德修养。

做一个有温度的人，要将“感恩父母、敬爱老师、团结同学……”这些常被挂在嘴边的道理，落实到具体的行动中。

做一个有情怀的人，要相信“无尽的远方，无数的人们，都和我有关”，常怀爱人之心，常行善良之举。

“人无德不立”，修身当与学习并重，初中三年，你们不仅要在学业上精进，还应取得人格上的完善。

第三，博学慎思，明辨笃行。

鲁迅先生说：“哪里有天才，我是把别人喝咖啡的工夫都用在了工作上。”你们的学姐石语涵同学在回顾自己的初中生活时说：“这是一段简简单单、认认真真、一步一步走下来的学习道路。”我想，这一路不仅需要心无旁骛的定力、脚踏实地的努力，也需要“千淘万漉虽辛苦，吹尽狂沙始到金”的恒心。

作为一名初中生，学习是第一要务，但我不希望你们将学习当作达成某种目标的手段，而是能够乐学、好学、会学，将学习作为一种责任、一种精神追求、一种生活方式。“少年辛苦终身事，莫向光阴惰寸功”，请珍惜当下，做好每天的事情，而不要给自己太多懈怠、拖延的理由，让奋斗成为青春的底色！

在这个资讯爆炸的时代，你们要擦亮双眼，捍卫良知，有所为而有所不为；不要做网络上的“键盘侠”、生活中的“路人甲”，要做真理之路的求索者！

站在新的起点上，我衷心地希望你们心中有阳光，肩上有担当，脚下有力量，做时间的主人、命运的主宰、灵魂的舵手！

奔跑吧，少年！

2019年9月2日

笃定自律，泰然自牧
——在2020—2021学年第二学期初中部开学典礼上的演讲

尊敬的各位老师，亲爱的同学们：

大家下午好！

新年伊始，万象更新。送走了极不平凡的2020，度过温馨而有意义的留深寒假，今天大家欢聚一堂，共迎2021新学期的到来。在此，祝初中部全体师生牛年吉祥，万事胜意！

新的一年，大家都会许下新的愿望，而梦想若要成为现实，自律是同学们需要具备的关键品质。有着“经营之神”的日本实业家松下幸之助说：“登峰造极的成就源于自律。”围绕自律，我给大家分享以下三个方面：

第一，自律是在细微处不懈坚持。

大家在校园中一定常看到这样一道风景：晨光熹微之时，会有一群孩子早早在操场围好一圈，重复着单调的声带发声练习。尽管深圳夏天的清晨总是燥热难耐，冬天的早晨有时寒气逼人，但寒来暑往、日复一日，这道风景从未在深中消失。正是这看似细微的坚持，让初二（9）班的孩子们在声乐领域成为同龄人中的佼佼者——2020年11月，在深圳市中小学生艺术展演班级合唱及戏剧节比赛中，他们用婉转空灵的歌喉和精彩的歌舞表演，赢得了现场观众和评委们的一致认可，获全市第一。

“非知之难，行之惟难。”自律的生活不是驰于空想、骛于虚声，而是日积月累的坚持，耕耘于分秒、收获于细微。

第二，自律是在纷繁中保持专一。

初二（12）班的冯小唐是一位非常自律、专注的同学。他深爱物理，并将这份热爱转化为实际行动：平时上学，利用课间碎片化时间安静地做题；疫情期间及节假日，每天坚持早起，有计划地学习。他用坚定与执着为同学们诠释了绳锯木断、水滴石穿的精神。功夫不负有心人，冯小唐荣获2020年美国学术五项全能（USAP）科学金牌，全国第一。

成功只会眷顾坚定者、奋进者、搏击者，而不会等待犹豫者、懈怠者、畏难者。至高境界的自律，莫过于坚定地执着于自己所热爱的领域，用实际行动一步步实现自己的理想。

第三，自律是在闹市里泰然自处。

深中每年考入清华、北大的学生六成以上来自深中初中部，获国际数学、物理、化学奥林匹克金牌的14名学生初中全部就读于深中初中部，有人认为深中学子的优秀是一种理所当然。冰心说："成功的花，人们只惊羡她现时的明艳！然而当初她的芽儿，浸透了奋斗的泪泉，洒遍了牺牲的血雨。"深中学子的成功，是从坚持不懈的主动学习、勇于探索、顽强拼搏中得来的，是在遇到挫折和失败后不畏惧不退缩、积极调整心态后奋起直追得来的……当他们在节假日走过人声鼎沸、热闹非凡的东门街道，当他们看到同学群里讨论着这个年纪最潮流的新鲜事物，他们的内心依然笃定，身处闹市却不为所动，这就是他们能够成功的原因。

陶渊明有诗云："结庐在人境，而无车马喧。问君何能尔？心远地自偏。"一个成功的人往往是一个自律的人，生活中充斥着各种诱惑，所以需要同学们拥有自律的品质，约束自己、提醒自己，这样才能离成功更近一步。

老师们、同学们，今年是农历牛年，让我们铭记"孺子牛""拓荒牛""老黄牛"的精神，自律自牧，奋发向前。

最后，借用臧克家的一句诗在牛年与大家共勉："老牛亦解韶光贵，不待扬鞭自奋蹄"！

谢谢大家！

2021年2月22日

生命以负熵为生，生活以自律为美
——在2020—2021学年第二学期高中部开学典礼上的演讲

尊敬的各位老师，亲爱的同学们：

大家上午好！

新年新气象，很高兴和大家一起迎接新学期的到来，首先祝各位老师和同学新春快乐！今天的开学第一课，我想和同学们谈谈如何进行自我管理。

自我管理，其实和能量转化有着许多共通之处。大家比较熟悉的热力学第一定律即能量守恒定律，讲的是能量可以互相转化且不会消失。热力学第二定律在第一定律的基础上进一步指出：虽然能量可以转化守恒，但是总有一部分能量无法有效利用。能量就是有效能量+无效能量，这个定律又被称作“熵增定律”。“熵”反映的是一个系统的混乱程度，一个系统越混乱，它的熵就越大；越是整齐有条理，它的熵就越小。每个人的生命过程，都不可避免地要从外界汲取能量，并且释放很多无效能量，这是熵增的必然，但是每个人都可以调动更多的有效能量，来抵制熵增，从而生活得更有条理、更有正能量，这是一个人主观能动性的充分体现。

物理学家薛定谔说过：“人活着就是在对抗熵增定律，生命以负熵为生。”我们今天要讲的“自我管理”，其实就是薛定谔说的“负熵为生”，为的就是让自己从“无序”走向“有序”，积极主动地掌控自我，从容自信地面对未来，游刃有余地实现理想。围绕自我管理，今天我给大家分享四个方面：自我反省、自我记录、自我实践和自我调控。

第一，自我反省。自我反省是按下暂停键，通过反思观察自己。真理需要久经考验，学习需要常存质疑，只有多反省，才能保持自我清醒，拥有更高明的智慧。曾子曰：“吾日三省吾身：为人谋而不忠乎？与朋友交而不信乎？传不习乎？”深中拥有多元的课程和多样的活动，同学们要在丰富的体验中三省吾身，及时复盘，总结提升，不断进步。

第二，自我记录。自我记录是一个值得坚持的好习惯，它可以让一个人的成长有迹可循，慢慢增强对自我的认知。写日记就是最简单的自我记录，同学们可以在学习生活中及时把重要的经历和想法写下来。例如，深中生涯课举办过很多活动，大家参加完之后可以记录自己的所思所想，这有助于同学们更好地了解自己的性格、爱好、潜能和价值观，尽早树立人生目标。

自我反省和自我记录是认识自己的过程，是为了让我们认识到自己的无序状态是什么，从而找到更有序、更积极、更有意义的生活方式。当然，若要让生活趋向于有序，只有一个良好的自我认知是不够的，需要踏踏实实付诸行动。自我管理还需要自我实践和自我调控。

第三，自我实践。“一语不能践，万卷徒空虚。”自我实践是非常重要的，我们对自己的要求不能只停留在“思考”、辄止于“口头”，要不惧挑战，大胆尝试。例如，2020年深中学子获得丘成桐中学科学奖全球总冠军、第36届中国数学奥林匹克全国第一、全美生物与健康未来领袖挑战ATC-生物化学科目全球第一、iGEM大赛高中组金奖、第六届中国国际“互联网”大学生创新创业大赛全国总决赛萌芽赛道创新潜力奖、VEX机器人全国总决赛一等奖、犀牛鸟中学科学人才培养计划第二名等荣誉。我们取得的这些令人骄傲的成绩，是同学们在不断学习、反复实践中努力探索出来的，很好地体现了“追求卓越、敢为人先”的深中精神。

第四，自我调控。在自我实践的过程中，也要自我调控。自我调控就是谨慎地修正自己的做事状态，不要轻易被周围环境左右，主动地去调整、适应环境。例如，21世纪互联网的高速发展蕴藏了无数机遇和正能量，但同时也出现了网络诈骗、网络成瘾、网络喷子和水军等坏现象。正能量与负能量的源头，关键在于使用互联网这个工具的人到底怀着怎样的心态，到底能不能在潘多拉的盒子面前控制住自己。在喧嚣的网络文化中，我们要独立思考、明辨是非，而不是人云亦云、随波逐流。

亲爱的同学们，生命以负熵为生，生活以自律为美。你们正值人生大好年华，对未来充满美好憧憬，在仰望星辰大海的同时，也要脚踏实地、自我管理，平衡好学习、生活、人际交往和社会实践。诺贝尔文学奖获得者辛波斯卡曾写过这样的诗句：“我们通晓地球到星辰的广袤空间，却在地面到头骨之间迷失了方向。”希望同学们能够懂得“负熵为生”的道理，通过自我管理，从无序走向有序，从茫然走向希望，让“种种可能”变成“种种现实”，让“也许发生”变成“正在发生”，让美好理想真正落地生根。

最后，祝老师们在新的一年工作顺利，祝同学们学有所成。

谢谢大家！

2021年2月22日

驰而不息，一路同行
——在 2021—2022 学年第一学期高中部开学典礼上的演讲

尊敬的各位老师，亲爱的同学们：

大家上午好！

新学年，新起点。首先，热烈欢迎新高一全体同学和新入职的各位老师加入深中大家庭，你们的到来让美丽的校园焕发了新的活力。同时也感谢全体深中人，是你们的坚守与付出让学校在过去的一年更上一层楼。希望在接下来的新学年里，大家驰而不息再奋进，一路同行久为功。

你们都听过这样一句话："深中的生活太精彩，以至于怎么过都是一种浪费。"然而，所有创造美好的壮志雄心，最终都是落脚在朴素平凡的日常生活中。要知道，生活少有180°的改弦更张，更多的是在一个同心圆上的不断叠加和深化，而圆心，就是你头顶的月亮，心中的理想。哲学家加缪说："对未来真正的慷慨，是把一切都献给现在。"所以，为理想驰而不息地奋斗是充实的，在步履不停的探索中不断成长是快乐的，与伙伴们风雨同舟地一路同行是幸福的。

首先，希望大家尊重差异，和而不同。子曰："君子和而不同。"意思是说，我们在具体问题的看法上不必与对方完全相同，但还是要以友善的态度，与他人保持和谐的关系。每个人都是独立的个体，因为多种因素的影响，人与人之间终归会存在观念、个性上的差异，尤其是在集体生活中，大家要相互理解、相互包容，不要试图强行改变他人，不要用自己的单一标准去评判他人，要尊重他人的意愿，要能够平等交流、相互借鉴、共同进步，主动共享学习资源，齐心建设和谐集体。

深中给予学生充分选择的空间和自主选择的权利，为学生搭建多元发展的平台，高考、竞赛、艺体、科创、出国各放光彩，为的是让每一个学生都能学有所获、学有所成。戏剧节、深中杯、单元节、十大歌手等校园活动丰富多彩、好戏连台，为的是让更多的才能被看见、被欣赏。人心齐，泰山移，独脚难行，孤掌难鸣。深中人不仅是自己在奋斗，也是在人与人的多样性中见贤思齐，在多样化的视野中追求卓越。

其次，我们更要以诚相待，共同进步。独学不如众学，独乐乐不如众乐乐。所谓"得道者多助，失道者寡助"，释放善意可以温暖自己，也可以温暖他人；帮助他人的同时，更是在增强自己的力量。

我很高兴地看到，深中校园里有很多群体互助的组织和社团：在开学的入学教育期间，学长团一定给各位新高一同学留下了深刻的印象，这是一个非常友爱的集体，他们识大体、明事理、顾大局，把青春积极的正能量传递给自己的学弟学妹，彰显了深中学子的风采与担当；学长团每年的培训我都会参加，并对他们寄予厚望，这几年很高兴地见证了学长团发展得越来越好，也带动了深中的学生文化越来越积极向上，在此我提议，大家用热烈的掌声向深中学长团表示感谢。此外，学生团委、学生会、社团联盟理事会、学生活动中心、ACESStudio校园电视台、朋辈等学生组织都很好地发挥了深中同辈示范引领的作用，一百多个学生社团也是百花齐放、各有所长、共同成长……不知道大家有没有留意到，今年7月，国际奥委会正式在“更快、更高、更强”的奥运格言中加入了“更团结”，各国代表团齐聚一堂，展现竞技体育的精彩凝聚力，这对人类共同应对当前挑战同样至关重要。这个世界没有自我封闭的孤岛，从抗击新冠肺炎疫情、应对全球气候变暖，到维护世界和平，都需要人们求同存异、团结合作。

最后，认识他人，看清自己。苏格拉底说：“认识你自己。”我们终其一生都是在追问“我是谁？我想做什么？我的性格适合什么？”。“不识庐山真面目，只缘身在此山中”，认识自己的过程恰恰需要打开自己、跳出自己，因为自我之内有他人，从远处“旁观者清”式地观察自己会更客观清晰，要知道真正自由而醒觉的心灵从不会画地为牢。尼采说：“成为你自己。”看似简单，其实“己欲立而立人，己欲达而达人”，每个人的自我实现常常以他人的自我实现为前提。越自私的人往往越不幸福，反而是那些有分享愿望的和忘我热情的人，容易获得持久的幸福感。希望大家不仅能坚守自己独立的人格，也能为他人的幸福拓展纵深。

少年意气风发时，不负韶华行且知。同学们，你们是新时代的中国青年，正处在中华民族发展的最好时期，既面临着难得的建功立业的人生际遇，更面临着“天将降大任于斯人”的时代使命，请各位一路同行，驰而不息，你们的人生必因责任而充实，因充实而饱满，因饱满而光辉。

谢谢大家！

2021年9月6日

第七辑

不负芳华——无悔青春　奋斗以成

尼采曾说，“谁终将声震人间，必长久深自缄默。谁终将点燃闪电，必长久如云漂泊。”知识的学习是由易到难、循序渐进的过程，而人生目标也需要一步一步脚踏实地去实现。厚积方能薄发，沉潜才可飞跃；相比于天赋，深中人更相信日积月累、久久为功的力量。

7-1

尊重生命，享受青春
—— 在第一届全国青少年生命教育高峰论坛上的演讲

尊敬的各位专家、嘉宾、老师和朋友们：

上午好！

我非常荣幸作为东道主，在深圳中学成美剧场欢迎各位参加“第一届全国青少年生命教育高峰论坛”。“成美”之名，出自《论语·颜渊》的“君子成人之美”。

人生如四季，少年如春、青年如夏，青少年正值人生最美好的年华。生命教育就是为了“成青少年生命之美”，促使他们成为认识与了解生命、真爱与享受生命、提升与完善生命的个体；同时，接下来各位专家即将带来的精彩分享，以及各位听众带着收获回到学校和社区的实践，都是君子成人之美的行为。

梁启超曾说：“少年智则国智，少年强则国强。”青少年是国家未来的希望，是祖国建设的栋梁，因此对青少年进行科学的生命教育显得尤为重要。它可以帮助青少年在这个面临巨大挑战的阶段，初具“生命管理”的意识，学会尊重生命，学会与自己和周围的环境和谐相处。

青少年处于其身心发展的特殊阶段，因此生命教育的内容首先要关注他们生命的内在状态，包括内在的情感、情绪、意志、思想、欲望等，这是学校生命教育应该努力的主要方向；青少年生命教育的形式离不开同伴人际关系的建设，因为在这个阶段，人对同辈情感的需要和依恋到达高峰，关注青少年所在的校园人际关系本身，就可以帮助个体建立支持体系。

在深圳中学的教育实践中，生命教育是非常重要的一项内容。学校丰富的学科课程及社团活动为青少年探索和尝试生命的可能性创造了舞台；朋辈社团连续 9 年组织生命教育活动，创造校园朋辈支持的环境，鼓励青少年感受和创造美好，接纳完整的自己和接受生活的全部。我们深知：每个人的生命都希望被认同、肯定、欣赏，所以，我们每位教育者都在努力走进学生的心灵深处，发现他们的与众不同，发现他们的巨大潜能，创设不同的情境，激发他们的生命活力。

今天大家在此相聚，共同探讨生命教育的理论发展与实践可能，这实在是件盛事；同时，本次高峰论坛也是深中 70 年校庆系列活动的重点项目。我相信本次论坛上来自海峡两岸的专家的分享，以及深圳中学在生命教育领域的经验，将促进参会代表对青少年生命教育工作的进一步思考与实践。

每一朵花都应当尽情绽放，每一个生命都值得被尊重和欣赏。

生命教育，势在必行！

预祝论坛圆满成功！祝各位在深圳平安喜乐！

谢谢大家！

2017 年 6 月 16 日

三秋研墨，无悔青春
——在2018届初三年级月考表彰暨中考助推活动上的演讲

尊敬的各位家长、各位老师，亲爱的同学们：

大家下午好！

暖日和风，大地复苏；春意萌动，万物向荣。今天，我们在这里举行深圳中学2018届初三年级月考表彰暨中考助推活动。刚才播放的同学们校园生活的视频，让我们重温了大家在深中三年留下的难忘时光；教师和学长代表祝福的话语，让我们听到了深中精神在薪火相承；学生和老师们坚定有力的宣誓，让我们感受到了深中人砥砺前行的决心和信心。这是箭在弦上的蓄势待发，是“少年有志出乡关，学不成名誓不还”的庄严承诺。借此机会，我送大家三句话：

第一，自信乐观，迎难而上。

众所周知，深圳的中考竞争相对比较激烈，正因为如此，你们更要保持积极乐观的心态去面对它。磨难的大小永远都跟目标和成就的大小成正比，追求越是卓越，面临的困难肯定会越大；目标越是高远，遇到的境地也许会越凶险。

希望同学们拿出“勇者无惧，强者无敌”的自信和底气，发扬深中人迎难而上、敢为人先的奋斗精神来迎接挑战，不驰于空想、不骛于虚声，一步一个脚印，踏踏实实复习，坚持不懈努力，毫不犹豫、毫不退缩地去追逐自己的梦想。

第二，合理规划，惜时勤学。

孔子曰：“逝者如斯夫，不舍昼夜。”现在距离中考仅有105天的时间，每一天对你们来说都非常宝贵。

但即便是这样，珍惜时间也绝不代表一味地透支身体，越是在紧要的关头，越要懂得健康饮食、合理作息、科学规划。计划是行动的前提，身体是革命的本钱。清华大学施一公院士分享自己长跑锻炼的经历时说，正是当年在清华园养成的锻炼习惯，使他在之后紧张的学术研究中能够保持旺盛的精力和健康的体魄。同学们要学会做时间的主人，在紧张的复习中不忘锻炼身体，劳逸结合、提高效率，方能事半功倍。

第三，谦虚谨慎，切问近思。

《论语》有云：“博学而笃志，切问而近思，仁在其中矣。”经过深中三年的学习和磨炼，同学们在“博学笃志”方面已经打下了一定的基础。临近中考，你们更需要在“问”和“思”上多下功夫。

学习是一个不断发现问题、分析问题、解决问题和再去认识更高层次问题的过程，学习也是一个从困惑、迷茫、煎熬到最终顿悟的过程，因此你们的学习绝不是单纯地接受“是什么”，更要多想多问“对不对”“为什么”。“为学之道，必本于思。思则得之，不思则不得也。”你们身边有智慧敬业的教师团队，特别是初三的老师们，他们每天从早到晚，一心扑在教育教学工作上；你们身边还有许多卓尔不凡的同学和学长，他们在和你们一起并肩战斗。当你们遇到自己无法解决的问题时，记得及时向老师、同学请教，谦虚谨慎、查缺补漏，胜不骄、败不馁，积极进取、步步为营。

亲爱的同学们，今天是一个值得我们深深铭记的日子，初中部校园里悬挂的长联“十年磨剑挥戈千里追日月，三秋研墨纵毫万卷折桂枝”，道出了老师、家长对你们的殷殷期盼和深切祝福。希望你们以全新的面貌迎接新的每一天，相信你们一定会在2018年的中考谱写出最美华章！

最后，感谢全体老师的辛勤耕耘，感谢各位家长的辛苦付出，预祝同学们中考取得圆满成功！

谢谢大家！

2018年3月9日

做自己的青春摆渡人
——在2018届初三毕业典礼上的演讲

尊敬的各位老师、家长，亲爱的2018届全体毕业生：

大家上午好！

今天是一个值得铭记的日子，我们在这里举行深圳中学初中部2018届毕业典礼，为即将离开校园的深中学子扬帆起航。在此，我代表学校向所有毕业生致以最热烈的祝贺！向辛勤培育你们的家长、悉心教导你们的老师，以及关心帮助过你们的每一位朋友，致以衷心的感谢和崇高的敬意！

三年的时光悄然而逝，离别总是不期而至。你们还记得夏日炎炎，窗外玉兰花树上的蝉声鼓噪吗？还记得台风来袭，在暴雨红色预警中的漫长等待吗？还记得同窗三年，教室里那些浅吟低唱和高谈阔论吗？今天之后，玻璃窗，白粉墙，脱下校服，褪去轻狂，没人的教室，没人的走廊，一片空荡，一片怅惘。

除了这些青葱记忆，蓦然回首，也许更让大家印象深刻的，是这三年的成长历程吧。那是从文字、电流、细胞、单词、抛物线、元素周期表中穿梭而来的青春追光，打在那些不为外物所扰，兀自一人前行的背影上，打在那些踱步思索，用知识拓宽思想边界的日日夜夜里。

三年，不负勇往；是你们，让自己的青春散发着耀眼的光芒。我真诚地祝福同学们，不忘初心，拥有灿烂的前程！

“心之何如，有似万丈迷津，遥亘千里，并无舟子可渡，除了自渡，他人爱莫能助。”以青春为河，此岸是少年的意气风发，彼岸是理想的闪闪光华，我希望大家都能做自己的青春摆渡人。

首先，要有清醒独立的认知，找到自己要去的方向。“清醒独立的认知”是自外而内的，拨散眼前的迷雾，看到纷繁假象背后的本质，不至于被徒有其表的事物所迷惑，随波逐流。“找到自己要去的方向”是自内而外的，要倾听自我内心的声音，而不是周围的掌声，更不是外界的喧哗。要认清自己，找到自己的方向，过自己想要的生活；不要为了某种私利而放弃应有的原则，不要为了某种虚幻的未来而不顾做人的底线。

其次，要有坚持不懈的毅力，不失逆境穿行的勇气。1919年章太炎先生在《今日青年之弱点》一文中说到：“现在青年第一弱点，就是把事情看得太容易，其结果不是侥幸，便是退却……有时凑巧居然侥幸成功，因之他们凡事皆想侥幸成功。但是天下事哪有许多侥幸呢？于是乎一遇困难，即刻退却。”同学们，你们的青春从此岸摆渡到彼岸，不会总是风和日丽，波澜不惊，当风浪袭来，遇难辄返，只会徒留生命的叹息，逆境中穿行的勇气告诉你逆流而上，将是海阔天空。

请大家记住：勇气是我们生命中最鲜艳的一抹原色。没有勇气的人生是苍白无力的孤行，没有勇气的生活是暗淡无光的虚度。人生苦短，唯梦想和勇气不可辜负。凡心所向，素履亦可往；生如逆旅，一苇亦可航。

最后，要有千帆阅尽的从容，拥有诗意栖居的灵魂。很多人会觉得，今日之少年，正当风华正茂，中流击水，浪遏飞舟，怎么可以有“千帆阅尽”“诗意栖居”这么“避世退隐”的心态呢？拥有诗意栖居的灵魂，不是让大家“退”，而是在“进”的路途上，懂得与清风为伴，懂得邀明月为友，懂得为落日执镜，见她羞落一江霞色，懂得为弦月执钩，帮她网一江星斗。因为，拥有一颗审美的心，永远让人年轻。

“潮平两岸阔，风正一帆悬。”今天，你们从贝丽南路46号出发，扬帆起航，彼岸的潋滟风光在召唤着你们。愿你们都能成为自己的青春摆渡人，驾轻舟，过万重山，去追逐属于你们的星辰和大海！

请记得，深中是你们最初的港口，它就在这里，等着大家归航！

谢谢大家！

2018年6月26日

7-4

青春深谷藏金，愿你以梦为马
—— 在高中部 2018 年开学典礼上的演讲

尊敬的各位老师，亲爱的同学们：

大家早上好！

欢迎你们重返校园，非常高兴看到学校因大家的回归而重焕生机，神采奕奕。借此机会，我还要特别欢迎深中的新主人——2018 级高中一年级的全体同学以及新入职的老师，你们是深中的新希望与新活力，欢迎你们，愿你们在这里度过无悔的青春！

在刚刚过去的这个暑假里，深中可谓喜报连连，令人振奋。杨天骅和薛泽洋同学获得第 49 届国际物理奥林匹克（IPhO）金牌；聂翊宸同学获得第 50 届国际化学奥林匹克（IChO）金牌。一所学校一年内在高中阶段顶级的国际学科奥林匹克中荣获 3 枚金牌，这在广东省内是首次，在全国都实属难得。

我在 8 月 3 日的新闻发布会上说："深中学生的成才路径绝不止于竞赛"。今天获得"腾讯之星"和"十佳社团"的同学，以及在座每一位优秀的深中学子，你们非常生动地诠释了这句话，你们都是深中教育的代言人。同学们的成长路径和取得成就的领域，几近完美地展现了深中"为学生搭建多元发展立交桥，让每个孩子都有出彩机会"的教育理念。

学校为大家搭建多元发展立交桥，希冀你们每个人都有出彩机会的时候，同学们自己又该如何在这座立交桥上找到属于自己正确的道路和出口，顺利通往人生的下一阶段？借此机会，我给大家提三点建议。

第一，发现独树一帜的优势。

老子说："知人者智，自知者明。"在每年的深中入学教育期间，学校会邀请各个领域的家长代表以及你们的优秀学长学姐，来给同学们分享他们的职业故事和成长故事，为的就是不断唤醒大家的生涯规划意识，从而自觉地在经历学业、社团、人际等校园生活时，觉察自己，发现兴趣，注重优势，理性选择。

我一直不赞成将"木桶理论"简单地类比到人的身上，现代脑科学的研究已经证实：教育中的"补短"不如"扬长"。同学们从兴趣出发，将兴趣变为志趣，将优势发挥到极致，未来自然而然会在擅长的领域中脱颖而出，闪烁光芒。

第二，培养自律自省的品质。

很多同学在各种场合经常说："深中的生活太精彩，以至于怎么过都是一种浪费。"

其实，如果不自律，深中精彩的生活就是别人的故事，和你便毫无关系。康德说：“所谓自由，不是随心所欲，而是自我主宰。”一个人的自律中，藏着无限的可能性，你自律的程度，决定着你人生的高度。

深中公众号从去年开始推送“深中学子”这个栏目，最初编辑老师起的名字是“深中学霸”，我建议他们换为“深中学子”，因为学霸容易给人一种错觉，就是这些人的牛是天然的、自然的。如果你是一个有心人，细心看过那些成长故事，你会发现，这些同学虽然个性迥异，各领风骚，但是他们都有一个共同的品质：自律自省。近期给我印象很深的是王泽坤同学的分享，他非常坦诚地谈到了自己在竞赛道路上，不断反思与抉择的心路历程；他在主动完善自己的过程中，表现出了宝贵的自省精神和自律品质。

去年，当我看到那么多优秀学子分享的成长故事时，我就萌生了一个想法——把他们的文章结集成册，汇集出版，并将书名定为《走进著名大学：深圳中学学子成长启示录（2017）》。今年，我们会继续出版《走进著名大学——深圳中学学子成长足迹（2018）》。同时，我也希望在座的每一位同学都能把自己在深中学习生活的所见、所闻、所思、所感记录下来，并投稿给公众号发表，非常期待看到你们的精彩故事。

第三，磨炼屡败屡战的意志。

“屡战屡败、屡败屡战”，这四个同样的字，被曾国藩以不同的顺序组合，不仅成就了曾国藩的豁达人生，也揭示了立大志成大事者的另一秘密。深中无一学生不优秀，这也就意味着，在深中的同伴压力是比较大的，在学业分层测试、社团面试、班级选举等各个领域，我们的同学都可能比较容易有受挫的感受及经历。

正如孟子所言：“天将降大任于斯人也，必先苦其心志……”被外界誉为天才的杨天骅，在成为国际物理奥林匹克金牌得主的道路上，和我之前带过的很多奥赛金牌选手一样，都是依靠坚韧的意志力不断克服重重困难，最后才获得了如此骄人的成绩。

深中致力于打造世界一流高中和世界一流的“资优生孵化器”。这个目标的实现需要全体教职工的努力，更需要身处其中的各位同学的努力。青春深谷藏金，愿你以梦为马！

谢谢大家！

2018 年 9 月 3 日

7-5

活出青春该有的样子
—— 在 2019—2020 学年第一学期高中部开学典礼上的演讲

尊敬的各位老师，亲爱的同学们：

大家早上好！

新的学年，看到大家一扫疲惫与稚气，神采奕奕，如约归来，我倍感激动。激动于一批新同学、新老师紧握梦想通行证，整装待发，即将在深中扬帆远航。让我们以热烈的掌声欢迎 2019 级高一年级全体同学以及新入职的高学历教师“天团”加入深中大家庭！

集麟凤英才而育之，是深中之幸；育麟凤英才而成之，是深中之责。学校一直致力于为深中学子搭建多元发展立交桥，助力学生成长成才。过去的一年，深中各项工作取得了累累硕果：课程改革稳步推进，德育工作卓有成效，学科竞赛捷报频传，海外录取成绩斐然，国内高考独占鳌头，艺体发展卓然超群，师资建设迈向一流……

在这里，要感谢所有深中师生的努力与付出！这些耀眼的成绩固然值得骄傲，同时作为深中人，我们也应该有何足为道的气魄和格局。因为从提出“建设中国特色世界一流高中”的那一刻起，我们就应该知道，只有这样的成绩才配得上如此高远的目标。“追求卓越、敢为人先”，这本来就是深中该有的样子！

同学们，不知你们是否发现，其实你们的成长轨迹和深中的一路发展何其相像。你们和深中一样，从小就顶着夺目的光环，在大家的殷切关注下成长；你们和深中一样，肩负着固国兴邦的重任，深中是深圳教育的窗口和文化名片，你们更是国家的栋梁之材、家庭的幸福源泉。正是这份相像，你们才会选择深中，成为执手深中、青春同行的友人。

从你们走进深中的那一刻起，你们便将与深中唇齿相依，互相成就。如今，面对责任之重与前路迢迢，深中尚在秉持着追求卓越的奋斗精神，那风华正茂的你们呢？当学长们将接力棒交到你们手中，你们又该以怎样的青春面貌，去描绘和创造深中该有的样子呢？

青春要有敢于梦的样子。毕淑敏说：青春当远行。那就是要你们无所顾忌、无所畏惧，去勇敢地做一个引领未来的梦。近几年，一大波艺人养成类节目集结而来，收割了很多年轻人的眼球。他们中，有的个性张扬，不惧非议，清澈的眼底只看得到梦想的倒影。有的在逐梦路上浪迹多年却仍不放弃，只是为了让自己的青春不留遗憾。一档节目如果能够做到用偶像的力量引领时代的精神风尚，自有它的价值。一个人，无论何时，都敢于做梦、逐梦，他就很了不起。

青春要有依于德的样子。北大教授饶毅曾寄语学生："在你所含全部原子再度按热力学第二定律回归自然之前，我希望它们既经历过物性的神奇，也产生过人性的可爱。"只有当人性有了温度，它才显得可爱。作为一名学生，既要学海逐浪，也要不断加固自己的精神堤坝——时时不忘人格的自我完善，做和谐发展的人。仁、义、礼、智、信……不仅要将其内化于心，还应将其外化于行。心中有爱，眼里有光，行中有善，不断加强自身的道德修养，做德才兼备的深中人。

青春要有志于学的样子。成功的路上从来不缺少梦想，缺少的是助梦想扶摇直上的翼下之风，而这翼下之风就是敏而好学。那么深中学子应该学什么？我一直认为深中学子的求学眼光不能仅仅是考上一所一流大学或拿到一份藤校录取通知书，也不能仅仅着眼于站上国际领奖台摘得一枚世界金牌。你们习得的真知识要能帮助你们形成独到的见解和深邃的思想，你们学来的真本领要能帮助你们更好地认识世界、改造世界。只有这样，你们才能日新又新，独领风骚。

青春要有据于勤的样子。胡适先生说："天下没有白费的努力。"你们要深信：今日的失败，都由于过去的不努力；今日的努力，必定有将来的大收成。我希望在新图书馆里，记录下的是你们的书海泛舟；我希望在朗读亭里，听到的是你们的书声琅琅；我希望在新宿舍楼里，看到的是你们的自律与自省。"少年易老学难成，一寸光阴不可轻"，希望你们惜时进取，书写青春无悔的华章。

敢于梦，依于德，志于学，据于勤，活出青春该有的样子。谁做到了这些，未来必定可期！

最后祝大家开学快乐！

2019 年 9 月 2 日

7-6

青春由磨砺出彩，人生因奋斗升华
——在2020届高三毕业典礼上的演讲

尊敬的各位老师、家长，亲爱的同学们：

大家上午好!

今天，我们举行2020届毕业典礼，共同见证同学们踏上新的人生征程。在此，我向即将毕业的同学致以热烈的祝贺！向多年来悉心指导你们的老师表示衷心的感谢！向关爱你们成长、关心学校发展的家长致以崇高的敬意！

每一届毕业生都有属于自己的青春记忆，而你们的记忆尤其难忘，也注定被历史铭记。全球抗疫、强基初启、高考延期……2020届的你们经历了前所未有的挑战和际遇。你们在充满变数的人生中磨砺意志、超越自我，你们从动人的抗疫故事中感受社会的温暖与力量，你们在时代的洪流中体悟人性的无私与伟大……我相信，这段时间的磨炼与成长，一定为你们开启未来生活的新篇章，积蓄磅礴的生命力量。

在同学们即将启程的时刻，我想用以下两句话作为送给你们的临别赠言。

第一，青春由磨砺出彩，希望你们保持宏大的格局，在困境中学会成长。

命运总是充满各种变数，但是不被眼前的困境局限，保持宏大的格局、开放的心态，才能更快地扭转逆境。在新冠肺炎疫情与中美贸易战的背景下，华为总裁任正非向我们展示了一位民族企业家在困境中的格局与担当：当武汉情势紧急时，华为仅用3天时间就完成了火神山医院5G网络的建设；当全球疫情暴发时，华为默默为美国、加拿大捐赠了珍贵的抗疫物资；当国人都为孟晚舟被拘鸣不平时，任正非在采访中说：“女儿每天很乐观，自学五六门课，准备读个‘狱中博士’。”他这样的胸襟和格局让人感动和敬佩。

同学们，在人生的漫长旅程中，时常会遭遇暴风骤雨，荆棘满途，但是“松柏之质，经霜弥茂”，当你们今后走进大学，步入社会，一定要学会从容地应对前方未知的危机、命运的挑战，在困境中学会坚强，在磨砺中不断成长。

第二，人生因奋斗升华，希望你们与优秀的人一起，为人类进步而努力。

今年，为了在新校区为学生搭建更多优质的科技创新平台，我们在疫情期间克服重重困难，与北京大学、清华大学、南京大学分别共建天文创新实验室、朱邦芬院士工作站和先进光声功能材料实验室，并举行云签约揭牌仪式；迄今为止，深中已与著名高校、企业共建19个创新实验室和创新体验中心。近日，深中通过剑桥大学国际考评部的考核，成为具有开办官方IGCSE和A-LEVEL课程资质的剑桥学校。今年，为了让深中的优质教育资源惠及更多学子，我们第三次与华为合作，开办“华为-深中数理实验班”（省班/市班），这是深中在拔尖创新人才培养方面实现的历史性突破，更是希望尽己之力，为推进深圳教育先行示范、为国家发展储备更多数理人才，贡献深中智慧和深中力量。

我们不遗余力把优秀的学生汇聚在一起，为他们搭建更广阔的平台、提供更丰富的资源、引进名校毕业生和经验丰富的优秀教师，为的是让学生在多元开放的学习氛围中，在高水平人才的引领下、在同伴的积极影响下，尽早窥见学术的奥义，树立高远的人生理想。正如近期就新型冠状病毒预防在《科学》（*Science*）期刊上发表论文的深中2013届校友赵方竹所说，她从高中时起身边就有很多优秀的同伴，这是她前行的动力，看到身边的人比自己优秀，不仅为他们感到骄傲，更要努力让自己变得同样优秀。

同学们，“独学而无友，则孤陋而寡闻”。希望你们在今后的学习生涯中，与优秀者同行，与奋斗者共进，不仅实现最好的自己，更为世界进步而共同努力，为人类的未来做出贡献。

韶华三载，岁月如歌。亲爱的同学们，又到了说再见的时候，母校不舍你们离开，但更期望看到你们远行，去领略更广阔的风景。无论你们今后走向何处，请同学们记住：你们永远是深中的骄傲，深中永远是你们温暖的家！

谢谢大家！

2020年7月13日

7-7

不负芳华岁月，尽显青春本色
—— 在 2020—2021 学年第一学期高中部开学典礼上的演讲

尊敬的各位老师，亲爱的同学们：

大家上午好！

新的学年，新的校园，深中新校区以崭新的面貌迎来了她的第一批主人。回首三年前，在建校 70 周年之际，我们确立了“建设中国特色世界一流高中”的办学定位，当时最大的短板是师资队伍和校园环境。为实现办学目标储才蓄能，我们极力倡导和践行“让最优秀的人教育下一代，培养出更优秀的人”，用三年半的时间引进了 100 多位哈佛、牛津、剑桥、北大、清华等世界名校毕业生和诸多经验丰富的优秀教师“加盟”深中，学校目前已经形成了经验丰富、教学业绩突出、学术水平扎实、结构合理的老、中、青相结合的教师队伍；为了打造百年名校、千年学府，在市委市政府、市教育局的大力支持下，深中新校区自 2018 年 3 月 6 日开建以来克服重重困难，历时两年半终于迎来了今日的华丽蜕变。站在经济特区成立四十周年的关键节点，如今的深中万象更新，蓄势再出发。希望同学们在这座世界一流的校园里快乐学习、享受生活，奋发向上、积极进取，不负芳华岁月、彰显青春本色。

青春本色是自信乐观、虚怀若谷。

进入深中以后，同学们最大的感受可能是“身边的人都很优秀”，有时甚至会感到自卑。其实，“你站在桥上看风景，看风景的人在楼上看你”。你不经意间的智慧光芒，也会启发别人；你举手投足间的自信潇洒，也会感染别人。永远不要低估自己的价值，每个人都有无限的潜能等待去发掘，每个人都有出彩机会。

“每个人都有出彩机会”，这句话同样也蕴含另外一个道理：同学们在肯定自己的同时，更要发现别人的闪光点，虚怀若谷、不矜不伐，找准差距、见贤思齐。有时候保持一定的自我怀疑，才能及时发现并弥补自身的不足，不断修炼成为更好的自己。

青春本色是敢于选择、坚定步伐。

正是因为深中为同学们提供了充分选择的空间和自主选择的权利，才会广为流传着这样一句话：“在深中的生活太精彩，以至于怎么过都是一种浪费。”有时候面临的选择多了，也是一种考验。小到选择社团、校本课，大到高考选科，再到将来选择就读的专业、从事的职业，在每一个分叉路口，同学们都需要审慎思考、理性决断。

杨绛先生曾说：“走好选择的路，别选择好走的路，你才能拥有真正的自己。”那些看似好走的路，未必适合自己，也不能通向自己梦想的远方。2020 年的残酷疫情曾让人不寒而栗，在这期间挺身而出的无数医务工作者被称为“最美逆行人”。有人这样担心：医患关系紧张、逆行抗疫辛苦，还会有很多人选择学医吗？2020 届深中毕业生给出了最温暖的答案：参加了史上最艰难高考的他们，有 50 人选择了医学专业，而去年仅为 21 人。这彰显了深中人的情怀与担当，我为他们感到自豪与骄傲。鱼与熊掌不可兼得，生与义亦不可兼得。做出明智的选择需要忠于内心，坚定自己的选择后就要无所畏惧、勇往直前。

青春本色是知行合一、厚积薄发。

积跬步以致千里，积怠惰以致深渊。诗人白居易将自己的创作灵感分门别类存在陶罐里，著名数学家苏步青把会前会后、饭前饭后的时间比喻为“零布头”并加以利用。看似轻而易举的成功，都离不开深厚的积淀和不懈的努力。

尼采曾说：“谁终将声震人间，必长久深自缄默。谁终将点燃闪电，必长久如云漂泊。”知识的学习是由易到难、循序渐进的过程，而人生目标也需要一步一步脚踏实地去实现。厚积方能薄发，沉潜才可飞跃；相比于天赋，深中人更相信日积月累、久久为功的力量。

亲爱的同学们，你们都是新校区开启的见证人，也是建设世界一流高中的担当者，未来还将成为实现中华民族伟大复兴的实干家。“青春须早为，岂能长少年。”希望你们继续发扬深中人“追求卓越、敢为人先”的精神，不负芳华岁月，尽显青春本色。

谢谢大家！

2020 年 9 月 7 日

7-8

无悔青春，奋斗以成
—— 在2021届初三年级中考助推活动上的演讲

尊敬的各位老师、各位家长，亲爱的同学们：

大家下午好!

又到了“春风花草香”的季节，深中校园一派勃勃生机。今天，我们怀着喜悦的心情，在这里举行深圳中学2021届初三年级中考助推活动。

今年是中国共产党成立一百周年。百余年前，作为中国共产党创始人之一的李大钊这样激励青年：“青年之文明，奋斗之文明也。与境遇奋斗、与时代奋斗、与经验奋斗。故青年者，人生之王、人生之春、人生之华也。”李大钊的一生，是为真理奋斗的伟大一生。借此机会，我以“无悔青春，奋斗以成”为主题，和大家谈几点想法。

第一，奋斗需要抱定宗旨。

“立志而圣则圣矣，立志而贤则贤矣。”高远的目标可以激发人的内驱力，帮助我们实现生命的价值和意义。小到此次中考希望取得什么样的名次，大到未来想要成为什么样的人，这都需要同学们从现在开始就有一个清晰的定位和明确的目标。1917年，蔡元培就任北京大学校长发表演说时，对学生提出的第一点要求是“抱定宗旨”，即“大学者，研究高深学问者也”。对知识的渴望和对真理的追求，是古今中外仁人志士为改变国家、民族乃至世界一以贯之的坚守。

同学们，你们怎样，未来中国就怎样，未来世界就怎样——这是我在今年深中成人礼上讲的一句话，我也想把它送给你们。希望同学们树立“为改变中国、改变世界、改变人类做贡献”的远大志向，并在理想的指引下成就属于自己的伟大生命。

第二，奋斗需要驰而不息。

“自古圣贤，盛德大业，未有不由学而成者也。”成就理想绝不能坐而论道，关键要脚踏实地、不懈奋斗，努力掌握扎实学识和过硬本领。易卜生说：“你最大的责任就是把你这块材料铸造成器”，把每件简单的事情做好，就是不简单；把每件平凡的事情做好，就是不平凡。中国有句老话：“行百里者半九十”，意思是说：走一百里路，走了九十里才算是一半。学习如登山，越接近山顶越困难，越需要坚持，因为做到了量的累积才能实现质的飞跃。

同学们，距离中考仅剩两个月，这两个月就是在完成从量变到质变的过程，这个过程称为临界突破，质变的那一刻就是“临界点”，千万不要在临界点的前一秒选择放弃。

第三，奋斗需要勇于担当。

鲁迅说："无穷的远方，无数的人们，都和我有关。"一个人能肩负多大的使命，不仅取决于理想、眼界和能力的大小，更取决于是否拥有敢于担当的精神境界。去年6月，在中印边境一场外军蓄意制造的冲突中，4名解放军官兵不幸牺牲，其中"00后"陈祥榕曾写下过八个字的战斗口号"清澈的爱，只为中国"，感动了无数人。大好河山寸步不让，他们就是祖国的界碑，在卫国戍边的一线，守卫着祖国的安全和人民的安宁。

同学们，作为祖国未来的建设者和接班人，你们要勇担时代使命，不负时代所托。当你把自己的"小我"融入人民和人类的"大我"之中，与祖国同步伐、与世界同命运，自己的人生也会精彩百倍，熠熠生辉。

6月下旬是中考的日子，同时也即将迎来建党一百周年华诞。时代前行，我们每个人都是见证者、开创者、建设者，无论能力高低，站稳自己的位置，扛起自身的责任，哪怕只是微光，也能烛照一方。习近平总书记说："只有进行了激情奋斗的青春，只有进行了顽强拼搏的青春，只有为人民作出奉献的青春，才会留下充实、温暖、持久、无悔的青春回忆。"希望同学们以"青春梦"托起"中国梦"，只争朝夕，不负韶华，以奋斗精神作为压舱之石，以奋斗姿态扬起前行风帆！

最后，祝愿2021届初三年级全体同学心之所想、皆能如愿，不惧挑战、无负青春！

谢谢大家！

2021年4月11日

7-9

惜菁菁芳华，书青春答卷

—— 在 2021—2022 学年第一学期初中部开学典礼上的演讲

尊敬的各位老师，亲爱的同学们：

大家好！

“日月忽其不淹兮，春与秋其代序。”首先，欢迎 2021 级初一新同学加入深中大家庭。新学年，新起点，新征程。每每看到朝气蓬勃的你们，我就看到了青春的力量和希望。百余年前，李大钊先生在《青春》中写道：“彼美之青春，念子之任重而道远也，子之内美而修能也。”同学们恰风华正茂，今天借此机会，我与你们聊聊青春，谈谈梦想。

逐梦青春，当心怀远方，立青衿之志。

“立志而贤，则贤矣；志不立，如无舵之舟，无衔之马。”我们常说“有志者事竟成”，但这绝不意味着立志就等同于成功。朱光潜先生在《谈立志》一文中说：“‘有志者事竟成’这句话很容易发生误解，‘志’字有几种意义：一是念头或愿望（wish），一是起一个动作时所存的目的（purpose），一是达到目的的决心（will）。很显然，要事之成，其难不在起念头，而在目的之认识与达到目的的决心。”立志而无坚韧的恒心，只能徒有空中楼阁。在今年的 USAP 竞赛中，深中初中部 8 名同学虽以中国赛区团体第八的成绩晋级全球赛，但他们锲而不舍、稳扎稳打，最终取得全球团体总分第一。

同学们，“功崇惟志，业广惟勤”，初中三年是美好的人生花季，是奠基健全人格的关键时期，希望你们不忘初心，厚积薄发，用百折不回的傲骨和脚踏实地的韧劲来守望青衿之志。

逐梦青春，当厚德知礼，行君子之道。

子曰：“不知礼，无以立也。”何为礼？礼就是礼仪、礼节，礼就是道德规范、规章制度。知礼，即讲文明，守礼仪，懂规范。当今时代，思潮涌动，相互冲击又彼此消解，致使无数人茫然无措、无所适从；而社会的运行、文明的延续，都迫切呼唤我们认清方向，认同规范。因此，“知礼”“守礼”具有深刻的时代意义。当今社会所提倡的诚信、重诺、尊长、爱幼……无一不是在践行礼仪之邦的优良传统。身为一名初中生，尊师守纪、敬业乐群、厚德博学、弘毅笃行等，都是你们应该时刻铭记和遵守的行为准则。

同学们，“才者，德之资也；德者，才之帅也。”一个人的德行是他的价值底色，而德才兼备是始终统摄人生的价值主线。希望每一位深中人成为文明的守护者、传播者、践行者，在人生观、世界观、价值观形成的关键时期，做正直、公道、平和待人的谦谦君子。

逐梦青春，当矢志不渝，担时代之责。

百年前，一艘从烟雨南湖缓缓驶出的红船，开启了中国共产党筚路蓝缕的百年征途。1921—2021年，从石库门到天安门，从小小红船到巍巍巨轮，一百年前的红色火种，在革命、建设、改革的道路上已成燎原之势，照亮中华民族伟大复兴的光明前景。

同学们，我们见证了百年初心历久弥坚，我们坚信民族的未来定是星辰大海。习近平总书记叮嘱中国青年："只有把小我融入祖国的大我、人民的大我之中，与时代同步伐、与人民共命运，才能更好实现人生价值、升华人生境界。"希望你们用"山登绝顶我为峰"的姿态，踏上一往无前的奋斗征程，心有大我、至诚报国，勇担时代使命，把人生理想书写在祖国壮丽的山河大地，用漂亮答卷为时代贡献青春力量。

最后，祝同学们在新的学年里身心健康、学业进步，在青春的大江大河里砥砺奋发、一路高歌！

谢谢大家！

2021年9月1日

第八辑

成人之美——十八而志 学以成人

“得其大者可以兼其小。”习近平总书记说：“只有把人生理想融入国家和民族的事业中，才能最终成就一番事业。”同学们，国家和民族，乃至世界和人类的福祉与进步需要当代青年勇担重任，希望你们以包容的胸怀贡献非凡中国智慧，以崇高的理想建设和谐人类家园。你们要坚信，你们怎样，未来中国就怎样，未来世界就怎样。

站在 18 岁的渡口
—— 在 2017 届高三成人礼上的演讲

尊敬的各位老师、家长、亲爱的同学们：

大家好！

今天是一个特别的日子，家长、老师相聚于此，为同学们举行 18 岁成人仪式，共同见证同学们迈进成年的大门。请允许我代表学校向全体高三同学致以热烈的祝贺，向为你们的成长付出大量心血的父母、老师表示衷心的感谢！今天我演讲的题目是“站在 18 岁的渡口”。

如果把人生比作一条河，18 岁无疑是一个具有里程碑意义的渡口。从这里出发，向波澜壮阔处扬帆，等待你们的将是无数种可能：可能是晴天丽日，也可能是骇浪惊涛；可能是一帆风顺，也可能是险象环生；可能是欣喜若狂，也可能是黯然伤神……无数的可能正是青年人特有的资本，它充满了机遇，提供了多样性的发展空间。当然，也带来了诸多挑战。因此，强健的体魄、青春的热血、丰富的学识、生存的智慧、责任与担当、勇气与拼搏等，都应是你们未来道路上必备的条件。

古代的成人礼，男子行冠礼，女子行笄礼。“男子二十，冠而字”，举行成年礼，要为每个成年人取字，这是成人礼的高级表达，因为它标志着一个人由懵懵懂懂的孩子，蜕变成为具有责任感和使命感的“成年人”了。今天，你们面对国旗庄严宣誓，也标志着你们享有宪法赋予的神圣的权利，并理应履行宪法规定的义务；标志着你们已经是具有完全行为能力的主体，必须为自己的行为承担责任。从今天起，你们不仅要在年龄上成人，而且要在思想上成人，更要从小我变成大我，从自然的我变成社会的我！

在先贤孔子看来，“成人”首先是“有知识的人”，即对社会有基本认知。一个人有了知识，只具备了“成人”的基本素质，还需要接受仁义礼乐教化，才能具备“成人”的德行。具备聪明才智、勇敢无畏、多才多艺的人，还不可谓之“成人”。只有见到财利想到道义，见到危难勇于担当，“穷且益坚，不坠青云之志”，这样的人方可谓之真正的“成人”。在这个日新月异的时代，先贤的成人观依然有着强大的生命力。“士不可不弘毅，任重而道远”，从这个意义上讲，成人是一种超越生命时间尺度的责任与担当。小而言之是支撑家庭、延续种族；大而言之，则是道济天下、利国利民。这是民族的选择，亦是时代的召唤。习近平总书记说：“青年一代有理想、有担当，国家就有前途，民族就有希望。”跨越“成人门”，你们将成为实现“中国梦”的未来的中坚力量，将肩负起振兴中华的神圣使命。中国的未来在你们的手中，你们怎样，中国便怎样！

过去的十八载岁月，你们与英才为伍，领跑群伦，追求卓越，从未止步。然而没有一个生命体能够自我成全，这其中一定少不了父母、师长、朋辈的关爱、勉励与引导。中国向来有“以德报德”的传统，“学会感恩”是一个现代公民不可或缺的精神底色。感谢生活的赠予，感激他人的帮助，牢记父母和师长那些无私的付出、明达的教诲与温暖的陪伴，是一个成年人理应具有的温度与情怀。“谁言寸草心，报得三春晖”，感恩父母不需要惊天动地，只需要给父母多一点理解，多一点倾听，多一点关心；让父母少一点担忧，少一点辛劳，少一点无奈。父母的付出是无价的，他们需要的回报却是微薄的。

18 岁，你们羽翼渐丰，慢慢地从父母的生命里剥离，去独自感受全新的生命体验，探求生命的价值与意义。面对未知，你或许充满好奇，然而你必须清醒地认识到，等待你的也许是坎坷的长途与精神的苦旅。即将走出中学校园的你们，将要失去一个身份——未成年人，也将随之失去许多的身份优势：办事可以优先、错误可以原谅、失败可以重来、生活无须自理、青春可以叛逆、时间可以挥霍……同时你们会得到一个新的身份——成年人，也会随之拥有更多的“独立”“自由”。“独立”意味着与叛逆、懦弱、浮躁告别，与勇气、责任、担当携手同行。“自由”是美好的，但并不等同于无所拘束，它需要理性、规则、尊重来精心维护。身处熙来攘往的时代，你们要葆有精神的高贵，有所为，有所不为，才能安顿好这弥足珍贵的“独立”和“自由”。

18 岁，依然是一个敢于做梦的年龄。你可以有经天纬地的理想，成为下一个马化腾、陈一丹，为人类做出卓越贡献；你也可以追求平凡的梦想，成为好员工、好父母，有一个幸福美好的人生。无论你拥有怎样的梦想，我都希望你们深知“对未来的真正慷慨，是把一切献给现在”。我期待你们以更成熟的心智去建构梦想，更希望你们能够脚踏实地，让每一个具体、明确的梦想因行动而高贵。圆梦高考，将是你十八载岁月里最美的风景。如此真切而具体的梦想需要你们凭借精神、智能、体魄去实现。从现在起，厉兵秣马，鏖战最后 87 天，我期待你们圆满完成成年后的第一份人生答卷。

前不久，绿茵场上上演了巴萨绝境翻盘、惊天逆转的一幕。巴萨在首回合 0∶4 落后的情况下，95 分钟绝杀，挺进八强。这让我想起里约奥运会上中国对巴西的女排 1/4 决赛。客场作战的中国女排同样不占任何优势，甚至很多人预测女排将止步四强。然而女排姑娘硬是迎难而上，拼尽全力，最终问鼎冠军。今天是 2017 年 3 月 12 日，距离高考还剩 87 天，你有没有问过自己：“最后 87 天，我还能为自己做些什么。”历史的经验告诉你：坚持到底，全力以赴，下一秒，你创造了奇迹！

今天，你们成为共和国最年轻的公民。希望你们珍惜美好的年华，充实多彩的人生，安顿高贵的灵魂，实现崇高的理想，以梦为马、勇闯天涯！站在 18 岁的“渡口”，我相信，你们，准备好了！

再次感谢全体老师的辛勤耕耘，感谢家长的辛苦付出！

最后预祝同学们高考取得圆满成功，做最好的自己，考上自己向往的大学！

2017 年 3 月 12 日

8–2

走好人生路，高唱正气歌

—— 在 2018 届高三成人礼上的演讲

尊敬的各位老师、各位家长，亲爱的同学们：

大家好！

今天，我们欢聚一堂，举行深圳中学 2018 届学生 18 岁成人仪式。在这重要而庄严的时刻，我谨代表学校向即将跨入成人行列的全体高三同学致以最热烈的祝贺！同时，我也提议，大家用最诚挚的掌声，向辛勤养育你们的父母，关爱支持你们的老师表达最衷心的感谢和最崇高的敬意！

人生是一条漫长的路，18 岁成人是这段旅程中一个重要的“里程碑”。成年之后，你们将享有宪法赋予的权利，履行宪法规定的义务，并担负起国家和社会赋予你们的使命，为实现伟大的中国梦奉献自己的一分力量。中国梦是民族的梦，也是我们每一个人的梦，我们每个人的幸福都寓于国家的幸福和世界的和谐之中。站在 18 岁这个新的起点上，希望即将步入一生关键阶段的你们，走好人生路、高唱正气歌，早日成为中国梦的忠实实践者和人类命运共同体的积极参与者。

走好人生路首先要树立正确的人生观，以大爱奠定人生底色。

“恻隐之心，仁之端也；羞恶之心，义之端也；辞让之心，礼之端也；是非之心，智之端也。”在社会这个大熔炉里，你们会看到它的丰富多彩，也会发现它的不尽如人意，只要树立正确的世界观、人生观、价值观，掌握了这把总钥匙，再来看社会万象、人生历程，自然能做出正确的判断和选择。

七十多年来，从深中走出很多优秀学子成为特区乃至国家建设和发展的栋梁，相信你们也可以凭借自身的资质和努力成为各个领域的佼佼者。正因如此，我才更希望大家能够充分利用个人的优势，有一分光、发一分热，坚守底线、稳重自持，“勿以善小而不为、勿以恶小而为之”，将善意的火种播撒到更多的地方，尊重生命、尊重自然、尊重他人，关爱家人和同伴，同情和扶助弱者，成为最好的自己！

走好人生路要敢于担当时代重任，用行动见证无悔青春。

成人不仅意味着长大，还意味着责任。希望同学们首先能承担起对自己的责任，为自己的选择负责；同时，18 岁的你们要开始自觉肩负起对家庭、对社会的责任。不管你们未来有多远大的目标、追求什么样的梦想，都不要忘了自己当时为什么出发，更不要放弃对责任、良知和道德的坚守。

“修身、齐家、治国、平天下”，这是古人的责任与担当。习近平总书记寄语青年时说：“青年一代有理想、有本领、有担当，国家就有前途，民族就有希望。”个人的前途取决于国家的前途，个人的幸福寓于国家的富强和人民的幸福之中。希望大家能够胸怀天下，志存高远，用“追求卓越”的态度和“敢为人先”的气魄，担当起这个时代赋予你们的重任，在深中精神的指引下，用行动书写自己的无悔青春。

走好人生路还要坚守自己的梦想，努力实现人生价值。

“天生我才必有用”，如何结合社会期望和个人追求，正确认识自己，最大限度地实现个人价值，是每一个成人必须要审慎思考的问题。这是一个兴旺发达、日新月异的伟大时代。同样，这个时代也会存在一些空虚浮躁、精神颓废、是非难辨的现象。如何确定自己的人生坐标，在成长的焦虑中获得生命的踏实感，是我们每一个人都需要修炼的内功。

我的建议是：想大问题，做小事情！让大问题为我们指引方向，让小事情支撑我们向前。作为风华正茂的青年，要有书生意气、指点江山的大情怀，也要有弯下腰来做小事、做实事的精神。作为高三学生，你的人生梦想应该日渐清晰，而梦的实现必须依靠每天的专注学习，依靠一步一个脚印去落实，依靠点点滴滴的打磨，才能让梦想照进现实，才能不让“自我实现”成为一句空话。

同学们，再过两个多月，你们将迎来成人后的第一次大考，胜败的标准不只是分数高低和战胜了多少对手，更在于你自己是否全力以赴，是否战胜了枯燥、压力和疲倦。高三是人生的一个特殊阶段，是为未来之路打好基础的重要一环，它需要坚强的意志、精细的思维、良好的心态、科学的布局来备战高考，是从多方面锻炼我们的重要平台。所以，你们要抓住机会，胜不骄、败不馁，全力以赴，用最佳的状态迎接第一次人生大考！

同学们，你们能够走到今天，是你们不懈努力的结果，但更离不开父母的全程关怀、老师的无私教诲。希望你们始终心怀感恩，用行动感谢含辛茹苦将你养大的父母，为你的成长保驾护航的师长以及陪你切磋琢磨、携手共进的同伴。

人间三月芳菲始，拼搏努力正当时。希望你们牢记今天的誓言，把今天的成人仪式作为人生的新里程，牢记责任、心存感恩、传递大爱、弘扬正气，以饱满的热情、昂扬的斗志和拼搏的精神去发奋学习、快乐生活，相信你们一定能够破浪乘风，笑到最后。

再次感谢全体老师的辛勤耕耘，感谢家长的辛苦付出！

最后，预祝同学们高考取得圆满成功！

谢谢大家！

2018 年 3 月 18 日

8-3

18 岁，请为人生涂上“奋斗”的底色
—— 在 2019 届高三成人礼上的演讲

尊敬的各位老师、家长，亲爱的同学们：

大家好！

草长莺飞，惠风和畅。在今天这个特殊的日子，我们欢聚一堂，为 2019 届同学举行十八岁成人礼。在此，我代表学校向全体高三同学致以热烈的祝贺，向为你们的成长做出无私奉献的父母、老师表示衷心的感谢！

在 2018 年成人礼上，我给同学们的寄语是“走好人生路，高唱正气歌”，希望每位深中人都能“想大问题，做小事情！让大问题指引我们方向，让小事情支撑我们向前。坚守自己的梦想，努力实现人生价值”。理想的实现要靠自己的努力拼搏和不懈奋斗。“奋斗”，就是我今天要给讲的关键词。

同学们，“幸福都是奋斗出来的”，奋斗的青春才有未来。在你们人生观、价值观、世界观形成的关键时期，请把“奋斗”这个词郑重地写在你的心里，请为你的人生涂上“奋斗”的底色。

第一，奋斗让你发现自己更多潜能。

在高三开学之初，我说过，我对 2019 届同学的期待是“独占鳌头”，想要这个目标成为现实的唯一途径，就是奋斗。在奋斗中，你对未来的期待渐次清晰，“理想”对于你不再是一个空洞的口号，而变成一个实实在在的目标，引领你不断接近，不断超越。高三的生活已经过完三分之二，在紧锣密鼓的第一轮复习中，你对各科的知识有没有系统的梳理和掌握，进而形成完整的知识结构？你对自我的认识有没有发生变化，有没有找到未来想要终身学习和努力的方向？点点滴滴的改变，都是在持续不断的奋斗中慢慢发生的。

“操千曲而后晓声，观千剑而后识器。”在不懈的奋斗中，你发现了自我的潜能，发现自己可能的高度，因而树立更高远的目标，你甚至会对自己刮目相看——原来，我还可以做到这样，我也能够迸发出如此强大的能量！

第二，奋斗赋予你战胜困难的力量。

如果说高中三年的学习是一次长跑，那么同学们，你们现在已经跑过最后一个弯道，距离终点仅有百米之遥。高三的生活，总会辛苦，常有疲惫，但这是每一个奋斗者都不可避免的经历，也是每一个高三学子最熟悉的感受。

“会当凌绝顶，一览众山小。”疲惫时，心中要想着自己远大的理想，更要专注于脚下的每一次行动。用专注当下的奋斗来平衡你的长期目标和短期目标，既不会过于兴奋，以至于透支热情；也不会过于低落，以至于失去斗志。选择未来，脚踏实地，这是奋斗者的姿态。高三这样走，一生也要这样走。

第三，奋斗本身就是一种幸福体验。

奋斗不只是取得幸福的手段，它本身也是一个幸福的过程。无所事事地平庸度日，才是对生命最不可原谅的浪费，是对“幸福”最根本的逃离。

“发愤忘食，乐以忘忧，不知老之将至。”对于每一位青春正当时的你们来说，“幸福”决不应是安逸和享乐，而是在不断超越中获得成就感和价值感。

同学们，奋斗本身就是幸福，它不只是一种行动，更是一种精神状态、一种人生态度，只要你有为理想狂奔的热情，为梦想奋斗的行动，不管等到你 38 岁、58 岁还是 78 岁，你都永远像 18 岁一样，拥有青春的梦想、奋斗的激情。期待三个月后，听到你们金榜题名的捷报；更期待未来，听到你们不断超越的人生传奇！

再次感谢全体老师的辛勤耕耘，感谢家长的辛苦付出！

最后，预祝同学们高考取得圆满成功！

谢谢大家！

2019 年 3 月 10 日

8-4

不惧挑战，超越自我
—— 在 2020 届高三成人礼上的演讲

尊敬的各位老师、亲爱的同学们：

大家好！

今天是属于在场每位同学的节日，我们在五四青年节这一天，举行 2020 届成人礼。人生中第一次大考遇上全球疫情的考验，在这段时间里，你们一定对当下和未来有了新的思考和认识，这段经历也一定会成为你们一生中的难忘回忆。

这次疫情教会了我们什么呢？我有三点感想：

第一，它让我们坚定民族自信并学会悲悯善良。重大事件的发生，常常能直接体现国民的整体素质。全国人民的共情力与自制力、忍耐力与行动力，向世界证明了中国人的高素质，也让所有的同胞更加自信自强。同时，世界各地在我们最艰难的抗疫初期，纷纷向我们伸出援手，现在我们投桃报李，向世界上近百个国家支援珍贵的医疗物资和宝贵的中国经验。“山川异域，风月同天。”面对共同的敌人，我们展现了天下一家的宽广格局。

第二，它让我们探索无限可能并树立崇高理想。经此一役，相信很多同学已经在思考未来要成为一个什么样的人，从事什么样的事业；愿你们在探索中发现自己的无限可能，愿伟大的目标引领你们坚实的行动。无论将来你们选择什么专业，从事什么职业，希望你们始终秉承朴素的“为人民服务”的信念，让青春的绚丽之花为祖国和人民绽放。

第三，它让我们传承榜样力量并强化责任担当。铁肩担道义的钟南山、李兰娟院士们，不仅是中国脊梁，也是世界希望；从一线归来的抗疫战士，收获了全国人民最崇高的敬意和最真诚的感激。他们中不乏“90 后”“00 后”，他们不惧挑战、冲锋在前，勇斗风险、勇克难关，彰显了青春的蓬勃力量和新时代青年的责任担当。

同学们，在十八岁这个特殊的时刻，在“五四”这一特殊节点，你们更要以英雄为榜样，立下报国志向；当时代的接力棒交到你们手中，希望同学们无畏地扛起这份责任，展现你们的担当。

而眼下，在关键的高三冲刺阶段，同学们应该怎么做呢？我有三点希望：

第一，放平心态。杨绛先生有这样一段话：“无论人生上到哪一层台阶，阶下有人在仰望你，阶上亦有人在俯视你。你抬头自卑，低头自得，唯有平视，才能看见真实的自己。”先生对待人生的心态同样适用于大家当下的学习状态，即便在高三冲刺这样的高压环境下，希望你们不要迷失自己，积极找准位置，设定合理目标，不断精进努力。

第二，珍惜当下。“对未来真正的慷慨，是把一切献给现在。”现在距离高考还有最后六十天，六十天虽短，但仍大有可为。希望同学们惜时如金，一步一个脚印，让每一天都有实实在在的进步，让每一天都能跨上新的台阶。

第三，坚持到底。在去年8月的高三开学典礼上，我向你们提出过我的期望——“2020，山登绝顶”。学习如同登山，攀登的过程绝不会是一帆风顺，但坚持就是胜利，没有“千岩万转路不定”的迷茫落寞，哪能看到“落木千山天远大”的壮观风景。

亲爱的同学们，唯有不惧挑战，方能超越自我。待到攀登到绝顶时，相信你们看到的，定将是最美的星辰大海。

最后，祝福同学们高考圆满成功，不断努力实现人生理想；用奋斗谱写青春华章，用实干成就美好未来！

谢谢大家！

2020年5月4日

8-5

十八而志，学以成人
—— 在 2021 届高三成人礼上的演讲

尊敬的各位老师、各位家长，亲爱的同学们：

大家下午好！

今天我们欢聚一堂，为 2021 届同学举行十八岁成人礼。我代表学校向你们表示热烈的祝贺，向为你们的成长做出无私奉献的各位家长和老师表示衷心的感谢！

十八而志，学以成人。在成年之际，同学们也许都会畅想，自己将要成为什么样的人，未来的人生路将会遇到怎样的风景。

学以成人，是博学慎思、培养独立人格的过程。

在古代，男子二十岁举行冠礼，女子十五岁举行笄礼，庆祝他们成年。成人礼之后，他们开始拥有更多的独立性。现在，十八岁成年后，个人需要独立承担法律责任，履行法定义务。虽然时代不同，含义有别，但成年都意味着成长与独立。清华大学最高荣誉“突出贡献奖”获得者、著名物理学家朱邦芬院士在做客“深中大讲堂”时曾引用爱因斯坦的话：“大多数人说，是才智造就了伟大的科学家。他们错了，是人格。”朱院士以此寄望深中学子成才需先成人。

独立，不仅是简单的摆脱父母的约束，一定程度实现经济的独立；更重要的是，如陈寅恪先生所言：“独立之精神，自由之思想”。当今世界，信息过载、思想纷繁，拥有独立思考的能力显得尤为重要。只有博学慎思，明辨笃行，不人云亦云，不亦步亦趋，才能处变不惊、从容不迫。

学以成人，是不畏艰难、不断超越自我的过程。

在高三备考的这八个月里，你们一定收获了许多鲜花与掌声，也遇到过挫折与困惑。希望同学们在顺境中不骄傲，在逆境中不沮丧，让顺境、逆境都成为自己的人生财富。北宋张载曾说：“贫贱忧戚，庸玉汝于成也。”人生往往只有经历磨炼，才能实现自我。叶嘉莹先生转蓬万里，情牵华夏，续易安灯火，得唐宋薪传，继静安绝学，贯中西文脉，终成诗词大家；张桂梅校长在苦难中逆行，在逆境中坚守，创立华坪女高，用爱心和智慧托起大山的希望，以怒放的生命向世界表达坚强。她们都是“感动中国 2020 年度人物”，她们都在克服困难的过程中超越自我，实现人生价值。

如何优于过去的自己？那便是不畏艰难，不惧挑战，突破自我。希望你们直面未来人生中的艰难与挑战，愈挫愈勇，愈挫愈强。

学以成人，是心怀家国，追寻远大理想的过程。

“00后”的你们成长在国家繁荣昌盛的新时代，你们的人生充盈着各种选择，但是同学们在未来大胆逐梦的同时，也要时刻牢记：你们的人生梦想绝不应仅仅关乎于个人，今日之中国是一代又一代先辈用牺牲与奉献所造就，而一代人有一代人的责任与担当，时代的接力棒也终将会交到你们手中。

同学们，国家和民族，乃至世界和人类的福祉与进步需要当代青年勇担重任，希望你们以包容的胸怀贡献非凡中国智慧，以崇高的理想建设和谐人类家园。你们要坚信，你们怎样，未来中国就怎样，未来世界就怎样。

路遥在《人生》里写道：“人生的道路虽然漫长，但紧要处常常只有几步。”同学们，高考算是一个紧要之处，现在到了冲刺的关键时刻，希望你们在接下来的复习备考中更静心、更细心、更耐心，不畏艰难，超越自我，打好人生底色。

最后，我和大家分享一则喜讯：2021年清华大学丘成桐数学英才班与新领军计划发布入选通知，深中7名学子被清华大学录取，录取人数全国第一。我相信，在各位老师和家长的关心和陪伴下，2021届深中全体高三同学，定会在未来的六十多天，越过重重困难，保持必胜信念，乘风破浪，梦想成真！

谢谢大家！

2021年4月3日

8-6

2018，厚积薄发
——在2018届高三开学典礼上的演讲

尊敬的各位家长、老师们，亲爱的同学们：

大家好！

今天，我们相聚在一起举行2018届高三开学典礼，共同见证同学们的高三生活正式拉开帷幕。高三全体老师经过短暂的休整后重回三尺讲台，为了学生们的成长成才不辞劳苦、辛勤付出，你们是当之无愧的幕后英雄。今天，许多家长和亲友也冒着酷暑来到了现场，与孩子共同见证这重要的时刻，你们的支持和陪伴是孩子们成长的坚实后盾。我也代表学校，感谢你们一直以来对深中的支持和信任。

今天，我演讲的题目是：2018，厚积薄发。

苏东坡有言："博观而约取，厚积而薄发。"

"2018，厚积薄发"——这是本届高三的主题，也是学校对这一届高三人的殷切期待。下面，我想与大家一同分享关于厚积薄发的三层含义。

首先，它的第一层含义是：设定目标，志存高远。

同学们，每个人都有自己的梦想，上了高三，这意味着你们与梦想的距离更近了，是到了"乘骐骥以驰骋"的时候了。爱因斯坦说："在一个崇高的目的支持下，不停地工作，即使慢，也一定会获得成功。"高考是一场持久战，明确目标是成功的关键。

首先，要设立长期大目标，它可以是你理想的专业、心仪的大学，甚至是对未来的规划。正所谓"取法乎上，仅得其中；取法乎中，仅得其下"，同学们志当存高远，胸怀社会担当，不负历史使命；其次，就是要结合自己的实力与潜力制定短期小目标，既要有挑战性、激励性，又不能好高骛远，最好控制在"跳一跳，摘桃子"的难度水平。另外，目标要具体到分配每一天的学习时间，使自己始终沿着平缓上升的趋势发展，不断进步。

美国哲学家爱默生说："一心向着自己目标前进的人，全世界都会给他让路。"把自己的梦想作为前进的方向和动力，方能将前行道路上的坡坎与荆棘化为坦途。

同学们，"千里之行，始于足下。"若想实现梦想，仅有目标远远不够，还需要具体计划和实际行动。这就是我要讲的第二层含义：脚踏实地，致知于行。

七年前，时任国务院总理温家宝在北大与学生共度五四青年节时，有学生蘸墨写下"仰望星空"的诗句来欢迎总理，总理则挥毫相和，写下"脚踏实地"四个大字回赠给学子们。

志在高峰，路在脚下。未来的一年里，你们不但要“仰望星空”，更要“脚踏实地”；要学会保持“空杯”的心态，不断充实自己、沉淀自己，不断夯实基础、提升自己。“求木之长者，必固其根本；欲流之远者，必浚其泉源。”意味深长的话语告诉了我们打好基础的重要性。有了“厚积”，方能“薄发”，没有量的积累何来质的飞跃？孔子韦编三绝、勾践卧薪尝胆，这都需要持之以恒、锲而不舍的坚持。

朱熹在《读书之要》中讲道：“读书之法，在循序而渐进，熟读而精思。”高三的学习要能静得下心、沉得住气，一步一个脚印，做学问就要有做学问的气度和定力，绝不可浅尝辄止、一曝十寒。

同学们，上天总会眷顾那些志存高远，并脚踏实地为之付出努力的人。这就是厚积薄发的第三层含义：久久为功，天道酬勤。

今年高考，我们深中有 3 人进入广东省前十，10 人进入省理科前 50，13 人进入省理科前 100。共有 30 人被清华、北大录取，377 人被“985”工程高校录取，503 人被“211”工程高校录取，709 名考生中达中山大学录取线的就有 362 人。深中之所以能够取得如此骄人的成绩，取决于一年来学校的科学管理、师生的刻苦努力以及各位家长的辛勤付出。持之以恒的奋发拼搏换来了 2017 年的“绝尘一骑”，同时也进一步印证了“久久为功，天道酬勤”的深刻道理。

同学们，你们要始终相信：精诚所至，金石为开。古之立大事者，不唯有超世之才，亦必有坚韧不拔之志。历史和现实告诉我们，从来就没有一蹴而就的成功，从来不会有一劳永逸的进步。

高三注定是一段艰苦卓绝的旅程，但它更是一场刻骨铭心的人生历练。我希望大家在未来的一年里，惜时如金地珍惜高三的每一天；但请记住，不是煎熬着度过，而是乐在其中、怡然自得，勤奋刻苦的同时，更要讲求方法和效率。

多年来的积淀、高三一年的辛苦，希望你们经过未来一年的“厚积”之后，能“薄发”出最美丽的青春。我相信，你们注定是展翅高飞、傲视南粤的大鹏，十个月后，待“六月之息”，你们一定会创造出“水击三千里、扶摇而上九万里”的壮举！

同学们，祝福你们！祝福在座所有同学的梦想在明年落地生花！

谢谢大家！

2017 年 8 月 6 日

8-7

2019，独占鳌头
——在2019届高三开学典礼上的演讲

亲爱的2019届高三的同学们、老师们：

大家下午好！

经过了“史上最短”的暑假，重回学校，来到东门校区，新的环境，新的教室，你们又有了一个新的身份。作为高三的学生，你们开启了学校的新学年，也开启了自己人生的奋斗之年；作为高三的老师，你们不辞劳苦的辛勤付出让人感动，感谢你们！

2019，我对大家的期待是——独占鳌头。这个词本来指科举发榜之时立于鳌头的新科状元。状元每届只有一位，但尽己所能把事情做到极致的“状元精神”是每个人都应该有的。我希望你们每个人都能配得上这个词，这种“配得上”，不仅体现在一年后走出校门的那一刻，我更希望你们在未来人生的每一个重要阶段，都可以无悔地对自己说：“我做到了！”

独占鳌头，需要你拥有伟大的梦想。

梦想，不同于幻想、妄想、空想，它来自实际，却又高于实际，它是更高远的理想。纵观历史上那些大有作为的人，都早早定下伟大的梦想，以梦为马，指引自己的具体行为。非此，很可能碌碌无为。

同学们，你们有自己的梦想吗？我希望这个梦想不仅仅是想考××大学，更是一个可以贯穿一生的方向——我要成为一个怎样的人。要成为怎样的人，就要有怎样的行为，有了这样的行为，就会有相应的结果。

你们的学长、2002届毕业生刘若鹏校友，很早就订立了自己的目标——“为人类的梦想而活着”——带着这样的梦想，他从深中到浙大，又从浙大到美国杜克大学，之后，他回到深圳创立了“让创新的基因自由生长”的光启研究院，短短几年时间就创造了几千项专利，使中国的超材料研究居于世界领先水平。虽然也在不断面对质疑，但刘若鹏从未放弃自己的梦想，他说：“与其夸夸其谈地坐而论道，不如踏踏实实去做具体的事，在做的过程中寻找未来的路。”他的坚毅、果敢、专注、热忱，很大程度上来源于自己的梦想。

“居高声自远，非是借秋风。”梦想本身不会发光，会发光的，是追梦过程中的你。

同学们，你们准备好了吗？

为了独占鳌头的梦想，你要有坚定的信心。

高三只有短短一年，或者说不到一年，只有十个月，短短三百天，它只占你高中生涯的三分之一，只占你全部基础教育生涯的十二分之一，但是，它却有着极重要的价值和意义。

高三是对各学科知识的系统复习和把握。

高三的复习不仅仅是在题海里浮沉，更不应该变成简单的重复训练，它是第一次对学科知识的系统复习，不仅是为了高考，更是对整个学科脉络的把握，是一种更高层次的学习。复习的过程就是打基础的过程，掌握学科的思维方法，把握学科的本质。如果把学科体系比喻成一片森林，那高三的复习就是在探究这座森林的路径，在探究的过程中，你可能会迷路，可能会走错路，此时不要焦躁、心急，要凭借坚定的信心，相信自己，一定飞到森林的上空，将整片森林了然于胸，高三的复习是未来专业学习的预演和准备。

高三是对勇气、毅力的考验和提升。

在高三，你会发现时间过得特别快，总是被源源不绝的测验和考试所包围。有考试就会有成绩排名的浮动，很少有人能永远保持成绩稳定和进步。面对成绩的波动，坚定走下去而不放弃的信念尤为重要。要相信，有难度，才有高度；有信心，就有奋斗；有行动，没有悬念。成功固然可喜，但失败流泪、愈挫愈勇也是同样难得的经验。

“自信人生二百年，会当击水三千里。”有信心，所以果敢，所以坚定，所以有勇气。

同学们，你们准备好了吗？

为了独占鳌头的梦想，你还要有不懈的行动。

诺贝尔化学奖得主阿龙·切哈诺沃博士做客深中大讲堂时，讲到一个令人印象深刻的例子：“没有人能让打开的鸡蛋重新回到壳里，温度对鸡蛋的影响是不可逆的。”他想说的是时间的不可逆性，但我想说，“行动”又何尝不是如此？再伟大的梦想，如果不行动，都只是空想，而一旦开始行动，就一定会有影响和改变。加缪说：“一切伟大的行动或思想，都一定有一个微不足道的开始。”这个“开始”，就是行动。

“君子以行言。”具体的行动，会让你越来越清晰地发现自我，看到自己可能的高度，发现自己的潜能。

同学们，你们准备好了吗？

高三这一年，你将为人生中第一个重要目标而纯粹地奋斗，你将为完成青春的责任而坚韧地奋斗，在这样的奋斗中，你将不断提高对自我的期待，不断找寻理想中的自我，进而体会更深刻、更持久的快乐。这样的高三，一定会沉淀为你们人生中最美好的记忆，成为未来人生中的力量源泉。

同学们，你们准备好了吗？

2019，独占鳌头！希望你们从今天开始，享受奋斗，享受专注，享受深刻，享受高三。期待2019年的凤凰花开更绚烂，祝福你们的梦想都能落地生花！

2018年8月5日

8-8

2020，山登绝顶
—— 在 2020 届高三开学典礼上的演讲

尊敬的各位老师、各位家长，亲爱的同学们：

大家下午好！

结束了短暂的暑假，我们满怀期待地在此重聚。从现在开始，一个新的“梦想共同体”，将携手并肩，同心同德，向山顶进发。高三是同学们心无旁骛、奋力拼搏的一年，需要家长的配合，需要全体高三老师的辛勤陪伴，需要学校各相关部门的全力支持。在此，我代表学校，对你们表示最诚挚的祝福与衷心的感谢！

2020，我对大家的期待是——山登绝顶。

“海到无边天作岸，山登绝顶我为峰”，这是少年林则徐与老师登鼓山时所巧对之句。今天，我将这四个字赠予整装待发的高三学子们。希望你们能够在高三这一年，始终秉持矢志不渝的攀登精神，攻坚克难，无所畏惧。

山登绝顶，需心远志高，脚踏实地。

“会当凌绝顶，一览众山小”，成大事者，理应拥有开阔的视野和高远的格局。革命领袖毛泽东胸怀理想，带领红军跋涉两万五千里，“雄关漫道真如铁，而今迈步从头越”，完成长征壮举。只有树立远大的志向、牢固的信念，才能够方向明确、精神振奋，才能在迷茫困顿时，看到希望和曙光；在悲观绝望时，重拾前行的勇气和斗志。

同时，志存高远，必始于足下。在高三，我希望你们在追求远大理想的过程中，不要忽视眼前的小目标。想考取什么样的大学，想成就什么样的事业，想实现什么样的价值……无论你想要实现何种人生的终极目标，都需要从眼前做起，从小事做起，认真完成每一个阶段性目标，不断匡正自己的步调，走好高三的每一步。

山登绝顶，需惜时如金，勤勉笃行。

施一公院士做客深中大讲堂时，勉励青年学子：“所有成功的科学家一定具有的共同点，就是他们必须付出大量的时间和心血。这是一条真理。实际上，无论社会上哪一种职业，要想成为本行业中的佼佼者，都必须付出比常人更多的时间。”

高巅之行起于跬步，高一高二的学习，像是收集一批散乱的珠子，高三的学习则是串珠成线的过程，是将学科知识体系化的过程，同时深化对所学知识的理解，提高运用所学知识方法分析问题、解决问题的能力。这些，都需要你们学会高效的学习和休息，时时清点自己的时间账户，时刻掌握自己的学习动向。“发愤忘食，乐以忘忧”，具备奋斗的激情，并付诸积极的行动，才能抵达胜利的彼岸。

山登绝顶，需切磋琢磨，果敢勇毅。

高三的学习注定是一场艰苦的持久战，其间免不了要遇到一些磕磕绊绊和意想不到的突发情况，请大家时刻提醒自己，一时的失意甚或面临严重挫折都不可怕，坚信凡是不能打败你的终将使你更强大。屈原被迫流放创作《离骚》，司马迁忍受屈辱著成《史记》，范仲淹断齑画粥成就一代名相。你们的学姐，2018 届深中毕业生张若晨同学，之前在深中多次的考试中都是名列前茅，但是深二模突然跌倒谷底，排在 100 名之后。遇到这样的挫折，她的情绪也受到了影响，知道这个情况后，我跟她分析考试失利的原因：是心理素质不够稳定，影响了临场发挥？是学习上有漏洞，刚好考到了薄弱点？还是学科时间分配不合理，影响了总分最大化？以此鼓励她重新振作，坚信自己高考一定能考出好成绩。在 2018 年的高考中，她不负众望，成为广东省高考屏蔽生，被北京大学录取。“劳其筋骨，饿其体肤”，经受磨砺是成功路上必有的修炼。

栉风沐雨，春华秋实，无悔的高三必定是一段艰苦拼搏的征程，必定是一段刻骨铭心的人生历练。这些看似是成绩之外的东西，却足以让你受用终生。

同学们！“须知少时凌云志，曾许人间第一流”，愿你们以满腔的热情、饱满的精神、坚定的信心，不畏险隘，山登绝顶！

2019 年 7 月 30 日

8-9

2021，惟精惟一
—— 在 2021 届高三开学典礼上的演讲

尊敬的各位老师，亲爱的同学们：

大家下午好！

在每年的 7、8 月份，我们的全体高三师生都会早早回到校园，踏上这场高中时代最重要的征程，并会通过各自的努力，在这一年创造属于每一届的历史和辉煌。而你们这一届的高三尤为特别，就在大家即将启程的这一刻，我们的世界还处于新冠肺炎疫情的阴影之中，没有人知道它何时才会彻底离开我们的生活。2021，充满未知，但注定不凡。那么，我们应该如何度过这非同寻常的一年呢？这也是今天我想和大家分享的主题——“2021，惟精惟一”。

惟精惟一，出自儒家经典《尚书》，原文是“惟精惟一，允执厥中”。这是圣人治天下的心法，也是个人立身行事的要诀。“惟精惟一”就是精纯专一，这是我对 2021 届全体高三同学的期待。

首先，高三备考要“惟精惟一”。高三是对大家学习能力和个人意志力的综合考验，无论是应对外部还是内部的挑战，都需要我们目标坚定、潜心笃志、专一力行，才不至于在备考的过程中经常感到迷茫与彷徨。我们会在高三将中学阶段的知识进行体系化梳理，从具体的知识点上升到更加系统的思维体系，这个过程是对每个学科更深层次的挖掘。唯有精纯专一，才能登顶高三。

再者，求学问道需要“惟精惟一”。在求学的道路上，要耐得住寂寞，静得下心、沉得住气，才能有所作为。文物学家樊锦诗 25 岁从都市北京来到西北小镇，远离繁华，潜心学术，与敦煌相守半个世纪，被称为“敦煌的女儿”。做学问当心无旁骛，切忌像猴子掰玉米，掰一路扔一路，到最后一无所得。许多大科学家毕其一生解决一个问题：陈景润在十分艰苦的条件下，将哥德巴赫猜想的证明推进到“1+2”；张益唐历尽艰辛，经过三十多年的努力，在孪生素数猜想这一数论重大难题上取得重要突破，而在蜂拥而至的鲜花和掌声面前，他说：“我的内心很平静。我不在乎金钱和荣誉，我喜欢静下心来做自己想做的事情。”唯有精纯专一，才能学有大成。

最后，人生境界更需要“惟精惟一”。高考只是一年的挑战，而人生是一场漫长的旅程。旅程之中，总有浮云蔽日，乱花迷眼，如果缺乏精纯专一之志，就容易随波逐流，有始无终，“泯然众人矣”。庄子说，“用志不分，乃凝于神。”苏轼说，“假以十年，何事不成?”做学问也好，干事业也罢，聚精会神做好自己热爱的事，方能如愿以偿，梦想成真。“惟精惟一”既是求索人生的方法，也是我们一生追求的境界。因此，我期待2021届的同学们通过高三一年的锤炼，养成精纯专一的习惯与品质。唯有精纯专一，才能不负人生。

亲爱的同学们，回望当今世界，中美关系动荡不安，地震洪灾频发不息，新冠肺炎疫情时而复起。在这个充满变化的世界里，唯一不变的是你自己，是你笃定的心志，专一的选择，不懈的努力；在一切的变化之中，秉承精纯专一的精神，我们才能在各种变化中安之若素，稳如泰山，也必然将春种秋收，满载而归!

2021，惟精惟一！衷心祝愿2021届全体高三师生乘风破浪，实现理想!

谢谢大家!

2020年8月9日

8-10

2022，当执牛耳
—— 在 2022 届高三开学典礼上的演讲

尊敬的各位老师、各位家长，亲爱的同学们：

大家好！

辛丑过半，盛夏炎炎，在中国精神和中国力量的感召下，在 8 月火热的奥运激情感染下，我们自信满满、济济一堂，2022，执牛耳者必属你我！

2022，当执牛耳。《左传》有“诸侯盟，谁执牛耳”的记载，“执牛耳者”古意为“诸侯盟会之盟主”，后演变为“一世一地之英才领袖”。清代蒋同超诗云“当年牛耳执骚坛”，宋代刘克庄词云“撤我虎皮，让君牛耳，谁道两贤相厄哉”。2022 届高三，以“当执牛耳”为题，是愿诸位能够继往开来，以时不我待的精神，以舍我其谁的气魄，在劈波斩浪中开拓前进，在披荆斩棘中开辟天地，努力用青春和汗水创造属于自己和深中新的奇迹！

2022，当执理想之牛耳。正所谓“立志而圣则圣矣，立志而贤则贤矣”。被誉为“中国之光，亚洲荣耀”的田径运动员苏炳添在接受采访时说：“我的目标其实一直都没有变过，我还是想成为东京奥运会，亚洲包括我们黄种人、中国人，第一个进入百米决赛的运动员。”明确而高远的目标总能最大限度地激发人的内驱力，东京奥运会上，苏炳添在半决赛中以 9 秒 83 的速度，成为小组第一名进入决赛，打破了百米亚洲纪录，成为首个站在奥运会男子 100 米决赛起跑线上的黄种人，这一重大突破让我们再一次看到，成功与胜利永远属于那些具有远大理想和勇于拼搏的人。希望各位高三同学在这实现人生理想的关键一年，明确目标、坚定信念，适应学习的快节奏、增强学习的紧迫感，如饥似渴、孜孜不倦，以真才实学迎接高考、以过硬本领实现人生理想。

2022，当执人生之牛耳。一代伟人毛泽东曾写下“问苍茫大地，谁主沉浮”“数风流人物，还看今朝”的诗句。一个真正强大的人，不仅要在学业上强，更要做精神的强者，做自己人生的主宰者和开拓者；强大的精神，才是支撑你实现长远发展更为持久和更加深沉的力量。2022 届，在高一的网课中打磨心性，在高二的新校区建设中锤炼修为，两年来以坚强的意志和卓越的风范共同应对重大挑战、克服重重阻力，展现了勇挑重担和勇克难关的担当精神。希望 2022 届的各位师生，能够继续保持这样的清风正气与蓬勃朝气，在具有“望尽天涯路”的追求之上，耐得住“昨夜西风凋碧树”的清冷和“独上高楼”的寂寞，最后达到“蓦然回首，灯火阑珊”的领悟。唯有如此，才能找到人生方向与生命真谛，才能实现人生价值、升华人生境界。

2022，当执时代之牛耳。习近平总书记曾引汉代之古语：“大鹏之动，非一羽之轻也；骐骥之速，非一足之力也。”只有把“小我”融入“大我”中，聆听时代、珍惜时代，与时代同步伐、与祖国共命运，在时代际遇中勇做领头者、奉献者，才能获得更有高度、更有境界、更有品位的人生。2022届高三，成长于建党百年、全面小康的大好时期，即将迎来“苦心志、劳筋骨”的重要人生阶段，也必将面临“天将降大任于斯人”的时代使命，希望你们保持初生牛犊不怕虎、越是艰险越向前的担当精神，把个人奋斗同民族命运结合在一起，决战高考，勇立潮头，让人生在奋力追逐理想中展现飒爽英姿，让青春在新时代的广阔天地肆意绽放。

最后，希望2022届高三全体师生上下同欲，风雨同舟，相互促进，乘势而上；积尺寸之功、用精微之力，谋定而后动、厚积而薄发；祝愿同学们“2022，当执牛耳，必执牛耳，我执牛耳”！

谢谢大家！

2021年8月6日

第九辑 校友之谊——校缘情深 兴荣与共

从雍睦堂的开埠，到晒布岭与银湖山的开荒；从教育改革创新的开拓，到世界一流高中新征程的开辟，都是不同时代赋予包括广大校友在内的全体深中人的光荣使命。让我们校内校外同心同德，师生校友齐心协力，用建设中国特色世界一流高中坚定而踏实的行动，回应国家民族对我们的殷切召唤，回馈城市与社会对我们的热切期待。

在深圳中学校友会 2017 年理事会议上的致辞

各位校友，各位同人：

大家上午好！

首先，非常感谢大家在百忙之中如期回到母校参加今天的校友会。今天，我们深中几代人齐聚一堂，共同回顾深圳中学过去 70 年的发展历程，展望深圳中学美好的未来。我今天参加这个会议非常兴奋和激动，我觉得做我们校友会的工作是非常有意义的，感谢校友会秘书长魏尚平老师的无私奉献和周全细致的工作。

“我与深圳中学有许多渊源。”

很多校友可能会觉得我是突然空降到深中来的，其实我与深圳中学有许多渊源，1992 年，我硕士研究生毕业的时候，时任校长何恭伦先生给我写了三封信，说我是全国唯一不用面试可以到深圳中学来当老师的。从 2000 年之后，深圳中学几乎所有数学比较厉害的学生我都参与辅导过，有些我还花了大量的时间和精力，比如王煊，他是 2007 年中国国家队队员，我是当年的国家队副领队，我长期给他上课。还有周蕴坤和康嘉引，这三位同学都获得了国家数学奥林匹克金牌。在读的深中学生，很多学生跟我说是读着我的书考进深圳中学的，而且我和数学组常年都有联系。所以，我和深圳中学是颇有缘分的。

“深中的学生有社会担当、有责任感、有科学、民主的精神，这都是现代公民所必备的特质。”

我来深圳中学将近五个月的时间里，体会十分深刻。第一，深圳中学有一批高水平的老师，他们对深圳中学充满热爱；第二，更为可贵的是深圳中学的学生是全国“最优秀”的，我说的“优秀”不是说考多少的高分，而是深中的学生有社会担当、有责任感、有科学、民主的精神，这都是现代公民所必备的素养，这也是深圳中学学生独有的气质；第三，已经毕业离开的校友们对深圳中学的热爱也是很多学校望尘莫及的，他们通过各种方式传达对母校的眷恋和怀念；第四，深圳市的市民和学生家长对深圳中学有极高的认同度，在全国任何一座城市很难找到一所中学在它所在的城市有这么高的公信力和社会认可度。这是非常了不起的，这也是深圳中学历代人努力的结果。

“目前最值得我骄傲的是我能做深圳中学的校长。”

我今年 54 岁，这么多年也做过一些事情，如担任国际数学奥林匹克中国国家队领队、广州市教育研究院创院院长等，组织上也给了我许多荣誉，但是我自己最值得骄傲的事情，还是做深圳中学校长。

深圳中学今年刚好处在70周年的节点，这是非常有意义的一个节点。在过去的70年里，深中培养出很多很杰出的校友，包括我们现在的高三，也是一年比一年好。我简单汇报一下今年出国方向的情况：有191名学生申请美国大学，有179个被美国排名前50的大学录取，有10位同学被美国常春藤的大学录取。其中，邵卓涵同学被哈佛大学录取。

“我们到75周年的时候初步完成深圳中学校史的撰写工作。”

我们一直在讨论如何办好今年的70周年校庆，我觉得首先要固化一些东西，包括精神文化和物质文化。深圳中学这么多办学成果，但是很遗憾，我们没有把它固化。到目前为止，深圳中学没有一本翔实的校史。一个英雄辈出的学校，没有一本正式的校史，这是非常可惜的。所以从今天开始就要着手做这件事，即使今年做不好，到75周年的时候一定要初步完成。这样才能激励我们将深中优秀的基因一代代传承下去，如果现在再不做，以后很多有价值的东西都遗失了，就做不了了。另外，我们学校硬件的建筑也有待改善。一座校园传承了几代人的美好记忆，每位校友都愿回到母校找寻一份归属感。但是走进我们学校，哪里能看得出像一座70年的学校？这也是一件非常遗憾的事情。

“深圳中学校友会应该成为深圳中学发展的智库。”

第一个期待，就是期待各位校友关心母校的发展。我来深圳中学之后想要调动所有的社会资源来共同谋划深圳中学的未来发展，包括国内和国外的资源，其中一个很重要的资源就是校友。我所讲的资源不是在强调经济方面，更多的是说校友的智慧。我认为深圳中学校友会应该成为深圳中学发展的智库。各位校友都是各行各业的领军人物和成功人士，深圳中学特别需要你们的成功智慧。仅凭我们几个人的力量（指在座的几位深中校长），毕竟是有限的。我们还是很勤奋的，但是再怎么勤奋，几个人的力量也不够，而且会受到自己成长环境、教育背景和人生经历的局限。“他山之石，可以攻玉。”如果在座的各位能把不同领域成功的经验移植到教育上，这就是深圳中学的宝贵财富。我也接触过我们在座的几位校友，我专程去拜会了黄会长和凌会长，下一步计划尽可能、尽快有机会去拜访所有的会长和理事，因为去拜访你们的过程就是我的一个学习和提高的过程，也是为深圳中学谋划发展的过程。

第二个期待，就是期待各位校友常回家看看。无论我多忙，你只要有时间回来，我都有时间陪。只要在座的回校，我一定抽出时间跟大家聊天。因为你们都很成功，都很热爱深中，在你们身上一定能学到非常多的优秀的东西，你们不经意的一句话就有可能为深圳中学的发展起到很好的作用。

第三个期待，就是期待通过校友会成立一个“深中校友讲堂”。很多校友都是青年才俊，我想如果你们能跟我们在校的学生做一场报告，学生们肯定会受益匪浅。如果每个月请一位校友来做报告，那可能排到我退休都排不完。这是很丰富的资源，这样也可以加深校友和在读学生之间的联系。

这是我说的三个期待，下面我要讲的是深圳中学的办学目标。深圳中学是以这座城市命名的学校，她依托于深圳这座国家开放型城市，我们在这样的平台上从未停止追求卓越的脚步，争取办“国内领先、世界一流”的学校，引领深中逐步迈向中国基础教育的高地。

感谢大家，我今天是有感而发。希望在我任期的这段时间里，和大家一起努力，力争把深圳中学推向一个更高的平台，不辜负大家对我的信任，谢谢大家。

2017 年 6 月 3 日

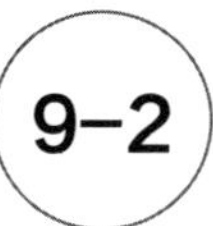

在深圳中学“8字届”毕业纪念会上的致辞

各位老师、各届校友，大家上午好!

今天，58届、68届、78届、88届、98届以及2008届校友在这里举行毕业秩年纪，分别庆祝从深圳中学毕业60周年、50周年、40周年、30周年、20周年以及10周年。旅途以万里丈量，人生以旬年计量。值此宝贵的纪念时刻，我代表母校全体师生，向大家表示热烈的祝贺，真诚的欢迎，并致以亲切的问候!

深圳中学是一所历史悠久的名校，广大校友作为曾经的主体，在这里挥洒青春，放飞梦想，拼搏进取，与老师们一道，创造了自己和母校的光荣和辉煌。毕业以后，大家无论是参加工作还是继续深造；无论是在国内，还是在海外；也无论是在商海弄潮，还是坚守平凡的岗位，甚至是回归家庭，都在努力为家乡和国家的改革发展奉献力量，也都在以各种方式，回馈老师的心愿，光大母校的荣誉，建设“深中人”大家庭。所以，我要借此机会，诚恳地向大家说一声“谢谢”!

在去年的70周年纪念大会上，我提出了“建设中国特色世界一流高中”的办学目标。提出这个目标的基础，主要就是深中深厚的文化底蕴与优秀师生所构成的学校要素条件。而广大校友，不仅是深中文化底蕴的建功者，也是学校不断创新发展的正能量。正是在这个意义上，深圳中学长期坚持校缘文化建设和探索，努力凝聚校缘力量，构建强大的学校文化能量场，在“情感交流、荣誉分享、价值互动”中，不断增长母校及其校缘群体的社会贡献。作为价值互动的实现途径，学校反复通过“校缘行”，走出去、请进来，沟通、聚合和传递卓越的校缘正能量。上个月的22日，我们再一次“走出去”，走访了腾讯公司，与马化腾等校友就新形势下学校发展的目标、路径、条件等进行了广泛的交流。今天，大家在校友会的组织下，回到母校，齐集这里，在本质上就是一次特殊的、大规模走进来的校缘行。感谢大家为校园创造的温馨场景和给母校带来的历史能量!同时，也希望大家继续把深中人的正能量，带到新时代中国特色社会主义建设的广阔天地。

从历史的角度来审视，深圳中学之所以能成为一所闻名海内外的光荣学校，最根本的原因，就是她是一所有使命的学校。这个使命是国家与时代赋予并被深中人所自觉地领悟和忠诚地履行。从雍睦堂的开埠，到晒布岭与银湖山的开荒；从教育改革创新的开拓，到世界一流高中新征程的开辟，都是深中人在中华民族复兴的伟大事业中，不同时代赋予包括广大校友在内的全体深中人的光荣使命。让我们牢记“团结、进取、求实、创新”的校训，发扬“追求卓越，敢为人先”的深中精神和不辱使命的斗志，校内校外同心同德，师生校友齐心协力，用建设中国特色世界一流高中坚定而踏实的行动，回应国家与民族对我们的殷切召唤，回馈城市与社会对我们的热切期待。

最后，祝今天的活动圆满成功！祝各位老师和校友万事如意！

谢谢大家！

2018年11月18日

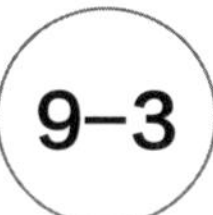

在 2019 年校友会换届仪式上的致辞

尊敬的各位校友代表，校友会新一届全体理事、监事，
尊敬的黄小抗终身荣誉会长和各位荣誉会长、顾问：

大家好！

首先，祝贺今天当选的各位理事、监事，各位会长、副会长、执行会长以及监事长，这是一份荣耀和使命，更是一种责任与担当。其次，我要感谢各位代表，你们选举出了新的理事与会长团队，同时也推举了我为名誉会长，非常感谢各位校友给予我的信任。

深中两年多以来卓越的办学成绩和广泛的社会影响力，相信大家已经有目共睹。就在前天刚刚公布的“2018 年全国百强高中排行榜”中，深圳中学位列全国第三，这应该是深中历史上取得的最好排名，这也是属于每一位深中校友的荣耀。深圳中学之所以有今天的成就，是建校七十余年的历史积淀和一代代深中人前赴后继共同努力的成果；尤其是自 2017 年提出“建设中国特色世界一流高中”的办学目标以来，我们围绕这个目标进行了全面部署，也作了扎扎实实的努力。刚才大家已经看了学校的两段视频，无论是校园文化、课程改革、教师队伍、拔尖创新人才培养，还是国际教育、艺术教育、科创教育、校园建设、开放合作——在学校发展所有重要的着力层面，我们都在积极探索，凝聚资源，激发力量，全面升华。

毋庸置疑，衡量一个学校办学水平的指标，不仅要看学生在校时的表现，还要看他们走出校园后对社会所作的贡献。深中七十二年的办学历程培养了近四万名优秀学子，包括你们每一位在内的广大校友在各自的岗位上，辛勤工作、默默奉献，为国家发展，尤其是特区建设做出了卓越贡献，母校因你们感到骄傲和自豪。

校友与学校发展的密切关系是毫无疑问的。大家做学生时是学校的主体，而作为校友，更是学校的亲人。深圳中学有非常优秀的创新型学校文化，校友会积极探索的“校缘文化”就是其中的有机组成部分。在“校缘文化”的理解里，母校与学子始终是一个荣誉共同体，一个价值共同体。事实上，我们建设世界一流高中的目标，在广大校友中引起了强烈共鸣，也引发了积极参与的热情。

砥砺奋进七十余载，从目前各项数据来看，深中正在从“省内领先”走向“国内领先”，今后要朝着“世界一流”的目标迈进，这需要全体师生和广大校友的共同努力。深圳中学校友会应该成为深圳中学发展的智库，我们非常愿意倾听来自在各行各业工作、创业的校友，从各自的领域、不同的视角为母校提出发展建议——这也是“深中校缘行”系列活动的初衷。去年我们分别拜访了厚德书院校监刘卓鸣、光明新区高级中学校长宋绍鹏、福景外国语学校校长徐汉泉、坪山新区同心外国语学校校长邢向钊，书香门第校友廖宇波、大兴汽车校友秦敏聪、腾讯校友马化腾。今年新春，我们又相继探访了深圳市第七高级中学校长李德雄、华丰世纪集团校友欧阳文道，以及盐田区教育局局长李志利——他们有的是在深中工作过的老师，有的是在深中读过书的学生。今后，我们会继续拜访更多的校友，与大家共议学校发展、延续校缘情谊。

目前，已经有很多校友积极参与到深中的激励体系和创新课程体系中，我相信以后会有更多的校友加入到学校的发展进程中来。今天，在座的各位牺牲休息时间，来到这里共商校缘公益，就是最好的证明。

校缘同珍，光荣共享。母校今后会一如既往地支持校友会的建设和发展，巩固和促进母校与校友个体或团队的情感联系，传递共同卓越发展的价值努力与精神力量。

最后，希望在我的任期内，力争和大家一起继续奋斗、齐心协力、风雨兼程，把深圳中学推向一个更高的发展平台，实现“世界一流”目标，不辜负大家对我的信任，不辜负社会对深中的期待！

谢谢大家！

2019 年 3 月 23 日

附录

守正创新，追求卓越
—— 深圳中学 2017—2021 年大事记

2017 年

学校发展篇

1. 1 月，深圳市教育局在深圳中学召开干部会议并宣布：朱华伟同志担任深圳中学党委书记、校长，朱华伟校长在就职演讲中提出：追求卓越，争创一流，将深圳中学建成国内领先、世界一流高中；

2. 3 月，与中科大、科大讯飞共建中国科学技术大学语音识别创新实验室和科大讯飞创新体验中心，科大讯飞董事长刘庆峰莅临深中大讲堂，讲座主题为“让世界聆听我们的声音”；

3. 3 月，与加拿大阿尔伯塔大学数学与统计科学系荣誉退休教授刘江枫先生合作建立深圳中学数学创新实验室；

4. 4 月，深中微信公众号推出《深中学子》栏目，11 月首次将深中学子成长故事结集成书，由清华大学出版社出版《走进著名大学：深圳中学学子成长启示录（2017）》；

5. 5 月，与香港中文大学（深圳）签署共建智能机器人创新实验室和优质生源基地合作协议，香港中文大学（深圳）校长徐扬生院士莅临深中大讲堂，讲座主题为“聪明能干的机器人”；

6. 9 月，与华为合作设立“深圳中学-华为特殊人才奖”，为偏才、怪才提供成长沃土，合力发现、培养拔尖创新人才；

7. 11 月，朱华伟校长接受《南方都市报》专访——“深中以深圳命名，理应努力冲刺世界一流”；

8. 11 月，《中国教育报》刊发朱华伟校长署名文章《深圳中学：建设中国特色世界一流高中》，从时代命题、历史沿革、未来愿景和五大举措四个方面解读学校顶层设计；

9. 11 月，举办以“使命与辉煌”为主题的建校七十周年纪念活动，广东省委副书记、省长马兴瑞，广东省委常委、深圳市委书记王伟中发来寄语和贺信，深圳市副市长、市教育局局长等领导亲临盛会，朱华伟校长在大会上提出“建设中国特色世界一流高中”的办学定位和“培养具有中华底蕴和国际视野的拔尖创新人才”的育人目标；

10. 11 月，获评广东省文明校园、第一届全国文明校园及第二批全国心理健康教育特色示范校。

师生发展篇

国内高考：全省理科前50名10人，前100名13人，前200名25人，前500名50人，广东省第一；全省文科前50名2人，前100名6人，前200名12人，前500名23人，深圳市第一；QS世界大学排名前100的中国大学录取83人，其中北大、清华录取30人，广东省第一。

海外升学：17人获美国排名前十的综合性大学和文理学院录取，10人获藤校录取，创下历史新高；在申请美国方向的191名同学中，179人取得美国排名前50学校的录取通知；除了传统申请方向美国，世界各地的顶尖名校牛津大学、剑桥大学、墨尔本大学、悉尼大学等也纷纷向深中学子伸出橄榄枝。

1. 5月，朱华伟校长获2017年广东省教育教学成果奖（基础教育类）一等奖；

2. 5月，高中物理科组获广东省五一劳动奖状；

3. 7月，民乐团获广东省“央音”全国青少年艺术展演器乐类金奖和优秀组织奖；

4. 7月，翁翊翔、年子丰和崔爱迪同学获第五届全国中小学生语文素养大赛全国总决赛一等奖；

5. 8月，足球队获2017年全国青少年校园足球夏令营第八营区初中组冠军；

6. 11月，深中代表队获国际基因工程机器大赛（iGEM）全球金奖，创下中国（不含港澳台地区）高中队伍历史最佳成绩；

7. 12月，潘明昊同学获第十届丘成桐中学科学奖（数学）全球总决赛铜奖，并列全国第一；

8. 全校教师共发表论文42篇，出版著作31部，新立项课题5项，获奖成果3项，在教学、论文、命题等比赛中获奖励40项，获国家、省、市级各项荣誉24人。

2018年

学校发展篇

1. 1月，南方科技大学副校长汤涛院士莅临深中大讲堂，讲座主题为“如何成为一名科学家”；

2. 2月，《人民教育》刊发朱华伟校长署名文章《讲好“实践育人”这一课——深圳中学综合实践课程机制和教学体系》，系统介绍深中综合实践课程方面的探索和实践；

3. 3月，北京大学原副校长王杰教授，斯坦福大学国际安全与合作中心研究院薛理泰教授，中国科学院外籍院士、2004年诺贝尔化学奖获得者阿龙·切哈诺沃（Aaron Ciechanover）教授先后莅临深中大讲堂，讲座主题分别为“音乐与数学的神秘联系”“四海危机中的大国战略博弈”“我的科学生涯”；

4. 4月，清华大学副校长薛其坤院士莅临深中大讲堂，讲座主题为“做个快乐的追梦者——从事量子物理研究的经历和体会”；

5. 4月，与深圳大学签署“空间智能创新实验室”合作协议、“深圳大学优质生源基地”协议、深圳大学-深圳中学“乒乓球交流活动中心”合作协议，实现优势互补，加强中学和大学的衔接，共同接力人才培养；

6. 4月，《中国教育报》在《名校现场》栏目刊发朱华伟校长署名文章《深圳中学：为创新培养设一个“文凭”》，介绍我校文凭课程开发等方面的实践经验；

7. 4月，“深圳中学河源实验学校委托管理”正式签订，深中通过选派优秀管理团队、高起点组建教师队伍等途径，致力于将该校办成河源最好、广东一流的窗口示范学校，并示范带动河源市初中学校的发展；

8. 5月，深圳市南山区人民政府、深圳中学、深圳市大疆公益基金会合作办学协议正式签订，成立深中南山创新学校；

9. 6—8月，朱华伟校长以“拔尖创新人才培养的中学责任与担当”为主题，在《中国教育报》专栏《名校长》前后共发表五篇文章——《拔尖创新人才培养应始于基础教育》《以多元课程建设提升人才培养质量》《以优质创新资源为学生成长赋能》《有一流师资才有学生卓越发展》《追求一流目标　提升国际教育水平》，全面阐述深中近年来的办学理念、办学实践、办学经验与办学成果，并名列《中国教育报》年度盘点“最受读者喜爱的名校长”排行榜第一位；

10. 7月，深中第十届教代会讨论通过《深圳中学五年发展规划（2018—2022）》和《深圳中学五年发展规划（2018—2022）督导评估工作方案》；

11. 9月，台风“山竹”来临前夕，深圳市委书记、市长、副市长一行赶赴深中新校区施工现场视察指导，以确保工程安全有序开展；

12. 12月，在改革开放40周年之际，《南方日报》推出深圳教育改革创新领军人物专访系列报道及相关活动，刊发朱华伟校长专访文章《深圳中学校长朱华伟的教育梦：建设中国特色世界一流高中》；

13. 12月，《人民教育》遴选深中为“改革开放中的学校变革”核心议题栏目四所名校之一，并刊发朱华伟校长署名文章《深圳中学：勇立潮头再出发》。

师生发展篇

国内高考：全省理科前50名4人，前100名7人，深圳市第一；QS世界大学排名前100的中国大学录取79人，其中北大、清华录取26人，深圳市第一。

海外升学：U. S. News排名前10的美国大学录取9人，发放16份录取通知书；排名前50的美国大学录取150人，发放413份录取通知书；哈佛大学等美国常春藤大学共录取9人，发放12份录取通知书，占广东省一半；英国牛津大学、剑桥大学录取7人，全国前列。

1. 1月，3位同学的学术论文入选美国学术论文杂志《先锋学术研究》（*Pioneer Research Journal*），深中成为全球入选学生人数最多的学校；

2. 1月，深中代表队获美国青年物理学家锦标赛（USIYPT）海报冠军奖；

3. 4月，舞蹈团获广东省第六届中小学生艺术展演决赛一等奖；

4. 6月，吴谷子同学以足球特长获北京大学录取；

5. 7月，杨天骅、薛泽洋同学获第49届国际物理奥林匹克（IPhO）金牌，聂翊宸同学获第50届国际化学奥林匹克（IChO）金牌，获金牌人数全国第一，创造了广东省内一所学校同年获得3枚国际学科奥林匹克金牌的记录；

6. 7月，周楷文同学获全国青少年信息学奥林匹克（NOI）金牌，实现深圳市在该项赛事上金牌零的突破；

7. 8月，郝传欣同学获第17届中国女子数学奥林匹克（CGMO）金牌，并获得北京大学降一本线录取优惠；

8. 9月，高中部足球队获深圳市五人制足球暨中国足协“我爱足球”全国海选深圳赛区第一名，初中部足球队获中国体育彩票2018年深圳市足球协会五人制足球赛暨“我爱足球”中国足球民间争霸赛深圳海选赛冠军；

9. 12月，朱华伟校长获2018年国家级教学成果奖（基础教育）二等奖；

10. 全校教师共发表论文51篇，出版著作34部，新立项课题7项，获奖成果3项，在教学、论文、命题等比赛中获奖励75项，获国家、省、市级各项荣誉20人。

2019年

学校发展篇

1. 1月，《人民日报》刊发朱华伟校长署名文章《构建一流的创新教育氛围》；

2. 2月，舞蹈团参加央视深圳春晚和央视春晚深圳分会场两场大型演出活动，合唱团参加央视深圳春晚；

3. 2月，深中老校区新建学生宿舍楼和食堂“和园”“静园”正式投入使用；

4. 2月，与腾讯公司、齐心集团就“深中智慧校园”的落地应用达成合作，三方正式签约；

5. 3月，前国务院台办主任、原海协会会长陈云林，中共深圳市委常委、统战部部长林洁一行莅临深中指导；

6. 3月，普渡大学终身教授卢建综教授、南方科技大学人文社会科学学院（筹）院长陈跃红教授、香港中文大学（深圳）副校长朱世平院士莅临深中大讲堂，讲座主题分别为“通用航空与无人机安全”“高考作文的命题原则与应对策略”“科学的三生三世和C学业规划”；

7. 4月，中山大学物理学院张宏浩教授、麻省理工学院PRIMES/RSI/SPUR项目主任斯拉瓦·格罗维奇（Slava Gerovitch）教授莅临深中大讲堂，讲座主题分别为“奇妙的物理世界”“探讨优秀高中生的科学研究素养”；

8. 5月，北京理工大学教授周立伟院士、浙江大学数学学院蔡天新教授莅临深中大讲堂，讲座主题分别为“志存高远，求深愿达——与深中同学谈成长、成才、成功”“从看见到发现”；

9. 5月，朱华伟校长接受《南方日报》专访——“深圳中学一次引进20名清华北大硕士博士引发关注 名校博士当中小学老师是‘大材小用’?”，向社会传递深中育人理念，“让最优秀的人教育下一代，培养出更优秀的人”；

10. 6月，广东省委副书记、深圳市委书记王伟中，深圳市委常委、市委秘书长高自民，副市长王立新，市教育局局长张基宏等莅临深中指导；

11. 6月，西湖大学校长施一公院士莅临深中大讲堂，讲座主题为“结构之美”；

12. 6月，与腾讯青少年科技学院达成战略合作，举行签约仪式；

13. 7月，与深圳市足球俱乐部的青训战略合作签约仪式举行，双方将在梯队共建、足球普及与文化建设等方面开展系列合作；

14. 8月，在深圳市副市长王立新、坪山区委书记陶永欣、市教育局副局长许建领、坪山区教育局局长彭尧的共同见证下，深圳中学校长朱华伟与坪山区委副书记、区长李勇在坪山区政府签署了深圳中学与坪山区人民政府委托管理（办学）协议，协议约定，深中正式受托管理深中坪山创新学校，学校办学规模为54个班的九年一贯制学校；

15. 9月，南方科技大学物理系讲席教授俞大鹏院士莅临深中大讲堂，讲座主题为“不忘初心，科学报国，担当筑梦——量子行动在深圳”；

16. 10月，在新中国成立70周年之际，携共同体学校以及香港福建中学16 000多名师生共同举行“同升一面旗，同唱一首歌”主题升旗仪式，为伟大祖国献上最真诚的祝福；

17. 10月，深圳市人大常委会主任骆文智校友、中共深圳市教育工委书记陈秋明莅临深中指导；

18. 10月，在新中国成立70周年之际，《中国教育在线》对话朱华伟校长——“办一所具有世界影响力的中学”；

19. 10月，由中国人民大学出版社出版《走进著名大学：深圳中学学子成长足迹(2018)》；

20. 11月，北京大学副校长田刚院士莅临深中大讲堂，讲座主题为“数学有趣”；

21. 11月，作为基础教育唯一入围2019年深圳市市长质量奖的学校代表，深中在11月4日至11月10日为期7天的投票中，以463 362票脱颖而出，荣居榜首；

22. 12月，同济大学校长陈杰院士莅临深中大讲堂，讲座主题为“未来智能世界的畅想”；

23. 12月，研制《深圳中学中国特色世界一流高中建设方案》，加快建成中国特色世界一流高中；

24. 12月，与中广核研究院签署共建“清洁能源创新体验中心”深化合作协议；

25. 12月，人大附中原校长、国务院原参事、中央文史研究馆馆员、创新人才教育研究会会长刘彭芝莅临我校指导工作。

师生发展篇

国内高考：高分优先投档线比例96.7%，深圳市第一；全省理科前100名10人，前200名23人，前500名50人，广东省第一；文科共87人参加高考，5人进入省前100名；QS世界大学排名前100的中国大学录取101人，其中北大、清华30人，广东省第一；54%和58.4%的国内高考方向毕业生分别达到中大、华南理工录取线。

海外升学：美国常春藤大学录取7人，U.S. News美国排名前30的大学录取91人，排名前50的大学录取127人；英国牛津、剑桥大学录取4人，英国G5大学录取26人。

1. 在全国数理化生四大学科竞赛中，64人获一等奖，22人入选省队，14人获全国奥赛金牌，广东省第一；

2. 3月，深中Vise小队获中国大智汇创新研究挑战赛（CTB挑战赛）全国一等奖；

3. 3月，毛瀚燚同学获Brain Bee脑科学大赛全国一等奖；

4. 4月，张钰渟同学以舞蹈特长被北京大学降分录取，全国唯一；

5. 4月，合唱团获广东省第六届中小学生艺术展演决赛一等奖；

6. 5月，初中部足球队获2019年"U14"男子组冠军；

7. 7月，朱冠宇同学获第32届国际青年物理学家锦标赛（IYPT）金牌；

8. 7月，朱华伟校长获2019年广东教育教学成果奖（基础教育类）一等奖；

9. 8月，陈苇远、李美仑同学获2019年中国女子数学奥林匹克（CGMO）金牌；

10. 10月，深中代表队获第十三届VEX机器人亚洲锦标赛金牌；

11. 11月，深中代表队获国际基因工程机器大赛（iGEM）高中组金奖；

12. 朱华伟校长获评"全国优秀教育工作者""深圳教育改革先锋人物""深圳人才大使"；

13. 全校教师共发表论文45篇，出版著作23部，新立项课题7项，获教学成果奖1项，在教学、论文、命题等比赛中获奖励29项，23人获国家、省、市级各项荣誉。

2020年

学校发展篇

1. 1月，与北京大学共建北大数学后备人才培养基地；

2. 2—4月，为了响应教育部、广东省和深圳市关于新冠肺炎疫情延期开学期间"停课不停学"的号召，深中共完成7028节线上直播课程，其中面向全国直播课程906节；

3. 4月，中央政治局委员、广东省委书记李希，省长马兴瑞，市委书记王伟中，省委秘书长郑雁雄，副省长覃伟中，省教育厅厅长景李虎等省、市领导莅临深中，就疫情防控和学生复学进行专题调研，对学校近年来的大跨步发展给予高度肯定；

4. 5—6月，为了在新校区为学生搭建更多优质的科技创新平台，在疫情期间学校克服重重困难，与北京大学、清华大学、南京大学分别共建天文创新实验室、朱邦芬院士工作站和先进光声功能材料实验室，并举行云签约揭牌仪式；

5. 6月，新校区启用前夕，《南方日报》刊发朱华伟校长署名文章《深中校长朱华伟：加快建成世界一流高中》，阅读量达280万+；

6. 7月，通过剑桥大学国际考评部的考核，成为具有开办官方IGCSE和A-LEVEL课程资质的剑桥学校；积极开发A-LEVEL课程，高一年级新开一个A-LEVEL班；与美国ACT签约，落地ACT前置GAC课程，相应课程评价考试ACT官方授权考点正式落户深中；

7. 9月，广东省副省长王曦、省政府副秘书长陈岸明、省教育厅厅长景李虎、省科技厅厅长龚国平、省工业和信息化厅厅长涂高坤、深圳市副市长聂新平、深圳市教育局局长陈秋明等领导到深中考察调研；

8. 9月，在深圳市市长、副市长，市政协副主席，市建筑工务署署长，罗湖区委书记、罗湖区区长以及深中校领导班子、教职员工代表的共同见证下，深中新校区举行揭牌仪式；

9. 9月，第一次经历大规模扩招——面向全市招生高一新生的人数从800人增加到2140人，从16个班增加到43个班，中考录取分数线433分（深户）/436分（非深户），深圳市第一；

10. 9月，第一次面向全省招生——高质量完成第一届“华为-深中数理实验班”省班和市班的招生，开深中历史上全省招生之先河；

11. 9月，华大基因学院院长杨焕明院士莅临深中大讲堂，讲座主题为“生命科学的三场革命”；同时，杨焕明院士还受聘成为深中第一位院士客座教师；

12. 10月，《人民教育》刊发朱华伟校长署名文章《用优秀的人培养更优秀的人》；

13. 10月，与龙岗区人民政府签署战略框架合作协议，双方将在教科研、人才培养等方面进行深度合作，齐心协力办人民满意的教育；

14. 11月，清华大学物理系教授朱邦芬院士和清华大学丘成桐数学科学中心主任、菲尔兹奖获得者丘成桐院士莅临深中大讲堂，讲座主题分别为“和中学生朋友谈谈世界一流科研人才的成长之道”“数学中的真与美”；

15. 12月，2020年深圳质量大会召开；国家市场监督管理总局副局长、国家标准化管理委员会主任田世宏，深圳市委书记王伟中出席大会并讲话，深圳市市长为荣获2019年深圳市市长质量奖金奖获奖单位（项目）和特别贡献奖获奖单位颁奖；深中荣获2019年“深圳市市长质量奖特别贡献奖”，是深圳市市长质量奖设立以来首个获得该殊荣的教育单位；

16. 12月，深圳市人大常委会主任骆文智率队至深中新校区就深圳市高中教育发展情况进行调研，并召开专题座谈会。

17. 12月，深中初中部改扩建工程项目顺利开工，预计2022年5月31日前完工，交付深中。

师生发展篇

国内高考：高分优先投档线比例98.6%，广东省第一；理科前100名9人，文理前100名13人，广东省第一；QS世界大学排名前100的中国高校共录取112人，其中北大、清华32人，广东省第一；60%和68.2%的国内高考方向毕业生分别达到中大、华南理工录取线。

海外升学：美国常春藤大学录取6人，U.S.News美国排名前30的大学录取80人，排名前50的大学录取127人；英国牛津、剑桥大学录取6人，英国G5大学录取34人。

1. 在全国数理化生四大学科竞赛中，74人获一等奖，22人入选省队，18人获清北强基计划破格入围资格（全国奥赛银牌以上），广东省第一；

2. 6月，初中部冯小唐同学获2020年美国“学术五项全能”比赛科学金牌，全国科学最高分；

3. 6月，袁若琪、李昊原同学获Brain Bee脑科学大赛全国一等奖，袁若琪全国第一；

4. 6月，李昊原同学获全美生物与健康未来领袖挑战ATC-生物化学科目全球第一；

5. 7月，胡晶晶同学以美术特长获清华大学录取；

6. 8月，合唱团受邀参加央视策划的《乘风破浪看深圳》活动，两个小时便收视过亿，10月参加由国家文化部、国际合唱联盟举办的第十五届中国国际合唱节，获得少年合唱组冠军和国际合唱节一级合唱团奖；

7. 10月，冯炜棋同学获广东省中学生游泳锦标赛女子甲组400米自由泳第一名和女子甲组200米自由泳第一名；

8. 11月，彭也博同学获第36届中国数学奥林匹克第一名（满分）；

9. 11月，深中代表队获国际基因工程机器大赛（iGEM）高中组金奖；

10. 11月，李昊轩、黄飞扬、王蕴达、刘皓星“全自动线上道路积水预警系统”项目组获第六届中国国际“互联网”大学生创新创业大赛全国总决赛萌芽赛道创新潜力奖；

11. 12月，黄飞扬同学获2020年丘成桐中学科学奖全球总冠军；

12. 12月，足球队获广东省“省长杯”青少年校园足球联赛全省总决赛第五名；

13. 全校教师共发表论文51篇（其中外文期刊8篇、SCI和中文核心期刊13篇），出版著作20部，教学比赛、论文比赛、命题比赛获奖45人次，新立项省级课题5项，18人次荣获市级以上个人荣誉。

2021年

学校发展篇

1. 1月，与美国普林斯顿国际数理学校结为友好学校；

2. 3月，《人民日报》专题报道深中创新教育实践——《深圳中学探索教育新路径 作业成产品课堂到现场》；

3. 3月，“深中博士讲堂”开讲，每周四下午举办一期，主讲人由深中引进的海内外名校毕业博士组成，讲座主题涵盖人文、数学、科学、社会学等多个领域，为深中学子培养对科学的兴趣和好奇心，探索未知领域，掌握科研方法，提供丰富的资源；

4. 4月，获评全国首批三星级“北京大学博雅人才共育基地”，深圳市唯一；

5. 4月，获评广东省劳动教育特色学校；

6. 5月，深圳中学天文台竣工暨首届航天周开幕；

7. 5月，获评“清华大学基础学科拔尖创新人才大学中学衔接培养基地”，深圳市唯一；

8. 5月，中国科学院大学和北京大学教授、国家天文台研究员，著名天体物理学家陈建生院士莅临深中大讲堂，讲座主题为“太空巡天的黄金时代”；

9. 5月，起止点为深圳中学新校区、宝安桃源居的深圳中学通学定制巴士，也是深圳首条进入校园的通学定制巴士，在深中举行开线仪式；

10. 5月，覃伟中市长莅临深中视察指导，副市长郑红波、市政府秘书长高圣元、市政府办公厅副主任时煌平、市教育局局长陈秋明、市国家保密局局长胡钢、市工业和信息化局局长余锡权、市公安局副局长林长平等领导陪同调研；

11. 7月，召开国际数学奥林匹克金牌选手经验交流座谈会，朱华伟校长致辞《上善之教若水》，分享深中教育智慧，推动拔尖人才培养；

12. 7月，与丘成桐先生协商开办深中“丘成桐少年班”，由丘先生亲自担任顾问；

13. 8月，深圳中学坪山创新学校揭牌仪式举行，携手坪山，共促发展，充分发挥深中示范引领的责任与担当；

14. 8月，由中国人民大学出版社出版《走进著名大学：深圳中学学子成长足迹(2019)》；

15. 9月，融合优质社会资源，携手深圳证券交易所，共建“证券创新体验中心”，共同培育创新人才；

16. 9月，深中11条通学定制巴士线路开通，大力保障了学生的上、下学出行安全，缓解学校周边交通拥堵等问题，同时引导市民乘坐公共交通工具出行，减少车辆尾气排放，改善城市空气质量；

17. 10月，市政协主席林洁、市政协副主席吴以环一行莅临深中新校区指导工作；

18. 11月，深圳中学新校区图书馆获评深圳“2021最美校园图书馆”；

19. 12月，教育局局长陈秋明莅临深中讲授思政课《忆百年风华　恰同学少年》；

20. 通过近年来的不懈努力，深中教师队伍中，博士教师100余人，北大、清华毕业的教师100余人，哈佛大学、麻省理工学院、牛津大学、剑桥大学等海外顶尖名校毕业的教师60余人，教授、正高级教师、特级教师、竞赛金牌教练、名班主任30余人，学校已经形成了一支热爱教育事业、教学业绩突出、学术水平扎实、结构合理的老、中、青相结合的师资队伍，教师整体水平跻身国内高中第一方阵。

师生发展篇

国内高考：高优控制线率99.4%，广东省第一；深圳市屏蔽生共5人，深中4人；广东省物理类前100名12人；省前500名每个分数段，深中占比均超过全省12%；深中历史类考生89人，5人进入全省前100；北大、清华录取41人，以上数据均位列广东省第一；60%和75%的国内高考方向毕业生分别达到中大、华南理工录取线。

海外升学：美国排名前十的综合性大学和文理学院中，有12名深中学子获哈佛大学、哥伦比亚大学、耶鲁大学、芝加哥大学、麻省理工学院等知名学府的13封录取通知；6名同学获康奈尔大学等5所常春藤学校的6封录取通知；美国U.S.News排名前30综合大学和文理学院录取56人，排名前50综合大学和文理学院录取82人；在英国方向申请中，3人获牛津大学录取、1人获剑桥大学录取，26人获得来自4所G5超级精英学校的录取通知。

1. 在全国数理化生四大学科竞赛中，13人获得金牌，80人获全国一等奖，31人入选省队，6人入选国家集训队，以上数据均位列广东省第一；

2. 1月，11位同学位列2021年全国新高考八省联考广东省理科屏蔽生（前50），广东省第一；

3. 1月，余楚健同学获学术马拉松（Academic Marathon）全球总决赛化学马拉松竞赛全球第一；

4. 1月，深中代表队获VEX机器人全国总决赛一等奖和高中组唯一突出贡献奖；

5. 1月，深中SMS UNITE队伍获2020年美国区域数学联赛-晋级挑战赛（ARML Power）全球前十（最高奖）；

6. 3月，6位同学入选2021年清华大学丘成桐新领军计划（全国录取69人），全国第一；

7. 4月，朱华伟校长获评广东省五一劳动奖章；

8. 4月，彭也博、冯晨旭同学入选第62届国际数学奥林匹克中国国家队（全国6人）；

9. 4月，深中代表队获“环保马拉松Envirothon”高中理工科竞赛全国第一；

10. 4月，初中部李可同学入选2021年国际初中生信息学竞赛（ISIJ2021）中国国家队；

11. 5月，薛炜鹏、李可同学获得2021年亚洲和太平洋地区信息学奥林匹克（Asia and Pacific Informatics Olympiad，APIO）中国区金牌；

12. 6月，刘碧漪等4位同学入选2021年北京大学全球精英人才A计划，广东省第一；

13. 7月，彭也博、冯晨旭同学获第62届国际数学奥林匹克（IMO）金牌；

14. 9月，朱华伟校长荣获首届全国教材建设奖二等奖；

15. 10月，冯晨旭同学获第13届罗马尼亚数学大师杯比赛金牌；

16. 10月，赖佳铭同学荣获深圳市中小学生羽毛球比赛高中组男子单打冠军；

17. 11月，合唱团、管乐团、民乐团获深圳市2021年中小学生艺术展演活动一等奖、优秀指导教师奖，舞蹈团获二等奖、优秀指导教师奖；

18. 11月，深中代表队获国际基因工程机器大赛（iGEM）高中组金奖；

19. 12月，金子越等10位同学获2021年全国青少年信息学奥林匹克联赛（NOIP2021）一等奖；

20. 12月，杨亦心同学的作品《忠魂葬异乡，血肉筑长城》获广东省中小学"学百年党史，做时代新人"主题教育征文活动高中组省级一等奖，深圳市唯一；

21. 12月，合唱团、民乐团、管乐团，以及谢伟瀚同学的书法作品分获广东省第七届中小学生艺术展演活动一等奖；

22. 12月，入职仅两年半的高中部美术教师燕玺宇获广东省首届美育教师教学基本功大赛全省一等奖；

23. 12月，美国各顶尖大学早申请陆续放榜，8位同学获耶鲁大学、斯坦福大学、宾夕法尼亚大学、芝加哥大学等排名前十的大学录取，18位同学获美国排名前三十的大学录取，深中位列"哈耶普斯麻"国内高中录取排行榜全国第二。

培养拔尖创新人才的深圳中学课程改革实践成果报告

一、问题的提出

20 世纪末，吕型伟提出，50 年间我们培养了不少合格人才，但也压制了一些拔尖人才，不少有才华的学生被扼杀在摇篮里，特别是那些奇才、偏才。2005 年，温家宝总理在看望钱学森的时候，钱老感慨说：“这么多年培养的学生，还没有哪一个的学术成就，能够跟民国时期培养的大师相比。”钱老又发问：“为什么我们的学校总是培养不出杰出的人才?”

拔尖创新人才是国家国力提升的核心力量，是解决世界科技竞争领域“被卡脖子”难题的关键因素——破解“钱学森之问”迫在眉睫。为何这个问题迟迟得不到解答?就高中课程建设而言，主要是存在以下三个矛盾一直悬而未决：第一，统一性和多样性的矛盾；第二，基础性和学术性的矛盾；第三，传承性和发展性的矛盾。只有从基础教育阶段就积极寻求改革、解决矛盾，探索培养拔尖创新人才的机制和模式，发现、孕育并系统培养人才苗子，才能建构一个符合人才成长规律，并与高等教育接轨的完整教育链。

深圳中学作为以深圳这座城市命名的学校，自 1979 年 1 月深圳建市以来，紧紧追随国家和深圳的前进步伐，始终围绕“立德树人”根本任务，以深化课程建设为主要着力点，进行改革、探索、研发、实践，与深圳共成长、与中国共发展、与世界共进步，取得了丰硕成果，积累了丰富经验。

1993 年，组织创办超常教育实验班。2003 年，启动以“新课程及教学改革”为平台的公民教育改革实践，在全国率先推行选课制、走课制、导师制、单元制等改革举措。2010 年提出“建设学术性高中、培养创新型人才”的教育使命，致力于将学生培养成为具有丰富生命力的人，并以此为核心逐步构建全新的创新人才培养模式。2017 年 11 月 18 日，在建校 70 周年之际，学校郑重对外发布了新的办学定位：建设中国特色世界一流高中，致力于培养具有中华底蕴和国际视野的拔尖创新人才，力争为世界一流高中的建设和拔尖创新人才的早期培养提供深中智慧和深中方案。

二、解决问题的过程与方法

围绕“立德树人”根本任务，抓住课程改革这个关键，深圳中学在 40 年的实践探索中摸索出课程改革和建设的有效路径，其具体流程如图 1 所示。

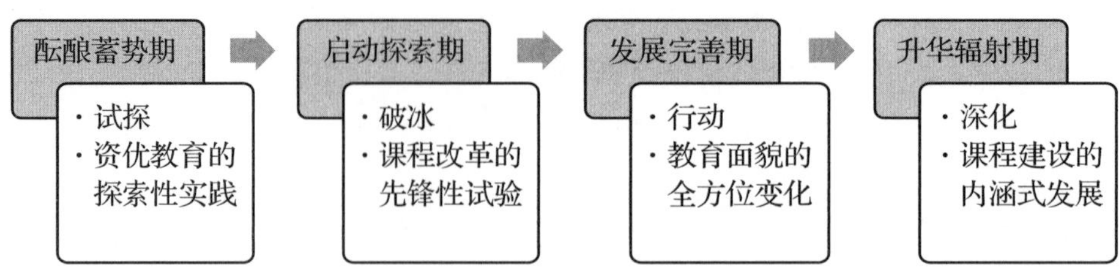

图 1　解决问题过程的流程

（一）酝酿蓄势期（1979—2001 年）：试探，资优教育的探索性实践

国家背景：1979 年 1 月深圳建市，7 月 15 日中央出台《中共中央、国务院批转广东省委、福建省委关于对外经济活动实行特殊政策和灵活措施的两个报告》，这一年是“深圳元年”。

深中实践：深圳中学的发展与深圳同命运、共成长，为了给城市建设输送优秀人才，学校自 1979 年起一直致力于拔尖创新人才的识别和培养。1993 年，本着因材施教，适应部分学生思维活跃、求知欲强，对自然科学有浓厚兴趣的需求，徐汉泉副校长组织创办了深圳中学超常教育实验班。

标志性成果：深圳中学 1989 届校友马化腾、陈一丹、张志东、许晨晔等创办腾讯公司，2002 届校友刘若鹏创办了光启高等理工研究院，这些优秀校友展示了深中对国家和深圳特区的人才贡献。

（二）启动探索期（2002—2009 年）：破冰，课程改革的先锋性试验

国家背景：2001 年，教育部正式启动新一轮基础教育课程改革，颁发了《基础教育课程改革纲要（试行）》等一系列政策文件，初步构建了符合时代要求、具有中国特色的基础教育课程体系，引起了全国性的学校发展与变革。

深中实践：2003 年 9 月，为把课程改革提出的“学生自主学习、自主发展”目标落实到位，实现“以每一位学生的发展为本”，深圳中学启动了以新课程及教学改革为平台的公民教育改革实践——在全国率先推行选课制和走课制；为保障选课制、走课制的有效实施，同时设立导师制（取消原来的班主任制，每个班级安排两名导师，为学生提供针对性的指导和服务）、单元制（将高中部 20 个班分为 7 个单元，每个单元由 3 个班组成，高一、高二、高三各一个班，形成“传、帮、带”格局）、学生辅导中心（为学生提供心理辅导、选课指导、生涯规划指导和培训班干部）三大举措。

标志性成果：获评国家“新课程改革样板校”，成为首批通过广东省国家级示范性高中初期督导评估的学校，通过示范性高中评估，成为在广东省乃至全国都有一定影响力的示范性高中；《现代教育报》以“解读高中新课程‘深中行动’”为主题，推出七期系列报道，从各个角度解读学校在高中新课程实验中实施的种种变革措施及取得的成果。

（三）发展完善期（2010—2016 年）：行动，教育面貌的全方位变化

国家背景：2010 年，国家颁布的《国家中长期教育改革和发展规划纲要（2010—

2020 年)》明确指出，“高中阶段教育是学生个性形成、自主发展的关键时期，对提高国民素质和培养创新人才具有特殊意义”，这为高中阶段探索创新人才成长的规律指明了方向。2011 年，教育部印发新课程标准，进一步推动了全国课程改革的深化进程。

深中实践：学校在总结前期课改经验的基础上，2010 年提出“建设学术性高中、培养创新型人才”的教育使命，致力于将学生培养成为具有丰富生命力的人，并以此为核心逐步构建全新的创新人才培养模式。2014 年 4 月制定出台《高中课程建设及学生综合素养评价方案》，明确要创造一个“学生按需选学、学校按需施教”的教育环境，让有能力者可以“免听”、有兴趣者可以“多学”，同时赋予学生自主发起课程的权利；同年 5 月完成《深圳中学 2014—2017 年发展规划》。2015 年 5 月制定《深圳中学课程设置与实施方案》。2016 年遵照“学校按需施教、学生按需选学”的课程价值观，构建三大课程管理体系：标准、实验、荣誉体系。

标志性成果：出台《高中课程建设及学生综合素养评价方案》《深圳中学 2014—2017 年发展规划》《深圳中学课程设置与实施方案》；《上海教育》“中国高中的变革力量”系列巡防栏目刊发以“‘学术之道’——基于深圳中学四年改革的典型性视角”为主题的四篇系列文章。

（四）升华辐射期（2017—2019 年 5 月）：深化，课程建设的内涵式发展

国内背景：在中国特色社会主义进入新时代，国家加快建设“双一流”的背景下，如何“扎根中国大地办学”，“发展具有中国特色、世界水平的现代教育”是当下努力的方向。同时，随着新一轮课程改革全面展开，广东省 2018 级高一已经进入新高考实验区，这是学校课程建设面临的新的挑战。

深中实践：2017 年，深圳中学在新时代背景下提出新的办学目标：建设中国特色世界一流高中，致力于培养具有中华底蕴和国际视野的拔尖创新人才。基于“世界一流高中”的办学定位，在广泛征集全体教职工建议、反复论证和征求校外专家建议的基础上，于 2018 年 7 月在教代会上正式讨论通过《深圳中学五年发展规划（2018—2022 年)》，同年 11 月出台《深圳中学五年发展规划（2018—2022）督导评估工作方案》。2019 年 3 月成立“深圳中学学科课程建设项目组”。

标志性成果：2017 年获评第一届全国文明校园，《深圳中学高中课程建设及学生综合素养评价方案》入选教育部基础教育课程教材发展中心基础教育课程改革典型案例库；出台《深中五年发展规划（2018—2022 年)》和《深中五年发展规划督导评估工作方案》；朱华伟校长在《中国教育报》发表八篇文章，其中 2017 年 11 月 13 日发表《深圳中学：建设中国特色世界一流高中》，以“拔尖创新人才培养的中学责任与担当”为主题发表五篇等；《人民教育》“改革开放中的学校变革”核心议题栏目刊发朱华伟校长署名文章《深圳中学：勇立潮头再出发》；《南方日报》刊发校长专访文章《深圳中学校长朱华伟的教育梦：建设中国特色世界一流高中》。

三、成果的主要内容

（一）管理系统

为了解决“统一性和多样性的矛盾”，学校对原有的年级制管理进行改革，遵照“学校按需施教、学生按需选学”的课程价值观，构建了独具特色的深中课程管理体系：标准、实验、荣誉体系，如图2所示。

三者分别具有其鲜明的培养模式、课程设置、教学方式、管理模式等，供不同需求、不同特质的学生自主选择，旨在促进每一位学生的充分发展。

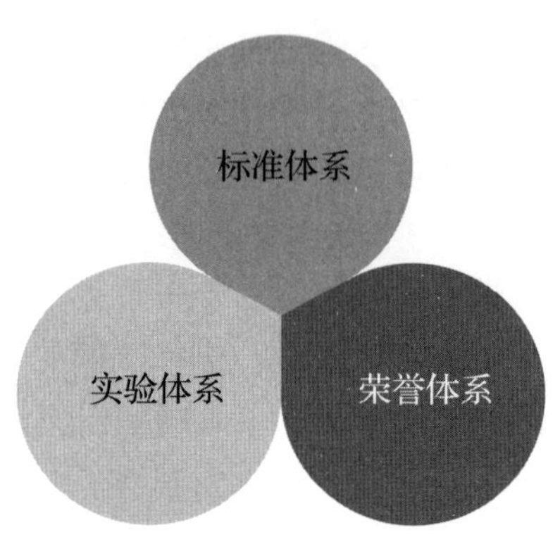

图2 深圳中学三大体系

1. 标准体系：深中标准　精益求精

标准体系以“学术型、标准化、有效性”见长，注重学生的研究能力和学科素养的培养，其核心理念是“深中标准、精益求精”，目标在于培养具有良好个人修养和家国情怀，懂礼仪、有修养、尊重他人、尊重自然的深中学子。

标准体系有特色的管理模式是“预警制”和“同伴教育制”。“预警制”致力于精准帮扶——学校聘请有丰富教育教学经验的教师担任跟踪教师，协助班主任帮助学生解决生涯规划、学习困难、心理困惑等问题，必要时帮助学生与各任课教师沟通，实现对学生的精准指导；“同伴教育制”致力于精英引领——学校培养了一批包括学长团、朋辈社团等在内的，有号召力和影响力的卓越学生组织，引导学生自治自律、民主参与，促进学生的自我教育和自我成长。

2. 实验体系：独立自主　合作创造

实验体系分为高考方向和出国方向，其核心理念是“独立自主、合作创造”，致力于培养具有中华文化底蕴，通晓国际规则，具备国际视野，理解跨文化交流的“深度探究者、专注笃行者、积极创造者”。

实验体系为两个方向的学生提供丰富的课程选择和众多国际高端学术活动，开设的特色课程包括国际素养课程、全球网络课程、自我成长课程、领导力课程、体育健康课程、研究实践课程等六大门类。数学和英语学科实施分层教学，实行导师制管理模式，以满足各类学生的不同需求。

3. 荣誉体系：科学自由　动脑动手

荣誉体系以学科竞赛、科技创新等荣誉课程为核心，倡导“科学自由、动脑动手”的体系文化，以深度校本化的体系特色课程为基础，引领资优理科倾向学生深度学习和实践创新，培养未来社会理工科高层次人才。

荣誉体系课程包括“体系基础课程”和“体系荣誉课程”两大系列。“体系基础课程”以学生必修课程为主，包含语文、数学、英语等14门学科在内的校本化国家必修课程和体系特色必修课程、选修课程；“体系荣誉课程”包含国家必修课程（荣誉）、学科竞赛课程、中国大学先修课程（AC）、自主招生课程（数学、物理）、高端学术活动课程五大类别。

(二)课程系统

1. 课程理念：为了促进每一位学生的充分发展

课程构建与实施的核心价值是“为了促进每一位学生的充分发展”，围绕让深中学子“更有价值地学习、更自由地学习、更高效地学习”的学习理念而展开的。

(1) 更加有价值地学习：学习基于自我的真实的需要，选择与自己的人生规划紧密相关。

(2) 更加自由地学习：学什么——按需选学，会了的就不用学，感兴趣的可多学，研究性的深度学，而且还赋予学生自主发起课程的权利；怎样学——正常修习之外，自学、先修、免修、免听，扩大了学分获得的途径，校外学习、网络学习、国际学习，经历与能力可以换算学分；何时学——学习进程可以选择，尝试弹性学制。

(3) 更加高效地学习：灵活、动态的课程管理与实施方式，研究性教与学的教学模式，学生导师制度，学生综合素养评价方案，智能化的工具和技术，可以使学习更加高效优质。

2. 课程结构：基础学术课程和深中文凭课程

为了解决“基础性和学术性的矛盾”，深圳中学本校的课程由基础学术课程和深中文凭课程两部分组成，如图 3 所示，具体课程类目见表 1 和表 2。

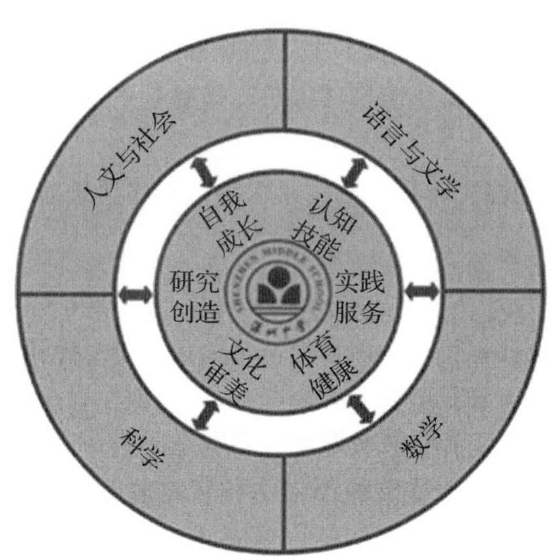

图 3　深圳中学课程结构

表 1　基础学术课程类目表

领域	科目	模块	
		必修模块	选修模块
语言与文学	语文	5 模块	3 模块
	英语	5 模块	3 模块

续表

领域	科目	模块	
		必修模块	选修模块
数学	数学	5 模块	4 模块（文） 6 模块（理）
人文与社会	政治	4 模块	1 模块（文）
	历史	3 模块	2 模块（文）
	地理	3 模块	2 模块（文）
科学	物理	2 模块	1 模块（文） 4 模块（理）
	化学	2 模块	1 模块（文） 3 模块（理）
	生物	3 模块	2 模块（理）

表 2　深中文凭课程类目表

课程群	必修课程 （含国家必修和校本必修）	选修课程 （含活动课程）
认知 技能	通用技术 信息技术 初高中衔接课程	学科拓展课程　学科高级课程 深中哲学课程　深中逻辑课程 深中社会学课程　深中心理学课程
自我 成长	生涯规划 深中心智训练课程	深中思维课程　深中成功课程 演讲与辩论　先锋中学生国际圆桌会议
文化 审美	艺术　中国文化经典诵读 西方文化经典	深中伦理课程　深中美学课程 深中讲坛　世界遗产课程
体育 健康	体育　健康教育	心理健康　安全教育　饮食健康
实践 服务	社区服务　社会实践 力行社会课程	公司体验课程社团活动 深中环保课程“城市大学”课程
研究 创造	研究性学习 综合学习课程（实验体系）	数学建模数学实验中国大学先修课程 创新体验课程开放实验室课程 中芬合作课程 JA“学生公司”课程 国际学术平台

关于课程实施，深圳中学倡导和追求以“自主、对话、探究”为核心的研究性教和学，如图 4 所示。

3. 课程评价：学生综合素养评价方案

2014 年制定《高中课程建设及学生综合素养评价方案》，采用“量化评价+质性评价”的方法评价学生综合素养，评价结构如图 5 所示，具体评价逻辑框架如图 6 所示。

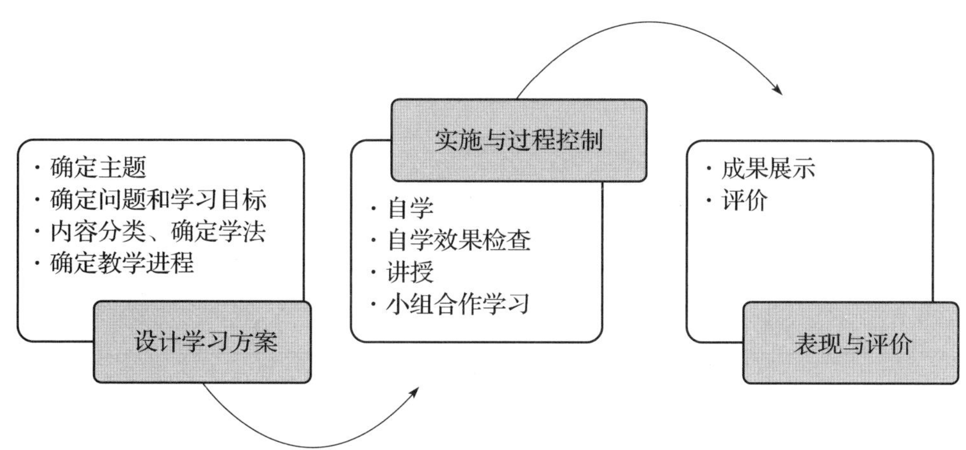

图 4　研究性教和学课堂教学模式

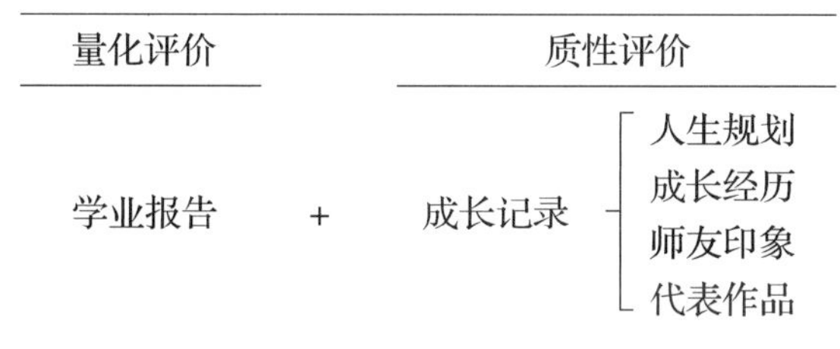

图 5　深圳中学学生综合素养评价结构

（三）支撑系统

为了解决“传承性和发展性的矛盾”，不断优化教师梯队建设、更新创新课程资源、完善各项制度建设，从人才、资源和制度三个方面给予课程改革以有力支撑，在传承优秀历史经验的同时大胆革新，不断发展。

1. 人才支撑：引育一流师资队伍，培育世界一流人才

兴校之道，始于人才。自 2017 年以来，朱华伟校长一直倡导“用最优秀的人培养更优秀的人”，不遗余力广纳贤才，吸引了越来越多的“大鱼”投身基础教育事业。“凤翱翔于千仞兮，非梧不栖。”学校北大、清华毕业的教师从 6 人增加至 39 人，博士从 4 人增加至 30 人。

此外，深圳中学的班主任均毕业于国内外名校，59 个行政班的班主任，43 位北大、清华等名校硕士，12 位北大、清华等名校博士。这支教育队伍年龄结构合理，老中青比例适宜。班主任“青蓝工程”让资深班主任带领、培训青年班主任，利于深中教育经验传承的同时，也让班主任队伍整体保持了对当代青少年教育新特征的开放心态。

2. 资源支撑：融合创新课程资源，拓展课程实践平台

为了融合创新课程资源，拓展课程实践平台，与企业（Company）、大学（University）、行政机构（Government）、校友（Alumni）广泛沟通、积极合作，建构了“S-CUGA 四元合作体系”，如图 7 所示。

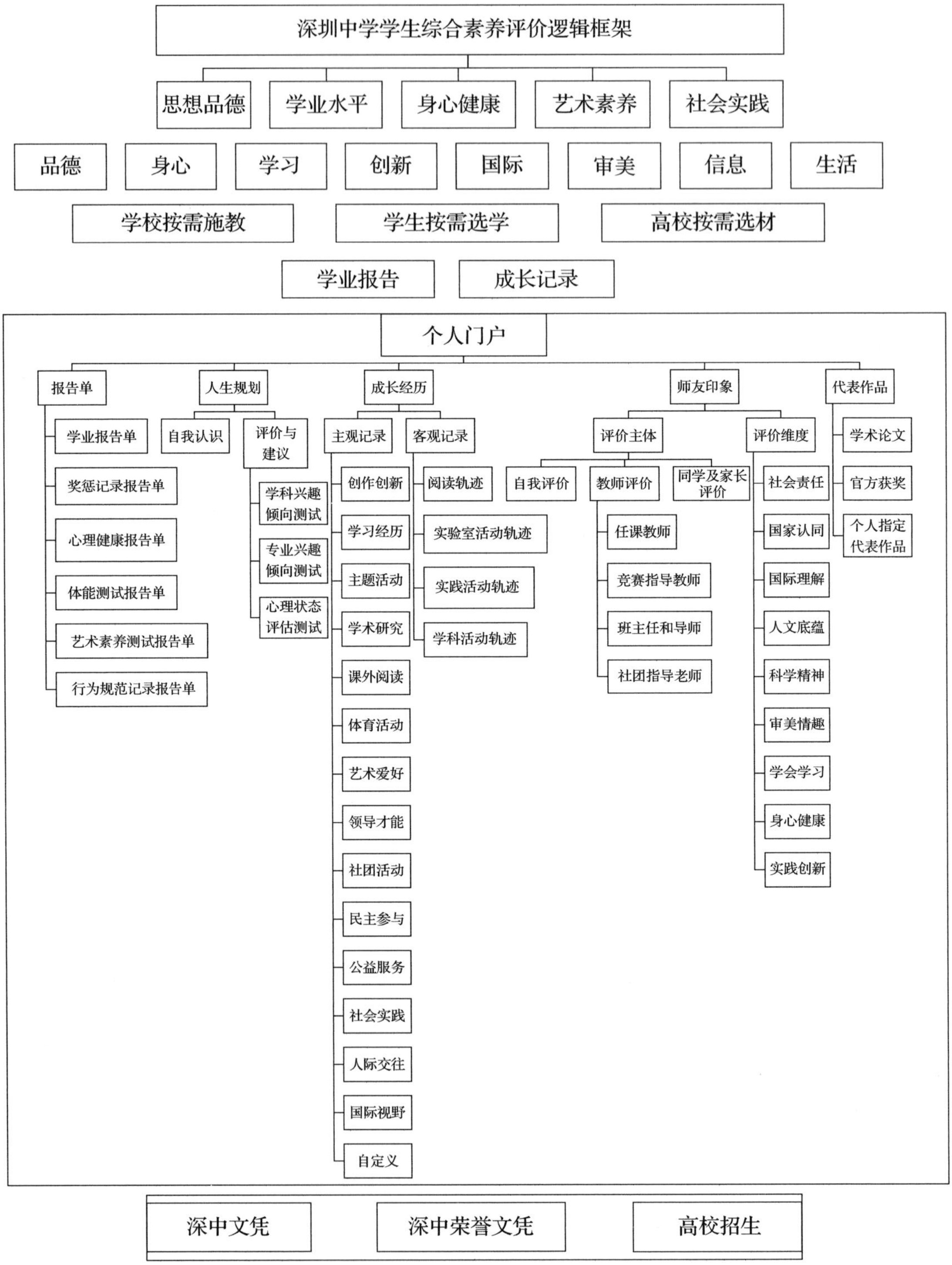

深圳中学学生综合素养评价逻辑框架

- 思想品德
- 学业水平
- 身心健康
- 艺术素养
- 社会实践

品德 身心 学习 创新 国际 审美 信息 生活

学校按需施教 学生按需选学 高校按需选材

学业报告 成长记录

个人门户

- 报告单
  - 学业报告单
  - 奖惩记录报告单
  - 心理健康报告单
  - 体能测试报告单
  - 艺术素养测试报告单
  - 行为规范记录报告单
- 人生规划
  - 自我认识
  - 评价与建议
    - 学科兴趣倾向测试
    - 专业兴趣倾向测试
    - 心理状态评估测试
- 成长经历
  - 主观记录
    - 创作创新
    - 学习经历
    - 主题活动
    - 学术研究
    - 课外阅读
    - 体育活动
    - 艺术爱好
    - 领导才能
    - 社团活动
    - 民主参与
    - 公益服务
    - 社会实践
    - 人际交往
    - 国际视野
    - 自定义
  - 客观记录
    - 阅读轨迹
    - 实验室活动轨迹
    - 实践活动轨迹
    - 学科活动轨迹
- 师友印象
  - 评价主体
    - 自我评价
    - 教师评价
      - 任课教师
      - 竞赛指导教师
      - 班主任和导师
      - 社团指导老师
    - 同学及家长评价
  - 评价维度
    - 社会责任
    - 国家认同
    - 国际理解
    - 人文底蕴
    - 科学精神
    - 审美情趣
    - 学会学习
    - 身心健康
    - 实践创新
- 代表作品
  - 学术论文
  - 官方获奖
  - 个人指定代表作品

深中文凭 深中荣誉文凭 高校招生

图 6　深圳中学学生综合素养评价逻辑框架

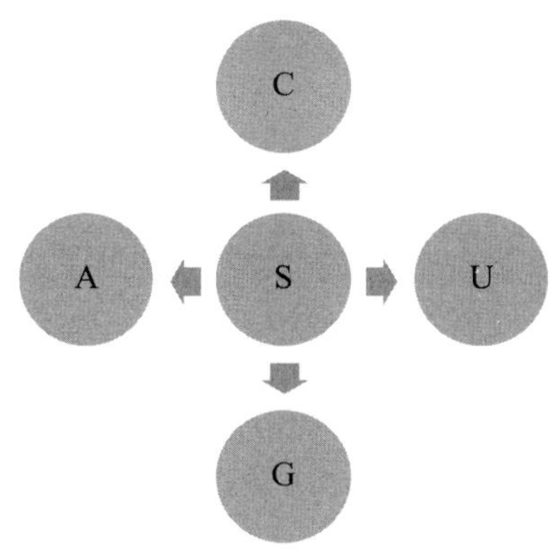

图 7　S-CUGA 四元合作体系

(1) S-C：与企业共建创新体验中心。

与腾讯、华为、大疆、科大讯飞等著名企业共建 11 个创新体验中心，如表 3 所示。

表 3　深圳中学创新体验中心一览表

序号	名称	科组	负责人	地址
1	中国科学院深圳先进技术研究院创新体验中心	技术	麦志彪	C514
2	华大基因研究院创新体验中心	生物	高雅丹	C201
3	腾讯创新体验中心	技术	段永红	C503
4	深圳光启高等理工研究院创新体验中心	物理	陈少锐	C301
5	华为技术有限公司创新体验中心	技术	余克非	C414
6	比亚迪股份公司创新体验中心	技术	段永红	C501
7	深圳市海云科技股份有限公司创新体验中心	技术	张膺钛	C608
8	深圳建设银行创新体验中心	政治	孟雪婷	科学馆广场北端教室
9	中国广核集团清洁能源创新体验中心	物理	王菁	C303
10	大疆创新科技有限公司创新体验中心	技术	陈梓豪	C414
11	科大讯飞创新体验中心	信息	张膺钛	科学馆广场中间教室

(2) S-U：与大学共建创新实验室。

与中国科学技术大学、香港中文大学（深圳）等高校共建 5 个创新实验室，如表 4 所示。

表 4　深圳中学创新实验室一览表

序号	名称	主持人	地址	科组	负责人
1	中国科学技术大学语音识别创新实验室	刘庆峰	科学馆一楼	技术	张膺钛
2	香港中文大学（深圳）智能机器人创新实验室	徐扬生	C410	技术	麦志彪

续表

序号	名称	主持人	地址	科组	负责人
3	深圳大学空间智能创新实验室	李清泉	C414	物理	朱峰
4	加拿大阿尔伯塔大学刘江枫数学创新实验室	刘江枫	初中部 D101	数学	金朝阳
5	上海交通大学光伏发电创新实验室	吴昌闵	C306	物理	王鹏超

（3）S-G：与行政机构协同合作。

学校积极探索与行政机构的合作路径与方法，并取得骄人成绩。例如，我校生物科组与深圳市疾病预防控制中心合作，联合开发校本课程“预防医学课程——健康离我们有多远”。此项改革创新既有助于中学生早日掌握准确健康常识和理念，形成健康的行为方式；也是对高中生物课程的补充和深化，同时有助于中学生初步了解预防医学专业，有助于其对未来职业进行规划。

（4）S-A：与校友充分互动交流。

深圳中学有非常优秀的创新型学校文化，校友会积极探索的“校缘文化”就是其中的有机组成部分。2016 年 11 月 15 日，学校启动“深中校缘行”活动，先后探访了光启研究院刘若鹏、大疆创新宋珮、腾讯马化腾等十五位校友。通过“深中校缘行”的活动，学校认真听取了来自在各行各业工作的校友，从各自的领域、不同的视角为母校发展提出的建议。

3. 制度支撑：加强各项制度建设，保障课改后续推进

基于“建设中国特色世界一流高中”的办学定位，出台《深圳中学五年发展规划（2018—2022）》，该规划共分为三大维度、十二个指标、四十三项对应任务，如图 8 所示。

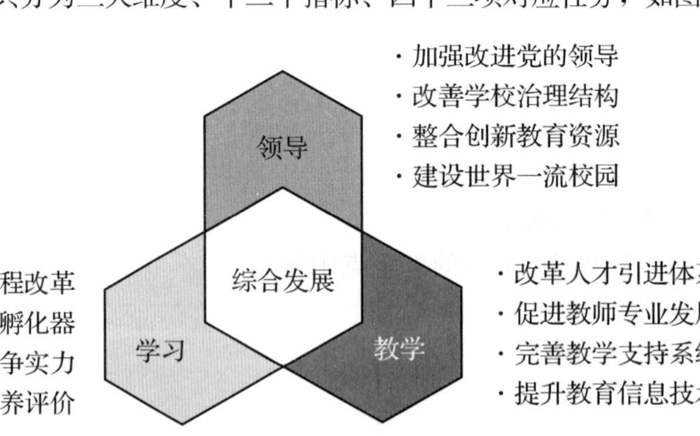

图 8　深圳中学五年发展规划结构

为了推动落实“五年发展规划”，促进学校发展，制定完成《深中五年发展规划（2018—2022）督导评估工作方案》，运用自我评估和第三方评估、过程性评估和终结性评估，学校构建依法办学、自主管理、民主监督、社会参与的督导评估制度，全面提升学校管理、教育和学习的质量，不断追求卓越品质。

四、效果与反思

（一）效果与影响

1. 立德树人，喜结硕果

高考成绩省内领先：2010—2018 年 252 人升入北大清华，位列全省第一。近三届高考，29 人进入省理科前 100 名，深圳其他学校合计 29 人；4 人进入省文科前 20 名，其他学校合计 7 人。

学科竞赛成绩显著：迄今为止获得 14 枚国际学科奥林匹克金牌，近十年获 8 枚金牌；近五年获 4 枚金牌，居全国第三；2018 年获 3 枚金牌，居全国第一。

海外录取成绩斐然：2017 年 U. S. News 排名前 30 的美国大学录取 84 人，10 人获藤校录取，牛津、剑桥大学录取 4 人；2018 年 U. S. News 排名前 30 的美国大学录取 88 人，9 人获藤校录取，牛津、剑桥大学录取 7 人；2019 年 U. S. News 排名前 30 的美国大学录取 91 人，7 人获藤校录取，牛津、剑桥大学录取 4 人，海外录取数据全国第三。

艺术教育百花齐放：深中四大艺术团体——合唱团、舞蹈团、交响管乐团、民乐团屡次获国内外大奖。

学生活动丰富多彩：学生社团百余个，涵盖了实践类、媒体类、社科类、科技类、公益类、体育类、艺术类、特长类 8 个类别。

2. 教师队伍，卓尔不凡

目前，深圳中学共有教师 400 余人，其中硕士 200 多人、博士 30 人。教授、正高级教师、特级教师、竞赛金牌教练、名教师等 40 余人。近几年从哈佛大学、新加坡国立大学、北京大学、清华大学、中国科学技术大学等海内外名校引进了百余位优秀毕业生。

教育科研成果丰硕。仅以 2018 年为例，全校教师共发表论文 51 篇（其中核心期刊 10 篇），出版著作 34 部，新立项课题 7 项，获奖成果 3 项，在教学、论文、命题等比赛中获奖励 75 项；荣获国家、省、市级各项荣誉 20 人。

3. 学校荣誉，亮点纷呈

1983 年，定为深圳市唯一的省重点中学；

2004 年，获评国家新课改样板校；

2007 年，通过国家级示范性高中评估；

2010 年，获评课程改革、艺术教育特色学校；

2017 年，获评第一届全国文明校园和全国心理健康教育特色示范校，《深圳中学高中课程建设及学生综合素养评价方案》入选教育部基础教育课程教材发展中心基础教育课程改革典型案例库。

4. 示范引领，共享共荣

40 年来，深圳中学培养出马化腾、陈一丹、刘若鹏等诸多知名校友，也向深中共同体学校、市内各类中小学和教育事业单位输送了许多优秀的管理人才，例如现任市教育局副局长赵立、盐田区教育局局长李志利、罗湖区教育局局长宾华、深圳市外国语学校校长罗来金、科学高中校长尚强、第七高级中学校长李德雄、光明高级中学校长宋绍鹏、坪山区同心外国语学校校长邢向钊等都曾在深中任职，他们为深圳教育事业贡献了深中智慧和深中力量，深中也因此被誉为深圳教育人才的“黄埔军校”。

除了直接输送优秀管理人才，学校还负责筹办了深圳市科学高中、深圳市万科梅沙书院等学校，让深中的课改成果在数所学校中开花结果；同时，学校十余年来接待了数百所学校的参观学习，同时坚持在权威平台发文发声，讲好深中故事，扩大深中在海内外影响力。围绕“课程改革和建设”主题发表论文 16 篇，其中核心期刊 4 篇；王铮、王占宝、赵立、朱华伟等多任校长在全国各地发表多场演讲，传播深中课改经验。

（二）反思与展望

1. 经验反思

经过 40 年的探索和实践，学校积累了丰富经验，认为在课程改革进程中必须高度重视如下几个问题：

（1）顶层设计是关键。学校顶层设计不是“摸着石头过河”，而是自上而下的“系统谋划”，是学校发展的起点和根本。每个学校都有自己的一套教育哲学，深圳中学的办学定位从“建设学术性高中，培养创新型人才”过渡到如今的“建设中国特色世界一流高中”，体现了对追求一流教育水平的信心和决心。

（2）底层冲动是根本。课程改革和建设不仅要有“顶层设计”，更要有“底层冲动”。只有自下而上凝成一股力，心往一处想，力往一处使，狠抓落实，才能博观而约取，厚积而薄发。经过 2003 年第一次课改后总结：教师专业素养的提高是课程改革取得实效的重要成果，课程改革的过程也是教师队伍加强建设、不断成长的过程，教师的成长与课程改革的推进与深化是同步的。

（3）制度建设是保障。课程改革和建设是一个系统化工程，只有各个环节都有章可循，才能保障课改工作的顺利开展和推进。在第二次和第三次课程改革和建设进程中，深圳中学均制定了发展规划以及相应的课程实施方案、教师培训方案等。

2. 前景展望

随着新一轮课程改革全面展开，广东省 2018 级高一已经进入新高考，从 2020 级新高一开始，广东省将全面实施新的课程标准及采用新版教材。2017 年 9 月 12 日，深圳市决定开展“新高考新课程背景下高中教育教学管理模式”实验，确定深圳中学等 5 所学校为首批走班制试点学校。

在这样的背景下，2019 年 3 月 20 日，深圳中学召开“深圳中学学科课程建设项目组成立大会”，致力于建构具有深中特色的课程体系，满足新时代培养拔尖创新型人才的需要。会议制定了近期、中期、长期任务，具体内容见表 5。

表 5　深圳中学学科课程建设项目组任务

近期任务	《学科文凭课程指导手册》定稿
中期任务	制作《学科文凭课程指导手册》网络版 按计划编写校本课程教材 编写新高考下的《高一、高二教学计划指南》《基于新高考下的命题指南》
长期任务	编写《基于学科核心素养下的课堂教学设计》 编写《基于信息技术支持下的课堂教学策略》 编写《基于新高考下的模块或主题学案》

课改进行时，发展无止境。深圳中学将一如既往地坚守与深圳相符的“敢为人先”的精神气质、与世界相通的包容开放心态，不断发展和完善适合不同学生发展的课程体系，尊重个性、主动发展、追求卓越，让每一个孩子都可以在这里做出自己的选择，构想未来的形状，追逐自己的梦想，并逐渐成长为最好的自己。

注：本项目获广东省教育教学成果奖（基础教育）一等奖。

普通高中新课程新教材实施国家级示范校建设工作计划

为贯彻落实习近平总书记新时代中国特色社会主义思想，助力深圳建设中国特色社会主义先行示范区，推动深化普通高中课程改革，提高新课程新教材实施质量，发挥国家级示范校引领作用，结合深圳中学建设中国特色世界一流高中的目标，制定本计划。

一、指导思想

以习近平总书记新时代中国特色社会主义思想为指导，全面贯彻党的教育方针，全面落实立德树人根本任务，围绕普通高中新课程新教材实施国家级示范校建设目标，深化普通高中课程改革，提高普通高中新课程新教材实施质量，为示范区普通高中新课程新教材实施探索有效路径，提供优秀案例，贡献深圳中学的智慧与力量。

二、工作目标

（一）助推深中建成中国特色世界一流高中发展目标

以实施新课程新教材为突破口，以改革创新为动力，全面深化课程改革，全面落实《新课程新教材实施工作方案》，从课程、师资、管理三个维度，推进系列项目改革，提高学校整体办学实力和水平，助推深圳中学建成中国特色世界一流高中的发展目标。

（二）培育一批实施新课程新教材的专家型种子教师

采取专题培训、案例研讨、自主研修等方式，制定“按需选学”的全员个性培训方案，逐步推进基于单元课例的“行动研究”，全面提高教师实施新课程、解读新教材的能力和水平，培育一批对新课程理念解读、新教材内容分析、教学方式变革、学生发展指导、综合素质评价等方面的专家型种子教师。

（三）培养全面发展具有拔尖创新人才特质的深中学子

以培养全面发展、具有拔尖创新人才特质的深中学子为目标，全面把握新课程新教材理念精神，深入推进新课程的有效实施，完善具有深中特色的“本校课程”体系，创新课程实施与评价模式，促进新课程新教材与人工智能深度融合，构建教育信息技术环境下的个性化学习生态环境，改变教学方式，改善教学体验，提升教学质量，全面落实深圳中学人才培养目标。

(四) 培植系列实施新课程新教材可推广的研究成果

在继承学校已有发展成果的基础上，围绕新课程新教材的实施，设立课程体系建设、课程管理创新、课堂教学改革、综合素质评价、数字化资源平台、教师专业发展等系列研究项目，在研究内容与方法上予以突破和创新，探索发展学生综合素养的有效路径，形成系列优质研究成果，将深中建成新课程新教材研究示范基地，积极贡献深中智慧与深中经验。

三、基本原则

(一) 坚持全面育人

以培养“全面发展的人”为核心，以“立德树人”为根本任务，全面推进新课程新教材的有效实施；遵循教育规律和学生成长规律，着力发展学生的核心素养；积极探索实践德智体美劳五育融合的育人方法、途径，实现全员育人、全过程育人、全方位育人。

(二) 坚持统筹规划

围绕高中新课程新教材实施的理念、内容和要求，系统规划学校新课程新教材的实施方案，将课程构建、教材使用、课堂教学、考试评价统筹规划，确保目标、内容、体系的内在一致性，实现整体推进，同步实施。

(三) 坚持创新驱动

在推进新课程新教材实施的过程中，有效发扬“追求卓越，敢为人先”的深中精神，以改革创新为动力，高标准定位新课程新教材实施目标，高起点规划新课程新教材实施路径。破解课程实施过程中的难点问题，为高中课程改革提供范例。

四、组织实施

(一) 加强组织领导，校长挂帅

成立深圳中学高中新课程新教材实施领导小组，由朱华伟校长任组长，组织行政事务部、教学处、教师发展部、课程委员会、教育发展研究中心把关设计实施方案。同时联合学生处和年级，及时研究协调实施中存在的问题。

(二) 强化条件保障，明确责任

学校新课程新教材实施领导小组负责统筹规划方案，教学处与教师发展部督促指导各科组、各年级新课程新教材的实施工作。深圳中学在新课程新教材教师培训、项目研修、论文发表、教材出版等方面给予制度、资金的大力支持，为高中新课程新教材实施创造有利条件。

(三) 设置科研部门，助力实施

学校成立教育发展研究中心，重点围绕新课程新教材实施设立专项研究基金，出台

《新课程基金项目管理办法》，鼓励学科组、学年组教师结合课程实施中的重点、难点问题，自主申报、课题立项、开展研究，为新课程实施的学术研究提供专业支持。

五、建设任务

（1）健全学校课程委员会在新课程新教材实施中的领导职责，探索“校课程委员会+教学处+学科课程领导小组”上下联动、共同参与、群策群力的工作机制。

（2）完善《深圳中学课程建设方案》《深圳中学学分管理及学业评价方案》《深圳中学校本课程建设方案》《深圳中学分层走班教学管理方案》，持续优化学校课程体系，不断提高“学校按需施教、学生按需选学”的课程实施水平。

（3）创新教师实施新课程新教材的培训方式，系统规划培训内容，全面构建新课程新教材培训体系。完善《深圳中学教师专业发展培训方案》，提高教师实施新课程新教材的专业能力与水平。

（4）加强各学科新课程实施的教学计划管理、课程实施管理、教学成效管理，提高基于新课标、新教材下的《学科国家课程实施指导手册》编写质量，有效促进各学科课程实施水平。

（5）加强校本选修课程和社团活动课程，优化生涯规划课程、综合实践课程的实施，完善《深圳中学校本课程选课指导手册》。与著名高校、科技企业深度合作，开发数理探究课程、创新体验课程，编写课程实施方案、拔尖创新人才培养方案。

（6）加强新课程新教材实施经验总结工作，探索形成可借鉴、可推广的经验做法和典型案例，切实发挥好示范引领和辐射和带动作用。

六、重点突破

（一）构建具有深中特色的课程体系，在课程设置和课程管理上取得突破

1. 扩大课程选择空间

打通选择性必修和选修课程、高难度课程充抵低难度课程学分、引入社会资源开设校本课程，为学生提供更多的选课空间。

2. 拓展学分获得途径

除常规学习获得学分外，学生可根据实际学术水平，通过先修、免听等途径获得学分。

3. 自主选择课程修习方式

不局限于传统的课堂学习方式，学生可自主选择高端学术活动、社会学习、网络学习、国际学习等修习方式深度学习，此类学习经历均可由学校认定并转化为学分。

4. 鼓励学生自主发起课程

在校学生可根据实际情况，通过参与课程设置、参与课程计划、自主开设课程等三种方式来实现课程的发起。

（二）完善选课走班教学管理机制，在资源配置和教学方式上取得突破

1. 实施全员全程生涯规划指导

科学实施生涯指导规划，实施对象面对全体学生，指导覆盖高中三年。构建师生发展共同体，增强学生未来发展规划的科学性和指导性。

2. 尊重并满足学生个体选择

立足于促进学生自由发展、充分发展、全面发展，尊重学生的学科选择与课程选择。以菜单式的学科选择和多层级的课程配置满足所有学生自主选择和个性化发展的需求。

3. 科学高效教学实施与评价

优化资源配置，提升学习效能。以学科方向分类，以学业水平分层。采用教学班和行政班相结合的教学组织模式，根据学生的个体差异实行分层教学。在体育、艺术学科采用分项教学。采取原始分、等级分、学分、积点相结合，过程性评价+终结性评价相结合的学业学习评价方式。

（三）丰富按需选学的课程类别，在优质精品校本课程建设特色和质量上取得双突破

1. 进一步打造深中竞赛课程优势品牌，探索资优生最佳培养模式

加强竞赛教练队伍建设，在原有的数理化奥赛课程的基础上，进一步提升生物学、信息学和天文学奥赛课程建设水平。通过建立资优生综合能力数据库，改进现有评价（考核）方案，建立资优生的甄别方案，使资优生的甄别工作更加精准。在校园硬件方面，需要为资优生的身心健康创设更优越的条件；在软件方面，需要提升教学服务的质量和水平。

2. 加强体艺技课程建设水平，探索体艺技课程普及教学与团队专业训练双内涵发展途径

体艺技国家课程实施分项教学。在常规教学以外，为在特定范畴有突出表现或者浓厚兴趣的学生提供系统地进行专科特定范畴学习的选修课程（例如艺术、体育等），使所有学生在高中毕业后至少掌握一项体育运动技能，至少培养一项艺术爱好。

进一步加强艺体团队的建设，一方面制定艺术团队经费使用的绩效评价制度，另一方面为有意考取艺术、体育院校的学生提供适合的课程体系和发展平台，同时提升团队师资力量，实现团队良性发展。成立深圳中学足球俱乐部，让学校拥有的外部资源得到最大化利用，使足球队员的培养更加专业化，对校园足球的普及起到更好的引领作用。增设乒乓球、羽毛球、网球、田径、游泳、围棋等项目。

3. 加强高端学术活动课程建设，开发建设创新课程体系，构建创新教育特色路径

为了满足学生的高端学习需求，学校向社会公开招募客座教师，融合优质教育资源。鼓励各创新实验室、创新体验中心与合作的高校、企业和科研院所共同研究、开发校本课程。

以国务院颁布的《中国制造 2025》为指引，围绕“五大工程”“十个领域”继续共建新的创新体验中心，与国内外著名高校或研究院所共建创新实验室，拟与北京大学、清华大学、南京大学、南方科技大学等著名高校共建创新实验室 10 个，与著名企业共建

创新体验中心，重点从师资配置、器材设备、课程建设、竞赛与活动四大方面完善已有的创新体验中心。此外，建立学科综合教室，尤其是人文学科教室；加强对外交流，与国内国际友好学校共享创新教育的特色路径。

4. 加强社团活动课程建设，丰富学生业余活动文化内涵

加强规范学生社团建设，健全完善社团制度，进一步加强社团指导教师队伍建设，鼓励支持校内及校外社团指导教师参与社团共建，在物质、精神及专业发展层面给予奖励；进一步加强校际学生社团的合作交流，资源共享及优势互补，扩大学生社团的自身发展和国际影响；进一步加强社团自媒体舆情管理，制定学校社团自媒体运营管理办法。

（四）提高信息技术应用水平，完善创新活动支撑体系，在教学方式和实施能力上取得突破

1. 加强信息基础设施建设

打造高速智能的信息基础设施，保障信息化应用系统、移动办公、数据传递环境。推进校园网络扩容提速，接入电信、移动、教育城域网，通过超融合云化数据库、负载均衡技术优化网络效益。加强无线网络管理，配备先进的可交互的智能设施设备和多类型的电子资源。数据中心建设实现全光万兆到架顶、千兆到服务器，完成超融合服务器所有应用服务器的虚拟化迁移工作，实现从传统数据中心到虚拟数据中心的转变。

2. 打造智慧学习互动平台

数据驱动的精准教学离不开网络学习平台的支持，拟引入有实力教育的大数据企业与教育信息化工程技术研发机构，重点围绕教学数据的自然采集、多源数据的无缝集成、学习行为数据的深度挖掘与预警分析、知识地图的构建和学科能力的智能诊断等方面，研发新一代智慧学习平台。

3. 探索数据驱动教学模式

探索数据驱动教学新模式，成立数据驱动教学示范项目组和课题组；定期组织共同体学校数据驱动教学年会活动，借鉴知识建构领域学习共同体的做法，由深中共同体学校轮流牵头，定期组织校级数据驱动教学年会，搭建教学案例展示、技术产品应用、示范经验分享以及发展趋势探讨的交流平台，动态汇聚各方数据驱动教学的集体智慧。

七、成果推广

（一）总结学校实施新课程新教材先进经验

总结学校在开展新课程教材培训、校本教研活动、课程体系构建、校本课程开发、课堂教学改革、选课走班管理、学生发展指导、综合素质评价等方面的做法，撰写文章，著书立说。为普通高中新课程新教材的实施提供可借鉴的成功经验。

（二）开展新课程新教材实施优秀案例评选

围绕新课程新教材的实施，定期开展优秀案例的交流与评选，激发教师投身课程教学改革的热情，优秀案例编辑成册，为普通高中实施新课程新教材提供可借鉴的典型

案例。

（三）建立新课程新教材实施研究发表制度

加强教育研究品牌意识，设立形式多样的教育研究发表制度，本着自主申报、自主策略、自主管理的原则，组织学科研究发表会，通过与共同体学校、创新教育研究协作体的互动，拓展学术交流范围，分享新课程新教材实施的创新举措。

八、保障措施

（一）设立新课程新教材实施专项经费

规划学校发展建设经费，设立新课程新教材实施专项经费，用于扶持教师培训、课题立项、校本研修、课程开发、教材出版等内容，为新课程新教材的实施全面提供资金保障。

（二）创建高水准人力资源支持系统

建设新课程新教材指导专家资源库，邀请国内知名教育专家、学科课程标准研制组成员、教材编委为学校新课程新教材实施指导专家组，定期到校进行学科课程实施的指导，为课程实施提供人力资源保障。

（三）整合社会力量提供物力资源保障

充分发挥深圳先行示范的创新优势，与知名企业与大学研究院建立专业合作关系，充分利用创新企业及大学实验室的资源优势，为课程实施提供装备配置及专业支持。

（四）依托家长建设课程实施资源平台

充分挖掘和利用家长的社会资源、专业知识和工作经验，参与学校课程资源开发与实施，依托学校家长委员会，成立社会实践组、校本课程组、家长学堂组，以家校互动的方式参与新课程的实施，建设课程实施校外资源平台。

2020 年 4 月 25 日

为基础教育鼓与呼，让更多“大鱼”投身教育
——《深圳特区报》2019 年 1 月 28 日 A02 版

“乡村要振兴，振兴乡村，教育是关键，而振兴乡村教育离不开一支优秀的乡村教师队伍，这就需要政府把真金白银投入到基础教育，切实提高教师的物质和政治待遇，让教师成为伟大的职业，让基础教育事业成为优秀青年的向往。”1 月 26 日举行的广东省政协十二届二次会议分组讨论上，省政协委员、深圳中学校长朱华伟发言时依然把关注的目光投向乡村教育和基础教育。

今年是朱华伟担任省政协委员的第二年，过去一年，他利用工作上的各种机会，到广西，广东河源、汕尾等地的农村小学进行实地考察调研，但农村小学的现状还是让这位特区校长颇为担忧。“目前，乡村学校布局需要进一步优化，很多小学的硬件条件依然还很薄弱，乡村的办学条件亟待改善。此外，由于教育质量不高，不少农村家长只要一有条件，就会考虑将孩子送到城里去读书，这不仅增加了乡村家庭的教育负担，也不利于乡村教育的可持续发展。因此，伴随着九年义务教育的全面普及，‘人人有学上’虽已不是问题，但在‘人人有学上’的基础上还要努力实现‘人人上好学’。知识改变命运，人的素质的提升才是乡村振兴的基础所在。”朱华伟说。

除了是深圳中学校长，朱华伟身上与教育相关的标签还有很多：教育学博士、特级教师，博士生导师，二级教授；享受国务院政府特殊津贴专家，国家级教学成果奖获得者，广州市教育研究院创院院长……教育不仅是他热爱并为之打拼半生的事业，更让他在当选为省政协委员后，极力为之鼓与呼。

在谈及基础教育时，朱华伟喜欢引用著名教育家梅贻琦先生的一段话：“学校犹水也，师生犹鱼也，其行动犹游泳也。大鱼前导，小鱼尾随，是从游也。从游既久，其濡染观摩之效自不求而至，不为而成”。“所以，深圳中学近年来一直努力引进和培育高学历、高专业水平的优秀师资，为学生的卓越发展领航，为学校的可持续发展奠定坚实基础。然而在这个过程中，我们也面临着一些难题：教师的待遇在行业领域里不具备竞争力、教师地位有待提高等，例如，大学在引进博士等高水平人才时，可以为其解决住房问题并提供一定的奖励，但是大部分中学目前还做不到这一点。出现类似这样的种种问题，在一定程度上也说明了目前基础教育在优秀人才引进方面的确做得还不够，一些‘瓶颈’还难以突破。”朱华伟说。

如何加强基础教育教师队伍建设，吸引更多的“大鱼”来从事基础教育工作？朱华

伟认为有两个着力点：一是提高教师物质待遇，二是保障教师价值实现。

“一方面，用高薪和其他福利待遇吸引高水平人才投身基础教育事业，让最优秀的人教育下一代，培养出更优秀的人。”朱华伟说，目前中小学教师待遇偏低依然是不争的现实，我们应该鼓励博士等高学历人才投身基础教育事业，争取为他们提供更好的福利待遇，让每位教师都能不为物价和房价所困，让每位教师都能更加体面地教书。另一方面，要在高端学术和一线教学之间搭建桥梁，让教师“在岗位上有幸福感，在事业上有成就感，在社会上有荣誉感”。“只有一流的师资是不够的，还需要有适合一流师资发挥作用的软环境、软机制，因此要打通高学历高水平教师的发展通道，才会吸引和留住更多的优秀人才。学校的任务是真正挖掘和释放每位教师的专业学术力量，让他们在三尺讲台一展研究所长，有所建树，成就感自然而来。”

创新教育结硕果 这个深圳中学生获丘成桐中学科学奖全球总冠军

——《人民日报》客户端广东频道 2020 年 12 月 18 日

12 月 12—13 日在清华大学举行的 2020 年丘成桐中学科学奖总决赛上，来自深圳中学的学生黄飞扬获得丘成桐中学科学奖（化学）金奖，并从六个单项金奖获得者中脱颖而出摘取年度总冠军——科学金奖。

深圳中学派出的 3 支队伍，从来自北京、上海、广东等 13 省市自治区及美国、新加坡、印度等国家的 92 支决赛团队中脱颖而出，共获得年度全球总冠军科学金奖，单项金奖一个、铜奖一个、优胜奖一个，创造深圳中学历史最佳成绩。

傲人成绩的取得并非一朝一夕，而是来自深圳中学科学系统的设计、脚踏实地的落实和日积月累的坚持与探索，更是源自深圳中学对“创新教育”的坚持和深入。

“青年诺贝尔奖”备受瞩目，科学金奖来之不易

丘成桐中学科学奖（以下简称“丘奖”）素有“青年诺贝尔奖”的美誉，涵盖数学、物理、化学、生物、计算机及经济金融建模六个学科。今年“邱奖”共有来自中国大陆 26 个省（自治区、直辖市）、港澳台地区，以及美国、英国、印度等 17 个国家 400 余所中学的 1500 余支团队、近 1700 名学生报名参赛，共提交有效论文 900 余篇。

经初筛、函评、桌评等程序，中国大陆 13 个赛区、亚洲赛区、美国赛区共评选出 252 支团队入围半决赛。经过半决赛，来自中国大陆的 72 支学生队伍，9 支亚洲赛区团队和 11 支美国赛区团队，从 1570 余支报名队伍中脱颖而出，获得参加总决赛的“入场券”，占比不到总参赛队伍的 6%。总决赛在数学、物理、化学、生物、计算机及经济金融建模六个方向决出了科学金奖一组，单项金、银、铜奖和优胜奖各十余个团队。

获得丘成桐中学科学奖（化学）金奖，并从六个单项金奖获得者中脱颖而出摘取年度总冠军——科学金奖的黄飞扬表示，“丘奖”鼓舞了他去尝试在课业学习之外的科研活动，去体会科学，同时让其提前对科研有了一个清晰的认识。“在参赛过程中，我和世界各地的专家探讨有趣的科学问题；从初赛到决赛，每一次的答辩经历都令我醍醐灌顶，受益匪浅。”黄飞扬说，“这次经历使我认识到科研需要的知识储备，鼓励我从现在开始夯实数理基础，为未来做足准备。”

左起：丘成桐教授、黄飞扬、清华大学王希勤副校长、杨乐院士

此外，李劲鹏、董行芷、杨皓天团队获得本次比赛的经济金融建模铜奖。他们以新冠肺炎疫情期间餐饮行业所受影响及恢复状况为主题从点评数据分析的角度进行了实证分析研究。

创新教育催开胜利花朵

深圳中学致力于培养具有中华底蕴和国际视野的拔尖创新人才。自 2017 年提出新的办学定位“建设中国特色世界一流高中”以来，深圳中学围绕“建设世界一流师资队伍”的战略目标，聚焦高端，不断优化师资力量，为学生搭建“多元发展立交桥”。

在科技创新教育工作中，学校挖掘多方资源，营造了良好的科研氛围和学习环境。截至目前，深圳中学已与国内著名高校、企业共建了 19 个创新实验室和创新体验中心，涉及数学、物理、生物、天文、能源、人工智能等多个专业领域。如北京大学天文创新实验室、清华大学朱邦芬院士工作站、南京大学先进光声功能材料实验室、上海交通大学光伏发电创新实验室，还有华为、腾讯、大疆、中广核等企业在深中建设的创新体验中心。依托这些创新实验室和创新体验中心，学校开设了十几门创新类选修课程，并为十余个科技创新类社团提供了多元的活动平台。丰富的课程和精彩的活动为学生提供了创新的土壤，高水平的引领与亲身参与的科研实践体验孕育着学生科学的种子。

近年来，深中学子在国内外各级各类创新竞赛中屡创佳绩。2018 年，深圳中学杨天骅、薛泽洋两位同学在第 49 届国际物理奥林匹克中同获国际金牌，聂翊宸同学在第 50 届国际化学奥林匹克中荣获国际金牌——获金牌人数位列全国第一，创造了广东省内一所学校同年获得 3 枚国际奥林匹克金牌的最高纪录。2019 年，深圳中学生物学、信息学竞赛实现全国金牌及集训队零的突破，五大学科竞赛共有 14 人获全国金牌、9 人入选国家集训队，均位列全省第一、全国前列。2020 年优势更加明显，各项数据在省内领先。

值得一提的是我校高二学生彭也博在今年的全国数学冬令营比赛中，以总分第一的优异表现入选国家集训队。

改革开放四十年，勇立潮头再出发。作为深圳基础教育的名片，深圳中学将继续发扬“敢闯敢试、敢为人先、埋头苦干”的特区精神，用“建设中国特色世界一流高中”坚定踏实的行动，回应党和国家的殷切召唤，回馈城市和社会的热切期待，为中华民族的伟大复兴贡献深圳中学的一份力量。

作业成产品　课堂到现场

——《人民日报》2021 年 3 月 18 日 12 版

新学期伊始，深圳中学新校区内，高二年级学生成立的电气工程社团在校园里摆起了摊，售卖社员们自行研制生产的蓝牙音箱，短短几天卖出了 25 台。

在“创新之都”深圳，自己动手做出作品交作业，已经成了很多中学生的日常。如今，深圳中学构建多元课程体系，并打开校门借力外部资源创建多个创新实验室和创新体验中心，探索出一条创新教育的新路径。

深圳中学通用技术教师何柳婷入职的第一个学期，就在给高一年级开设的“产品设计创意初体验”选修课中，要求学生设计一个“可供盲人使用的电热水壶”。“从产品定位、用户研究到最终呈现，每一步都不能打折扣。这一项作业，就占课程学分的 70%。”何柳婷说。

学生李翀说，这项作业并不轻松，涵盖了产品设计专业学生完成一个项目所需的整个流程。虽然难度不小，但李翀小组的成果还是令何柳婷惊喜：轻型杠杆设计帮助识别水是否装满、会自动报警的感应器防止壶口蒸汽烫伤手……

这门课程的实践，是该校深入探索课程改革，让创新教育“从虚拟走向实景”的一个缩影。创新教育不能只是“从书本到书本”，“引导学生发现问题，再通过设计制作产品来解决问题，才能真正锻炼学生的动手能力和创新能力。”深圳中学创新活动中心主任朱峰说。

通过创新模式，深圳中学构建了多元课程体系。课程融入了大量实践式、体验式内容，学校提供教室、设备，还安排导师跟进指导。学习过程中，需要独立动手或组队合作的实践作业常常占到课程学分的 30%～40%。

“创新教育本身就需要不断改革创新。”深圳中学校长朱华伟说，对创新实践的重视，和学校培养拔尖创新人才的目标相统一，“拔尖创新人才所必备的许多重要素质，是在基础教育时期培养和发展出来的。我们应积极探索与之相适应的培养机制和模式，建构符合人才成长规律并与高等教育接轨的培养链条。”

深圳中学高中生连续从小爱好机器人制作，入学第一周就加入了学校的机器人社团。2019 年，学校选拔一批学生组队参加第十届 VEX 亚洲机器人锦标赛。连续和同学王司然一起入选，并先后斩获奖牌。“参赛时，我们的机器人出现了问题，原本程序设计是直行，但实际行走时变成曲线。幸好指导老师朱峰及时找出了问题所在，大家一起动手，反复调试终于排除了故障。”回忆起比赛中的小插曲，连续记忆犹新。

在深圳中学，这样特长突出的学生不在少数。学校以社团为载体，引导学生积极参与学科竞赛，进一步培养创新的竞争意识和实践能力。深圳中学通过持续推进课程改革，形成以多元课程为“主体”，以社团活动和学术竞赛为“两翼”的创新教育模式。第49届国际物理奥林匹克金牌、第50届国际化学奥林匹克金牌、丘成桐中学生科学奖科学金奖、第6届中国国际“互联网 ”大学生创新创业大赛萌芽赛道创新潜力奖……短短几年，已收获不少成果。

创新离不开合作与交流。朱华伟介绍，深圳中学挖掘多方资源，与国内高校、企业共建了19个创新实验室和创新体验中心，涉及数学、物理、生物、天文、能源、人工智能等多个领域。依托这些校外资源和合作平台，开设了十几门创新类选修课程，并为10余个科技创新类社团提供了多元的活动平台。2020年，学校开发了“深中-腾讯AI课程”，让学生与专家面对面交流学习，成为年度最“热”课程。

去年11月，深圳中学实验体系生物教师尤佳带领10多名学生走进了深圳高交会。“这些经历对学生来说，能让他们不断强化开放精神，真切体会到交流和互动对于创新的重要性；对老师来说，也是一个了解学科前沿最新变化，不断充电的过程。”尤佳说。

深圳中学：点燃“红色引擎”加速迈向世界一流

——《南方日报》2021年6月30日10版

“生而强者不必自喜也，生而弱者不必自悲也。吾生而弱乎，或者天之诱我以至于强，未可知也。”今年高考，毛泽东发表于《新青年》的《体育之研究》一文成为全国语文新高考Ⅰ卷的作文题素材，而在高考前，深圳中学（以下简称“深中”）就有一批学子“提前”上了一堂“真题解析课”，这是怎么一回事?

原来，今年5月，在庆祝建党100周年和深中学子计划外赴韶山、长沙、井冈山等地参加社会实践的背景下，深中教师刘晓慧为学生们带来了以“恰同学少年——毛泽东青少年时代的脚步”为主题的校本选修课，其中的内容就刚好包含《体育之研究》。

看似偶然的“在深中校本选修课上与高考作文不期而遇”，实际上却是刘晓慧全力以赴的准备。刘晓慧说，为准备该专题，她不仅特地认真阅读了六卷本的《毛泽东传》和《毛泽东诗词》，还前后看了二十多个小时各种纪录片和长短视频并认真进行分析反思和总结梳理。

从这个事例中我们可以窥见，一所学校在推动党建工作与教育教学工作深度融合中所下的功夫，很好地渗透进老师的工作日常。

为全面加强党建引领教育高质量发展，深圳中学在今年3月正式成立党史学习教育领导小组，校党委书记、校长朱华伟任组长。在近百天里，学校不仅创新方式进行党史学习教育，更是在学习过程中积极践行“我为群众办实事”，有力促进了学校教育教学质量的进一步提升。

1. 赓续红色基因，党史学习凝聚奋进力量

“102年前的‘五四运动’，深刻地影响了一代中国青年，毛泽东、周恩来等中国共产党领袖，以中华民族复兴为己任，奋勇前行；1980年的5月，中共中央、国务院正式将深圳定位‘经济特区’，这个位于南海之滨的小渔村开启了冲刺世界一流的新征程……”

5月，深中举行“共忆五四运动，献礼建党百年”全校集会，朱华伟校长以“学史力行：赓续红色基因，发扬特区精神”为题，为全校师生开讲思政课。用5月串联起中华民族一个世纪以来的风云变幻，朱华伟校长铿锵有力地为师生讲述着党的故事、特区的精神。

在深中，讲党史一直贯穿于学校的学生工作和教育活动中。深中团校为入团积极分子举办了“从中国共产党的历史看中国共产党的思想”主题团课，由历史科组靳万莹老

师主讲，介绍了中国共产党自成立以来的发展全过程：从中国共产党成立的时代背景“救国救民，追求富强”，到中国共产党在浙江南湖的一叶扁舟中应运诞生，翻开了开天辟地的新篇章。在老师的讲述下，学生们更加坚定了要做党的助手和后备军的信念，要树立正确人生观，珍惜当下的和平幸福生活，成为青年学生的榜样。

当然，赓续红色基因，深中的党史学习教育不止于此。今年深中将党史教育融入各学科教学之中，安排了党史学习征文、知识竞赛、歌咏比赛、历史剧本大赛等多元活动。例如，高中部政治科组组织学生开展了“深望百年党史，中兴一代少年”党史知识竞赛；历史科组组织了以“人间正道——世界历史与中国革命中的共产主义和共产党人”为主题的高中生历史剧本大赛；深中党办、高中语文科组组织师生参加广东省教育厅主办的“学百年党史、做时代新人”主题征文活动，选送的20篇文章全部被市教育工委推荐参加省级评选；竞赛支部就组织全体党员及入党积极分子参观深圳国贸大厦历史陈列馆，开展党史教育主题党日活动；初中部组织学生观看共青团中央直播的“学党史·强信念·跟党走”主题团课，开展了班级主题团日活动和读书会活动。

除此之外，5月上中旬，深中还组织各支部党员广泛参与“唱支赞歌给党听”党员合唱活动，60余名党员踊跃参加党委合唱队，认真完成了《我的中国心》视频录制。下旬，高一年级在井冈山红色教育基地社会实践行前准备工作中，以班级为单位多次排练革命歌曲，虽然社会实践因为疫情取消，但排练过程中同学们已经受到了革命精神的熏陶。

从6月上旬开始，深中图书馆也推出“经典图书推荐”“红色经典影片播放”等活动，通过公众号向学校师生推荐《红船精神》《新中国》《历史转折中的人和事》等书目，并附馆藏地点、索书号等信息供师生查询。

2. 做实大事小事，为群众办实事彰显教育初心

“为群众办实事”，落脚在办、关键在实、贵在走心。在深中，学校党委始终心里装着师生、凡事想着师生，深圳首条校园通学定制巴士落地深中就是其生动注脚。

深中泥岗校区自去年启用以来，承接了新一届高一所有学生，目前在校师生3 000余人，每逢周末和节假日上下学高峰期，学校周边接送车辆较多，家长接送等待时间较长，造成交通拥堵情况时有发生。为此，深中泥岗校区交通改善专项协调会主动联系市交通运输局、深圳巴士集团、家委会等认真征求各方意见和需求，前期根据校区师生出行情况进行了深度调研，并与深圳巴士集团、家委会反复论证，联合制定了《深圳中学泥岗校区交通改善方案》。5月21日，起止点为深圳中学新校区、宝安桃源居的深圳中学通学定制巴士开线仪式正式举行。此举不仅得到师生家长的广泛点赞，也成为深圳校园为师生着想的样板工程。

在完善办学设施上，深中也是不遗余力。5月26日，朱华伟校长主持召开校长办公会议，研究师生乒乓球活动场地硬件提升工作，会议决定通过了新校区乒乓球场玻璃窗加装工程项目，以及在学校成德楼二楼增设教职工乒乓球室。今年3月，深圳正式发布《深圳市义务教育阶段学校课后服务实施意见》，要求自3月5日起，分批、有序推动全

市公民办中小学开展 1～2 课时的免费课后服务。目前，学校课后服务课程结构分为：拓展课程（含思维、博雅、艺体等）、力行课程（含创新、劳动、主题教育等）、阳光体育、社团、社会服务实践、自主学习、自主阅读、教师答疑等，面向全体学生提供多样化选择。课后服务的推动，不仅切实为家长解决了“接送难、看管难”的后顾之忧，让学生乐享课后幸福成长时光，同时也给教师各展所长提供了更大平台，服务开展效果得到了老师、家长、学生的大力赞扬。

对于青年教师成长，深中稳步推进“青蓝工程”“树人计划”“学科研究室”等多项青年教师培养行动。为进一步了解青年教师的发展需求、促进青年教师成长，迎接第 72 个五四青年节的到来，今年，朱华伟校长还邀请近五年入职深中的初、高中近三十位两部青年教师共聚一堂，召开青年教师座谈会，校领导与教师聊工作、谈生活、话成长。

3. 追求卓越发展，守正创新卓立时代潮头

教书育人是教育工作的基本内容，党建引领自然也要落脚在教育质量的提升上。

作为以深圳这座城市名字命名的中学，深中秉承“追求卓越、敢为人先”的精神传统，始终紧跟国家和深圳特区的前进步伐，围绕拔尖创新人才培养，多年来，在师资队伍建设、课程改革、学科竞赛、创新教育、国际教育、艺体教育、校园文化、服务社会等方面做了大量探索和实践，成为深圳教育的窗口和文化名片。

国内高考，全省领先。2017—2020 年，118 人被北大、清华录取，排名广东省第一。2020 年，高分优先投档线比例 98.6%，排名广东省第一；QS 世界大学排名前 100 的中国高校共录取 112 人，其中北大、清华录取 32 人，排名广东省第一；60%和 68%的国内高考方向毕业生分别达到中大、华南理工录取线。

学科竞赛，成绩骄人。2018 年，杨天骅、薛泽洋获第 49 届国际物理奥林匹克金牌，聂翊宸获第 50 届国际化学奥林匹克金牌。2019 年，朱冠宇获第 32 届国际青年物理学家锦标赛（IYPT）金牌。2020 年，全国数理化生四大学科竞赛，74 人获一等奖，全省第一；22 人入选省队，全省第一；彭也博获第 36 届中国数学奥林匹克第一名（满分）；李昊原获全美生物与健康未来领袖挑战赛 ATC-生物化学科目全球第一，全国首次。2021 年，余楚健获学术马拉松（Academic Marathon）全球总决赛化学马拉松竞赛全球第一；何思源、靳柏舟、李亦洲、杨博凯、吴炳辰、范佳轩 6 人入选 2021 年清华大学丘成桐新领军计划（全国录取 69 人），全国第一；冯晨旭、彭也博入选第 62 届国际数学奥林匹克中国国家队（全国 6 人），全国第一；刘碧漪、孟凡悦、熊昱婷、张政亮 4 人入选 2021 年北京大学全球精英人才 A 计划。

创新教育，表现卓越。2017 年、2019 年、2020 年，深中代表队获国际基因工程机器大赛（iGEM）高中组金奖。2019 年，深中代表队获 VEX 机器人亚洲锦标赛中国区选拔赛一等奖 2 项、VEX 机器人亚洲锦标赛金奖 1 项。2020 年，黄飞扬荣获丘成桐中学科学奖全球总冠军；李昊轩、黄飞扬、王蕴达、刘皓星“全自动线上道路积水预警系统”项目组获第六届中国国际“互联网”大学生创新创业大赛全国总决赛萌芽赛道创新潜力奖；袁若琪和李昊原获 Brain Bee 脑科学大赛全国一等奖，袁若琪获全国第一；深中代表

队获 VEX 机器人全国总决赛一等奖和高中组唯一突出贡献奖。2021 年，深中代表队获“环保马拉松 Envirothon”高中理工科竞赛全国第一；李可入选国际初中生信息学竞赛（ISIJ）中国国家队。

海外升学，全国前列。美国方向：2017—2021 年，9 人被哈佛、耶鲁、斯坦福和麻省理工等美国顶尖名校录取，38 人被美国常春藤高校录取，53 人被美国 U. S. News 排名前 10 的综合大学和文理学院（不含艺术院校）录取。400 人被美国 U. S. News 排名前 30 的综合大学和文理学院（不含艺术院校）录取，占美本申请人数的 66%；666 人被美国 U. S. News 排名前 50 的综合大学和文理学院（不含艺术院校）录取，占美本申请人数的 93%。英国方向：2017—2021 年，24 人被牛津大学、剑桥大学录取，90 人被英国 G5 精英学校录取。

艺体教育，卓然超群。合唱团、舞蹈团、管乐团、民乐团均在国内享有盛誉。2018 年，吴谷子以足球特长获北大录取；足球队获“电力杯”暨“一带一路”国际青少年足球邀请赛亚军。2019 年，张钰渟以舞蹈特长获北大降分录取、全国唯一。2020 年，胡晶晶以美术特长获清华录取；合唱团受邀参加央视策划的《乘风破浪看深圳》活动，两个小时便收视过亿；游泳队冯炜棋获广东省中学生游泳锦标赛女子甲组 400 米自由泳第一名和女子甲组 200 米自由泳第一名；足球队获广东省“省长杯”青少年校园足球联赛全省总决赛第五名。

优质的教育教学也使得深中迎来许多高校抛出的合作橄榄枝，深中今年先后入选全国首批三星级“北京大学博雅人才共育基地”和首批“清华拔尖创新人才培养基地”，与美国普林斯顿国际数理学校举行建立友好学校的云签约仪式，与罗湖区人民政府签署战略合作协议，邀请华大基因学院院长杨焕明院士、清华大学物理系教授朱邦芬院士、清华大学丘成桐数学科学中心主任丘成桐院士、中国科学院陈建生院士莅临深中大讲堂。

深中的发展没有终点，探索与创新是深中发展的永恒主题。在点燃学校发展红色引擎下，深中也将步履铿锵迈向世界一流。

4. 强党建，储备党员后备力量，开设学生“党的基本知识学习班”

6 月 16 日，深圳中学党委首次举办学生党的基本知识学习班，参加此次学习的 43 名同学全部来自高二年级，他们均是经过自主申请、班级推荐、高二党支部考察产生的优秀学生。

学生党的基本知识学习班是深圳中学党委的创新形式，是引导学生积极向党组织靠拢的新做法。学校高二党支部将对参加此次学习的 43 名同学跟踪培养，引导他们在平时的学习与生活中用党员的标准来严格要求自己，为成为一名入党积极分子做好充分准备。在条件成熟的时候，鼓励他们提交入党志愿书。

第一节党课上，朱华伟校长为同学们讲授了题为“赓续红色基因，发扬特区精神”的党课。他讲道，深中人以“追求卓越、敢为人先”的精神，以“建设中国特色世界一流高中”的行动，助力深圳乃至国家的基础教育改革创新；同时，也以实实在在的行动宣示“感党恩、跟党走”的深情与决心。

随后深中高中政治科组教师、高二党员班主任田瑞以“闪闪的红星——潘冬子、两弹一星功勋——钱学森、世上最亲邮递员——王顺友”为主题讲述党员的故事。音乐“红星闪闪放光彩，红星灿灿暖胸怀．……”一响起，便拉近了“80 后”与“00 后”的距离，这不仅是田老师的童年记忆，也是在场许多同学的童年记忆。

田瑞讲述的党员的故事，激发了同学们对中国共产党的向往，“通过党课的学习，对党的基本知识和党的事业有了更为深刻的理解，体会了作为一名中共党员的使命感和责任感。”高二（15）班陈珮璇说。

高二（16）班陈柯言则感悟道：“今日，在聆听第一节党课之后，我不仅从理论思想上领会到了中国共产党的伟大理想与目标，还在活生生的事例中看到一代又一代优秀党员全心全意为人民服务的伟大品格。”

附录八

深圳中学：以涌现的智慧成全未来
——《新校长》2019 年 8 月刊

地处改革前沿地带，深圳中学与深圳这座城市步调高度一致。新千年之后，深中就开始了走班制、单元制、学长团等多元办学方式的探索。

比起竞赛上收获多少块金牌，培养出多少位高考状元，深中更引人注意的是她始终围绕学生发展的真实需要而设计、实践教育。

有大学教授说深中更像是一所大学，这或许是对深中提供给学生的自由和空间最形象的赞美。

从天空俯瞰深圳，会发现这是一座狭长而拥挤的城市。比起“改革前沿、科技、金融、创客、国际化”等标签，深圳的数字表达更简单、直接，仿佛折叠了无数精彩故事。

改革开放 41 年，深圳 GDP 从不足 2 亿元到突破 2.4 万亿元；拥有 367 家上市企业，市值超过 10 万亿；常住人口 1300 万，人口密度是全国平均水平的 45 倍。为了容纳源源不绝的新深圳人，深圳一边向海圈地，填海 69 平方千米，相当于填出两个澳门；一边向天要地，成为国内摩天大楼建造数量最多的城市。

离地王、京基大厦直线距离不到两千米的一条小路，这里的居民和学生生活节奏更舒缓、宁静。这条小路叫“深中街”，因坐落于此的深圳中学而得名。

从深圳中学教学楼顶层的教室望出去，高楼形成的城市天际线一览无余，深圳最具标志性的摩天大楼：地王大厦和京基 100，正好出现在视野最佳区域。

把视线拉回校园，高大的凤凰树立刻映入眼帘。凤凰花开季节，鲜红或橙色的花朵配合绿色的羽状树叶，形态上像极了中国的龙和凤，视觉体验非常华丽。如今，它早已成为深中人心中的文化符号。

校树是凤凰树，校花是凤凰花，连校歌都叫《凤凰木》。

深圳中学（简称“深中”）于 1947 年建校，她是时代变迁和深圳崛起的见证者。历经城市风起云涌的巨变，浸润于创新与自由的城市精神，最终形成深中独特的气质。

作为老牌名校，深中引人关注的不仅是竞赛上收获了多少块金牌，或培养出多少位高考状元，更重要的是，它始终围绕着学生发展的真实需要而设计、实践教育。改革开放以来，伴随这座城市的发展，深中在历任校长带领下不断实践、创新。新千年后，深中率先在国内探索走班制、单元制、学长团等多元办学方式，鼓励学生自主管理、自由走课，并在 2004 年被教育部列为“全国高中课改实验样本校”。到今天，深中办学理念和特色没有太大的变动，但经验越来越丰富，制度也越来越成熟。得益于此，深中多年来培养了一大批“个性鲜明、善于思考、敢为人先、勇于实践”的深中人。

丰富、自由，让学生有所选择、自主管理，一直是深中的特色和优势。笔者始终记得在深中第一天看到的一张学生会招新海报。招新部门分别是学生会权益部和理事部，对于两个部门的职能，海报上做了简要说明：权益部——维权案的处理者，师生意见的反馈者，学生与校方间的沟通者，深圳中学民主与学生权利的维护者；理事部——学生会的特别组织，培养各个领域的尖端人才，做学生会背后最坚实的后盾。

那张海报贴在教学楼楼梯口最显眼的位置，让笔者耳目一新：这是一所怎样的学校，它给了学生什么样的底线和空间？这里的学生是一群怎样的学生，他们追求的是一种怎样的高中生活？

一只猫的事，也是学生眼里的头等大事

今年4月，一部名为《收发室的猫妈》的短片在网上热传并引发社会关注。“猫妈”张萍萍的故事被更多人知道，校猫们也从深中校宠变成了“网红”。短片由深中学生社团ACESStudio（深圳中学校园电视台）拍摄、制作而成，拍片缘由是为了给经费极其紧张的校猫筹款。

一只猫的事，在深中学生眼里也是头等大事。为了校猫，学生不仅拍摄短片，连正式的听证会都办过两次。这背后的故事，还得从校猫说起。

校猫有自己跑来的，有路人从围栏外悄悄放进来的，来了不愿走，把这里当成了家。不知不觉中，队伍从最初的七八只壮大到今天的31只。不过，只要来了“猫妈”都照喂不误，师生也欢迎它们加入。渴了饿了有“猫妈”管水管饭，困了就倒头大睡，无聊了就跑到教室里听课，变身“校长猫”，或钻进图书馆躲个清静，化作“学术猫”，校猫们给校园生活增加了不少趣味，成为深中独特的风景。

再美好的童话也会有反转。

2014年4月，一名学生在教室里喂猫不慎被抓伤。事发后，学生家长要求学校管理层采取措施将所有流浪猫赶出校园。

赶走还是留下，成了学校管理者的一道难题。处置流浪猫是学校发生的公共事务，校方、家长和学生任何一方单独出台解决方案都不妥当。于是，最终决定通过听证会解决问题。5月30日，深中官网发出公告：学校将召开校园内流浪猫处置办法听证会。

6月13日下午，听证会准时举行，由学生议事会“议长”主持。学生议事会是深中一个学生组织，由议事委员（简称“议委”）组成，全校所有班级每班公选出一名议委，代表所在班级行使对校园公共事务的建议权、监督权和决策权。

听证会上，在关键问题“流浪猫去还是留”的投票中，38名听证代表29人投了

“留下”，校猫正式留了下来。

第二次听证会情况更加特殊，事关一只猫的生死。2017 年 2 月，校猫中的老大海伦被确诊患糖尿病、口炎等疾病，不治疗可能很快会因并发症死去，但以家猫 10 岁的平均寿命，已经 8 岁的海伦时间也不多了。该不该救治？学生中间又展开了讨论。

2 月 17 日，Mew 社团、学生会通过“深圳中学学生会”公众号，发起《有关校猫 helen 处置方案的投票公告》。不过，由于公告存在信息疏漏以及部分描述失实，在 2 月 22 日召开的校猫听证会中，学生代表决定重新投票。第二轮投票通过了校猫海伦的后续安排方案，治疗费用的筹款也随即展开。

校猫众多，无论是日常的猫粮购买，还是校猫生病后的治疗费用，都是不小的开销。Mew 社团自成立以来一直在想各种办法解决这个难题，比如将校猫照片制成日历和明信片在校园活动上义卖，跟学校咖啡屋合作义卖，高考后收集毕业学长学姐的教辅材料、试卷进行回收，拉赞助或发起筹款等。

开听证会、发公告、拍短片，在过程中经历反复、误会、波折，最终只是为了解决校猫的生存问题，看似为了一件小事大费周章，但这种“小”往往可能成就其“大”。深中团委书记兼学生处副主任钟鸣介绍，在校园民主氛围浓厚的深中，面对问题，由学生而非校领导来提出解决的方式、途径，是长久以来的传统。如果由学校出面处理问题，或者学生直接向学校寻求资助，那就错过了实践校园民主的绝好机会。“兴师动众”，对学生自主管理能力的提升、法治意识、社会责任感、人文关怀等的培养都大有裨益。

三年，成为想成为的自己

深中学生，从入学第一天开始，就要在大大小小的事务中学会选择。初入校园，选择体系；学期伊始，选择社团；冲刺阶段，选择未来规划。一切的选择由自己做出，可能产生的后果也由自己承担。在校规校纪范围内，学生的任何选择都会得到充分尊重。这样的环境，有足够的空间让每个人去勾勒自己的成长路径。

不过，相比以往沉浸于传统教育中没有选择的痛苦，一下面临太多选择，新生如果适应不了，更容易困惑、迷茫。对此深中教师有个很形象的比喻：就像一群一直在农场主带领下生活的羊羔，突然进入一片开阔的草原，茫然和慌乱是最容易发生的现象。

把生涯写入“选择”的基因

深中很快意识到，除了把选择的权利交给学生，让学生学会选择更重要。于是，早在 2004 年深中就开始引入我国台湾地区生涯规划教育“大”的概念。大生涯，不仅聚焦在学生职业规划，更希望帮助学生认清自我，认识社会，建立与自我、他人、世界之间的链接。在这基础上，让学生能在信息爆炸的时代背景下，学会辩证地看待周遭环境，汲取有价值的信息，做出理性而负责任的生涯选择。

基于这种概念，深中逐步构建、完善了由生涯常规课程、生涯选修课程、生涯体验课程、生涯实践课程、生涯主题活动课程、生涯网络课程、生涯小组成长课程组成的立体化生涯规划教育体系。实施多年以来，生涯规划教育已经写入深中“选择”的基因，潜移默化陪伴着每位学生的成长。

亲历深中生涯体系构建，如今已成为学校办公室主任的娄俊颖回忆，每个学生的成长都让她感慨万千。而最让她难忘的，是一个学生时代在深中不那么出众的女孩。

那是生涯教育课堂上的一次自我探索活动，娄俊颖让学生写出“最喜欢做什么事”。20分钟过去了，她注意到有个女孩纸上还是一片空白。她不断启发，也只得到“老师，我想了半天，确实没什么喜欢的”这样的反馈。“那就想想，你做什么事情的时候会觉得很开心，或者不开心了，做这件事会让你心情好很多?”

琢磨半天，女孩终于想到了。“老师，不知道这件事算不算？我就喜欢吃东西”，女孩说。“很多人都喜欢吃东西，你和别人有什么不一样？仔细想一想”，娄俊颖鼓励女孩大胆说出来。

到了第三节课，尽管女孩告诉娄俊颖，“我觉得我和别人真的不一样。我吃东西会特别去品它，是什么味道？为什么是这种味道？吃下去我能想到什么?”女孩的话题一下就打开了，“我还会琢磨，同样一道菜为什么这家店做得好吃，那家店就不行？是哪个环节出了问题?”

没想到，这个“就喜欢吃东西”的女孩，真的把她唯一的爱好做成了事业。大学毕业后，女孩做起了专注美食和城市文化的自媒体矩阵，到今天商业影响力在整个深圳自媒体圈能排进前三。

“最让我欣慰的是，尽管女孩在深中时成绩平平，却丝毫没有影响到她取得今天的成绩。她对自己的经历，对自己的事业充满了自信。”娄俊颖说，这其实就是深中生涯教育特别的着眼点，生涯规划和成绩没关系，学校更希望的是指向学生终身发展能力的培养。在这个过程中教师往往能关注到细微处，跟学生走得更近，也更理解学生。

“适合”是课程体系的底层逻辑

刚入校的深中新生面临的众多选择中，最重要的还是挑选“体系”。“体系”设立的初衷基于深中的一个教育共识：没有哪种教育模式适用于所有学生。深中希望通过识别不同的学生，针对性地提供适合的教育，帮助他们走上更符合自己的路。通俗点说，“体系”就是深中在校级尺度上的分层教学，从入学起就对不同特点、不同追求的学生因材施教。

深中建立了标准、实验和荣誉三大课程体系。标准体系在高考机制下运行，和传统高中教育比较接近；实验体系是为有能力或渴望提升的学生量身打造，各种创新学习方式会首先在实验体系试点，出国方向也在其中；荣誉体系是对拔尖创新人才进行特别培养的基地，学术要求严格，学生除了完成高阶课程学习，还要参加高端学术竞赛课程。

选体系，既是新生对自身学习习惯、学习风格、学习水平的一次评估，也带着对未来生活的一种憧憬和挑战。如果进入某个体系一段时间后不适应，也可以申请转换。

标准体系：专注高考

深中标准体系吸引的是专注于高考方向的学生，强调均衡发展。通过精品化课程和精细化管理引导学生取得优异成绩，同时注重学生身心健康、行为礼仪及家国情怀的培养。标准体系的课程除涵盖高考领域所有必修、选修课程和学校公共选修课外，还开设了标准讲堂、学科拓展、英语听说训练、跨学科综合、体系活动等特色选修课程。

标准体系实施行政班+班主任制，学生以行政班建制，不分层、不走课。在高一下学期根据学生的高考方向进行文理分科。每班设 1 名班主任，是学生发展的主要责任人。

实验体系：聚焦创新

深中实验体系分高考方向和出国方向，吸引的是不愿拘泥于传统高中教学，或希望到海外念大学的学生。因此，实验体系是课程内容涵盖最丰富的体系，除了基础学术课程，学校还提供了深中文凭校级课程，以及国际素养、全球网络、自我成长、领导力、体育健康、研究实践等特色课程。

实验体系也是深中教育改革与创新的“试验田”，新的培养模式、评价方式在这里会优先进行探索。比如，打破以教师为中心的教学结构，以学生为中心，不搞题海战术，减少重复式、纯训练性的作业，以项目式作业为主；课时上尝试过长短课，短课即正常课时，长课课时延长为两课时或三课时；课程安排上展开过对开课，即理、化、生、史、地、政六门课，三门集中到上学期，另三门集中到下学期，对开授课；教育信息化方面，所有课堂都实行平板教学；评价结果结合过程性评价和终结性评价等。管理上，高考方向学生实行导师制，每班 2 名导师，每位导师管理 20 名学生，所有任课教师均为导师。出国方向学生实施班主任+升学指导管理模式。

荣誉体系：超越自己

荣誉体系以学科竞赛、科技创新等荣誉课程为核心，引领资优理科方向学生的深度学习和实践创新，培养未来社会理（工）科高层次人才。

荣誉课程体系分为“基础课程”和“荣誉课程”两大系列。“基础课程”以必修课程为主，“荣誉课程”包含国家必修课程（荣誉）、学科竞赛课程、中国大学先修课程（AC）、自主招生课程（数学、物理）、高端学术课程等。其中“高端学术课程”包括：语言学、天文、哲学、地理、脑力、天文与天体物理学、地球奥林匹克课程；丘成桐科学奖赛事课程；发明创造或科技类全国赛事课程、人文类或社科类全国赛事课程；高端国际邀请赛或锦标赛赛事课程；等等。

荣誉体系采用“班主任+主教练、导师、任课老师+心理辅导”的全员管理模式，每行政班设 1 名班主任。主教练负责相关竞赛学生的教学与相关日常管理，导师负责相关高端学术活动课程学生的指导与教育管理，任课老师负责相关课程的教学和课堂管理。

为最大限度满足学生的个性化学习与深度学习，深中允许学生选择不同的课程修习方式。学有余力的可以先修，喜欢自修的可以免听课程，根据修习情况获得相应的学分与积点。校外学习、网络学习、国际学习的经历与能力可以换算学分，参加国内外高端学术活动的经历与成果也支持进行换算。学生在高一下学期进入全选课模式后，学校课程方面还会提供更多选课空间。

与此同时，依托深圳这座城市科技创新的天时、地利，深中与腾讯、华为、华大基因、大疆、科大讯飞等企业共建 11 个创新体验中心，与中国科学技术大学、上海交通大学、香港中文大学（深圳）、深圳大学、加拿大阿尔伯特大学共建了光伏发电、智能机器人、空间智能、数学等 5 个创新实验室，与清华大学合作的薛其坤院士创新实验室正在筹建中。朱华伟校长还动用个人资源建立国际数学资料中心，中心收录了大量国际顶级水准的数学资料。所有创新体验中心、创新实验室面向学生，学科实验、社团活动、研究性学习、高端课程都可以申请使用。

多元培养保证了深中卓越的办学品质。2018 年杨天骅、薛泽洋、聂翊宸三位同学收获 2 枚物理、1 枚化学国际学科奥林匹克金牌，全国第一，更创下省内学校获奖纪录。2019 年高考，深中学子 10 人进入全省理科前 100 名（占深圳市 56%），23 人进入省前 200 名（占深圳市 48%），50 人进入省前 500 名（占深圳市 49%），均列广东省第一；文科共 87 名考生，5 人进入省前 100 名。北大、清华录取 30 人，全省第一；QS 世界大学排名前 100 的中国高校（北大、清华、港大、港科大、复旦、港中文、城大、浙大、上海交大、中科大）录取 101 人，全省第一。2019 年出国方向学生在海外大学申请中：美国常青藤名校共录取 7 人，全省第一；8 名同学收到来自斯坦福大学、芝加哥大学、西北大学等美国排名前 10 的顶尖综合大学和文理学院的录取；英国牛津、剑桥、帝国理工，澳大利亚墨尔本大学、悉尼大学，日本早稻田大学等名校录取 71 人；U. S. News 世界大学排名前 50 的高校录取 127 人。

学生活动是最棒的独家记忆

如果说课程还会因为教学进度而影响生活节奏的话，深中一年到头几乎不停歇的校园活动，则是完全由学生自己把控的小天地。

1 月 1 日——游园会。每年元旦的游园会是深中最具稳定传承的活动，不光吸引深圳各大高中摊主来摆摊，更成为全市市民的一场假日娱乐盛宴。各摊主推出的商品，学生准备的精彩表演、精心设计的游戏与活动，所有人一起在欢声笑语中跨入新的一年。

3 月——“校长杯”足球赛。深中将所有班级分为 8 个单元，“校长杯”是单元与单元之间的争霸。

6 月——校园十大歌手比赛。

9 月——社团招新大会。每年 9 月开学第三周的社团招新大会，即使了解社团情况，也总有意想不到的新鲜出现。

10—11 月——生涯历奇。是以体系和小组为单位，为增加和小伙伴之间的友谊并有助于学生规划未来的活动。

11 月——生命教育周。由学校朋辈社团独立策划并开展，倡导积极生活视角，培养学生悦纳自己、欣赏别人，珍爱生命的积极心理品质。

11 月——“深中杯”篮球赛。

12 月——体育嘉年华。深中的“体育节”，也是体育类社团的盛典。

12 月底——单元节。单元节不仅为学生了解彼此特色提供了大舞台，单元庆典也能为单元内的小伙伴留下美好的记忆。

除了每个月的大型活动，在深中，最能反映学生生活状态的就是社团活动。学校目前有 124 个在校注册社团，高中社团 92 个，初中社团 32 个，涵盖科技、公益、实践、体育、艺术、特长、媒体、社科等 8 个类别。学生可以根据兴趣加入不同社团，也可以申请成立自己的社团（3 人即可成团）。

发展多年，深中不少社团的影响力已经越过校园，引起其他学校或社会人士的关注。比如臧否校园时事、维护学生权利，被视作深中民主文化体现代表的《涅槃周刊》，是国内中学生刊物的标杆；举办活动必会引起社会反响的模拟联合国协会、先锋中学生国际联盟；记录校园点滴，常常推出爆款视频的 ACESStudio；关注社会公益的环保协会、Mew 社团、深中红十字会……每个社团，都真实彰显着深中学生的风格与态度。

所有社团里，先锋中学生国际联盟（简称“先锋”）是佼佼者中的代表。和大多数社团定期推出作品不同，先锋每年只举办一场峰会活动，筹备期长达一年。先锋峰会筹备从前一年 8 月社团高层换届开始；10 月头脑风暴出当届的活动议题；12 月确定议题，形成会议正式文案，并开始首轮学校邀请；5 月，确定参会学校名单及会议流程，并将有关议题分发学校进行准备；7 月中旬，峰会正式举行。

看似流程简单，中间的波折是活动正式开始前最大的考验。先锋社长龙嘉雯介绍，比起拉赞助，参会学校名单邀请是更大的难题，受邀学校的参会意愿、实际条件、沟通效率等细节一旦出现差错，极有可能影响最终的活动成果。不过，每一次对接、沟通，对于先锋成员的心性、表达、谈判、团队协作能力都是难得的磨炼。

为了保持先锋峰会的风格与水准，峰会议题不会从已有的社会热点里找，而是基于中学生视角，从当下现实话题出发引起探讨。2013 年，首届“先锋中学生国际圆桌峰会”吸引了来自世界各地的 29 所高中顶尖学生共同探讨“一所理想的高中”，奠定了先锋峰会的品质。后来，为控制办会规模和成本，峰会减少了海外嘉宾邀请，但每年仍保持高水准的学术探讨。2014 年“创新公益——践行改变世界”；2015 年“一带一路，21 世纪的机遇”；2016 年“E-ducation——教育 e 时代”；2017 年“环保全球化：改写明天的对话”；2018 年“文化+”。今年的峰会议题是“未来学校”，参会学生代表来自广州培正中学、山东省实验中学、东北师范大学附属中学、北京师范大学附属中学、深圳市科学高中和深圳中学。龙嘉雯介绍，以“未来学校”为题是想通过来自中国不同地区的中学生发声，从学生角度探讨“未来学校”，让大众了解学生心中的“未来学校”，也希望学生的声音能为社会贡献一份力量。

关于“未来学校”，来自国内几所名校的学生有什么思考？通过以下两份材料，可以稍作了解。

议题：未来学校（节选）

在最新型的学校里，即使老师的角色、师生的关系发生了深刻变化，人们仍然相信，传统教育和学校的某些特点无可被替代。所有的新型学校，无论是美国的 HighTech-High、AltSchool、KhanLabSchool，或者是国内的探月学院、一土学校，与传统学校并非水火不容，两者在界限上并不清晰，教育理念上仍有相互交融之处；几乎所有的教育家都否认人工智能等科技手段会彻底取代老师，强调学生和老师真实接触的重要性；科技精英则认为教师与人工智能必须深度合作，形成人工智能领域所称的“半人马”(Centaur)；普通民众，对“数据主义”进入教育领域仍怀有普遍的恐惧，认为对于人类传统文化和价值观的继承、情感和审美的形成，新技术并不能提供好的方案。未来学校的各种探索仍处于起步阶段，有待时间的验证。

教育在人类生存和发展中永远发挥着核心的基础作用，本次峰会将立足未来学校的教育理念，以及其配套“软件”“硬件”两方面切入讨论，着重以青年学生的视角，对学校教育体系现存问题，未来泛人工智能时代教育的使命、实践，以及相匹配的学校架构开展前瞻性探讨——对未来的学校做出合理设想，成为未来学校建设的推动者，为教育发展贡献中学生的力量。

2019 先锋中学生国际联盟峰会项目研究成果展示（节选）

7 月 19 日上午，各个小组分别展示了项目研究成果，成果中体现了各组圆桌会议的讨论结果，以及对案例的深入分析，从多角度考虑了他们所设计的“未来学校”的可行性。

第一组代表对应案例分析：资源分配不平均，学生对时间管理不合理，学校学生普遍素质不高等。

他们从空间结构特征、学生的学习方式、课程体系这三个方面进行分析。他们认为“未来学校”的空间结构特征应以学生为中心，加强学生对校园事务的实际管理。资源方面，他们提出建立学校共同体，实现各个学校资源共享。为了使学生高效学习并适应未来社会，他们认为“未来学校”学生的学习方式应该是自主学习，并提倡：学以致用，用以致学。课程体系方面，他们提倡“3+3”模式，即语、数、英三科加上三门选修课。在他们所构建的“未来学校”框架的 3D 建模展示中，校园内不仅有功能齐全的教室，有高科技的运用，更体现出绿色环保的理念。

第二组代表明确了“未来学校”的教学理念：培养创新型人才。

他们从课程设置、学校的管理方式、评教等方面展示了设计的“未来学校”。对于课程安排，他们规划：单双周交替学习实践技术课、信息课，并开展生涯规划课和心理课，帮助学生解决学习之外的困难。学校管理方面，他们设想：由学生、家长和老师组成委员会，共同参与学校管理。最后，对于“未来学校”的评教，他们提出使用综合性评价，以星级制打分，并由高年级委员会收集公布。

第三组代表对应案例分析：地理限制、缺乏师资和生源、语言不通。

因为案例在西藏，限制因素较多，他们提出了多中心微型办校的构想，即在西藏设立多个平等的学校，相互联系，多维度教学，并实现资源共享。他们设想，利用高端的算法，帮助老师和学生及时得到学习情况的反馈，并以此为基础，为学生制定以后的学习计划，充分体现出个性化的特点。为解决师资问题，他们提出利用人工智能代替老师授课的方案。

第四组代表从“未来学校”的教学理念以及目标、教学方法、评教系统进行介绍。

他们认为“未来学校”的教学理念及目标应是：培养学生从大趋势中发现小趋势的能力、跨学科的能力以及自主学习的能力。教学方法方面，他们采用跨学科的方式，并通过考核来检验学生的掌握程度。他们提出：建立学校联盟，开设网课，实现各个学校的资源共享，并为学生提供充分的实习机会，使学生可以更好地融入社会。最后，他们展示了双向评价系统，包括学生对老师、老师对学生、学生对学生以及老师对老师的评价，从多方面进行评价，以保证评价的公平公正。

第五组代表首先提出三个“公理”：在未来五到十年内，高考制度仍会存在；为了适应高考体制，学生的应试能力不会降低；素质教育的比重会不断增长。

基于此，他们提出对“未来学校”的构想：将学校分为左院和右院。左院实施百分之百的应试教育，右院会逐渐降低应试教育的比重，提升素质教育的比重。左院和右院的“分隔线”为北大、清华的录取分数线（附近）。学校每两个月会对学生进行考核，过“线”的学生已经具备考上北大、清华的能力，此时他们便可以进入右院，享受素质教育。这样可以在保证升学率的同时，对部分学生实施素质教育。他们表示这是从多方面考虑可行性所得出的理想“未来学校”。

第六组代表对应案例分析：外地人口迁入、社会刻板印象、学校场地不够、学生本身存在心理问题。

针对案例特点，他们提出：老师可以通过互联网进行跨空间连续授课以及资源共享。空间布局方面，他们提出：教室里可以采用圆桌的形式，并且每个教室配备平板电脑。未来的信息传播迅速，不断更新，他们认为最合理的教学方式不是老师讲，学生听，而是老师和学生共同学习。最后，他们就评教系统提出设想：为了使学生能够积极参与评教，学校会强调其重要性并要求学生签署荣誉证书。为了保证师生评价的准确性，学生应以文字的方式进行评价，并通过家长委员会进行监督。

峰会结束第二周，先锋完成高层换届，马上升入高三的龙嘉雯从社长位置上退了下来。对于这两年在先锋的成长，她无比自豪，“先锋就是最适合我的社团，它的精神会不断激励我前进”。

深中学生还有什么特质？

在深中，有句话常被提及："深中的生活太精彩，以至于怎么过都是一种浪费。"多元化的选择、自由的空间，最终形成的是一个个无法被复制的独立故事。但每个人身上，却又带着极其明显的深中特质。

在无数选择中学会选择

"选择"是深中学生的头等大事，想做出更优选择，就得在每一次选择中锻炼、审视自己：找到契合自身特点，又能激发成长的机会。

今年被巴黎政治大学录取的陈心蕙同学从工科转向社科，就是决定在感兴趣的领域钻研下去。比起从众地做自己不喜欢的活动，她认为选择自己热爱的事情，从理想上来讲，会更有价值，更快乐；现实一点来说，也更容易收获成功。

2017 年 3 月，她在美国参加 FRC 比赛（First Robotics Competition，国际 9～12 年级中学生机器人对战赛）。那次比赛经历，让她确认自己真正的兴趣在于社科领域，而非曾经以为的工科或理科。直觉告诉她，跟各种各样的人交流的感觉，见证各种思想碰撞，见到更大的世界，才是她内心真正想要追寻的东西。

"选择"在深中生活中如此重要，ACES Studio 社团还以此为主题拍摄了一部学校的招生宣传片《你会有什么样的选择》，通过记录几位不同体系学生的成长过程，告诉所有新生"选择"在深中的意义。短片获得了 2017 年中国教育电视协会中央电化教育馆"全国中小学校园影视奖"金犊奖提名奖，有无数学生深受这支宣传片触动，最终选择来到深中。

Multi-task 常态化

Multi-task（多任务处理）是深中学生经常面对的情形：学业节点、社团活动、学校活动不会遵循先来后到，常常在某个时间点不约而同进入倒计时。

不过，深中学生从来不屑于拿"既要做这件事又要做那件事，因此每件事都没办法做到最好"当借口，而是积极适应多任务处理的常态化。对此，体验过标准、荣誉、实验体系三种角色的叶以恒同学深有体会。

竞赛生涯（荣誉体系）那一年是心无旁骛的苦修，叶以恒试过刷题刷到夜里 11 点；为证明习题集里标准答案的谬误，花一个通宵查阅文献以佐证自己的想法……来到出国方向（实验体系），生活瞬间从苦修进入了"灯红酒绿"，稍不留神就会迷失自我。身处竞争，叶以恒和很多同学一样在"数字游戏"中迷失了方向：与他人盲目攀比绩点、标准化考试分数、AP 五分的个数。当压力翻涌而来的时候，他又陷入另一种疯狂——参加一切可参加的活动以填补竞赛一年留下的空缺，丝毫不考虑时间的不足。

"这一年是高中以来最累的一年，并不是因为事情本身带来的消耗，而是无法全身心投入地去做任何一件事情——无法真正用心地做好一个活动，好好准备一场比赛，全神贯注地学‘裱花’（标准化考试）……这种状态极为糟糕，用一个词来形容就是‘浑浑噩噩’。”

好在他及时发现了自己的问题——在那种情形下，要么合理安排时间，甚至适当舍弃睡眠把所有事做到最好；要么放弃一些东西。再三衡量后，他决定放弃时间长、含金量高的暑期项目，花一个月专心攻克迫在眉睫的SAT考试，并最终收获胜利。

如今已被芝加哥大学、剑桥大学等名校录取的叶以恒，对于当时的状态仍心有余悸，“在深中如此多元的环境里，理性思考，做出合理的判断，认清自己，不随波逐流，是那么重要”。

深中传承

2004年，深中领导层从新加坡莱佛士书院考察归来，参考莱佛士书院的学长制，创建了深中学长团。学长团是学生自主管理组织，由50到80名优秀高二学生组成，主要承担帮助高一新生适应校园的责任。到今年，学长团已经进行到第16届，是深中最具特色的文化传统之一。

“在深中，对学生影响最大的不是校长、老师，而是学长团”，坊间流传的这句话固然有些夸张，但一定程度上证明了学长团在学生心中的超然地位。这种超然，来自学长团15年来一直在积极传递的责任与关怀。

来自深中第十四届学长团的叶俊汝同学，至今记得高一生涯活动时跑进力行楼与站在两边的学长学姐们击掌的情景。“那一刻有一种震撼击中了我——我似乎看到了‘传承’到底是什么。我爱他们晚自习时的探班，爱他们在我们生日时写出的‘寄得爱’，爱他们毫不吝啬的帮助和鼓励，爱他们那句‘我们永远在这里为你们撑腰’”。因为热爱学长团所做的事，叶俊很快也提交了学长团报名表，她渴望成为其中的一分子，把感受到的爱与关怀传递给未来的学弟学妹。

叶俊汝得偿所愿，高二那一年，她从喊出“非常好，yes”，到结识学弟学妹们有趣的灵魂，到写出一封又一封“寄得爱”，再到曾经自己的出发点——生涯活动时站在力行楼，成为伸出手与学弟学妹击掌的人，她把心底珍藏的那份“感性的温度”真正传承了下去。

深中学长团的存在只有“帮助学弟学妹”这个非常纯粹的理由。无论生活、学习，甚至感情问题，无论彷徨、迷茫、自卑等任何困扰，学长团都甘愿以身作则，把能引领新生前进当成至高无上的荣耀。或许正是这种不计回报的付出，让深中学生之间的感情链接超越了“工作情谊”，浓缩成一种深入骨髓的真挚情感，并在一代又一代深中人身上发扬光大。

用优秀的人培养更优秀的人

今年5月，因为一份《2019年拟聘教师》名单，深中上了教育圈的热搜。名单显示，学校新聘的35名教师均为硕士以上学历，其中20人毕业于清华、北大，5人毕业于哈佛、伦敦大学学院等世界顶尖名校。这些教师中27人为硕士、8人为博士（3人为博士后）。名单一出，“顶尖名校毕业生去中小学教书算不算资源浪费”的议论就来了。对此，当时远在英国游学的朱华伟校长连线作了回应，“最优秀的人才能培养出更优秀的人，真正的‘大材’才能培养出‘大材’”。这和不久前华为CEO任正非谈教育时提到的“用优秀的人培养更优秀的人”如出一辙。

美国著名智库“国家教育与经济中心”曾对全球五个高水平的教育系统：芬兰、新加坡、澳大利亚新南威尔士和维多利亚州、加拿大安大略和阿尔伯塔省及中国上海进行研究，试图找到国家和地区层面塑造高质量教学的秘密。研究认为，在所有影响因素中，教师质量是重中之重。研究还显示，五个教育系统都实现了从系统层面为教师赋能，这种赋能贯穿教师职业生涯的每个阶段，进而打造出更高效的教育系统：选拔优秀的人来做教师、为他们提供强有力的专业培训、为他们创设专业的工作环境，充分认可教学的专业地位，使教师成为理想职业，从而提升整个教育系统的教师质量。

深中鼓励新教师，尤其是非师范专业的新教师打破常规，把新鲜内容、新思维方式带入课堂。在这方面，2018年入职的几位新教师已经开始崭露头角。

新教师、新思维、新课堂

选择来深中当老师之前，刘莹是清华大学生命科学学院的生物学博士，师从世界著名结构生物学家颜宁教授。毕业季，刘莹早早收到了三个offer，分别是留在清华做课题项目管理、回老家长春机关工作、到深中当老师。

参加过深中在清华的宣讲会，深中开放、坦诚的风格，和在高端学术上的追求给她留下了深刻印象。经过多番考虑，她选择去深中当教师，这个决定也得到了父母和导师颜宁的支持。

“人体中的葡萄糖转运蛋白共有14种，目前研究较清楚的是葡萄糖转运蛋白1，2，3，4（简称GLUT1-4），它们负责向人体的不同组织转运葡萄糖。越来越多的研究发现GLUT1和GLUT3在多种实体瘤中超量表达，这是由于……”

这是最近一次深中生物科组的同课异构课内接力活动，刘莹细致、生动地讲解了物质跨膜运输的几种不同方式，还通过最新前沿动态的拓展，使学生发现，原来看似微观的转运蛋白，未来在肿瘤的诊断与治疗上可能发挥巨大的潜力，也让学生进一步理解了“物质跨膜运输的方式”这一难点。立足教材，高于教材，又回归教材，用前沿高端的知识引领学生对学科领域更深层次的思考，这是最近两年深中生物教学一直在尝试的突破。最近，除了日常带高一年级四个班的生物课，刘莹还加入了深中国际基因工程机器大赛

(iGEM）备战团队，担任指导老师。

生物科组另一位新加坡国立大学毕业的尤佳博士，同样被深中的开放吸引而来。刚到学校，她发现深中的学生悟性很高，于是拿出念博士时的风格，一堂课讲了几乎半本书。直到学生提问“老师，您这是开讲座吗”，她才尴尬地停了下来。

之后那个月，尤佳铆足劲钻研课本，逢其他老师的生物课必听，终于把课堂的高度降了下来，回到高中的正常轨道。不过，学生们对她在课堂上介绍的大学本科阶段常用的 SPSS（Statistical Productand Service Solutions，“统计产品与服务解决方案”软件）这类工具非常喜欢，让她有些意外，“深中的学生对新工具的接受度非常高，完全不在乎是否大学阶段才适用，只要学会了，用起来非常溜”。正因此，尤佳老师在学生中间多了一个更具学术气息的称呼——“尤博”。

把新鲜内容引入课堂，让课堂更有活力，清华大学国际政治专业硕士毕业，去年 9 月入职的政治科组教师林嵘净绝对是最受欢迎的新教师之一。林嵘净第一次在课上引起关注，是刚入职两个多月的一堂公开课：《投资理财的选择：股票》。担心普通的课前导入无法让学生集中注意力，她就用了一款能把文字即时转换成动画效果的 App，将 200 多字的内容制作成 1 分钟的短视频在课前播放，一下就抓住了大家的眼球。

“同学们，你知道什么是股票吗？你知道股票最早来源于哪里吗？你知道什么叫作 K 线图吗？为什么股票市场有涨有跌？为什么每天的新闻要报道股市行情？为什么爸爸妈妈总在家里长吁短叹？你想不想知道，怎样完成一只股票的买入和卖出？改革开放 40 余年，为什么是深圳，能够取得从 GDP 不足 2 亿元，飞跃到 GDP2.2 万亿元，增幅达 1.1 万倍。在这其中，股票扮演了怎样的角色？股票市场对中国经济发展有什么作用？你又是否知道，深中学子有一个属于自己的金融投资社。如果你不知道，那么这堂课就请你认真听讲，积极参与。相信你一定会在学习本课之后，有所收获。精彩内容，马上开始。”

除了别具一格的导入，课上还设置了上讲台操作模拟炒股软件的环节。因为学生对软件并不熟悉，在实操环节出现了“意外状况”。有几个学生现场实在搞不定软件操作，网络搜索后还是不行，就申请给父母打电话求助。一开始父母还奇怪怎么上课时间打电话，得知课堂情况，马上指导才解决了难题。对于那堂公开课，两位听课的教育部专家当场给出点评：授课形式很新颖，给人感觉有些跳脱，同时又很有原则，有着和师范专业的教师不一样的思路。

从此以后，脑洞大开的讨论经常会在林老师的课上展开。贺建奎事件发生时，林嵘净原计划把课件和视频放一遍引导学生讨论，但她对基因编辑技术并不了解，这部分讲得磕磕绊绊。这时，一位学生物竞赛的同学站出来，主动讲解起相关内容，但讲到一半时另一位生物竞赛同学表示不认可，两个人辩论起来。于是，话题的走向从基因编辑的道德转到技术，再到科学伦理。尽管有些失控，但这样的课堂学生非常投入、非常开心。

慢慢地，时政热点成了林嵘净课堂上的常规素材：美国引渡孟晚舟为什么不合法不合理？她给学生讲到美国惯用的长臂管辖；美国商务部把华为列入实体名单的举动为什么不合理？华为为什么要做出反应？中国为什么要如此反应？她给学生讲到商务部《出口管理条例》三个名单的依据等，每一个时政热点都呼应了课堂知识。

现在，林嵘净几乎不敢在课上“偷懒”，只讲完课本内容根本没法结束。一到她的课，学生会主动问“老师，今天讲什么‘八卦’(时政消息)?”不在课上抛出点新鲜话题讨论一下，她自己都觉得少了什么。

用专业引导人生

其实，深中的教师队伍是伴随着深圳这座城市和学校的发展成长起来的，从 20 世纪八九十年代开始，就有大批优秀人才来到深中，为学校发展做出巨大贡献。现在的生物科组组长刘越，就是 2002 年深中课改储备一批教师时加入的。

刚到刘越老师办公室，她还在赶回学校的路上。突然，办公室外的楼道里嘈杂起来。到门外一看，有工人正在往生物学科教室里搬大箱子。打开箱子，里面放着葡萄、苹果、萝卜、黄瓜等常见的水果和蔬菜。乍一看，还以为教室里要模拟一个菜市场。这是要做什么实验呢?

等刘越回到办公室，一介绍才知道，这些果蔬是为生物选修一教材上的实验课准备的原材料。实验主题是“果酒、果醋、腐乳、泡菜”，当天做实验，到下周进行酒精生成、果醋 pH 值变化、泡菜中亚硝酸盐含量的鉴定。

加入深中，无论是连续带高三、当班主任，还是从高一、高二尝试教学改革，刘越在教学上的关注点始终是生物学科带给学生的核心素养：探究精神、科学思维与生命观念。实验是给学生探究精神和科学思维最直接的锻炼，只要教材中提到，哪怕是一句带过，所有有价值的实验老师都会鼓励学生做足。

刘越介绍，这样安排表面上增加了课堂负担，其实给了学生更多自主选择的机会。“今年的高考生物，最后一道大题来自选修一和选修三，学生二选一，很多学校就只挑一门，学一本教材。但我们觉得两本选修教材都有教育价值，而且深中的孩子有能力去学好，就把两门都开了，把高考时做哪道题的权利交给孩子自己。”

在教学上，刘越关注的不仅是“学会”，而是要帮助和支持学生“会学”，并且形成自己的学习方式和建构自己的知识体系。多年之前，她就开始在教学中启发学生搭建个人知识体系，她还在实验体系中将生物课全部实行主题单元学习方法，并制作学习指南告诉学生课前需预习哪些内容、自我评估要达到什么程度、课堂上要用到哪些学习素材、用什么方式学习、课后按需要协作完成项目作业设计，以推动学生自主学习。

不仅在课堂上，刘越把深中的校园生活也纳入了知识体系的构建当中。2009 年，正为“带学生做什么课题好”发愁的刘越在傍晚漫步时，注意到校园里植物种类丰富，花草树果众多且形态各异，“让更多人认识校园里的植物”这个想法就诞生了。几经琢磨，课题再度升级为给校园中的植物挂上标牌，以及编写《深圳中学校园植物志》。

为植物挂牌并编写《深圳中学校园植物志》，给了学生一次很好的锻炼机会。工作内容看似简单，却要实实在在付出不少辛劳。从无从下手到分组合作：拍摄、鉴定、设计、编写，校园里到处都是学生们的身影。经过整整一个学年，《深圳中学校园植物志》初稿才编写完成。之后，因为新教学楼修建，校内植物发生变化，刘越又带着学生进行了挂牌更新，内容修订、补充，不断完善，终于在2017年深中70周年校庆之际出版，既为校庆献礼，也给学生们留下了一份值得收藏的美好回忆。

用自己的专业知识和个人经历引导学生变得积极和美好的，还有被学生亲切称呼“音乐教母”的刘梅老师。1997年，星海音乐学院声乐系毕业的刘梅，原本打算成为歌手跨入演艺界，却误打误撞成了深中的一名音乐教师。她的简历，是在同时竞争的众多名校毕业生面试一一落选的情况下，被招聘老师从垃圾桶里捡回来的。当时，深中原有的合唱团濒临解散，不被看好的刘梅老师主动承担起重建合唱团的重任。短短几年，她顶着压力，硬是捧回一座座奖杯，打造出一个誉满全国、名扬国内外的合唱团。不过，比起合唱团总指挥的头衔，刘梅更在意自己“教育者”的身份。她教育学生如何做人下的功夫比上课、排列合唱要多得多。“音乐艺术的感染力，可以升华一个人的精神，净化心灵，特别在今天竞争压力这么大的环境里，对于学生，对于我们自己都非常重要。”她会在课上让学生唱“KTV”，也会在课上播放优秀歌手的演唱会片段，还会播放和音乐相关启迪人生的纪录片或视频片段，甚至她会分享自己的奋斗历程，与音乐的不解之缘。“我不会刻意跟孩子们说音乐这门艺术是怎样的，我只希望他们通过理解音乐，可以更敏锐地感知生活的幸福和意义。”

学科不同、年龄不同、学历不同、风格不同、性格不同，但深中教师无一例外的，在用专业和人格超越课堂本身，引导学生获取更多知识以外的素养，引领学生走上更适合自己的人生道路。这种“集体无意识”，或许才是深中不断吸引优秀教师加入，并持续卓越办学品质的有力保障之一。

打造一所斯坦福味道的“未来学校”

深圳中学正在建设的泥岗校区，在整个规划过程中，设计方案反复讨论，几次易稿。因为最终设计效果神似美国斯坦福大学，泥岗校区就有了“斯坦福味道的中学”的称号。在朱华伟校长眼里，泥岗校区就是未来学校的深中方案。

设计理念七大突破

在设计理念上，泥岗校区打破传统高中校园建设模式，实现了七大突破：

科学与艺术并重。从单纯应试教育学习的地方转变为师生学习、生活、成长一体化培养的校园。让知识学习和生活实践并重，通过艺术、实验等课程全面加强人的发展，使学生能自主发现和实现个人的潜能。

发展与创新并行。从同质化的规划建设和教学管理模式转变为因地制宜的校园规划建设和个性化教学发展模式。改变传统规划设计“千校一面”的校园建筑和景观，结合教学特点进行创新设计，包括适应大、中、小班制，教师团教学，学生自主选择教学进度等新型教学模式的空间，满足学生个性化发展的可能。

构建新型师生关系。新校区以年级为单元，各体系学生混合分布，办公区与教学区二位一体，把高、低年级之间，师生之间的疏离转变为伙伴交流，构建更亲密的生生关系、师生关系。

绿色环保。新校区校园规划建设整体按照绿色建筑一星级标准进行建设，并结合所应用的多项技术开设环保课程。未来还将利用智慧环境资源监控系统和碳积分管理等手段，培养师生低碳习惯。

新型科技应用。新校区将布局先进信息技术推动学校教育改革创新与整体发展的系统，目前正在筹备开发深圳中学研究性教与学网络平台和网上深中学堂。

共享。新校区将从传统封闭式校园建设与管理转变为开放共享的校园环境，为学生提供更多的公共活动空间。

可持续发展。从规划与发展的疏离转变为可持续发展的校园。在规划设计中为学校二次发展留有充分的弹性空间；结合师生实践发展课程，对校园空间不断地进行再次创造。

未来深中将培养什么样的人？

2020 年 9 月开学，泥岗校区将正式投入使用，深中高中部会全部搬迁过去。不过，绝不仅仅是空间上的整体搬迁，学生的培养方式也会有所变化。

具备全面的基本素养。升学、就业和生活必须达到的学术水平依然是深中学生的发展基础。泥岗校区在校园设计上，重新布局了具有学院氛围的空间。四大体系空间营造出能激发师生交流、探讨、思考、研究的空间和场景，用环境本身的感染力让无声无息地影响沉浸其中的每个人。此外，新校区还形成了三层的屋顶庭院，庭院之间通过开放的阶梯连为一体，整个学校变成一个多层、立体的中心花园，让每个人都置身自然的环抱之中。

原创思维。深中目前所有的创新体验中心、创新实验室将搬入同一栋楼。深中的创新体验中心已经具备一定的理工科优势，有些实验室功能齐备，甚至可比肩高校。未来，深中会注重人文类的创新体验中心打造。这里鼓励创新，鼓励原创，将会成为深中学生创意最集中的孵化区。

慷慨的合作者。相比目前象征深中文化和学术的地标，天井、图书馆天各一方的布局，新校区在这方面有了全新提升。作为重要活动场所的资源中心在水平方向将四大体系彼此连接，中心的灵魂空间图书馆依中心花园排布，将为师生提供最方便的共享客厅，生活交流、学术探讨毫无阻碍。

终身学习。更加便利的资源中心，以及位于教学区和宿舍区之间的 STEM 活动中心，打破区域界限，消弭生活和学习状态的差异。STEM、人文学科知识等会在这里得到极大的融合，激发学生学习的能动性。

传承深中精神。深中精神是中国、深圳、深中文化精神的高度凝结。新校区以中国古朴的自然观和仪式感的建筑空间来表达中华文化的博大（天人合一，空间礼序），以抽象的建筑符号和建筑特征表达地域文化的传承（镬耳墙、骑楼、天井），以深中有记忆感的文化符号（凤凰木、校徽、樟树林）来延续深中的精神传统。

为了将学生培养成新时代的学习者，看似简单的空间布局背后，其实是关于时间、空间、技术、场地、资源的高维运用。不仅关注学生学术上的成绩，还关照他们在学校社区文化中的体验，以及对校园环境、学校文化的整体感受，最终提升学生在校的体验——让他们在舒适的校园中自在地学习、生活。

朱华伟：一路追梦的教育人

在前任校长赵立 2016 年 11 月出任深圳市教育局副局长后，谁将成为深圳中学新掌门人一直是社会关注的焦点。2016 年 12 月，市教育局经研究决定朱华伟担任深圳中学党委书记、校长。至此，深中在 70 周年之际迎来了最新一任校长。尽管很多关注深中的深圳市民当时对新任校长不太了解，但熟悉朱华伟的同行和师生都知道，作为深圳博导中学首位校长，视野开阔、专业水平高、敢于担当的他，必将给深中带来新的发展。

圆梦深中

三十多年来，怀着“做中国的苏霍姆林斯基”这个梦想，朱华伟在内地做过中学教师、教研员、教育局局长；来广东后当过中学校长、大学教授、博士生导师；担任过国际数学奥林匹克中国国家队领队、主教练；筹建了广州市教育研究院并任院长、党委书记。

作家托马斯·沃尔夫说，现实中的每一刻都是窥视历史的一扇窗户。2017 年 1 月 17 日下午，深圳市教育局宣布朱华伟为深中新任校长时，仿佛就是他三十多年教育生涯一直在等待的一刻。在当年 11 月 18 日举办的深中 70 周年校庆活动上，他代表深中 500 多名教职工和近四万名校友向社会郑重宣布办学目标：“建设中国特色世界一流高中”。

将深中建设成世界一流高中，这不是心血来潮的“大话”。一来，深中 70 年的积淀已具备一定基础。改革开放以来，深中始终同深圳共成长，同中国共发展，培养的人才中很多都成为深圳特区开拓的先锋与发展的生力军。二来，朱华伟更明白，发展具有中国特色、世界水平的现代教育是当下的时代命题，是大学的任务，同时也是中学的任务。“建设世界一流高中，是为国家培养具有中国底蕴和国际视野的拔尖创新人才，为中国梦的实现提供最关键的人才支持，同时为中国教育和世界教育贡献深中智慧和深中经验。”

建设之路

围绕“建设中国特色世界一流高中”这个目标，朱华伟带领学校进行了全面部署，也作了扎扎实实的努力，教师队伍、办学成绩、校园建设、课程资源、社会影响力的飞跃进展有目共睹。例如，两年多来，北大、清华毕业的教师从 5 人增加至 39 人，博士从 4 人增加至 30 人。面对这么多优秀的毕业生投身基础教育，朱华伟鼓励他们“将课堂教学与科学研究相结合”。面对“引进高端人才是‘大材小用’”的质疑，他大方回应，“用最优秀的人才能培养更优秀的人”。

朱华伟一方面为学校谋划发展蓝图，一方面也切实关注每位学生的现实难题。上任后开学第一天，朱华伟到的第一站就是学生宿舍。学生宿舍条件简陋，设备老旧，墙面钢筋外露、斑驳陆离，最突出的问题是热水供给不足，女生宿舍到冬天也没有热水洗澡，只能用饮水机里的热水洗。

朱华伟有些意外，“这让我想起 20 世纪 80 年代初武汉大学校长刘道玉视察女生宿舍的场景，没想到，在今天中国最富裕城市里最好的中学，会有这么差的学生宿舍。”现场人员说：“自 2012 年以来一直是这样，很难解决。”他当即反问：“如果这里住的是我们自己的女儿，还会说无法解决吗？无论如何都要把女生宿舍热水问题解决，现在不谈困难，只谈解决问题的办法。今天就站在这儿开会，找不到办法不散会”。最后，用一周的时间重拉电缆，将电热水器安装到每个宿舍，终于解决了积压多年的女生宿舍热水问题。

为了从根本上解决学生住宿条件差的问题，两年多以来朱华伟不遗余力推进旧改，建新宿舍。新宿舍建成后，监督选用实木家具、实时监控新宿舍各项检测指标，带领家委细心检查每个细节，只为给学生创造满意的学习住宿环境。如今，老校区已经焕然一新：新宿舍、新食堂、新实验室（理、化、生）、新媒体中心、新监控室、新图书馆、新羽毛球馆、新乒乓球馆相继投入使用，新健身馆即将落成；在建的泥岗新校区，也将于明年秋季开学投入使用。

2018 年 7 月，学校团队多次打磨的《深圳中学五年发展规划（2018—2022）》由学校教代会通过。《规划》从学校治理、课程改革、综合素养评价、人才引进等 12 个大方面 43 个子项目详细列举了发展内容，每一轮的讨论朱华伟都参与并发表意见，他要求每个子项目都必须落实到个人，并且要请第三方每年进行客观评估。为什么是到 2022 年？朱华伟说那一年刚好到他的退休年纪，“我希望能在退休之前，扎扎实实把每一项规划都落实好。”

从年近不惑放弃职务晋升去中学当校长，到年过半百离开舒适的岗位，以不足在广州时一半的工资到深中当校长，住租屋，挤公交。每一次引发舆论哗然的决定，在朱华伟自己看来，都更像是在不断“回归”，回归他对教育的情怀。正如他自己所说：

“从喜欢数学、喜欢学生，到热爱数学教育、热爱教育事业。我来深圳中学就是为了追寻单纯的教育梦想，为了给中国的教育事业贡献自己的一份力量。”

图书在版编目（CIP）数据

上善之教：我的办学思考与实践 / 朱华伟著. -- 北京：中国人民大学出版社，2022.10
ISBN 978-7-300-31041-1

Ⅰ.①上… Ⅱ.①朱… Ⅲ.①中学－办学经验－研究－深圳 Ⅳ.①G639.286.53

中国版本图书馆 CIP 数据核字（2022）第 176641 号

上善之教

——我的办学思考与实践

朱华伟 著

Shangshan Zhi Jiao

出版发行	中国人民大学出版社		
社　　址	北京中关村大街 31 号	**邮政编码**	100080
电　　话	010－62511242（总编室）		010－62511770（质管部）
	010－82501766（邮购部）		010－62514148（门市部）
	010－62515195（发行公司）		010－62515275（盗版举报）
网　　址	http://www.crup.com.cn		
经　　销	新华书店		
印　　刷	涿州市星河印刷有限公司		
规　　格	185 mm×260 mm　16 开本	**版　　次**	2022 年 10 月第 1 版
印　　张	22.5 插页 2	**印　　次**	2023 年 1 月第 4 次印刷
字　　数	487 000	**定　　价**	69.00 元